世界传世藏书

【图文珍藏版】

哈佛管理全集

马松源⊙主编

哈佛管理

第一册

线装书局

图书在版编目（ＣＩＰ）数据

哈佛管理全集：全6册 / 马松源主编. -- 北京：
线装书局, 2016.1

ISBN 978-7-5120-1998-0

Ⅰ.①哈… Ⅱ.①马… Ⅲ.①企业管理 Ⅳ.
①F270

中国版本图书馆CIP数据核字(2015)第249845号

哈佛管理全集

主　　编：马松源

责任编辑：高晓彬

装帧设计：博雅圣轩藏书馆 Boyashengxuan Cangshuguan

出版发行：线装书局

　　　　　地　　址：北京市西城区鼓楼西大街41号（100009）

　　　　　电　话：010-64045283（发行部） 64045583（总编室）

　　　　　网　　址：www.xzhbc.com

经　　销：新华书店

印　　制：北京彩虹伟业印刷有限公司

开　　本：787mm×1092mm　1/16

印　　张：168

字　　数：2040千字

版　　次：2016年1月第1版第1次印刷

印　　数：0001－3000套

定　　价：1580.00元（全六册）

世界顶尖名校哈佛大学

　　哈佛大学简称为"哈佛"，坐落于美国马萨诸塞州剑桥市，是一所享誉世界的私立研究型大学，是著名的常春藤盟校成员；这里走出了8位美利坚合众国总统，上百位诺贝尔获得者曾在此工作、学习，其在文学、医学、法学、商学等多个领域拥有崇高的学术地位及广泛的影响力，被公认为是当今世界最顶尖的高等教育机构之一。

　　哈佛大学同时也是美国本土历史最悠久的高等学府，其诞生于1636年，最早由马萨诸塞州殖民地立法机关创建，初名"新市民学院"，为纪念在成立初期给予学院慷慨支持的约翰·哈佛牧师，于1639年3月更名为哈佛学院；1780年，哈佛学院正式改称哈佛大学。截至2014年，哈佛大学下设13个学院，总共46个本科专业6700余人和134个研究生专业14500余人。

哈佛校园内的约翰·哈佛雕像

在哈佛大学行政大楼前，矗立着约翰·哈佛的雕像，上悬美国国旗，像基镌刻着3行字："约翰·哈佛"、"建校者"、"1638"。1638年9月，在约翰·哈佛临死前立下遗嘱：将自己一半的财产（779英镑）和所有的图书（约400本）捐赠给河对岸那所新成立的学院，这是该学院成立以来所接受的最大一笔捐款。为表示感谢，校方决定，将这所尚未正式命名的学院命名为哈佛学院。

这个雕像虽然标注着哈佛先生的名字，但雕刻的并不是哈佛先生本人。由于哈佛先生没有留下任何的影像资料，当后人计划修建这样一尊雕塑时也就没有了模板，只能在当时的哈佛大学里找到一位比较帅的学生作为雕刻的模特，顶替哈佛先生，这种情况在美国大学中并不少见。传说摸他的左脚能够拥有智慧，并且可以带来好运，所以，他的左脚被摸的特别光亮，因此，这个雕像成了游览哈佛校园必看的景点。

哈佛中国碑

　　哈佛大学校园内，有一座来自中国圆明园的石碑，这是 1936 年哈佛大学 300 周年校庆时，中国哈佛同学会送给母校的一座纪念碑，当时胡适先生还做了演讲。

　　石碑上中文刻写着："文化为国家之命脉。国家之所以兴也系于文化，而文化之所以盛也实系于学。深识远见之士，知立国之本必亟以兴学为先。创始也艰，自是光大而扩充之，而其文化之宏，往往收效于数百年间而勿替；是说也，征之于美国哈佛大学，兹益信之矣！……今届母校成立三百年纪念之期，同人等感念沾溉启迪之功，不能无所表献，自兹以往，当见两国文化愈益沟通，必更光大扩充之，使国家之兴盛得随学问之进境以增隆。斯则同人等之所馨香以祝，而永永纪念不忘者尔！西历一九三六年九月哈佛大学中国留学生全体同人敬立"。

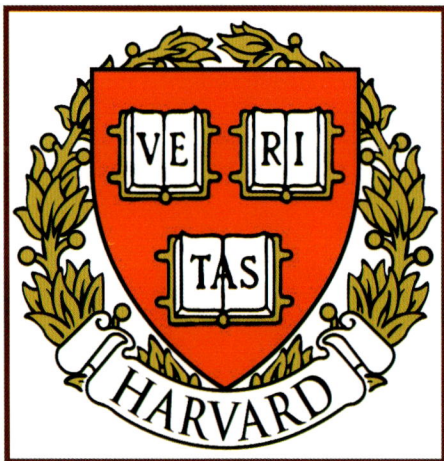

"失而复得"的校徽

哈佛大学的校徽是"Veritas"，它是拉丁文"真理"的意思。

哈佛校徽诞生于学院在1643年12月27日举行的一次会议。邓斯特院长在主持了那次会议后，就随便将那次的会议记录丢置在一堆文件当中，一直无人问津。直至200年后才把这份"失而复得"的校徽图案作为本次校庆的一个重要项目推介给师生。

哈佛大学的中国"总统"

美国历史上曾经有3位总统曾任过哈佛大学研究生院学生会主席，因此该职位也被称为哈佛"总统"。2006年的竞选在三个美国男生和一个中国女生中间进行。按照美国的竞选规则，男生甲首先爆出了男生乙和男生丙的家庭丑闻，但同时也提升了中国女生的支持率。于是就产生了美国哈佛第一任华人学生会主席——中国女孩朱成。

哈佛大学校门和门上的"猪头"

哈佛是美国最古老最著名的大学，在学校的校门头上刻着一个猪头，是为了时时提醒哈佛的学子不要恃才自傲，要象猪一样谦虚。

这里还有一种说法：建校之初，为了庆祝哈佛皮划艇代表队夺得冠军，学生们兴高采烈地宰杀了一头猪，并把猪头悬挂于校门，以示庆贺。而今天，人们赋予"猪头校门"更多的寓意：哈佛教育研究水平顶尖，即便是猪头猪脑般的"蠢才"来到哈佛，也能够学有所成。

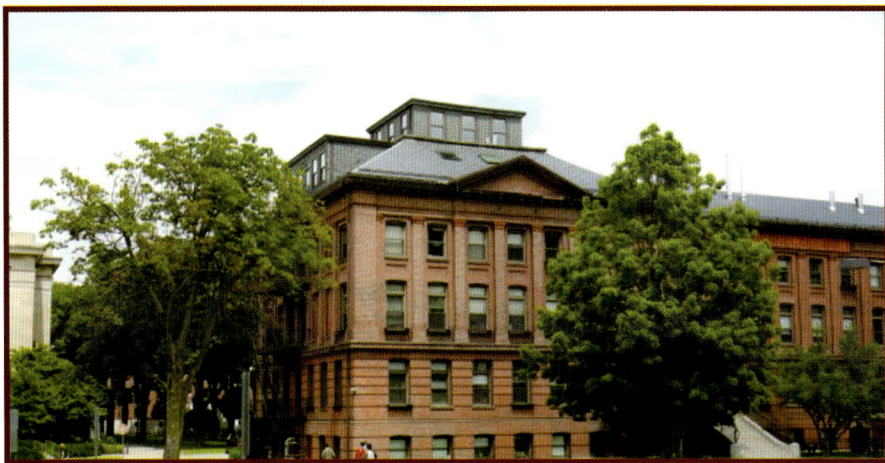

哈佛法学院

　　哈佛法学院创立于 1817 年，位于麻州波士顿市郊的剑桥查理士河河畔，虽然比大学部 (Harvard College) 建校 (1636) 晚几近两百年，仍是美国最古老的法学院。传承着常春藤盟校的盛名，哈佛大学前后曾经栽培过八任美国总统，逾四十位教授或校友曾获诺贝尔奖，大学部及法学院向来皆列全美排行前三名。

　　哈佛法学院提供三个主要的学位学程，即 JD、LL.M 以及 S.J.D；另外该院的协商训练课程也甚为知名。

哈佛商学院

　　哈佛大学可算是全美所有大学中的一项王冠，而王冠上那夺人眼目的宝珠，就是哈佛商学院。被美国人称为是商人、主管、总经理的"西点军校"，美国许多大企业家和政治家都在这里学习过。在美国 500 家最大公司里担任最高职位的经理中，有 1/5 毕业于这所学院。哈佛工商管理硕士学位 (MBA) 成了权力与金钱的象征，成了许多美国青年梦寐以求的学位。哈佛商学院是一个制造"职业老板"的"梦工厂"，哈佛的 MBA 每个人都疯狂地关心企业的成长和利润，他们都是商业活动的职业杀手。

哈佛走出的八大美国总统

哈佛大学名人榜

　　历史上，哈佛大学的毕业生中共有八位曾当选为美国总统。他们是约翰·亚当斯（美国第二任总统）、约翰·昆西·亚当斯、拉瑟福德·海斯、西奥多·罗斯福、富兰克林·罗斯福（连任四届）、约翰·肯尼迪、乔治·沃克·布什和第44任总统贝拉克·候赛因·奥巴马。哈佛大学的教授团中总共产生了44位诺贝尔奖得主（不包括得奖校友的人数）和30名普利策奖得主。此外，还出了一大批知名的学术创始人、世界级的学术带头人、文学家和思想家，著名的外交家、美国前国务卿亨利·基辛格和中华台北总统马英九也出自哈佛。

前　言

　　哈佛大学（Harvard University），简称为"哈佛"，坐落于美国马萨诸塞州剑桥市，是一所在世界上享有顶尖学术地位、声誉、财富和影响力的高等教育机构，并获誉为是美国政府的思想库，是著名的常春藤盟校成员；这里走出了 8 位美利坚合众国总统，上百位诺贝尔奖获得者曾在此工作、学习，其在文学、医学、法学、商学等多个领域拥有崇高的学术地位及广泛的影响力，被公认为是当今世界最顶尖的高等教育机构之一。哈佛同时也是美国本土历史最悠久的高等学府，其诞生于 1636 年，最早由马萨诸塞州殖民地立法机关创建，初名"新市民学院"（the college at New Towne），为纪念在成立初期给予学院慷慨支持的约翰·哈佛牧师，于 1639 年 3 月更名为哈佛学院；1780 年，哈佛学院正式改称哈佛大学。

　　哈佛大学是辉煌的，但哈佛大学中的哈佛商学院更令人称道。美国教育界有这么一个说法：哈佛大学可算是全美所有大学中的一项王冠，而王冠上那夺人眼目的宝珠，就是哈佛商学院。建校近百年的哈佛商学院是美国培养企业人才的最著名的学府，被美国人称为是商人、主管、总经理的西点军校，美国许多大企业家和政治家都在这里学习过。在美国 500 家最大公司里担任最高职位的经理中，有 1/5 毕业于这所学院。哈佛工商管理硕士学位（MBA）成了权力与金钱的象征，成了许多美国青年梦寐以求的学位。哈佛商学院是一个制造"职业老板"的"工厂"，哈佛的 MBA 人人都疯狂地关心企业的成长和利润，他们有着极强的追求成功的冲动，和自命不凡的意识，他们是商业活动中的职业杀手。MBA 平均年薪可达 10 万美金以上，以致美国人指责 MBA 的第一条缺点就是他们的身价太高。

　　哈佛商学院，商界的梵蒂冈；MBA，成功与富有的象征。在中国，"哈佛商学院"似乎成为一种神话，一种迷信。说哈佛，谈 MBA 好像成为一种时髦和时尚。而真正的有识之士早已在一片浮躁的流行色中开始踏踏实实地接触和学习哈佛 MBA 本质的东西；在中国，已有 50 所名牌大学，借鉴外国经验开设的 MBA 研究班，每年有数万人报考，考生人数年年剧增。据闻有些已获其他学科的博士返过头来再读工商管理硕士学位。想成为 MBA，并不一定要去参加全国考试，虽然那是正确而明智的选择，但这种选择只属于少数幸运者。事实上，是商品经济给 MBA 笼罩上了一层神秘的光环，MBA 只是一种资格，一种教育，即使你已经是一个 MBA 毕业生，那也仅仅是你在成功路上跨出的第一步。要想成为真正的名副其实的 MBA，还需在实践中努力，在实践中继续学习。哈佛商学院的名望，不仅是由于她首创了 MBA 学位，也不仅是因为她在管理教学中首创了案例教学法，还不仅是基于她拥有一个庞大的明星教授群，而是因为她确确实实向社会输送了大批极其优秀的人才。正是这些毕业生在社会上的卓越表现，才使哈佛商学院扬名世界。美国《幸福》杂志的调查显示，美国 500 家最大公司的高层管理人员中，有大约 20% 是哈佛商学院的毕业生。他们活跃在各公司的总裁、总经理、董事长等等显赫位置上。他们所经营和管理的公司，是全美、甚至全世界声名卓著、资产雄厚、独霸一方的超级企业。因为他们为社会和经济发展所做出的贡献，为世人所肯定和尊重，才使他们的母校成为人们心目中超一流的学府。另外，不少人还将哈佛商学院的 MBA 证书，看作是进入高级管理阶层的通行证。

学管理就要去哈佛，不妨让我们走进哈佛大学的教室，在这里，我们可以看到哈佛大学至高的管理智慧。一名出色的管理者要精通员工管理、组织管理、战略管理、企业文化管理、市场营销、创新管理、危机管理、管理者的自我管理……哪个环节上出了问题，都会给企业带来致命的伤害。企业就像是风雨飘摇中精贵的瓷器，任何管理上的闪失，都有可能让你在顷刻间土崩瓦解。做管理必须要有一种严谨务实的心态，时刻绷紧一根弦，即使做不到尽善尽美，也不能马虎大意。在这里能升级你的管理思维，开拓直达成功的管理思路；能帮你从残酷的竞争中脱颖而出，让你成为企业的管理精英；当然，造就中国的经理阶层，构筑中国现代化企业和经济的脊梁，是一项庞大的社会工程，需要一代甚至几代人的努力。有鉴于此，我们组织有关专家学者编撰了这套《哈佛管理全集》，但愿本书的出版，能为这项工程添砖加瓦，同时，也希望更多的人来关心和参与这项工程。我们相信，中国的未来是美好的，中国一定以独有的姿态立于世界强国之林；我们也相信，中国的经理阶层，一定会既具有儒雅的东方哲学思想和典型的中华民族个性，同时也具有西方发达国家经理阶层那种开放、自由、勇于冒险、追求自我实现的实用哲学思想和对市场高度敏感的头脑，我们衷心地盼望着、呼唤着中国总经理时代的到来。

目　录

世界传世藏书

哈佛管理全集

目录

二

第一章　哈佛大学

一、哈佛大学概述

哈佛大学的历史

哈佛大学是美国最古老、最著名的大学。哈佛大学创建 300 多年以来，为美国以及世界培养了无数的政治家、科学家、作家、学者。17 世纪初期，首批英国移民在北美登陆，一部分人选择在波士顿定居，在这些居民里，有一批曾在牛津大学或者是剑桥大学受过古典高等教育的清教徒，为了子孙后代能够受到同样质量的高等教育，他们于 1636 年建立了这所学府，当时被称为剑桥学院。

哈佛大学校园一角

约翰·哈佛是美国马萨诸塞州查尔斯城的一名牧师。1607 年 11 月 26 日出生于英国伦敦，1638 年 9 月 24 日因患肺结核病去世。临死前，他立下遗嘱将自己一半的财产和所有的图书捐赠给河对岸剑桥学院。这是该学院成立以来所接受的最大一笔捐款，为表示感谢，校方决定，将这所尚未正式命名的学院命名为哈佛学院（也就是现在的哈佛大学）。

哈佛大学的成就

迄今为止，有8位美国总统出自哈佛。他们是：约翰·亚当斯、约翰·昆西·亚当斯、拉瑟福德·海斯、西奥多·罗斯福、富兰克林·罗斯福、约翰·肯尼迪和乔治·沃克·布什和巴拉克·奥巴马。

哈佛出身的著名人文学家、作家、历史学家有亨利·亚当斯、约翰·帕索斯、拉多夫·爱默生、亨利·梭罗、亨利·詹姆斯；心理学家威廉·詹姆斯；新闻记者沃特·李普曼和约瑟夫·艾尔索普等。

著名科学家有：天文学家本杰明·皮尔斯、化学家西奥多·理查兹、地质学家纳萨尼尔·谢勒等。

已有33位哈佛毕业生是诺贝尔科学奖金的获得者。亨利·基辛格不算在内，因为他获得的是诺贝尔和平奖金，记入在政府官员的史册。美国前总统里根的内阁成员中，国防部长温伯格、财政部长里甘、交通部长刘易斯，都是哈佛大学的毕业生。世界首富比尔·盖茨也曾在哈佛读书。还有前任美国总统乔治·布什、美国前副总统戈尔，现任总统奥巴马，纽约市长彭博，马萨诸塞州州长罗姆尼，菲律宾总统阿罗约，现任的国民党主席马英九也是哈佛的毕业生。

哈佛大学之所以高踞当今世界大学之巅，是与她杰出的教学方法与辉煌的教育成就分不开的，ABC著名电视评论员乔·莫里斯在哈佛350周的年校庆时曾这样说道："一个曾培养了8位美国总统、33位诺贝尔奖奖金获得者，32位普利策奖获得者，数十家跨国公司总裁的大学，她的影响足以支配这个国家……"

二、哈佛商学院概述

王冠上夺人眼目的宝珠

哈佛大学是辉煌的，但大学中的哈佛商学院更是令人称道。在美国，甚至全世界，名气最大的商学院之一就是哈佛大学商学院。

哈佛大学商学院有大约200名教授，每年要吸收大约900名研究生。这些研究生全都具有工作经验。另外，商学院每年还为大约 5000 名公司企业的高级主管人员提供长则几个月，短则几天的在职培训。学院的办学特点之一，是鼓励教授为公司企业顾问咨询。打开哈佛商学院的电脑网址，你就能身临其境地体会到这个第一流商学院的活力。在这里，你能和商学院的毕业生对话，参加商学院为学生开办的"商业计划竞赛"，了解硅谷高科技行业的最新动态。更让人印象深刻的是，商学院的网址每时每刻都推出很多公司企业最新的财政报告。这是为了让学生对美国的经济和公司企业的运行了如指掌，了解最新动态，并随时做出分析。

哈佛商学院的一个重要特点是，这里的研究和课程都十分贴近现实。每天老师都会问学生，他们如何解决一个具体公司企业面临的问题。教授上课，讲得最多的是公司企业的案例分析。为了能够在教学中向学生提供最生动最现实的信息，哈佛商学院鼓励教授在校外为公司企业从事顾问和咨询工作。很多教授甚至经常到海外进行实地考察，和外国的公司企业密切合作。

美国教育界有这么一个说法：哈佛大学可算是全美所有大学中的一项王冠，而王冠上那夺人眼目的宝珠，就是哈佛商学院。

三最学院

最大

哈佛商学院成立后第一期招生数仅 59 名，到 1916 年增至 142 名，但受第一次世界大战的影响，1918 年仅招收了 18 名学生，为哈佛商学院历史上招生人数最少的一年。随着战争的结束，学生数激增，1919 年招生人数高达 412 人。目前哈佛商学院每年招生 800 名左右，包括工商管理博士、在职管理人员课程学生，在籍学生数达 4000 多人，此规模为美国之最。

最富

哈佛商学院除以高额学费著称，收入颇丰之外，最主要的还是其具有高超的筹资技巧。与世界大公司、大银行的成功的联姻攀亲使商学院的基金高达 2.5 亿美元，比美国所有其他管理学院的总和还多。其每年年度预算高达 1 亿美元。

哈佛商学院的生财之道五花八门。《哈佛商业评论》以及哈佛商学院出版社的出版物为哈佛商学院带来丰厚的收益，学生们每人需付 2000 多美元购买案例资料，需花900 美元月租去住学校提供的一居室宿舍，要利用学院的健康中心，还要为毛巾和衣柜另行付费，连学生们被写进校权会名录也要收费。校友会的一项重要活动——捐款，也是学院的财路之一，1995 年竟然创纪录从历届毕业生中募集 2000 万美元。所在地的一切都说明了哈佛商学院的生意经不是空泛的理论，哈佛的行政管理者可谓是非常高明的"企业家"。

最有名望

哈佛商学院的名望，不仅是由于她首创了 MBA 学位，也不仅是因为她在管理教学中首创了案例教学法．还不仅是基于她拥有一个庞大的明星教授群，而是因为她确确实实向社会输送了大批极其优秀的人才。正是这些毕业生在社会上的卓越表现，才使哈佛商学院扬名世界。

美国《幸福》杂志的调查显示，美国 500 家最大公司的高层管理人员中，有大约 20%是哈佛商学院的毕业生。他们活跃在各公司的总裁、总经理、董事长等等显赫位置上。他们所经营和管理的公司，是全美、甚至全世界声名卓著、资产雄厚、独霸一方的超级企业。因为他们为社会和经济发展所做出的贡献，为世人所肯定和尊重，才使他们的母校成为人们心目中超一流的学府。不少人将哈佛商学院的 MBA 证书，看作是进入高级管理阶层的通行证。

三、哈佛商学院的入学标准

哈佛商学院每年要招收 750 名两年制的硕士研究生、30 名四年制的博士研究生和 2000 名各类在职的经理进行学习培训；暑期还要招收学制六周的"专业管理（如医疗卫生管理、大学及学院管理等）进修班"。全年可以开设政策、决策、计划、控制、财务、市场、生产运行、科技开发、组织结构、行为科学、数学方法、计算机技术等 100 多门课程。

在哈佛，每年有来自世界各地的约 6000 多名报考者竞争 800 个名额，入学率一般在 16%左右。学生们的平均已工作年限为四年，平均年龄在 26.4 岁。

哈佛商学院的入学手册上写道："优秀的潜在管理才能是唯一的入学标准"。不过，学校的招生委员会一般要考虑学生的三个基本条件：智力（在校学习成绩）、潜在管理能力和个人领导才干和气质。

此外，入学标准还要参考学生的管理能力测验（GMAT）的成绩。管理能力测验是美国为申请管理学校而专设的统一考试项目。测验学生的语言、数学和推理能力。该测试每年在世界各地举行五次。哈佛学生的 GMAT 平均分数在 650 分左右。

不过从个人角度讲，由于高昂的学费和其他费用，谁也不能否认经济条件是入学的基本标准之一。

哈佛商学院不断实行改革，例如它在录取新生时，已不主要考虑 GMAT（研究生入学考试）分数。更注重学生入学前的实际工作经验。哈佛在努力使学生来源多样化，在努力探讨和发展那些决定学生毕业后事业成功的其他因素。

招生主要依据个人的简历资料，大学时代教授的推荐和工作单位的介绍，已越来越受到重视了。但书面材料仍是最基本的选拔依据。

哈佛商学院的入学申请过程，是所有商学院中最难，也是最长的。这个过程为那些迫切想进哈佛的学生，提供了一个在各方面充分展示自己能力和个性的机会。

填写哈佛商学院的入学申请表有 21 页之多，颇像写自传，在洋洋数千言的九篇文章里，除回答一般性的问题外，学生必须陈述入学动机，剖析自己的优缺点，列举兴趣嗜好，还要列出自己的三项突出成就及其原因。你要能证明你有完成两年学业的充分能力；你必须有正确的道德观念；你必须显示出创造性的思维能力；你要有大学时代掌握的牢固的理论基础；你还必须有一个健康的体魄。

能否顺利通过选拔的关键，是你必须找到一种方法，使你有别于众多的报考者，必须突出自己的个性特点。进入哈佛商学院也需要相当的技巧，有人甚至说，那些能够进哈佛读书的人，应该免修市场营销课，因为他们在入学阶段，就已经非常成功地显露了他们在为自己定位，以及表现自己特点差异化方面的卓越才能。

另一个决定能否进入哈佛商学院的重要因素是推荐信的好坏，校方特别重视他人对你在大学学习和单位工作时的表现和成绩的评价。近几年中，哈佛商学院所要求的推荐信的数量越来越多，这表明了在决定录取时推荐信的重要性越来越高。推荐信主要来自两个方面：一是原来工作单位的；二是所毕业大学教授的。推荐信的内容要求对被推荐人的领导及管理能力，道德行为表现，以及智力水平做出评价。

过去进哈佛商学院并没有面试一项，而现在，面试已成为选拔学生的一种重要方式。绝大多数学生都是大学时代的优秀生，他们不但有大学教授及工作单位的良好推荐信，而且有的已经在管理企业上初显身手。

进了哈佛，并不是就进了保险箱，你不竭尽全力去拿下那些规定的学分，就会被甩出来。事实上，确实有相当部分的学生因各种原因无法顺利毕业。究其缘由，是哈佛有一套严格的评分方法。

评分方法是产生竞争激烈现象的主要根源之一。因为评分采用一种强制性的分配方法，将分数分成四等：Ⅰ、Ⅱ、Ⅲ、Ⅳ，最高的一等Ⅰ是优秀；Ⅱ是良；Ⅲ是及格；Ⅳ是不及格。哈佛商学院这种强制性的评分方法，使每个班有 10% 的学生得不到"良以上"的成绩，不到3%的学生要被迫退学。

每个班成绩最好的10~15%的同学得Ⅰ；成绩中等的70~80%的人得Ⅱ；成绩差的10~15%的人得Ⅲ。得Ⅳ的人属极个别，但他们仍潜在地影响着其他同学的成绩。一般来讲，课堂发言占分数的25~50%，其余的根据考试成绩和论文进行评分。

另外，哈佛商学院的学生招考之前，要对考生先经过一次有趣的测试，这个测试，将是学生进入MBA教程的第一步，也是很重要的一步。大部分人或许宁愿相信花1000美元去向专家请教答案，不过现在举行的这项测验也是经过各专家协力拟定的，效果既快又好。有些问题乍看之下是相当可笑，可是却能探测出连自己都觉察不到的潜在的意识。

四、哈佛MBA的教育目标、课程安排及学制

教育目标

1. 方向

建校101年的哈佛商学院（Harvard Business School，简称，HBS）是美国培养企业人才的最著名的学府，被美国人称为是商人、主管、总经理的西点军校，美国许多大企业家和政治家都在这里学习过。在美国500家最大公司里担任最高职位的经理中，有1/5毕业于这所学院。哈佛工商管理硕士学位（Masterof Business Administration 简称MBA）成了权力与金钱的象征，成了许多美国青年梦寐以求的学位。

哈佛商学院是一个制造"职业老板"的"工厂"，哈佛的MBA人人都疯狂地关心企业的成长和利润，他们有着极强的追求成功的冲动，和自命不凡的意识. 他们是商业活动中的职业杀手。MBA平均年薪可达10万美金以上，以致美国人指责MBA的第一条缺点就是他们的身价太高。

2. 基金

哈佛商学院是如今美国最大、最富、最有名望，也是最有权威的管理学校。哈佛商学院的基金达2.5亿美元之巨，比美国所有其他管理学校的总和还多。商学院目前年度预算达1亿美元，其中用于教学研究和课程发展上的资金约3000万美元。

课程设置

工商管理硕士课（MBA）是哈佛商学院教学的中心内容。此外，还有工商管理博

哈佛商学院

士课（DBA），目前有近百名学生，以及十种专为在职经理人员开设的课程，每年约有1800人参加。工商管理博士课程创设于1922年，主要培养师资和研究人员。在职经理人员课程分好几种，参加者均由所在的公司出资。教学方法多是案例法。每周上课六天，参加者一律住在学校。

HBS的学制为两年，第一学年学习统一的必修课程，第二学年制进入专业课程，近90年来一概如此。HBS的课程设置已经成为几乎所有大学的商学院硕士课程的参考模式，其校规校纪也为其他学校所模仿。

但是，哈佛商学院的教学计划存在着一个令人奇怪的不平衡。第一年的课程压得人喘不过气来的紧张，第二年却有些无所事事的轻松。

一年级课程

一年级课程的典型安排是，每周上午三节80分钟的课。每节课基本安排一个案例，一般学生准备一个案例要3~4个小时，加上课外学习小组和上课时间，每天大概要学习13~18个小时。很多学生差不多每天要学习到凌晨一两点钟，然后睡上几小时，再爬起来去上。8点半的课。学生们估算，至少有75%的学习任务被压缩在第一年的两个学期内；20%则留到第二年的第一个学期，到第二个学期只剩下了5%的学习任务。因此可以说，第一年要玩命地拼，第二年可以拼命地玩。第一年的第一个学期，对第一个进过哈佛商学院的人来讲，都是难以忘怀的。

可以说，这是一个"学而生畏"的学期。这一学期的课程都是必修课。任何人都不能弃权和例外，哪怕你是注册会计师，你也必须上会计课。刚进学院的新生对独特的案例教学法尚不熟悉，准备起来困难重重、几十页一个的案例，对于非英语圈的留学生来讲，更是蜀道青天。因为所有的必修课几乎都必须在第一、二学期修完，所以你不能为了使学习轻松些而推迟学习任何难度大的课程。因此，就是那些颇具天才、毕业后也做出了显赫成就的学生，在开始的几个星期，也不免要怀疑自己的能力。即使那些最优秀的学生，在第一次期中考试前的紧张也会达到极点。

二年级课程

对大多数学生来说，过了第一学期就可以松口气，并相信自己剩下的时间也能顺利渡过。一种成就感和乐观精神便取代了开始几个月普遍存在的不安和紧张心理。到了第二学期，多数学生依然埋头学习与研究，但自信心已在他们身上扎下根来。HBS的第二年完全不同于第一年。除了一门必修课外，所有的课由学生自己选修，所以课堂参与的兴趣提高了，班级也更小了。每个班通常只有40~70人了，不像第一年那样。你要和89个同学呆在一起。这样，学生们的参与频率也提高了，同时，在被教授点名时也不那么紧张了。准备案例的时间基本缩短为两个小时以内，但每天合计仍有6个小时的学习。这并不意味着第二年的案例容易些了。实际上，案例通常是更长、更难了。但是在第一年接触过400多个案例后，学生们更善于抓住案例的核心，更善于分析案例中的关键因素了。

必修、选修课

为了培养学生的各种技能，哈佛商学院设置了12门必修课和多门选修课。12门必修课包括：管理经营战略与方针、管理控制、管理经济学、市场营销学、组织行为学、管理沟通、人力资源管理、生产与作业管理、财务管理、企业与政府及国际经济、经营管理模拟训练、怎样做好一个总经理。其中前11门课程安排在第一学年进行，而怎样做好一个总经理这门课程则是安排在第二学年学习的唯一一门必修课。

经营战略与方针课，要在两年内学完，两年的讲课重点各有侧重，第一年主要讲企业高层管理者在制定企业战略方针中的作用和责任；第二年则主要集中在战略如何实施方面。这门课程被视为HBS整个课程体系的基础，是用来培养学生作为一企业的高级管理人员，所应该掌握的有关经营管理方面的各种知识和能力。

管理控制课，主要讲授如何客观地评价企业的经营状况，对企业的整体及企业内部各部门之间的业绩进行计划、预测和检查等方面的技巧和各种具体程序。

管理经济学课，主要讲授在决策过程中进行分析所需要的各种数学和统计方法。使学生掌握如何把一个具体的复杂问题进行分解，进而形成决策。

市场营销学课，是一门与经营战略方针有着密切关系的课程。其主要讲授：如何按照市场需求来开发产品；如何选择并进行正确的市场定位；如何进行产品的广告宣传；如何根据消费者的需求和购买能力来推销产品等内容。

组织行为学课，是一门在管理类院系中普遍设置的课程。在 HBS 的这门课程上其主要是通过进行管理游戏的方法来引导学生了解企业组织中人的需求、动机与行为的关系；理解什么是企业文化；什么是企业组织结构；企业中人与人之间的关系是什么等等。

管理沟通课，主要讲授如何对企业内存在的各种问题、报告、提案和决策等进行调查并向企业内外进行传达和交流。

人力资源管理课，是组织行为学的深化，其主要讲授为实现企业的经营战略方针，如何协调和处理人与人之间的关系以调动人们的积极性。

生产与作业管理课，是一门综合性较强的课程，其主要讲授如何通过分析有关生产过程、操作方法、生产能力利用率、作业规划、新工艺采用、质量控制等多方面的实例，来有效地使用人力、财力、原料、机器，以组织日常的生产活动、降低成本、提高质量、增加投资收益率，并学会制订远期生产战略和技术开发战略。

财务管理讲授课的主要内容是：如何通过最合理的资本构成和做出正确的投资和财务决策，从而使企业的资金处于最良好、最有效的运动状态。

企业与政府及国际经济课，这门课程综合了经济、政治、历史、金融、法律、商业政策等学科的知识，讨论一个国家一个企业如何根据国内外的政治经济形势来制定自己的发展战略。

经营管理模拟训练课，则主要是让学生根据以上所学的知识来处理实际问题。

例 1：怎样做好一个总经理课程

怎样做好一个总经理课，主要讲授一个成功的总经理应该具备的品质、应该扮演的角色，以及如何培养这些品质，怎样在不同的情况下扮演不同的角色。

二年级的唯一必修课研究的是怎样做好一个总经理。我们都知道，哈佛商学院培养的目标就是总经理式的通才，而非会计师、市场分析家、生产计划专家等专才。

现代企业的所有者——股东一般不参与经营管理。由代表股东利益的董事会任命总经理委以代理人的重任。股东希望得到更多的利润，更高的投资效益率，本是天经地义的。同时，工人也想得到更多的工资，使用更新的机器设备，有舒服的工作环境，也无可厚非。此外，顾客、供应商、社会对企业都各有要求。总经理的任务是在统筹兼顾各方面利益的情况下，率领企业在市场上成功地竞争。

这里必须指出，总经理和领袖不是一回事。领袖不必是总经理，总经理未必是领袖。任何职位上的人都可以发挥领导作用，但只有成功的总经理才同时是领袖。领袖最基本的特点是富于远见，敢想敢为；他有远大的理想，充满信心，他能用这种理想激励别人，使别人跟自己走。领袖不是把自己的理想强加于人，他的魅力在于能用理想打动一大群人，使他们产生跟自己一样的信心、热情和干劲，从而参加到实现这一理想的努力中去。

例 2：经理培养

哈佛商学院认为：一个成功的总经理应该是一个全才，至少应具备三种技能，即：技术技能，人事技能和概念技能，这三种技能可以排除特殊品性的必要，也可提供正确看待和处理管理过程的有效方法，这也就是哈佛商学院在第一学年的 11 门必修课中所学习的。

另外，哈佛还认为：具有创造力是作为一个出色的总经理的基础，而具有创造力应培养如下：

特质：

具有创造力

1. 好奇心，这决定创造力的大小。

2. 具有创意和开放的思想。

3. 对问题具较强的敏感性。

4. 在困难面前能够自信，在机遇面前能够大胆。

5. 适度的办事动机和强度，不急功近利更不优柔寡断。

6. 能够在庞杂的事情面前，抓住问题的核心，做出正确的选择。

7. 具有创造性的记忆，使记忆的片段相互联系，具有跳跃的流动性。

面对企业组织日益复杂的今天，管理工作成了一件十分复杂的事，要想成为一个好经理，必须每件事都要做得圆满，需要高素质的总经理，他必须是：一个好的策划人；一个组织能手；一个协调人；一个管制人；一个分析人；一个推动人；一个设计人；一个意见沟通人；在许多情况下也必须是个老师；一个好学不倦的人；必须是一个决策人。总经理是一个天才，是一个全才。

例 3：能力与否

哈佛认为，总经理是企业的总指挥，他的能力与否，直接影响着企业的生存与发展。实际上，一个总经理就像一个乐队的指挥一样，当每一种乐器各自为政地演奏时很吵闹，但通过指挥者的努力，洞察及领导就能将其配合成为有生命的乐章。但是，指挥的人手中是有作曲家所做的乐谱，指挥者仅是解释乐谱的人而已。总经理则不然，他既是作曲家，又是指挥者。这一特殊的身份就要求总经理在企业的经营管理活动中明确自己所扮演的角色。

上述这些非专业性的素质培养，则都属于"总经理学"这门第二学年唯一的一门必修课的范围，"总经理学"主要讲授一个成功的总经理应该具备的品质、应该扮演的角色，以及如何培养这些品质，怎样在不同情况下扮演不同的角色。可以说，"总经理学"是对 MBA 其余课程的总结与升华，它促使学生由量变到质变，同时，也是从象牙塔走向商界的桥梁。

"总经理学"主要讲授一个成功的总经理应该具备的品质、应该扮演的角色，以及如何培养这些品质，怎样在不同情况下扮演不同的角色，它讲授的是真正的"管理"，而不是"管理学"，它培养的不是知识型的专业人才，而是能力型的高级管理人才；不是会计师，市场分析家、生产计划专家，而是总经理、经理。当然，这也就是哈佛商学院的目标。

在哈佛商学院，学生们除了学习企业管理方面的各种知识外，还要学会独立处理其他许多课题。他们必须培养自己各方面的决策能力，并且要学会在做出这些决策后对它们的自我认可。换言之，哈佛商学院特别注重培养学生们的独立思考能力。

前面讲过，哈佛商学院的课程以案例教学为主，这是一种没有唯一正确答案的教学方法。但恰恰是这种没有唯一正确答案的案例教学法迫使学生们去独立思考。

哈佛商学院为了保证课堂教学所用案例的多样性和全面性，所有的案例在正式列入课程之前，都要经过反复认真的讨论。一个案例通常要讲两三节课。每一节课 80 分钟，每节课开始，任课教授首先指定一个学生起来说明案例、分析问题并提出解决问题的手段，或者指出实现公司目标的方法和途径。所给时间一般是 10 ~ 20 分钟。然后其他学生则分别从自己角度来分析同一个案例，阐述自己的看法、分析、判断、措施，以及在哪些地方比第一个发言者所说的更好。

五、毕业生流向

哈佛商学院毕业的学生大多数有着令人羡慕的职业、高额的收入。下面我们看一下哈佛毕业生从事最多的 20 种职业以及每个职业的收入状况。

首先看一下哈佛毕业生中收入最高的四个职业，公司总裁（ChiefExecutive Officer）排在首位，全美国哈佛大学毕业生担任公司总裁的中位年薪是 19 万 1000 美元。排在第二位的是管理顾问，他们的中位年薪是 12 万 2000 美元。排在第三位的是软件设计师，他们的中位年新是 11 万 5000 美元。排在第四位的是投资银行合伙人，他们的中位年薪是 11 万美元。

专家指出，哈佛大学本科毕业生毕业后所从事最常见的二十种工作，其实也就是我们大家都很熟悉的工作，不过毕业生大多选择私人公司，进入政府机构和公共服务行业的比例较低。首先是管理顾问，他们的中位年薪是 12 万 2000 美元。接下来是高级软件工程师，他们的中位年薪是 9 万 8600 美元。以下依次为软件开发工程师，他们的中位年薪是 7 万 6900 美元。非营利组织的执行总裁，他们的中位年薪是 6 万 4100 美元。投资银行分析师，他们的中位年薪是 8 万 2500 美元。软件设计师，他们的中位年薪是 11 万 5000 美元。高中教师，他们的中位年薪是 4 万 9400 美元。公司总裁，他们的中位年薪是 19 万 1000 美元。商业顾问和公司经理，他们的中位年薪是 10 万 7000 美元。公司总裁助理，他们的中位年薪是 4 万 9400 美元。

金融领域也是很多哈佛毕业生最喜欢选择的行业，投资银行合伙人的收入最高，他们的中位年薪为 11 万美元。信息技术的项目经理的中位年新为 9 万 6500 美元，律师助理的中位年新为 4 万 6900 美元，财务经理的中位年新为 6 万 8200 美元，非营利组织的项目经理的中位年新为 4 万 6500 美元，商业分析师的中位年新为 6 万 6800 美元，金融、有价证券分析师的中位年薪为 6 万 6800 美元，软件行业的项目经理的中位年新为 9 万 7800 美元，金融研究分析师的中位年新为 5 万 8300 美元，高级编辑的中位年新为 6 万 7400 美元。

在美国大学本科毕业生的薪水排行中，哈佛大学并不占首位，反而是一些医学、工程类的大学本科毕业生的收入较高。哈佛大学商学院是美国商学院中最出名的，而且没有本科专业，只培养研究生。所以哈佛商学院的毕业生主要是进入管理领域，这在美国可以说是属于金领云集的行业。下面我们看一下哈佛大学商学院毕业生所从事的工作以及薪水待遇。

在 2009 年哈佛大学商学院的毕业生中，32% 的毕业生是就业于金融行业，中位基础年薪（即不包括红利）为 11 万美元。28% 在咨咨询顾问行业，中位基础年薪为 12 万 5000 美元。16% 在管理行业，中位基础年薪为 10 万 5000 美元。9% 在行销行业，中位基础年薪为 9 万 7000 美元。8% 在商业发展行业，中位基础年薪为 12 万美元。4% 在战略策划行业，中位基础年薪为 10 万 9000 美元。3% 在其他行业，中位基础年薪为 9 万 7500 美元。

如果按产业分，2009 年哈佛大学商学院毕业生 26% 担任商业顾问，中位基础年薪为 12 万 5000 美元。4% 在娱乐和新闻界担任经理，中位基础年薪为 10 万 4000 美元。31% 从事金融服务，中位基础年薪为 11 万美元。7% 在非营利组织和政府部门任职，中位基础年薪为 9 万美元。3% 服务于零售业，中位基础年薪为 10 万 5000 美元。2% 在其他类服务业，如房地产业，中位基础年薪为 10 万美元。7% 在卫生健保行业，中位基础年薪为 10 万 5000 美元。5% 在消费产品行业，中位基础年薪为 9 万 5000 美元。8% 在制造业，中位基础年薪为 11 万 2500 美元。7% 在科技行业，中位基础年薪为 11 万 2500 美元。

在不同雇主手下工作，哈佛商学院毕业生的薪水会有很大不同。例如在美国公司工作的人群，其中位年薪为 13 万 6128 美元。在大学工作的人群，其中位年薪为 10 万 2063 美元。在基金会工作的人群，其中位年薪为 9 万 8264 美元。在非营利机构工作的人群，其中位年薪为 6 万 5000 美元。在联邦政府工作的人群，其中位年薪为 10 万美元。在州和地方政府工作的人群，其中位年薪为 6 万 1994 美元。在连锁企业工作的人群，其中位年薪为 10 万 5000 美元。在医院工作的人群，其中位年薪为 21 万 3500 美元。自己开公司当老板的人群，其中位年薪为 10 万 1736 美元。

美国大公司为了吸引人才，对毕业于名校的毕业生不仅提供较高的薪水和优厚的福利，而且有的公司还会替代毕业生偿还大学学生贷款。为此，哈佛、宾夕法尼亚大学等美国培养工商管理人才最著名的大学业采取措施，如建立公共服务奖学金、提供实习项目等鼓励毕业生进入公共服务行业。有的大学对于进入公共服务行业的毕业生实行大学学费贷款免除的优惠，而更多的大学是为那些毕业后愿意进入公共服务行业的毕业生提供专项奖学金。

第二章　自我管理

一、自我管理是一切管理的起点

（一）管理你自己，做自己的 CEO

　　管理者在管理他人之前，先要学会管理自己。自我管理是管理的起点。管理者只有懂得如何在自己的工作中做到卓有成效，才能给被管理者树立榜样。

　　"认识你自己。"两千多年前，古希腊的哲人如是说。但是，哲人没有具体说怎么认识你自己。

　　"管理你自己"，管理大师德鲁克也有类似的名言。德鲁克一生共著书 39 本，在《哈佛商业评论》发表文章 30 余篇，被誉为"现代管理学之父"，是哈佛人最尊崇的一位管理大师。德鲁克深刻而务实地向管理者说清楚了怎么认识你自己，而且把"认识"上升到了"管理"的高度，认为管理自己是一切管理的起点。

　　怎么管理你自己呢？德鲁克说，你要问自己五个问题。

　　第一个问题是，我的长处是什么？

　　关于这个问题，很少有人真正知道正确答案。你应该向周围的人寻求反馈并加以分析，发现自己真正的长处，然后努力完善自己的长处。同时，找到那些妨碍自己发挥长处的地方，比如轻视自己专业领域之外的某种重要的技能，或者在人际交往中缺乏应有的礼貌，然后把它们改掉。

　　第二个问题是，我做事的方式是什么？

　　就像人的长处各有不同，做事方式也各有不同。比如你是"读者"，还是"听者"？"读者"喜欢看书面资料，"听者"习惯听口头汇报。又比如，你用什么方式学习？最常见的是"听"和"读"，但是也有许多人的主要学习方式是"写"或"说"。

在做事方式这个大问题下，要问的小问题也很多。比如，你是擅长团队合作，还是习惯单打独斗？你是擅长做一把手，还是习惯做副手？你是善于当决策者还是军师？你是在高压之下越战越勇，还是在和平有序的环境下才能出色发挥？你是在大公司还是在小企业更能取得绩效？而且，回答这些问题还不是关键，关键是回答问题后能否采取相应的行动。

第三个问题是，我的价值观是什么？

人和企业都有自己的经营价值观，如果二者冲突，就难以发挥高绩效。比如，如果你信仰内部培养人才而企业喜欢空降外援，你追求长期业绩而企业追求短期结果，你倡导突破性创新而企业愿意持续改善，这就是价值观的冲突，而不是谁对谁错的问题。

第四个问题：我该去哪里工作？

如果实在弄不清楚这个问题，那么，你至少应该知道你不能去哪里工作，知道该对什么样的工作机会说"不"，知道自己将以怎样的方式做一项新工作。

第五个问题：我该贡献什么？

要考虑到三方面的因素：一是形势的要求；二是基于自己的长处、做事方式和价值观，怎样能做出最大贡献；三是什么样的贡献影响最深远。

当然，认识你自己之后，要付诸相应的行动，这才是管理你自己。"实际上，"德鲁克说，"管理你自己要求每个工作者都要像一个 CEO 那样思考和行动。"

（二）超乎常人的毅力：绝不要轻言放弃

在哈佛商学院，学生们要过的第一关是语言。为了攻下这第一关，就要不断地学习、练习。而且，哈佛商学院的课业非常繁重。有时完成作业就需要花费很长的时间，做作业到后半夜一两点钟是很常见的，早晨还要很早起床去上课。除了上课，学生们还要做助教等。学习强度大、睡眠不足是哈佛学子经常要面对的问题，在这种情形下，如果没有坚强的意志是很难支撑下来的。因此可以说，在哈佛学习的每个人都是有毅力的强者。

　　哈佛人认为，如果把上述的困难克服了，那以后再大的困难也能从容面对。在哈佛人看来，没有谁能随随便便地成功。如果没有超乎常人的毅力，纵使管理者才华横溢、有胆有识，企业也很难获得成功。

　　1933年，正当经济危机在美国蔓延的时候，哈理逊纺织公司因一场大火化为灰烬。3000名员工悲观地回到家里，等待董事长宣布公司破产和员工失业的消息。在漫长而无望的等待中，他们终于接到了董事会的一封信："本公司决定继续支付员工一个月的薪水。"

　　在全美经济一片萧条的当时，能有这样的消息传来，令员工们深感意外。他们惊喜万分，纷纷打电话或写信向董事长亚伦·傅斯表示感谢。

　　一个月后，正当他们为下个月的生活发愁时，他们又接到公司的第二封信，董事长宣布，将再支付全体员工一个月的薪水。3000名员工接到信后，不再是意外和惊喜，而是热泪盈眶。在失业席卷全国、人人面临生计窘境的时候，能得到如此照顾，谁不会感激万分呢？

　　第二天，他们纷纷涌向公司，自动自发地清理工厂、擦洗机器，还有一些人主动去南方备州联络被中断的货源。三个月后，哈理逊公司重新营运了。

　　当时的《哈佛商业评论》是这样描述这个奇迹的："员工们使出浑身的解数，日夜不懈地卖力工作，恨不得一天工作25个小时，而过去曾劝董事长傅斯领取保险公司赔款一走了之，以及批评他感情用事、缺乏商业精神的人，全都心甘情愿认输了。"

　　时至今日，哈理逊公司已成为美国最大的纺织集团，分公司遍布全球五大洲六十多个国家。

　　所以说，无论管理者面对多大的困难，只要能坚持下去，成功就不难；不能坚持，就会前功尽弃。就像赛跑一样，夺取金牌往往只是一步或半步之差，而起决定作用的是最后那一瞬间，谁能在最后爆发出巨大的潜能，谁就是胜利者。

　　每个管理者都有事业成功的愿望，但并不是每个愿望都能很快实现。当遇到挫折、遭受失败时，管理者万不可失掉耐心与等待。谁能以超乎常人的毅力坚持下去，谁就能最终获得成功。要知道开水到了九十九摄氏度还不是开水，必须烧到一百摄氏度才会沸腾。

　　顽强的毅力是管理者取得成功的核心秘诀，没有顽强毅力的管理者必定会一事无成。

（三）提高自身综合素质，打造管理者的领导基因

哈佛管理大师麦克白曾说过一句很有意思的话："管理人的能力首先不在于如何指挥别人，而在于如何指挥自己跳出最美的舞蹈。"麦克白虽然没有具体指明"舞蹈"的确切含义，但哈佛商学院很多教授认为它很可能是指一个管理者应当具备优秀的综合素质和能力，才能训练和指挥自己的员工掌握合理的工作节奏。以下就是麦克白推荐并受到哈佛顶尖管理者认可的 11 种必备的管理素质：

运筹能力

要想成为一个有效的管理者，最重要的是有运筹能力。虽然有些事情适合集体决定，但是作为管理人往往需要单独做出许多决定，包括分派工作、人力，协调员工纷争等。作为管理人最重要的责任有两个：做出正确的运筹，同时又能鼓励部属参与。

沟通能力

作为管理者只有开放自己的耳朵和眼睛，努力去听、去看，才能了解组织内部员工的互动，敏锐地了解属下的心态，以便满足员工最基本的需求。

训练能力

优秀管理者的一项责任是训练有潜力的部属成为新管理者。尽量往下授权、让员工参与更多的可行性计划，定期召开研讨会，让员工代表公司参与对外接触等等，这些都是培养员工行动能力与自信心的好方法。

协调能力

一个高明的管理者知道如何降低部属之间相互冲突的不利影响，既不会视而不见，更不会暴跳如雷，对不相干的部属发脾气。他会直接将部属找来，找出冲突的原因，或者轮流做他们的工作，降低冲突的机率。

远见能力

一个优秀的管理者能够为组织、员工定出有意义、清楚的目标，也能带领部属达到这些目标，不会让部属迷失方向。

自省能力

许多人常说"管理者永远是对的"，但是管理者也有犯错的时候。问题是，许多人作为一个新管理者缺乏自信，以致犯错之后，也不肯承认；有的则是明知自己错了，依然我行我素。最糟的是，有的部属因为害怕遭到打击报复，不肯指正新管理者的错误，同时也失去了对新管理者应有的敬意。优秀的新管理者，能够迅速认错，并且从错误中汲取经验教训，不会只看到别人的错误。他们知道反省错误发生的原因与后果，比一味责怪他人重要得多。

收集能力

妥善利用部属的智慧，集思广益做出决定，是作为一个管理者最有利的武器。尤其是关系到整个公司的决定，常常需要顾及各部门的需求。优秀管理者通常会先征求相关部门的意见，然后再做决定，以免独断专行地决策，让员工产生抗拒心理，阳奉阴违。

率领能力

作为管理者如何看待部属，是管理工作有否成效的重要关键。优秀的管理者大都信任部属、虚心学习、有耐心，同时又有敏锐的观察力。他真正关心部属，知道感恩；他不会一心只想控制、支配员工，而是设法让员工工作情绪高昂，顺利完成工作目标。如果你具有上述的风格，那么你绝对是个非常非常棒的管理者，并且一定能够率领你的团队在激烈的市场竞争中，克服各种各样的艰难险阻，为公司创造最大的效益。

外在能力

常听人说："只要看到他那副嘴脸，就讨厌！""看到他，就令我恶心！"说这些话的人，常是咬牙切齿的，却不知道自己已先丧失了外貌魅力！"看了不讨厌"，这是人际交往中吸引力的基本原则。事实上，每一个人在外貌上都具有其特殊的魅力。

你必须摒弃自己心理上"直觉式"的模式。这种夹杂个人的经验、感受、思考等复杂情感衍生出的人际直觉，常常缺乏客观性及接纳性。只从外貌来评定与员工之间的关系、距离、好恶，甚至以此断定其能力之强弱，是人性化管理所应避免的"框架"。当你能"欣赏"每个员工时，无形中，会使员工产生内在的自信，进而显出愉悦的脸孔，而你也会在轻松自然的气氛中，同时展现出特殊的个人魅力。

内在能力

一个能包容并激发不同性格的人，就能散发感人的内在能力——性格魅力！

有些管理者总是喜欢花很多时间去处理员工的性格问题，而不是激发员工发挥其性格魅力，结果常常是事与愿违。

管理者一定要明白，管理的目标是为了达到圆满、均衡、统一与和谐，而不是人格的冲突，其中的秘诀即在于包容与激发。

每一个员工在性格上，都有其不同之处。所有的性格，都有其优点，也有其缺点。但是，有些管理者通常都把视线放在其缺点之处，而忽略了其性格上的优点和特殊性。据研究，人有以下 8 种性格类型：

①社交型：因善于表达而创造互助氛围。

②直觉型：因感情丰富而带动气氛。

③控制型：因拼劲十足而能达成目标。

④理智型：因思考有条理而精于分析。

⑤关爱型：因充满慈爱而可靠体贴。

⑥实际型：因小心谨慎而做事稳重。

⑦舒适型：因轻松自在而处变不惊。

⑧含蓄型：因不善言辞而默默耕耘。

管理者必须懂得如何运用不同性格的人，来完成特定的工作，当然，也要能接纳不同性格的人所有的不足之处。

如此，让不同性格的员工发挥其特长，又能满足其内在需求，便能使员工充分展现其性格魅力。

同样，知道运用不同性格的员工，来达到团队管理的目的，不也显示出管理者特有的性格魅力吗？

现代企业的竞争归根结底是企业间人力资源的竞争，尤其是管理者综合素质的竞争，因此，任何企业要想在竞争中取得优势，形成核心竞争力，提高员工的整体素质，那么提高中高层管理人员的综合素质，便成为不容回避的首要任务。职业管理人必应具有较高的素质，才能确保企业在激烈的市场竞争中站稳脚跟。

（四）用战略思维管理自我

自我管理和企业管理在很多方面都是相通的。比如说，每个企业都要有自己的愿景和使命；每个人也都要问自己一个问题：我的人生目标是什么？又比如说，企业管理需要战略定位，如何将有限的资源分配到合适的位置上；个人管理也需要有战略思维，如何将有限的时间投入到不同的对象中去。可以说，一个有战略思维的人往往更容易达成目标，获得成功。

令人遗憾甚至惊讶的是，大多数人在个人管理方面并没有自己的战略思维。哈佛商学院著名教授克里斯滕森指出，即便是在哈佛商学院这样的顶尖学府，在每年从全世界招收的最优秀的 900 名学生中，有很多人没有认真考虑过生活的意义和目标。一个没有认真思考生活意义和目标的人可能依然能获得事业上的成功，但很难说会取得完整的人生的成功。

2010 年春天，克里斯滕森在哈佛商学院的毕业班上发表演讲，主题是如何将管理理论运用在未来个人生活上。他让每个学生问自己三个问题：

（1）怎样才能让自己在职业生涯中感到快乐？

（2）怎样才能让自己与配偶，与家人之间的亲密关系成为长久幸福的源泉？

（3）怎样才能保证自己永不违犯法律？

这三个问题看似简单，但要回答得好并不简单。

第一个问题最为关键。每个人都要为自己制定一个终生战略，这将决定他如何分配自己的时间和资源，并最终决定他将成为怎样的人。这是很多人容易犯的一个错误，他们以为人生目标就是如何选择一门职业，并在事业上取得成功。其实，选择一项职业，并取得事业上的成功，只是实现人生目标的层面之一。生活如果没有目标，就会变得很空洞。

当一个人有了人生目标后，就应该根据这个目标去分配个人的时间、精力和才能，这将决定他的生活策略。喜欢拼搏的人，通常会在不经意之间在事业上过度投入，而在家庭上投入不足。结果往往是他们在事业上成功了，但家庭生活并不幸福，这样的人生很难说是成功的。他们在分配资源时，需要记住与家人的亲密关系才是最强大、最持久的幸福来源。

要拥有美满幸福的家庭，正如企业需要企业文化一样，每个家庭也有自己的家庭文化。作为家长，你应该在孩子还小的时候就在家里培养一种文化，让孩子自然而然地对人以礼相待、遵从父母、不故意犯错。你要将你希望孩子所拥有的品质，设计成家庭文化的一部分，而且必须很早就考虑。家庭文化会影响下一代的成长，也是决定家庭是否幸福的关键因素。

如何确保自己永不违反法律？这个问题看似很简单。其实，很多违反了法律的人并不是坏人，而是他们在面对诱惑时没有守住自己的原则。在任何时候都坚持原则，要比在98%的时间都坚持原则更容易。经常会有人诱惑你：情有可原，仅此一次，没关系的。如果你越界了一次，那很可能会在未来的岁月一直如此，越陷越深。所以划出一条安全线非常重要。

除了以上这几条原则以外，克里斯滕森认为心怀谦卑也非常重要，只有这样才可以拥有无穷的学习机会。谦逊的人都有一个特点：很强的自尊感。他们了解自己是怎样的人，对自己很满意。他们认为，谦逊并不是自我贬低，而是对他们的尊重。只有真正自我感觉良好的人，才能做到真正地谦逊，他们愿意伸出援手，帮助身边的人真正地自我满意。

除此之外，克里斯滕森还认为管理如果做得好，就是一门学问及一项最高尚的职业。没有任何一项职业能像管理工作一样，可以提供更多的方法帮助人们学习成长，承担责任，让他们在取得成就时得到认可，并为团队成功贡献自己的力量。很多年轻的刚从学校出来的MBA认为从商就是买进卖出、投资企业，这是一个很不幸的认识，要知道，买卖成功给人带来的满足感，远不如管理他人带来的满足感那么强烈。

要管理好一个企业，首先是要善于自我管理。对于任何一个管理者而言，在商学院学习的管理知识，其实都比不上对自我管理的清楚认知。

（五）家庭与事业如何兼顾

"事业上的成功抵偿不了私人生活的失败。"这是哈佛大学商学院的教授克拉克对自己即将毕业的学生们的忠告。古人说先成家后立业，现代人则信奉先事业后家庭，这都是片面的。哈佛人认为，事业与家庭没有谁先谁后的问题，它们是并列的关系，需要你同时经营。如果经营得当，你就能自由地穿梭在事业与家庭之间，就能在平衡中感受到人生的无限幸福。

不要心存幻想，先干事业后理家庭，或者先经营家庭后打拼事业。很多时候当作完了前者，你会发现来不及做后者了。所以，你要放弃这种先后的想法，应该树立起同时进行的发展观。也许在不同时期你会有不同的偏重，但请你记住，偏重不等于偏颇。事业与家庭，可以相互促进、相得益彰。

很多人都认为，男人因成就事业而成就家庭，女人因成就家庭而成就事业。听起来似乎有些道理，但男人真的只要事业成功就能家庭幸福吗？女人真的埋首家庭就可以幸福吗？

成功的男人似乎更容易获得幸福的家庭。但我们应该知道，如果他的家庭幸福，那一定是他用心经营的产物，而不是事业成功的结果。如果他只是一味地埋头工作而忽视家庭，那么他的家庭迟早会忽视他甚至背叛他。成功的事业只是为他提供了一种好的条件，能不能真正获得家庭幸福还要靠他执着于此的努力。

社会上往往有这样的偏见，事业成功的女人一定会家庭不幸，而她要想获得幸福就必须退守家庭。事业真的是女人家庭幸福的绊脚石吗？

玛丽·韦尔斯·劳伦斯是一位很有成就的实业家。她从哈佛商学院毕业以后，成了韦尔斯·里奇·格林广告代理公司的董事长。她精通生意经，知道如何富有成效地工作。除了主管她那间生意兴隆的广告代理公司，劳伦斯还要当家庭主妇。她成功地把这两方面肩负的责任都完成得很好。劳伦斯在与家人相处时，任何工作上的事情都能置之脑后，只是扮演家庭主妇的角色。劳伦斯在公司里是个出色的领导者，在家里则是个不折不扣的贤妻良母。

劳伦斯告诉我们，这个世界没有什么是不可能的，只要你愿意努力，只要你愿意付出。也许对女人而言，平衡事业与家庭会更难一些，但这并不意味着没有可能。

所以，无论你正在外面打拼，还是你已经功成名就，你都必须时刻把家庭放在心上，关心每一位家庭成员。因为，你不仅要做一个事业成功的管理者，你还要做一个有美满家庭的人。

工作和家庭几乎构成了个人生活的全部。价值观不同，对它们重要性的判定也会有所差别。无论你更偏向哪方面，你都不能忽视另一方面的重要性。事业和家庭就像是人的两条腿，两条腿走路才能走得踏实。工作出色可以为家庭提供更好的经济保障；家庭幸福也可以为工作创造稳定的"后勤"保障。

（六）养成良好的个人习惯

有这样一个故事：

上帝对财神说："你为什么总让富人越来越富有，而让穷人越来越贫穷呢？"

财神回答："富人有富有的习惯，穷人有贫穷的习惯，贫富都是因他们各自的习惯而决定的。"上帝不相信，于是便和财神打了一个赌。

财神在路边建了一个厕所，把金元宝放在厕所里。

一个穷人过来了，就要在路边小解，上帝急忙上去阻拦，说这样做既不文明也不讲卫生，前面不就是一个新建的厕所吗？你到厕所里去吧。

穷人嘴里骂道："你以为你是上帝啊？大爷就在这里小便，你能怎么着？"于是就在路边小解，也不怕过往行人看见。

一个富人过来了，也要小解，虽然这时路边没有一个人，但他还是走进厕所，结果在厕所里拣到了金元宝。

上帝因此得出一个结论：除非把钱放在穷人的口袋里，不然他们的习惯已经注定他们和金钱无缘。富人则不然，他们的眼里常常能看到穷人看不到的商机和危机，他们的习惯已经决定他们能成为富人。

1998 年 5 月，哈佛商学院有幸请来占据世界财富榜排名冠、亚军的比尔·盖茨和沃沦·巴菲特演讲。当学生们问到"你们怎么变得比上帝还富有"这一有趣的问题时，巴菲特说："这个问题非常简单，原因不在智商。为什么聪明人会做一些阻碍自己发挥全部功效的事情呢？原因在于习惯。"

盖茨表示赞同，他说："我认为沃沦关于习惯的话完全正确。"此时，两位殊途同归的好朋友道出了自己成功的诀窍——好的习惯是致富的阶梯。

的确，习惯是一个人独立于社会的基础，又在很大程度上决定人的工作效率和生活质量，并进而影响他一生的成功和幸福。因此，注重养成好的习惯，是人生迈向成功的第一步。

试想，一个爱睡懒觉、生活懒散又没有规律的人，怎么约束自己勤奋工作？一个不爱阅读、不关心身外世界的人，怎能有开阔的胸襟和见识？一个自以为是、目中无人的人，如何去和别人合作和沟通？一个杂乱无章、思维混乱的人，做起事来的效率会有多高？一个不爱独立思考、人云亦云的人，能有多大的智慧和判断能力？……

想要获得成功的管理者一定要仔细研究富人在思维和行动上到底有些什么样的习

惯并努力养成这些习惯。事实上，培养良好的习惯并没有想象的那么难。比如，如果你是一名管理者，请你从今天开始养成四种通往成功管理之路的良好的工作习惯：

（1）消除你桌上所有的纸张，只留下和你正要处理的问题有关的；

（2）按照事情的重要程度来做事；

（3）当你碰到问题时，如果必须做决定，就马上解决，不要迟疑不决；

（4）做事要学会如何组织、分层负责和监督，尽可能在有效时间内完成工作。

请记住哈佛人的忠告，拥有了良好的习惯，我们就拥有了享受终生的财富。

（七）自律是优秀管理人必须具备的美德

1986年，哈佛大学建校350周年，校方准备校庆与毕业典礼同时举行，并邀请当时的美国总统里根参加盛典和讲话。此前在哈佛大学300周年校庆时，罗斯福总统参加过庆典。这次邀请里根总统出席，也是为学校争辉的事情，但没想到里根总统提出了一个要求，希望授予他哈佛荣誉博士学位。或许在很多大学看来，这只是一件小事，但哈佛一直以来都坚持以学术水平为唯一标准来聘任教授和授予荣誉学位称号。为了大学学术声誉的尊严，哈佛大学的董事会、校长、教授会断然拒绝了里根总统的要求，里根也因此没有参加哈佛的350周年校庆活动。在政治化、商业化的熏染下，哈佛大学以其高度的自律精神，坚守了自身的原则，也更显出了其伟大。

作为哈佛大学最精英的学院，哈佛商学院也十分强调教自律自控。在哈佛人看来，在社会生活中，不管干什么，都要坚守自己的原则。如果一个人不能自律，是一种软弱的表现。

管理者要想做到自律，可以从以下几个方面做起：

要有"自律"的心态

在我们不断塑造自我的过程中，自我心态的管理是自我管理的第一步。在工作中，对我们影响最大的莫过于我们的情绪，是选择积极的态度还是消极的态度将直接影响我们工作的开展。

要做到自律，管理者要善于随时调整自我心态。在工作中，不管遇到多大难题或忍受多大委屈，都要及时调整，并优化情绪，使自己始终保持积极的心态；切忌一厢情愿地用自己愚蠢的智慧和无情的管理来发泄情绪。

自律必须先自省

管理者要经常反省，因为反省是成功的加速器。管理者经常反省自己，有利于去除心中杂念，进而可以理性地认识自己，对事物有清晰的判断；也可时刻提醒自己改正过失。

管理者只有全面地反省，才能真正认识自己，对自我角色有正确的定位和认知，从而避免落到上下难做人、里外不是人的境地。

每日反省是做到自律不可或缺的关键步骤之一。管理者要将"反省自己"作为日常工作的一个重要组成部分。不断地检查自己行为中的不足，以及时地反思失误之原因，不断地完善自我。

要自律还须理性

主观偏见往往是禁锢心灵的罪魁祸首。在管理过程中，管理者的见识和行为总是受制于它，由此往往会做出错误的决策。

所以，管理者要想自律，就必须理性，善于发现并尊重事物本身的规律，切勿凭空猜疑、固执己见或者主观臆断。办事情要做到有周密的计划，按章办事、有法可依。

善于进行自我激励

人的一切行为都是受到激励而产生的，善于自我激励的管理者会使自己永远具有前进的动力，即使面对棘手的难题、处于困境，也不会选择投机或放弃，而会通过自律，使问题得到圆满解决。

善于磨炼自己的意志

自律和意志是紧密相连的，意志薄弱者，自律能力较差；意志顽强者，自律能力较强。自律对于个人的事业来讲，发挥着重要的作用，加强自律有助于磨砺心志，反之亦然，善于磨炼自己意志的人，会具有超强的自律能力。

将自律付诸行动

自律形成于行动中，也只能体现在行动中。那些整天梦想着自己变成一个自律的人的人，最终只会是空做"白日梦"，那些单纯靠读几本自律的书就妄想做到自律的人也只是空想家，那些只会不停地自我检讨的人也无法体会自律的真谛。只有真正认识了自己并付诸行动的人，才能不断完善自己，才能最终养成自律的好习惯。

自律的养成是一个长期的过程，不是一朝一夕的事情。因此，管理者要勇敢面对来自各方面的挑战，不轻易地放纵自己。如此，久而久之，自律便会成为一种习惯、一种生活方式，你的人格和智慧也因此变得更完美。

（八）保持旺盛的精力，凡事都要做好计划

全球第一CEO杰克·韦尔奇这样说："如果你的速度不是很快，而且不能适应变化，你将很脆弱。这对世界上每一个国家的每一个工商企业的每一个部门都是千真万确的。"管理者必须保持充沛的精力，凡事从计划开始。许多杰出的管理者都只盯着他们的目标和计划，而不去管其他的小事，就是因为他们知道精力是需要保持和储蓄的。

马克·吐温说过："行动的秘诀，就在于把那些庞杂或棘手的任务，分割成一个个简单的小任务，然后从第一个开始下手。"哈佛商学院的管理精英们并不能保证做对每一件事情，但是他们永远有办法去做对最重要的事情，计划就是一个排列优先顺序的办法。成功者都善于规划自己的人生，他们知道自己要实现哪些目标，并且拟订一个详细计划——把所有要做的事都列下来，并按照优先顺序排列，依照优先顺序来做。当然，有的时候没有办法100%按照计划进行。但是，有了计划，便给一个人提供了做事的优先顺序，让他可以在固定的时间内，完成需要做的事情。

吉姆·罗恩说过："不要轻易开始一天的活动，除非你在头脑里已经将它们一一落实。"优秀的管理者都非常重视自己每一天的工作计划，因为只要做好了一天的计划，就能发挥自己的最大能力，创造奇迹。计划是为了提供一个按部就班的行动指南：从确立可行的目标，拟定计划并订出执行步骤，最后确认完成目标之后所能得到的回报。优秀的管理者总是一件事接着一件事去做，如果一件事没有完成，他们是不会考虑去做第二件事的。

伯利恒钢铁公司总裁查理斯·舒瓦普曾会见效率专家艾维·利，希望能提高自己公司的管理效率。艾维·利说可以在10分钟内给舒瓦普一样东西，这东西能让他的公司的业绩提高至少50%。然后他递给舒瓦普一张空白纸，说："在这张纸上写下你明天要做的6件最重要的事，并用数字标明每件事情对于你和你的公司的重要性次序。"这

花了大约5分钟。艾维·利接着说："现在，你可以把这张纸放进口袋了。等明天早上你上班后，要做的第一件事情就是把纸条拿出来，做第一项。不要看其他的，只看第一项。着手办第一件事，直到完成为止。然后用同样的方法对待第二项、第三项……直到你下班为止。如果你只完成了第一件事，那也没什么关系，因为你已经是按照计划在做事了。"

把每天的时间都安排、计划好，对你的成功是很重要的，这样你可以每时每刻集中精力处理要做的事。把一周、一个月、一年的时间安排好，也是同样重要的。这样做会给你一个整体方向，使你看到自己的宏图，有助于你达到目的。每个月开始，你可以坐下来看本月的日历和本月主要任务计划表。然后把这些任务填入日历中，再定出一个计划进度表。

哈佛商学院的管理精英们往往在行动之前先作计划，他们有可能在一个月还未开始之前就已经做好了这个月的一切安排。一个人只要能做出一天的计划、一个月的计划，并坚持原则按计划行事，那么在时间利用上，他就已经占据了自己都无法想象的优势。

如果今天没有为明天的任何事情作计划，那么明天将无法拥有任何成果！而如果因为没有计划而浪费了精力，那么你将没办法把重要的事情做到尽善尽美！

二、做一名成功的总经理

（一）总经理的特质

在哈佛看来，总经理，一般泛指企业中的高级管理人才，即厂长、经理、总经理、总裁或相应的职务。总经理对企业的营运负有最高责任，拥有日常经营管理之最高权限，并对董事会负责。

总经理，其责任是利用有限的资源：人力、财力、物力、机器设备、技术和方法、时间、信息，为企业带来最大的成果：市场信誉、市场占有率、营利性、企业状态、投资报酬率、规避风险等。成功的总经理总是最有效地利用资源，尤其是人力资源，去完成企业的目标。总经理绝不能事必躬亲、事事想管。

　　著名哈佛商业管理学教授路易士·龙伯格认为，总经理履行三大职责：第一，为公司的未来设定战略目标和发展方向；第二，确定合适的人才是否被安置到合适的位置，考虑目前的同时应考虑未来的需求和变化；第三，查证公司各阶层的每一个人，对于预先设定的目标与期望是否确已达成。

　　成功的总经理总是受到社会大众的尊敬，因为他是创业者，使企业化无为有、化小为大、从差到好、从弱到强；他也是风险的承担者，盈利必有亏损的风险，总经理必须预见未来，规避各种风险，或在风险到来时，使企业遭受最少的损失；他也是财富的创造者，他要率领全体员工敬业守法，为社会、投资者、顾客和员工创造财富。为完成以上目标，总经理不但要履行其职责，还要扮演如下三种角色：其一，决策者。管理大师西蒙认为，经理人员的任务在于决策，即决定企业该做什么；为此他要运用各种资源，排除各种障碍，与内部和外部的各类人员和集体打交道。其二，人际关系方面，作为组织的首脑履行社会义务；作为领导者，起到身先士卒、先公后私的作用；作为组织的代表，扮演联络员的角色。其三，信息方面，是信息接收、传播者；对公众而言，总经理是企业的发言人。为扮演这些角色，总经理必须具备运用并发展三种基本技能：概括分析能力、人际交往能力和业务技术能力。相对而言，三种能力之重要程度依次序降低。

　　在成功的总经理之中，管理风格不尽相同：有些坚信严格控制的力量；有些相信在轻松的环境中，下属们会做得更好；有些自己做决定；有些人广泛发动群众，发挥集体智慧，等等。但每种风格，只要能保持适当的平衡，都是有效的。

　　另一方面，这些成功的领导人也有很多的共同之处。他们对公司情况都有深刻的了解，否则他们会失去下属们的尊敬或者很容易犯致命的错误。最主要的是，他们非常关心公司的命运。除了这些基本的之外，成功的总经理一般都具有四条明显的或许是不同一般的特征，虽然特征的强度和保持平衡的能力各不相同。这四个特征是：为实现美好的理想而奋斗不息；是企业的建设者，而不是财富的追求者；既有集体合作精神，又有独立工作能力；精打细算的冒险家。

　　1. 坚持不懈的毅力。成功公司的主管都具有献身精神。不管怎样，公司及它的声誉是他们生活中最重要的东西。

　　2. 事业的创造者，而不是财富的追求者。总经理一旦成功之后，钱对他们来说就不是那么重要了。美国企业联合会的领导人很少在退休时不成为巨万富翁的。一部分领导人如果把持有的股票和证券卖掉的话，甚至就成为千万或者亿万富翁。但他们这时不需要钱，他们真正需要的，是给后来人留下这样一份遗产而建立起一个有领导威信的强大的企业结构，这样他们就心满意足了。

3. 善于合作，注重组织建设。成功的总经理注意多方面培养他们的工作人员，提高他们的技能和健全管理制度。

4. 敢于冒险。成功的总经理都认识到有胆略的重要性——他们知道什么时候可以计划冒险。在调查中，90%以上的人说，他们把冒险看作是高速发展公司的必要手段，而74%的人说，冒险对他们公司的成功是非常重要的。

5. 把握机遇。对于成功的总经理来说，掌握冒险机会和愿意冒险同样重要。

在采取冒险行动之前，大部分总经理都深入市场和深刻了解竞争者的反应，彻底掌握外部环境的影响，以便预先估计可能出现的不利形势。更重要的是，这些总经理头脑能保持清醒，有应急的计划来处理失败的可能性，并争取使不利形势变为有利形势。

（二）哈佛认定的领导能力九大自然法则

自然法则一：领导者要有心甘情愿的追随者

成为一个领导者意味着什么？领导能力的第一项自然法则就是回答这个本质性的问题，即一个领导者要有心甘情愿的追随者。如果没有取得别人的支持，领导者也不复存在。然而，成为一个领导者意味着什么，这样关键的因素，却是很典型的被忽略了。

传统观点是根据一系列的品性、品质、嗜好或行为来解释领导者的。然而，越来越多的管理者指出：只有当他们取得追随者的支持，他们才是领导者。

一般的看法是，伟大与荣誉归于领导者，而追随者通常被认为是第二等级或低位的角色。领导能力的第一项自然法则改变了我们对追随者的观点，因为正是他们起着众志成城和绿叶扶持的作用。追随者们与领导者们是一个整体相辅相成、不可缺少的两个方面。

自然法则二：领导能力是一个相互作用的活动范围——是领导者们与追随者们之间的相互关系

领导者和领导能力不是一回事。当人们说起"我们需要好一点的领导"时，他们的实际含义是说："我们需要一个与常人不同的领导者。"然而，"领导能力"一词，其含义远远超过"领导者"这样一种单一的意义，它包含了领导者与追随者两个方面。

追随者是加入领导者的合作者，是这两者一起产生了驱动组织机构向前发展的能力。人们对一些英雄般的高瞻远瞩的领导者的敬佩常常会产生一种错误的看法，即领导能力来自某一个人。想一想，李·艾科卡是如何在克莱斯勒公司的巨大转轨关头赢得信任的，史蒂夫·乔布斯作为苹果电脑公司的创办人是如何被人们所称颂的，格洛里亚·斯坦纳姆是如何在妇女运动的紧急关头被人拥戴的。上述三位只是在与他们的追随者们的相互关系中产生影响的。

这种说法，不懂得领导能力是随着领导者与追随者的活动范围的出现而存在的，不懂得这种联合是暂时的和随时变化的。

任何一个为实现他的领导愿望而为之斗争的人都知道，这是一个挺微妙的问题。人们可能对领导者所走过的特殊道路不感兴趣。通用汽车公司的董事会免去了罗伯特·斯坦佩尔的职务，因为他们觉得他不可能指导企业组织走上正确的轨道；美国人民放弃了乔治·布什，因为人们想要变革。领导者们也知道，他们的首要问题，是赢得追随者们的信任，继而不断反复取得他们的信任。

领导者—追随者的活动有他们的开始、发展和结束的过程。他们随着不连续的相互作用的发生而出现，但每一次都有领导者和追随者参加。

如果一个领导者经历了众多的领导事件，其领导能力就能连续不断地产生。一些追随者，在相当长的一段时间内，始终保持着对某一特定的领导者的忠诚，并在各种不同的情形下始终支持着他。

领导能力不是一个人或一个职位，而是领导者与追随者相联系时所发生相互作用的关系，即活动范围。领导能力活动范围是不可分割的整体，是整体组合的舞蹈。看一看弗雷德·艾斯坦尔和金杰·罗杰斯两人的优美舞蹈。完美的舞蹈得以展开，是由于弗雷德优美的领舞，由于金杰丝丝入扣的随舞，由于迷人的舞蹈动作艺术，弗雷德—金杰—音乐—动作—舞池融为一体，这正是舞蹈的美妙之处。舞蹈是一种活动范围，是一种同时把诸多方面联系起来的相互关系模式。

领导能力也是一种舞蹈，是领导者与追随者之间进退有序的相互作用。要了解领导能力的活动范围，我们必须注意领导者与追随者之间的相互作用，研究他们之间的关系。

自然法则三：领导能力随着事件发生而产生

人们通常把领导能力看作是一个大人物所特有的持续不断的特征和一系列恒久的

气质、价值和水平。普遍被接受的字眼"天生的领导人"增强了人们对领导能力是永久性的品质。

领导能力这一概念说明，如果为数众多的领导者，在不同的情形下都取得了追随者，那么领导能力就产生了，就遍及整个组织。小组会议离了谱，有人得到支持，使会议的话题回到了主题，这时领导事件就发生了。当某人提出了其他人愿意接受的方针时，或者当某人激发整个组织或社区去支持某一特定的方针时，领导事件发生了。当人们取得公司和政府机构不同层面的上上下下的追随者们的支持时，随着领导能力在不连续的事件中产生，这个组织机构就充满了活力。

自然法则四：领导者不是依仗职权施加影响

领导者们通过影响来得到追随者，然而经理们也是依靠影响把事情完成的。两者之间差别在于领导者所产生影响的来源不同。

只要是上司，便可使某人成为领导者，然而管理方面的影响和领导能力的影响是相当不同的。领导者的影响是从追随者与领导者之间的相互作用产生的，而经理的影响则来自等级制度下的经理职位。领导能力是人与人之间的影响，管理是职位与职位之间（上级对下级）的影响。管理的职权在组织机构图上有严格规定；而领导能力的影响的产生就像一张相互作用的蛛网，把想要参与的人们联系起来。领导者一追随者的相互作用是基于信任，经理一下级的联系是依靠行政命令。领导者激励别人愿意去支持或与他/她保持一致，经理则要求别人遵照组织机构所明确规定的经理权限的要求去办事。当然，经理也能表现领导者的影响。那些被挑选坐上经理职位的人们，除了取得追随者之外，还需得到管理方面的影响。

自然法则五：领导者们在组织体制所规定的程序之外工作

领导者们获得追随者们是因为人们和组织机构需要方针，虽然经理们也提供了方针，可领导者们是在不同的范围确定方针。领导者们要在组织规则、条例、程序和政策所定的路线之外工作。当体制结构对如何行事不能提供某种指导的时候，领导能力的活动场所就存在了。

每一个组织机构已建立的路线总干梗阻了，或者人们在常规陷入困境，一种新的可能性出现了，但它不是在现有路线上。当没有任何路线可遵循时，领导者迈开了步伐。

今天，一个很普遍的想法是"经理做事总是对的"，"领导者们总是做正确的事"。

这是个令人容易记住的区别。但是，我们除了回顾往事外，如何能知道哪是正确的呢？

领导者们和经理们两者都做正确的事，并且两者都必须正确行事。他们各尽其能地工作。当人们与组织机构面临尚未为人知道的活动场所，需要有人挺身而出，去担负领导并取得自愿的追随者时，领导者们就脱颖而出了。

自然法则六：领导能力伴随着风险和不确定性

领导者们的生存没有纯粹的安全可言。未知的领导能力的活动场所内总是充满着模棱两可和混乱不清的东西，而领导者的任务总是伴随着风险和不确定性。无人涉足的和结构不明的领导能力的活动场所，要求在不稳定的情势下完成行动。

在现实中接受领导要求担受风险和不确定性，是领导能力活动范围的组成部分。冒风险可能不会有成功的结果，因为没有一个人能完全控制行动的后果，而且领导者们认识到，他们不可能保证特定的结果。尽管如此，他们仍然把风险看作是担负领导这个复杂任务的一部分。

自然法则七：不是每一个人都愿意追随领导者

领导者的面子是有限的。也许最有限的是：不是每一个人都愿意追随一个领导者。没有一个领导者，甚至于那些所谓的像甘地或林肯那号人物的伟大的领导者们，得到过每个人的支持。

取得追随者们是不可预测的事。追随者们是很难取得的。有的人对领导者们的主动性不以为然，有的人当领导者提出行动路线时则采取回避的态度。

为了确保领导效果，规定"正确的"领导风格和指导，这种努力收效甚微。没有一个人有一个水晶球能预见将来。不确定性总是存在的，特别是在不确定的领导能力活动场所更是如此。一些人不相信某个领导者能卓有成效地指导他们，另一些人不愿和任何人步入充满风险的场合。要成功，就需要把注意力集中于那些要追随的人们身上，取得他们的支持，然后向前行进。

自然法则八：意识信息的处理能力产生领导能力

领导能力从一个能解决问题与利用机会的想法开始。当领导者完成行动并影响了追随者们，从而追随者们接受领导者的方针时，他/她就取得了追随者们。实际上，两者是想在一起了，同心同德。意识信息处理能力，是领导能力根本的源泉。领导能力，如同舞蹈一般，在意识的舞台上展开了。

意识是表示人们如何来解释信息并根据信息产生意图。当领导者们与追随者们双方都以相似的方法处理信息时，领导者们就取得了追随者们。处理信息的机制首先在于领导者。

领导者的意识与尚未被人涉足的、未知的领导能力的活动场所相互作用。领导者们察觉机会并认识到如何来克服为其他人所没有察觉或不能察觉的障碍。

领导者们的想法常常有别于他人。领导者们具有一种综合的能力，他们能把一些不相关的信息变成一个新的、更为有用的统一体，以此来提供解决问题的方法和提出方针。

领导者必须影响其追随者们去理解他/她的有用方针。当追随者们与领导者的意图同步行进时，领导者就联系着追随者们。领导者与追随者的活动范围是一种意识之间的结合力，即相互作用。共同的活动范围表示在行动中共同的意识，统一了关于如何解决问题和利用机会的思想。

自然法则九：领导行为是一种自我安排过程

领导者们与追随者们从他们各自的主观目的和参照的内在框架来处理信息。意识是人们怎样来处理信息。自我安排把处理信息的主体作了定位。

自我安排解释，世界就是以我们为中心，基于我们意识的主观状态。领导者们解释和回答问题和可能性的时候，是用一种与他们的意识状态相一致的方式。

每一个领导人都是通过他/她的特殊的透镜观察世界的。相同的是，追随者们认同他们的领导者，是因为领导人符合他们自我安排的意象，即领导者该是怎样的人。追随者们接受领导者的行动路线，是因为他们有同方向的自我安排。

当领导者们不能与追随者们的意识水平相符合时。他们就不能取得追随者。例如，一个从事食品批发的销售经理提出了一系列为顾客服务和努力发展销售组织的建议，以改变她的工作班子的落后面貌，提高效率。工作班子的成员们是这样评价的："这对我们来说没有任何价值"，"这类问题在别处也存在"，"她不懂得该做些什么事情"。这个经理还没有建立起与追随者们意识水平的联系，这种与追随者们的意识水平的联系，对于她去影响他们并使他们追随于她，是十分必要的。

"自我安排"的概念对理解和实践领导能力是至关重要的。大多数领导模式试图以解释客观的决定因素去描绘领导者的能力。它们的意思是，领导能力是一种独立于领导者和追随者主观观点的实体存在。自我安排则阐明，领导能力存在于内部，存在于领导者与追随者们的意识中。

自我安排表示了发展领导能力的最重要的指令。领导者们不得不深化他们的意识，因此他们要在更加团结一致和更有启示性的状况下运作。领导者们必须摆脱那些受限制和有害的观念。意识的深化能使领导者们从自以为是转向以自己的目光来认识世界。

（三）总经理要善于内省

哈佛很多教授在关于总经理应加强内省磨炼时都有同感，这就是：生意是以经营为始末的，为了使其更臻完美，管理也必须不断更新。哈佛教授提醒学生，请在责难与你共事朋友不合作的同时，先检讨你自己的所作所为，请在抱怨你的付出与所得不成比例时，记住自己也是铸造此结果的一分子。

可见，我们只有善用管理方法来使企业起死回生，才能培养自己成为深谋远虑的经理人，来承担事业兴衰的勇气。

在实际工作中，通常在一个企业面临危机时，其经理人会怨天尤人地说："我真是生不逢时，又劫难当头。"这种托词，完全建立在"自命不凡"的假象里。推敲其弦外之音，不过想自欺欺人罢了。

众多的事例告诉我们，断定一个人是否在经营上犯了最大的错误，看他是否常常持着这样的理由，为自己开脱：我的失败完全是由于外在不可抗拒的因素所导致。尽管他可以为自己找到上百个借口，诸如："如果不是因为我 10 岁的小女，我早就飞黄腾达了。""要不是贷款利率高，我早就发迹了。""如果不是被这内政收支中心所绊，我早就一鸣惊人、名扬四海了。""都怪政治介入坏了我的互相管理方案，不然我就自立门户了。""我原本可有轰轰烈烈的事业，就因为不相干的意外，弄得功败垂成。"别人听了他这番话，真以为他是牺牲品，为了发出不平之声博取同情来开脱自己。事实上这是逃避责任的借口，只说明他缺少与现状搏斗的勇气与策略。

哈佛的教授们常常说，内省式经理人，从事经营管理，必须先使自己成为有强烈独立自主意识、具备很高责任感的人，有能力领导别人，而别人也敬畏服从你的领导。这是获得信任与尊敬的关键。相反，在经历失败和挫折时，有这样的认识："好，由于我的错误，我失败了，但这宝贵的教训告诉我勿再蹈覆辙，今日的失败是明天成功的跳板。"

三、管理者的素养决定管理水平

（一）威信是管理者的第一要素

对任何一个管理者来说，威信都是非常重要的东西。没有威信的管理者，绝对无法成为一个好的管理者。管理者不立威，就不可能有任何作为。

毫无疑问，实力与威信是构成领导能力的要素。许多人总是强调，作为一个管理者，能力比什么都重要，其实未必尽然。要成为一个优秀的管理者，除了拥有超群的实力，还需拥有非凡的领袖气质。这种领袖气质，我们通常称之为威信。

威信，是管理者头上的一道光环。失去了它，再有能力的领导在下属眼中也显得一无是处！

因此，要成为一个优秀的管理者，获得高超的驾驭下属的能力，就必须静下心来仔细想想以下的经历，并从中找到真正的答案：

1. 为什么有许多人在没有加班费的情况之下，仍然愿意辛勤工作？

2. 为什么总有一批人为你所设定的目标全力冲刺？

3. 为什么总有一批人为你毫不保留地奉献他所有的才智？

多年来，许多人一直不断地思考这些问题，终于取得这样一个答案：

成功的管理者，是因为他具有99%的个人威信和1%的权力行使。

所谓管理者，其实就是把威信发挥到极致，进而影响他人合作，以实现目标的一种身份。

一个人之所以愿意为他的上司或组织卖力工作，绝大多数的原因，是上司拥有个人威信，像磁铁般征服了大家的心，激励大家勇往直前。

有一位著名的企业经理在研讨会上，单刀直入地告诉同行：

"在现实世界里，众所皆知的一流管理者，无一例外地都具有一种罕见的人格特质，他们处处展现出领袖的风范。他们不但能激发下属们的工作意愿，又具有高超的沟通能力，动之以情，晓之以理，浑身散发出热情。尤其重要的是，他带领团队屡创佳绩，拥有一连串骄人的辉煌成就。运用奖赏力与强制力来管理，也许有效，但是如果你要提高自己的威信，赢得众人的尊重和喜爱，我建议你们要尽最大的努力以影响和争取下属的心。假如你们之中谁能做到这点，谁就能成为一位成功的经理人，能完成许多看似不可完成的任务。"

因此，对一个管理者来说，优秀的管理才能，特别是个人的威信或影响力，比他的职位高低和薪资的多少来得重要得多。它才是真正促使人们发挥最大潜力，实现一切目标的魔杖。

管理者要树立起在员工中的威信，不能依靠外表吓唬人，而是需要动一番脑筋。

管理者立威就得"烧"几把火，但火不能烧得过度，树立权威也要掌握一定的技巧。

1. 对那些你无法接受的反应，立即且坚定地做出适当的回应：下达命令，要求改正。

2. 发布简短、明了的命令，并且表现得好像别人要毫无疑问地服从它们。

3. 把自己私人的生活和问题留给自己解决。

4. 不要询问你部属的私人生活，除非这些事情对工作有直接的影响。

5. 以平和的态度接受成功，把成功归于命令被服从的事实。

6. 以比正常略为缓慢的速度，清晰地提问题，等候回答。

7. 当你和别人说话时，不要注意他们的眼睛，而看着他们前额的中央，眉毛上方半寸高的地方。这样他们就很难让你改变脸上的表情，这个表情通常就是你要让步的第一个迹象。事先准备好一个结束谈话的结尾，这样示意谈话结束，使你免于显出笨拙的样子。

8. 不要尝试强迫别人立即行动。大部分人会觉得受到压迫，需要一点时间整理一下思绪。如果你显露权威，他们还是会行动，但是最好让人有个缓冲期。

9. 不要期待在那些你采取如此手段对待的人当中交到任何朋友，也不要试图想除去任何一人。

10. 当你出错时，不要承认这是个人的错误。比如，不要说："我错了"，而是说："问题可以处理得更好。"

以上的十条规则是为管理者提供表现权威的方法。在你必须对一个棘手的事情负责时，可能想要把它们全部用上，或者仅使用其中一个方法——当你不想屈服于推销员的压力之下时，就瞪着他的前额看。应该利用多少程度的权威要视情况和你的性格而定。如果对于使用这种方式感到不舒服，应该试着一次练习一个规则，直到觉得熟悉了为止。若对使用这些方法感到不安，就不要用！否则，不仅欠缺说服力，还会陷于比刚开始还要糟的境况。

一个优秀的管理者更需要的是令人慑服的威信，而不是令人生畏的权力。是否拥有这种威信，正是一个管理者能否成功的关键！

（二）讲不要侵入他人“领地”

人最基本的领土意识就是对家庭的保护。谁若未经同意闯入他人家里，轻者遭责骂，重者恐怕要遭一顿追打。不过会犯这种错误的人不多，倒是很多人在办公室内忽略了这点。

在办公室里侵犯别人“领土范围”的方式有：未经同意就坐在同事的桌子或椅子上，坐在管理者的办公室里，以及到其他的部门聊天等等。

你不要以为这没什么，事实上，你的举动已经侵犯到了别人的“领土”，使对方感到不快。所以，别人工作的地方，不到必要时，请不要随便靠近。

不要没事就到别的部门去聊天，因为这会对那个部门的管理者造成一种“侵犯领土”的不安全感。就算你是纯属聊天也不行，因为在他的部门里，他是唯一的权力象征，你无缘无故地出现，就好像要与他争夺权力似的。当然，谈公事时例外，但应只限于管理者和管理者之间的接触，不要随意去接触他的下属。

如果你下面有几个部门，你也要尊重这些部门中的小管理者，不要以为你是大管理者，就可以没事时到其他部门去聊天，除非那个部门的管理者也在现场。偶尔为之无妨，长期如此，那么小管理者心里就会不舒服了。那种“越俎代庖”的管理方式，干预了正常的上下级关系，插手别人的工作流程，影响别人的工作方式，实际上就是一种“越权”。

擅长“越权”的管理者，总是过分欣赏自己的才干，并为“越权”的结果备感欣慰。认为虽然自己辛苦一些，但事情办得快，办得好，不耽误事。然而，他没有看到“越权”的危害。“越权”的危害集中表现在以下几个方面：

1. 有害于工作的正常秩序

每一个工作程序都有自己合理的流程和安排，这是一种系统工程。如果管理者对下级“越权”，对工作横加干预，或有意无意地过问、插手、表态，这就打乱了下级的正常工作秩序，使下属无所适从。

2. 有害于调动下属的积极性

“越权”行为，从另一方面显示了你作为领导对下属的不信任，使员工形成惰性思维，认为什么事情都有你出头，由你的意愿去指挥工作的进度。这样，下属就没有什么积极性、主动性、创造性可言了。影响下属积极性，同时也就影响了人才的锻炼和成长。

3. 有害于团结

对下"越权"，使下属有职无权，下级会产生"上级领导对自己不信任，不重用"的疑虑，伤害了下属的自尊心；群众也会产生抱怨情绪，使下属产生消极的工作情绪，从而使管理者加深了与上级领导者的隔阂。如果是下级对上级"越权"，也会有目无尊长、不自量力之嫌，这也是影响工作和团结的因素。所以说，"越权"行为是令人反感同时又破坏团结的。

那么，管理者如何防止"越权"呢？

1. 明确职责范围

权力是适应职务、责任而来的。职务，是管理者一定的职位和由此产生的职能；责任，是行使权力所需要承担的后果。有多么大的职务，就有多么大的权力，就承担多么大的责任。职、权、责一致是领导工作的一个重要原则。"有职无权"，是被人"越权"；"有权无职"，是侵越了别人的权力。"越权"是"有权无责"，被"越权"是"有责无权"。因此，只有职、权、责相统一，真正克服上述现象，才能防止"越权"现象。这就必须明。

2. 进行一级抓一级的教育

除了对下属明确职、权、责的范围外，还要对下属进行分级领导原则的教育。在一般的管理阶层中，分级领导就是分层领导。任何事物都作为一个系统而存在，都有层次结构，它的发展变化都是有规律的，系统之间能否有效地运转，是由层次性决定的，同一层次的诸系统的联系，须由各级系统之间自主地进行。只有在发生障碍，产生矛盾，出现不协调时，才提交上一层次的系统解决。这是分级领导的理论依据。

下属根据这一原则，要认真地做好本层次的工作，对上级领导负责，执行上级的指示，接受上级的指导和监督，经常主动地请示汇报工作，积极完成上级领导交给的一切任务。

对下属的"越权"，尤其是有意的"越权"，应提高到目无组织、目无领导等高度来认识。这样，下属对自己的"越权"才会引起警觉。

3. 上级为下属排忧解难

管理者在决策的基础上，在给下级部署任务、提出要求的同时，要深入基层，为下属完成任务创造必要的条件。上级要为下属服务，支持、鼓励、指导、帮助下属，关心、爱护下属，为下属排忧解难，及时解决他们工作中遇到的问题。这样，可以防止或减少下属由于来不及请示而出现的"越权"现象。如果不深入下属，不接近群众，高高在上，门难进、脸难看、事难商量，就会助长下属"先斩后奏""干了再说"的"越权"行为。

管理者要掌握纠正"越权"的方法与艺术。一旦发生下属"越权"现象，要积极慎重地根据不同情况，采取不同方法加以纠正。

（1）功过分开谈论。对下属"越权"，不能一概而论。有的下级"越权"，是为了响应上级的号召。这是和他有较强的事业心、责任感，工作有积极性、主动性等优点相联系的，和他"越权"的行为相比，这种"越权"的精神反而显得是难能可贵的。现代企业中的很多员工，抱着"息事宁人"的处理哲学，得过且过，分内的事都不去干，有何劲头去"越权"？对于处于有利动机的"越权"的下级，应该先表扬后批评，肯定其有利的一面，同时指出"越权"的危害，以"越权"的具体行为，指出不"越权"而又把事情完成好的办法。这样，下属才能为管理者的公正、体贴、实事求是所折服，才能在以后的工作中扬长避短。

（2）维持现状，因势利导。管理者对下属"越权"产生的影响以及可能带来的影响，也要作具体研究。有时，下属"越权"的行为以及带来的影响，可能和主管领导的思路、决策是大相径庭，甚至有的地方做得更漂亮，影响甚至超出了自己的决策。这样自然要维持下去。即使是这样，也要下不为例。有时下属"越权"行为与管理者的正确决策有一定差距，在一定程度上，有某些损失，但仍是正面效应，无损大局。这样的情况也要维持现状，继续下去。在进行过程中，要尊重下属的思想，循循善诱，晓之以理，动之以情，使其向好的方向发展。

（3）纠正错误，亡羊补牢。下级"越权"，有时本身可能从酝酿的那一刻起，就是错误的思想。已经产生了不好的效应或将要产生。这时，管理者就要根据情况予以补救，"亡羊补牢"，力争把损失减少到最低限度，并教育下属这其中的利害冲突，避免下次情况的发生。

每个部门都有自己的工作职责，你不应该命令自己的下属去做其他部门职责中的事情。逾越了这个界限，会给公司的整个管理造成混乱，甚至会出现部门与部门之间、下属和上级之间的矛盾冲突。

（三）领导者要以身作则

身先士卒，率先垂范，永远会唤起下属的崇敬感。

现在的大多数人都不喜欢被管理，如果管理者的行为引起下属的不满，会引起他们的反感。因此，身为管理者必须以身作则，才能让下属信服。

群众期待的管理者，是在非常时期能够表现得与众不同，且能够断然地做出决定，迅速敏捷地采取行动的人。只有这样的管理者，才能强有力地支配部下。

在竞争愈来愈激烈的今天，企业随时都会面临各种困难。当面临困境时，管理者必须能够率先士卒，面对难关。这样坚定沉着的精神就会传达给部下，让大家都能够勇敢地面对挑战。

日本本田技研工业总公司的创始人本田宗一郎每当遇到棘手的事情时，总是自己率先去干。因此，公司里的年轻人非常佩服他的这种身先士卒的垂范作风。

有一次，为了谈一笔出口生意，本田宗一郎和同事藤泽武夫在滨松一家日本餐馆里招待一位外国商人。外国商人上厕所时，不小心弄掉了假牙。本田宗一郎二话没说，就跑到厕所，卷起裤腿，跳下粪池，用木棒小心翼翼地查找，终于找到了假牙。然后，他又反复冲洗干净，并做了严格的消毒处理。回到宴席上，本田宗一郎自己先试了试，高兴得手舞足蹈。这件事让那位外国人很受感动，生意自然获得了成功。藤泽武夫目睹这一切，感慨不已，认为自己可以一辈子和本田宗一郎合作下去。

本田宗一郎

一大堆的同情话、亲热语，远不及于援一手、投一足的实际小帮助。人是最容易为一些小事情、小恩惠所折服的。作为管理者，还应降低自己的物质欲望与享受观念，使自己与大众没有区别，使自己成为大众中的普通一员。要求他人做到的，自己首先要做到。这样，说话就响亮，就能感服他人。

榜样可以起到激励作用，从而推动各项工作的开展。什么是榜样激励的核心问题呢？就是企业的管理者要以身作则。事实证明，企业管理者的一举一动往往影响着员工的积极性，会给员工留下深刻的印象。在不少企业里，都开展"评先进、树典型"

活动，为员工树立了榜样，使企业形成了一种积极向上的文化氛围。

管理者要注重行为的"垂范激励"。企业管理者，不管你是委派的还是选举产生的，抑或是竞选受聘的，一旦被任命之后，手中就拥有了经营管理企业的权力。然而，这并不意味着你的权力已经"合法"。能否获得群众认同的"合法权威"，关键要看管理行为产生的"激励效应"如何，即能否从你的下属和员工那里得到"合法化"赞同。

美国社会学家彼德·布莱认为，管理者的有效性和稳定性取决于下级的社会赞同。受到下级承认和赞同的管理者，在对下级施加影响时，要比那些未受到承认或赞同的管理者更为有效。假如你忽视了这一点，以为靠着人事部门的一纸文件就可以滥用权力，那么你就会动摇管理者权威的有效性和合法性。久而久之，最终会丧失员工对你的权力和威信的认可。

管理者如何才能做到以身作则？

1. 具有自我管理素质

善于自我管理的企业管理者能够独立思考、工作，无须严密的监督。

2. 忠于一个目标

大多数员工都喜欢与将感情和身心都奉献给工作的人共事。除了关心自身，企业领导应忠于某样东西，比如一项事业、一件产品、一个组织、一个工作团队或一个想法。

3. 培养自己的竞争力，竭尽全力以达到最好的效果

管理者应该拥有很强的工作能力和水平，因此，领导的绩效标准应比员工或工作团队要求的更高。

4. 有魄力，讲诚信

领导应该独立自主，有值得员工信任的知识和判断力。另外，领导还要有较高的思想道德标准，并且勇于承认自己的错误。

作为企业的管理者，不能自律，就无法以德服人、以力御人，如果无法取得员工的信赖和认可，将必败无疑。优秀的领导必须懂得，要求下属做到的事，自己必须首先做到。

（四）高明管理者的下属不需要管理

杜拉克认为："我们有太多的管理意在使人无法工作。"不少人认为，在企业中，

管理者的职责是监视、监控，管理者只要监督下属的工作就行了。公司管理层只是到处举办高层会议，以确保企业和其他基层的工作运行正常，不出问题。结果，高级经理们沉溺于文件、报告、会议中，不给基层管理者做决策、展示才能的机会，渐渐失去了与下级沟通的机会。这就是那些管理者所做的一切，而且他们还认为这就是他们的工作。事实上，一个聪明的高层管理者，是不用管理的。宝洁公司的事例就是最好的证明。

在宝洁公司，当时他们提倡的是"办公室景观"的新观念，所有的办公室都是开放的，只是用盆景、可移动的壁板、书架、柜子之类的东西隔开。一家商业杂志社想对这个新观念加以报道，于是派人采访了总经理史旺生。

总经理带着杂志社的编辑参观过新的办公室，这位编辑看到了漂亮的办公室和舒适的员工休息间后问道："你们对员工喝咖啡的时间和休息的时间有何规定？"

"我们唯一的规定就是，不能在工作地点吃东西或喝饮料，因为我们不敢冒险弄脏这些整片的地毯，也怕会搞坏其他装潢。至于我们的员工，他们随时都可以到休息室舒展筋骨，也没有人为地规定喝咖啡时间。"总经理微笑着回答。

"完全没有规定？"编辑惊讶地问："那你们如何防止滥用权力？员工岂不是想偷懒就偷懒？"

"我们不用防止权利滥用，也不怕员工偷懒，这些问题员工自行防止。"总经理说："舆论和与生俱来的自尊就足以使每位员工都努力维护自己良好的形象。"看到记者迷惑的眼神，他接着说道："当我们准备进行办公室美化时，一位心理学顾问建议我们实行这种政策，结果真的有效。你已经看到了，休息室像其他办公室一样，包括主管人员的办公室——全都是开放的空间——所有经过的人可以清清楚楚看到里面的一切。每个员工都知道：自己离开工作的地方别人都看得很清楚，而且每个经过休息室的人都能看见哪些人在抽烟、聊天、吃东西。他们当然就不会再滥用权利了。"

最后，这位总经理开了句玩笑道："让公众注意一个人的行动是最好的管理方法，而公司不必为此付薪水。"

这位总经理的话实际就是杜拉克的观点：管理者不要去管理监督员工，每个人都会在各种各样的原因下自己管理自己。好多管理者过于迷信制度的作用，经常把制度提升到管理的核心位置。可是，管理者依然困惑：为什么制度很难执行？明明是大家应该做的东西，而这样对他们只有好处没有坏处，他们为什么不愿接受？

人的本性证明：不论是什么样的东西，凡是"强加"的就会遇到本能的抵抗。管理者不必把公司里所谓的精英者的地位放得高高的。以前的"精英者与员工的工作关系是管理与被管理"的观念必须改变。要记住，人是不喜欢被其他人管理的。

在 1976 年，雷夫寇提出了"关掉噪声"的实验报告。实验中，一些被研究的人员在进行解谜和校稿工作，周围不时地制造出非常嘈杂的噪音。被研究的人员分成两组，第一组仅被要求要尽力完成工作，第二组则增设了一个可以关掉噪声的按钮。结果，有按钮的第二组表现较佳，解谜是第一组的五倍，校稿的错误率也相对较低。但令人感到意外的是，第二组并没有使用可关掉噪音的按钮。由此可见，只要让人们知道能自行调控，就可产生极大的差异。体现这一观念精髓的便是"自我管理小组"。

自我管理小组没有安排任何直属主管，成员都是先接受培训以便承担工作挑战。只要赋予小组所需的资讯与任务，让他们自行安排每日的工作内容，自行设定目标，对质量管理、采购出勤和成员行为负责。并且让每一名成员都了解该小组职责范围内所有的工作内容，自我管理小组成功地实现了"放弃对员工的控制以便控制他们"的观念。如果实行得当的话，这种小组往往可产生很高的生产力。

宝洁公司实行自我管理小组已有 40 年的历史。20 世纪 60 年代初，宝洁公司的管理者们开始接触自我管理小组的观念，当时，他们就认定这是主要的竞争优势，并把这项方法视为商业秘密！

人可以在不得已的情况下被强制，但是却永远不愿接受强制管理，甚至是作为他人意志的体现而强加于自己。这是人的本性。当企业的员工自己管理自己时，他们会去做企业希望他们做的事，而不是由管理者强迫他们去做。

员工不是资源，而是资源的掌握者，所以管理者不可以像使用任何资源一样使用员工、管理员工、控制员工。如果管理者有这样的观念，就肯定会受到来自员工阶层的各种形式的抵触，尤其是当员工是公司里的最有"价值"的知识员工时，这种情况尤为严重。因为知识员工的自主性最强，他们绝对不会被动地接受强制管理。

随着新时代的到来，现代管理越来越意味着是帮助而不是控制，是变复杂化为简单化。管理者不能再终日忙于计划、组织、指挥和控制。管理者必须通过培养积极的工作关系以加强员工的自尊；必须运用适当的人际关系技巧来激励员工；必须建立起一种关系，使集体的效率远大于简单的个体相加。管理者还要对员工进行必要的培训，让每位员工都能发挥自己的才能，以促使员工提高工作业绩；同时，管理者还必须创造良好的工作环境，为员工提供发展平台；另外，管理者还要对有贡献的员工给予适当的奖励。

现代管理不是要削减公司的管理层次和管理规模，更不是要减少"管理者"，而是

"管理"观念从根本上的变革，使"管理者"变成以人为本，以引导员工实现自我控制、自我管理的新型"管理者"。这种观念上的变革，其意义远远大于简单的精简管理层次。

管理者不是被雇用来做员工的主人的，每一个人都是自己的主人，管理者的职责应该是引导员工成为自己的主人。

（五）准确定位领导角色

人生是个大舞台，每个人都是演员，只是角色不同罢了。自己所扮演的角色是否成功，是否到位，直接关系着你人生的成功与否。现实中往往有些人不是没有能力，也不是不努力，可就是与成功无缘，其中一个重要的原因就是缺乏角色意识。

管理者在企业经营中处于至关重要的地位。企业经营成功与否，在很大程度上有赖于管理者角色的发挥，正所谓"成也领导，败也领导"！

管理者在企业中应该扮演什么样的角色呢？很多企业的领导没有意识到自己应该扮演的角色和起到的重要作用。

管理者在管理工作中必须扮演好下面十种角色：

1. 首脑

作为企业组织的首脑，每位管理者有责任主持一些仪式，比如接待重要的访客、参加某些职员的婚礼、与重要客户共进午餐等等。据调查，首席执行官将12%的沟通时间花在仪式性的职责上，在他们收到的信件中，有17%是与其地位相关的感谢信或邀请函。涉及人际关系角色的职责有时可能是日常事务，然而它们对组织能否顺利运转非常重要，不能被管理者所忽视。

2. 领导者

由于管理着组织，领导者就对该组织成员的工作负责，在这一点上就构成了领导者的角色。另外，也有一些行动是间接地行使领导角色，比如，每位领导者必须激励员工，以某种方式使他们的个人需求与组织目标达到和谐。事实上，在领导者与员工的每次接触中，员工都会通过一些线索来试探领导者的行动：他同意吗？他喜欢什么样的报告？他对市场份额比对高利润更感兴趣吗？

3. 联络人

过去的企业管理从来都承认领导者的角色，特别是那些与激励相关的部分。相比之下，直到最近一两年，管理专家才开始关注领导者在他的垂直指挥链之外与人接触的联络角色。实际上，企业领导者花在同事、企业之外的其他人身上的时间与花在自己下属身上的时间一样多。并且，令人吃惊的是，他花在上级身上的时间却很少，通常这三种情况所花时间的比例分别是45%、45%和10%。

4. 监控者

依靠包括下属在内的人际关系网的联系，领导者成为组织的神经中枢。他不可能知道每件事情，但却肯定比任何下属知道得多。作为监控者，领导者为了得到信息，需要不断地审视自己所处的环境。他们询问相关联系人和下属，接收主动提供的信息（这些信息大多来自他的个人关系网）。担任监控角色的领导者，所收集的信息很多都是口头形式的，通常是传闻和流言。这些各种各样的联系使领导者在为组织收集"软信息"上具有天然的优势。

5. 传播者

管理者必须分享并分配信息，企业内部可能会需要这些通过领导者的外部个人联系收集到的信息。在传播者的角色中，领导者需要直接传递给下属一些他们独享的信息，因为下属没有途径接触到它们。当下属彼此之间缺乏便利联系时，领导者有时会分别向他们传递信息。

6. 发言人

领导者有时需要把一些信息发送给组织之外的人，比如发表讲话或者向供应商建议改进某个产品等。另外，作为发言人角色的一部分，每位领导者必须随时告知并满足控制其组织命运的人或部门的要求。比如，企业的首席执行官可能要花大量时间与有影响力的人周旋，要就财务状况向董事会和股东报告，还要履行组织的社会责任等等。

7. 创业者

作为创业者，领导者必须努力组织资源去适应周围环境的变化，当出现一个好主意时，领导要么决定一个开发项目，直接监督项目的进展，要么就把它委派给一个下属。作为创业者，领导都必须不断地开拓创新而不能故步自封。

8. 危机处理者

创业者角色把领导者描述为变革的发起人，而危机处理者角色则显示领导者非自愿地回应压力。在这里，领导者无力控制某些突发事件，某个主要客户的破产或某个供应商违背合同等变化。实际上，每位管理者必须花大量时间来处理这些事情。

9. 资源分配者

领导者负责在组织内分配各种资源，他分配的最重要的资源也许就是他的时间。

接近领导者就等于接近了组织的神经中枢。领导者还负责设计组织的结构，即决定分工和协调工作关系的模式。

10. 谈判者

谈判是领导者不可推卸的工作职责，而且是工作的主要部分。领导者需要花费相当多的时间用于谈判，因为只有领导者有权把组织资源用于"真正重要的时刻"，并且只有他拥有重要谈判所要求的神经中枢信息。

管理者扮演的十种角色不能轻易分开，它们形成了一个统一的整体。没有哪种角色能在不触动其他角色的情况下脱离这个框架。比如，如果一位没有联络交往的领导者缺乏外部信息，那么他就既不能传播下属需要的信息，也不能做充分反映外部条件的决定。

管理者要演好自己的各种角色不是一件容易的事，但也不是一件难事，关键在于是否有角色意识。有了这种前提，剩下的就是能力问题了。

（六）集权不如放权更有效

领导者要善于分派工作，就是把一项工作分派给另一个人去做。同时还要下放一些权力，让别人来做出决定，或是给别人一些机会按自己的想法做事。

当然了，总有一些工作不那么让人乐意去做。这时候，也许你就该把这些任务分一分，并且承认它们或许有那么一点令人不快。但是，无论如何，工作总得完成。

对某些领导来说，为什么把工作派给别人去做是件困难的事呢？下面就是可能的原因：

1. 如果你把一件可以干得很好的工作分派给别人做了，别人或者不如你做得那么快，或者不如你做得精细。你会以为，把工作派给别人做，肯定不会像自己做得那般好。

2. 如果让别人来做你的工作，也许你会担心他们做得比你好，而最终会取代你的工作。

3. 害怕把工作派给别人做了之后，自己无事可干了。所以那些握小权的人，哪怕是芝麻绿豆大的小事也不愿放手让别人去干。

4. 你没有时间去教别人如何接手工作。

5. 没有可以托付工作的合适人选。

如果你确确实实想要把工作分派下去，那么，在你花一点时间做一番努力之后，所有上述的这些困难都是可能克服的。你要对付的第一件事也许就是自己对此事所持的推诿态度。

　　如果你确实有理由担心，因为你的员工在工作上出了差错，你就会失掉你的工作；或者在你工作的地方，工作氛围相当糟糕，你担心工作不会有什么起色，这时候，你就得和你的上司谈谈这些情况，从而得到他的支持。

　　如果确实还没有可以托付工作的人选，而你自己又已经满负荷运转，那么，也许你就该考虑是不是再雇用一个人。

　　当然，放权也需有度。其中，"大权独揽，小权分散"是现代企业管理中实行的一项既授权，又防止权力失控的有效办法。

　　法国统盛·普连德公司是一个生产电子产品、家用电器、放射线和医疗方面电子仪器的大型电器工业企业。该公司属下各分公司遍布全球，为了对这个年销售额达数十亿美元的大企业进行有效的管理，公司实行了"大权独揽，小权分散"的管理制度。

　　总公司把投资和财务方面的两大关键权力掌握在自己手中。公司所属的分公司，每年年底都要编制投资预算报告，并呈报总公司审核。总公司对预算报告进行仔细的分析，如果发现有不当之处，就让各公司拿回去进行修改。当投资预算批准后，各公司都要照办。当然，这些预算也不是不可变更的，只要在预算总额内，各分公司的主管还可以对预算内的金额自行调整。通常，分公司经理可对每一个预算项目增、减10%，如果数目超过10%，则必须经过高一级主管的批准。

　　该公司建立了一项十分有效的管理控制员制度，对下属公司的生产，尤其是财务方面进行监督，这些管理控制员在执行任务时，都得到了总公司董事会的全力支持，他们对各公司的间接制造费用、存货和应收款等特别注意，一旦发现有不正常的迹象，就立即报告总公司，由总公司派人进行处理。各分公司每个月的财务报表必须有管理控制人员的签字，才能送交董事会。

　　除了在投资和财务方面牢牢地掌握住大权，公司在别的方面却实行了分权。该公司认为，大的企业，其领导者不可能事必躬亲，分权制度可以减少领导者的工作压力，即使是小企业，其领导者也不可能事无巨细，统统地揽在自己一人身上，也必须给下属分权，让下属发挥其聪明才智，为企业出谋划策，促进企业的发展。

　　因此，该公司的每一家分公司都自成一个利润中心，都有自己的损益报表，各事业部的经理对其管辖的领域都享有充分的决策权，同时他们也尽量把权力授予下级，充分发挥分权制度的最佳效果。

统盛·普连德公司实行分权管理制度后，调动了各分公司的积极性，生产蒸蒸日上，利润年年增加，获得了相当大的成功。

"大权独揽，小权分散"是统盛·普连德公司实行分权管理制度的成功经验，也是现代企业管理中实行的一项有效办法。公司的要害部门要直属，公司的关键大权要掌握在自己手里，其余的权力能放则放。这样，上下级劳逸平均，各得其所，也各安其职，个人的积极性、创造性就调动起来了，同时又不会发生权力危机。

一个高明的管理者，其高明之处就在于善于授权。授权不是交权，也不是大权旁落，而是在明确了下级必须承担的各项责任之后，所授予的相应的权力。从而使每一个层次的人员各司其职、尽其责、使其智、成其事。

四、自我管理的疑问

（一）为什么卡特总统承认错误后支持率会上升？
——特里法则

承认错误是一个人最大的力量源泉。是由美国田纳西银行前总经理 L·特里提出的。它的意思是说，正视错误，你会得到错误以外的东西。

在营救驻伊朗的美国大使馆人质的作战计划失败后，当时美国总统吉米·卡特即在电视里郑重声明："一切责任在我。"仅仅因为上面那句话，卡特总统的支持率骤然上升了 10%以上。

卡特总统的例子说明：下属对一个领导的评价，往往取决于他是否有责任感；勇于承担责任不仅使下属有安全感，而且也会使下属进行反思，反思过后会发现自己的缺陷，从而在大家面前主动道歉，并承担责任。

做下属的最担心的就是做错事，特别是花了很多精力却出了错，而在这个时候，如果老板来了句"一切责任在我"，那这个下属又会是何种心境？

领导这样做，表面上看是把责任揽在了自己身上，使自己成为受谴责的对象，实质上不过是把下属的责任提到上级领导身上，从而使问题解决起来容易一些。假如你是个中级领导，你为你的下属承担了责任，那么你的上司是否也会反思，他也有某些责任呢？一旦公司里上行下效，形成勇于承担责任的风气，便会杜绝互相推诿、上下不团结的局面，使公司有更强的凝聚力，从而更有竞争力。

当人们犯错误的时候，脑子里往往会出现想隐瞒自己错误的想法，害怕承认之后会很没面子。其实，承认错误并不是什么丢脸的事；反之，在某种意义上，它还是一种具有"英雄色彩"的行为。因为错误承认得越及时，就越容易被改正和补救。而且，由自己主动认错也比别人提出批评后再认错更能得到别人的谅解。更何况，一次错误并不会阻碍你今后的道路，真正会阻碍的，是那些不愿承担责任、不愿改正错误的态度。

（二）为什么"重用即是奖励，信任才易胜任"？
——秋尾法则

秋尾法则是指如果我们把很重要的职责搁在年轻人的肩头，即使没有什么头衔，他也会觉得自己前途无量而努力工作。这是由日本管理学家秋尾森田提出的。也就是说，重用即是奖励，信任才易胜任。

信任是一种复杂的社会与心理现象。信任是合作的开始，也是企业管理的基石。一个不能相互信任的团队，是一支没有凝聚力的团队，是一支没有战斗力的团队。信任员工，对于一个团队有着重要的作用：

（1）信任能使员工处于互相包容、互相帮助的人际氛围中，易于形成团队精神以及积极热情的情感。

（2）信任能使每位员工都感觉到自己对他人的价值和他人对自己的意义，满足个人的精神需求。

（3）信任能有效地提高合作水平及和谐程度，促进工作的顺利开展。

刘哲是一个规模不是很大的食品公司的销售主管，在这样的工作岗位上一干就是五年。五年来，他工作认真，好学上进，偶尔还创新一下销售技能。他销售业绩连年第一，深受老总的赏识。老总决定让他去深造一下，目的是给他更多的压力和机会，于是就以公司的名义给他在某大学报了一个在职 MBA 的培训课程，由于培训中接触的都是一些大企业的高级管理人才，则学习机会较多，眼界得到了很大的开拓，企业管理和销售理念也提高很多。回到公司，他先在自己的小团队里创建了一个学习小组，一个积极进取的团队。接下来的一年，这个小团队创造了奇迹，公司的销售规模扩大了一倍多。目前，公司已经是沃尔玛、华联等大型超市集团的优质供应商，销售规模扩张到了全国 20 多个省。

让员工承担更重要、更高级的工作，对于企业的发展意义很大。

青年人的腰是硬的，撑得动大石头；青年人的梦是远的，愿意为之付出。

一个有远大抱负的企业，其未来在年轻一代的领导人身上，其把握时代脉搏的神经在年轻人身上。如果你希望在未来的竞争中占据制高点，则着手培养年轻领导者一定没有错。

（三）怎样让下属感受到管理者的温暖？——南风法则

"南风"法则也称为"温暖"法则，源于法国作家拉封丹写过的一则寓言：北风和南风比威力，看谁能把行人身上的大衣脱掉。北风首先来一个凛冽刺骨的冷风，结果行人把大衣裹得紧紧的。南风则徐徐吹动，顿时风和日丽，行人因为觉得春意上身，始而解开纽扣，继而脱掉大衣，南风获得了胜利。这则寓言形象地说明了一个道理：温暖胜于严寒。

得人心者得天下，企业家与员工的关系是鱼和水的关系，企业家是离不开员工的，因此，一定要在企业内部搞好员工关系，增强企业的凝聚力。

正泰集团创始于 1984 年 7 月，主要生产经营高低压电器、输变电设备、仪器仪表、建筑电器、通信设备、汽车电器等产品。集团综合实力已连续五年名列全国民营企业500 强前十位。正泰集团董事长南存辉说："企业讲究以人为本，全员参保是企业凝聚人心的重要措施，是企业应尽的社会责任，关乎国运、惠及子孙、恩泽本人，有利于企业的发展。"于是，2001 年年末，遵照国务院《社会保险费征缴暂行条例》《浙江省职工基本养老保险条例》等上级文件，作为民营企业的正泰集团，率先搞起了员工社会养老保险工作。这项工作被誉为正泰集团的"人心工程"。因为在南存辉眼里，为员工做好社会保险工作，是一项吸引人、凝聚人、激励人、留住人的重要手段。

到 2002 年年末，正泰集团总部所属各公司参保人数已达 6 000 多人，正泰集团为此支出了上千万元的资金。

南存辉的观点是正确的，社保的推行，不仅体现了企业的关爱，稳定了员工的人心，激发了大家的热情，更重要的是，还推动了企业的发展。2002 年，正泰经济效益同比增长 39%，取得了可喜的成绩。

南存辉注重保障员工的利益，这是人人皆知的。在他的企业里，如果员工的利益受到了侵犯，他会毫不犹豫地站在员工这边；如果员工遇到了困难，他会毫不犹豫地帮助员工解决困难，顺利渡过难关。

有一次，江西籍员工张献福的脖子上长了个硬包，医院诊断为甲状腺瘤。于是，张献福到江西医院做了切除手术。当时临近春节，公司生产紧张，人手不足，尽管张献福的身体还没有完全康复，但是，他主动上岗值班。正泰集团精神文明委员会主任叶逢林知道了张献福的情况，及时给他送去了医疗补助费。对此，张献福非常感动，他说："没想到，我这样一个普普通通打工者的病情，能得到集团领导亲人般的关爱，我为我是正泰员工感到无比幸福。"

康奈集团有限公司创办于1980年，主营中高档康奈牌皮鞋，兼营皮件、服饰、内衣、鞋模等。康奈品牌已荣获中国驰名商标、中国真皮鞋王等多种荣誉。康奈对于员工的保障，非常重视。在集团迁入中国鞋都康奈工业园后，康奈先后建立了1 500平方米的职工俱乐部，配备棋牌室、阅览室、网吧、卡拉OK室、休闲茶吧等设施；还设立读书俱乐部、书画社、文学社、舞蹈队、乒乓球队、篮球队等社团，为员工提供学习和充实自己的平台，丰富员工的业余生活。

同时，康奈对技术管理人才还有一项特殊的保障。只要符合条件，技术管理人就可以享受3年内免费贷款30万元用来购车购房的优惠政策。到目前为止，已经有30多位康奈人才享受了这一优惠。这项政策已经实施了4年多。

在奥康，有一句话叫作"质量是基础，品牌是生命，人才是根本"。普通一线员工也是"人才"。奥康的董事长王振滔认为，只有普通一线员工辛勤地工作才能生产出一流的产品，并将产品推向市场，让消费者认可，他们是企业的主体。因此，王振滔非常重视员工的待遇。

王振滔在没有修建集团总部行政大楼之前，就为员工建起了5幢员工宿舍楼，1幢干部宿舍楼，并按照三星级标准建起了现代化的员工生活小区，包括食堂、购物中心、娱乐中心、球场、浴池等，能满足3 000名员工入住。

为了改善员工的生活，奥康使用名厨掌勺，并举行丰富多彩的文化活动。每天有早上集训、质量宣誓；经常有军事训练、技能培训；经常举办"奥康论坛"讲座、一商学院"奥康班"学习。每年，奥康还拿出20万元，奖励那些在生产管理、开发设计和营销工作中提出新思想、好点子的员工。这些不仅稳定了员工的心，而且激发了员工热爱公司的责任感和主人翁意识。

"对员工一定要好，一定要用情去打动他们，去感染他们。"广厦集团的总裁楼明这样要求公司的管理干部，同时，自己也身体力行着这条准则。

楼明走马上任后，立即听取员工意见，将普通青年员工的住房补贴从100元/月提高到了 300 元/月。

有一次，楼明到西安的一个工地调研，他先看了看工棚，然后惊讶地问："热水壶呢？工棚里怎么连一只热水壶也没看到？"

每次到工地调研，他总要到两个地方转转。一个是食堂，看看员工伙食；另一个是职工宿舍，看看工人的住宿条件和生活状况。他平时大多在员工食堂就餐，还要求后勤负责人在墙上写上了好几条标语，如"谁知盘中餐，粒粒皆辛苦"等，要求大家注意节约。

华人首富李嘉诚曾说："虽然老板受到的压力较大，但是做老板所赚的钱，已经多过员工很多，所以我事事总不忘提醒自己，要多为员工考虑，让他们得到应得的利益。"这也许应该是每一位创业者都应该持有的待人之道吧！

在管理中运用"南风"法则，就是要尊重和关心下属，以下属为本，多点人情味，使下属真正感觉到领导者给予的温暖，从而去掉包袱，激发工作的积极性。

（四）为什么管理者应通过目标管理下属？——目标管理

"目标管理"的概念是管理大师德鲁克 1954 年在著名的《管理实践》中最先提出的，其后他又提出"目标管理和自我控制"的主张，德鲁克认为，并不是有了工作才有目标，而是相反，即有了目标才能确定每个人的工作，所以"企业的使命和任务，必须转化为目标"。如果一个领域没有目标，则这个领域的工作必然被忽视。因此管理者应该通过目标对下级进行管理，当该组织最高层管理者确定了组织目标后，必须对其进行有效分解，转变成各个部门以及各个人的分目标，管理者根据分目标的完成情况对下级进行考核、评价和奖惩。

目标管理提出以后，便在美国迅速流传。时至第二次世界大战后西方经济由恢复转向迅速发展的时期，企业急需采用新的方法调动员工积极性以提高竞争能力，目标管理的出现可谓应运而生，遂被广泛应用，并很快为日本、西欧国家的企业所仿效，在世界管理界大行其道。

目标管理的具体形式各种各样，但其基本内容是一样的。目标管理乃是一种程序或过程，它使组织中的上级和下级一起协商，根据使命确定一定时期内组织的总目标，由此决定上、下级的责任和分目标，并把这些目标经营作为评估和奖励每个单位和个人贡献的标准。

目标管理指导思想是以 Y 理论为基础的，即认为在目标明确的条件下，人们能够对自己负责，具体方法上是泰勒科学管理的进一步发展，它与传统管理方式相比有鲜明的特点，可概括为：

（1）重视人的因素。目标管理是一种参与的、民主的、自我控制的管理制度，也是一种把个人需求与组织目标结合起来的管理制度，在这一制度下，上级与下级的关系是平等、尊重、依赖、支持，下级在承诺目标和被授权之后是自觉、自主和自治的。

（2）建立目标锁链与目标体系。目标管理通过专门设计的过程，将组织的整体目标逐级分解，转换为各单位、各员工的分目标。从组织目标到经营单位目标，再到部门目标，最后到个人目标。在目标分解过程中，权、责、利三者已经明确，而且相互对称。这些目标方向一致，环环相扣，相互配合，形成协调统一的目标体系。只有每个人员完成了自己的分目标，整个企业的总目标才有完成的希望。

（3）重视成果。目标管理以制定目标为起点，以目标完成情况的考核为终结。工作成果是评定目标完成程度的标准，也是人事考核和奖评的依据，成为评价管理工作绩效的唯一标准。至于完成目标的具体过程、途径和方法，上级并不过多干预。所以，在目标管理制度下，监督的成分较少，但控制目标实现的能力却很强。

目标管理的具体做法分三个阶段：第一阶段为目标的设置；第二阶段为实现目标过程的管理；第三阶段为测定与评价所取得的成果。

1. 目标的设置

这是目标管理最重要的阶段，第一阶段可以分为四个步骤：

第一步：高层管理预定目标。这是一个暂时的、可以改变的目标预案。即可以上级提出，再同下级讨论；也可以由下级提出、上级批准。无论哪种方式，首先必须共同商量决定；其次，领导必须根据企业的使命和长远战略，估计客观环境带来的机会和挑战，对本企业的优劣有清醒的认识。对组织应该和能够完成的目标心中有数。

第二步：重新审议组织结构和职责分工。目标管理要求每一个分目标都有确定的责任主体。因此预定目标之后，需要重新审查现有组织结构，根据新的目标分解要求进行调整，明确目标责任者和协调关系。

第三步：确立下级的目标。首先下级明确组织的规划和目标，然后商定下级的分目标。在讨论中上级要尊重下级，平等待人，耐心倾听下级意见，帮助下级发展一致性和支持性目标。分目标要具体量化，便于考核；分清轻重缓急，以免顾此失彼；既要有挑战性，又要有实现可能性。每个员工和部门的分目标要和其他的分目标协调一致，支持本单位和组织目标的实现。

第四步：上级和下级就实现各项目标所需的条件，以及实现目标后的奖惩事宜达成协议。分目标制定后，要授予下级相应的权力，实现权、责、利的统一。由下级写成书面协议，编制目标记录卡片，并在整个组织汇总所有资料后，绘制出目标图。

2. 实现目标过程的管理

目标管理重视结果，强调自主、自治和自觉。这并不等于领导可以放手不管，相反由于形成了目标体系，一环失误，就会牵动全局。因此实施过程中领导层目标的管理是不可或缺的。首先进行定期检查，利用双方经常接触的机会和信息反馈渠道自然地进行；其次要向下级通报进度，便于互相协调；最后要帮助下级解决工作中出现的困难问题，当出现意外、不可测事件严重影响组织目标实现时，也可以通过一定的手续，修改原定的目标。

3. 总结和评估

达到预定的期限后，下级首先进行自我评估，提交书面报告；然后上、下级一起考核目标完成情况，决定奖惩；同时讨论下一阶段目标，开始新循环。如果目标没有完成，就分析原因总结教训，切忌相互指责，以保持相互信任的气氛。

（五）怎样塑造出员工的"好"行为？——行为矫正术

组织行为矫正又称为"行为矫正"，是强化理论在管理实践中的应用，指的是采用有规律的、循序渐进的方式引导出所需要的行为并使之固化的过程。

从实际角度来说，当员工行为与管理者的要求和目标相关很大时，矫正是实现管理目标的重要手段。因为这时员工要做出合乎理想的行为很难，而如果只有满足标准才给予奖励，则奖励本身太渺茫，奖励很难奏效。进行行为矫正，即主动地、循序地引导所需要的行为，则可能成功达到目的。

组织行为矫正具体分为五个步骤。

第一步：识别与绩效有关的行为事件。员工所做的不同的工作对现实的贡献或意义不同，因此，行为矫正首先要确认出哪些行为对工作绩效有显著的影响。往往出现的情况是，关键行为虽然只占所有行为的 5% ~ 10%，但绩效的贡献可能高达 70% ~ 80%。

第二步：测量有关行为。管理者要确定绩效的基线水平，也就是要找到行为的基础效率水平。

第三步：识别行为的权变或绩效结果。采用功能分析法鉴别工作行为的各种情境因素，以便管理者了解出现各种行为的原因。

第四步：拟订并执行一项策略性干预措施。为了强化必要的绩效和削弱不必要的行为，适当的策略是改变某些绩效——报酬的关联因素，如结构、和谐、技术、群体或任务，这些与奖励高水平的绩效形成高度正相关。

第五步：评估绩效的情况。

行为矫正的方法主要有四种：正面强化、反面强化、惩罚和消退。

（1）正面强化：是指对做出的行为予以奖励。

（2）负面强化：是指因做出某种行为而不再予以惩罚。

（3）惩罚：是指对做出的行为给予批评和处治。

（4）消退：是指对出现的某种行为不予强化，久而久之，这种行为被判定为无价值而消退。

行为矫正过程中，强化手段可以有不同的时间组合模式。一种是连续化，又叫完全强化，即只要所要求的行为一出现就给予强化。另一种是间歇强化或部分强化，即不是在每次良好行为出现后都给予强化，而是间歇地强化，但又足以使良好行为得到鼓励而重复出现。研究表明，后者比前者会产生更强的抵抗消退的作用，所引起的行为要持久得多。这可能是因为人类有寻求规律和一致性的倾向。间歇强化不符合这种倾向，于是更激发人们用更大的努力寻求一贯性奖赏。这也是赌博那么容易上瘾的原因。

强化方法的运用对行为矫正的效果有重要影响。例如，完全强化对于学习初期的、不稳定的、不常出现的行为有很好的强化效果。但这种强化会很快导致饱足感，从而对奖励感觉麻木，难以达到强化效果。然而一旦撤销强化，行为便会迅速消退。相反，部分强化适用于稳定的或经常出现的行为。另外，研究发现，变化性强化往往比固定强化效果好。例如，奖金比固定工资强化效果好，前者与绩效相关，是不定期、不定比率的"间歇强化"，而后者对雇员来说已然习以为常，强化的作用很弱。

行为矫正在组织管理中有很大的应用价值。一个著名的案例是艾默尔公司进行的关于包装搬运工作方式的研究。

艾默尔公司出于经济考虑，希望工人尽量使用运输专用的金属箱。当管理人员询问工人搬运的货物中有多少是用金属箱的，工人的回答一律是90%，但事实上比例仅有45%。为了鼓励员工使用金属箱，管理层建立了一个反馈和积极强化方案。每个装运工接受指导并记录他每天的装运量，每天结束工作后由工人自行计算金属箱使用率，并据此发放奖励。结果，该方案实施的每一天，金属箱的使用率增加90%，并一直保持该水平。据公司称，这项措施在3年内为公司节省了200万美元。

许多其他的组织和企业也结合自己的需要制定多种措施进行行为矫正，如以全勤奖取代病假照付制、发挥榜样作用、抽查降低出勤率等。当然，对这种管理激励方法亦有微词。有人认为组织行为矫正术有意操纵人的行为，减少人的自由意志，是不道德之举。同时，运用此方法达到目标之后能否持续发挥作用，员工是否会觉得受刺激，以及这不仅是管理者促进员工提高绩效的手段，而且确实是对他们的鼓励，答案也未可知。

（六）怎样激发员工参与决策的热情？——参与管理

所谓参与管理，就是指在不同程度上让员工参加组织的决策过程及各级管理工作，让员工与企业的高层管理者处于平等的地位研究和讨论组织中的重大问题，这样他们可以感到上级主管的信任，从而体验出自己的利益与组织发展目标密切相关而产生强烈的责任感；同时，参与管理为员工提供了一个取得别人重视的机会，从而给人一种成就感。员工因为能够参与商讨与自己有关的问题而受到激励。参与管理既对个人产生激励，又为组织目标的实现提供了保证。

参与管理的方式试图通过增加组织成员对决策过程的投入进而影响组织的绩效和员工的工作满意度。在员工参与管理的过程中有以下四个关键因素：

（1）权力，即提供给人们足够的用以做决策的权力。这样的权力是多种多样的，如工作方法、任务分派、客户服务、员工选拔等。授予员工的权力大小可以有很大的变化，从简单地让他们为管理者做出的决策输入一定的信息，到员工们集体联合起来做决策，乃至员工自己做决策。

（2）信息。信息对做出有效的决策是至关重要的。组织应该保证必要的信息能顺利地流向参与管理的员工处。这些信息包括运作过程和结果中的数据、业务计划、竞争状况、工作方法、组织发展的观念等。

（3）知识和技能。员工参与管理，他们必须具有做出好的决策所要求的知识和技能。组织应提供训练和发展计划来培养和提高员工的知识和技能。

（4）报酬。报酬能有力地吸引员工参与管理。一方面有意义的参与管理的机会提供给员工内在的报酬，如自我价值与自我实现的情感；另一方面提供给员工外在的报酬，如工资、晋升等。

在参与管理的过程中，这四个方面的因素必须同时发生作用。如果仅仅授予员工作决策的权力和自主权，但他们却得不到必要的信息和知识技能，那么也无法做出好的决策。如果给予员工权力，同时也保证他们获取足够的信息，对他们的知识和技能也进行训练和提高，但并不将绩效结果的改善与报酬联系在一起，员工就会失去参与管理的动机与热情。

员工参与管理能有效地提高生产力，其作用如下：

首先，员工参与管理可以增强组织内的沟通与协调。这样就将不同的工作和部门整合起来，为一个整体的任务目标服务，从而提高生产力。

其次，员工参与管理可以提高员工的工作动机，特别是当他们的一些重要的个人需要得到满足的时候。

最后，员工在参与管理的实践中提高了能力，使得他们在工作中取得更好的成绩。组织上增强员工参与管理的过程中通常包含了对他们集体解决问题和沟通的能力的训练。

员工参与管理有多种形式，最主要的几种形式是分享决策权、代表参与、质量圈和员工股份所有制方案。

（1）分享决策权：是指下级在很大程度上分享其直接监管者的决策权。管理者与下级分享决策权的原因是，当工作变得越来越复杂时，他们常常无法了解员工所做的一切，所以选择了最了解的人来参与决策，其结果可能是更完善的决策。各个部门的员工在工作过程中的相互依赖的增强，也促进员工需要与其他部门的人共同商议。这就需要通过团队、委员会和集体会议来解决共同影响他们的问题。共同参与决策还可以增加对决策的承诺，如果员工参与了决策的过程，那么在决策的实施过程中他们就更不容易反对这项决策。

（2）代表参与：是指工人不是直接参与决策，而是一部分工人的代表进行参与，西方大多数国家都通过立法的形式要求公司实行代表参与制度。代表参与的目的是在组织内重新分配权力，把员工放在同出资方、股东的利益更为平等的地位上。代表参与常用的两种形式是工作委员会和董事会代表。工作委员把员工和管理层联系起来，任命或选举出一些员工，在管理部门做出重大决策时必须与之商讨。董事会代表是指进入董事会并代表员工利益的员工代表。

（3）质量圈：是指一线员工和监督者组成的共同承担责任的一个工作群体。他们定期会面，通常一周一次，讨论技术问题，探讨问题的原因，提出解决问题的建议以及实施解决措施。他们承担着解决质量问题的责任，对工作进行反馈并对反馈做出评价，但管理层一般保留建议方案实施与否的最终决定权。员工并不一定具有分析和解决质量问题的能力，因此，质量圈还包含了对参与员工进行质量测定与分析的策略和技巧、群体沟通的技巧等方面的培训。

（4）员工股份所有制：是指员工拥有所在公司的一定数额的股份，这样一方面使员工将自己的利益与公司的利益联系在一起；另一方面员工在心理上体验当主人翁的感受。员工股份所有制方案能够提高员工工作的满意度，提高工作激励水平。员工除了具有公司的股份外，还需要定期被告知公司的经营状况并拥有对公司的经营施加影响的机会。当具备了这些条件后，员工会对工作更加满意。

员工参与管理的方式，在一定程度上提高了员工的工作满意度，提高了生产力。因此，参与管理在西方国家得到了广泛的应用，并且其具体形式也不断推陈出新。近年来，我国的企业也注重使用参与管理的方式，如许多企业开始采用员工持股的形式。但是，参与管理并非适用于任何一种情况。在要求迅速做出决策的情况下，领导者还是应该有适当的权力集中，而且，参与管理要求员工具有实际解决管理问题的技能，这对于员工来说并不是都能做到的。

（七）如何任用比自己强的人才？——奥格威法则

美国的奥美（Ogjlvy & Mather）广告公司和奥美公关公司是世界闻名的业界巨头，1948 年由"现代广告之父"大卫·奥格威（David Ogilvy）创建。奥格威曾提出："如果我们每个人都雇用比我们自己更强的人，我们就能成为巨人公司。"这句话隐含的讥讽对象是那些喜欢雇佣平庸者而显示自己不同凡响的狭隘型管理者，也指出了把公司做大的用人秘诀。因此言简意赅的"奥格威法则"广为人知。

奥格威在一次董事会上，事先在每位董事的桌前放了一个玩具娃娃。"这就代表你们自己，"他说："请打开看看。"当董事们打开玩具娃娃时，惊奇地发现里面还有一个小一号的玩具娃娃；打开它，里面还有一个更小的……最后一个娃娃上放着奥格威写的字条："如果你永远都只启用比你水平低的人，我们的公司将沦为侏儒公司。如果我们每个人都任用比我们自己更强的人，我们就能成为巨人公司。"

历史上的秦始皇就是一个容得下比自己强的人。一提起秦始皇，一个暴君的形象立即浮现在人们眼前。其实和后来那些荒淫无道的皇帝相比，嬴政的问题算不上太严重，而且在用人方面，有很多地方是值得我们学习的。

秦王嬴政非常重视人才，有着"容才之量"的胸怀，他彻底贯彻韩非子法家的"任人唯贤"的治国方略，不拘一格地使用人才。虽然对他的为人历来评价刻薄，但实际上在使用人才方面，他是没有什么问题的。嬴政高度重视人才，不管是谁，只要有才能，能够为秦国的发展做出贡献，他都加以任用，使他们为自己去卖命。大梁人尉缭曾经给嬴政提了一个好的建议，让嬴政出巨资贿赂六国的大臣，从内部瓦解敌人，这种做法表面上看似花费巨大，但却能够获得很大的实际利益。嬴政立即实施了这一建议，并且对尉缭礼遇有加，赏赐尉缭的东西常常和自己使用的一样，但是尉缭反而要走。他觉得秦王虽然现在对人才礼遇有加，甚至愿意让出自己使用的好东西给他们，这正表现了嬴政的虎狼之心，等他统一天下之后，则天下人都会成为他的奴隶。因此，尉缭不愿意和嬴政长久交往，便暗地里议论了嬴政一番之后，就拔脚开溜，却不幸被嬴政发觉，被逮了回来。不过，嬴政并没有大发雷霆，只是将他投入监狱，而且执意挽留他，任命他为秦国太尉，始终听从他的建议，从而做出了很多正确决策。

领导者用好一个事事听话的人比较容易，但是这样的人往往只有忠诚没有能力，所以必须要用真正有能力的人才。有才华和能力的人往往个性也很鲜明，如同烈马难驾，这就要求领带者既要有容人之量又要能用人之长。

用人之长相对容易做到，但是容人的"雅量"却不是每个领导者都能够做到的。培养容人的"雅量"，一般包括以下三个方面：

（1）要容人之长。容人之长，就是要容得下比自己强的人。林则徐说过："海纳百川，有容乃大。"现实生活中，我们常常可以看到这样一种现象：一些领导者也确有爱才之心，但是有一个上限，即所用之人不能超过自己。一旦发现所用之才在某些方面比自己高明，特别是当他与自己的意见不一致，而事实证明自己错了的时候，嫉妒之心便油然而生。这种"小肚鸡肠"的人是难成大事的。管理者不可能是全才，下属在某一方面超过自己是很正常的事。实践证明，一个管理者用比自己强的人愈多，其事业成功的系数也愈大。

（2）要容人之短。所谓容人之短，并不是说要袒护、纵容别人的短处，而是说不要求全责备，要在维护原则的前提下对别人的短处有所容忍，因为越是在某些方面冒尖的人，其短处往往也越显眼。古人"以人小恶，忘人大美，此人主所以失天下之士也"，说的就是这个道理。此外，一个优秀的领导者不仅要能够容人之短，而且还要善用人之短。因为有些优点和缺点、长处和短处往往是相对的。列宁说过："一个人的缺点是优点的延续，优点是缺点的延续。"有些人的长处中可能潜藏着短处，有些人的短处中也可能包含着长处。只要使用恰当，有些短处是可以变成长处的。我的一个朋友就是这方面的高手：他用一些爱挑剔的人去搞质量检验，用一些喜欢斤斤计较的人去搞财务管理，结果这些人都取得了很好的成绩。

（3）要容人之错。"人非圣贤，孰能无过？"就像一个人只要站起来走路，就难免要跌跤一样，再能干的人才，只要多做事情，就难免要犯错误。美国一家公司在聘用职员时，曾别出心裁地制定了一个条件：受聘者必须曾在以前的工作中犯过一次不大不小的错误。这看似荒唐，实则很有道理，充分体现了该公司宁愿用犯过错误的能人，也不愿意用那些所谓"没有缺点"的庸人的用人原则。此外，容人之错，还要容人改错，既不要把犯过错误的人"一棍子打死"，也不要急于求成，强求别人"朝错夕改"。这一点，我们尤应加以注意。

（八）德鲁克的有效的管理者研究

德鲁克也译作杜拉克，1909 年出生于奥地利首都维也纳的一个贵族家庭，先后在德国和英国边工作边学习，1929 年他成为伦敦一家国际性银行的报纸通讯员和经济学者，后来，他因不满欧洲的"怀旧"政治气氛而于 1937 年移居美国，终身以教书、著书和咨询为业，是当代国际上最著名的管理学家，被称为"大师中的大师"。在美国他兼任一些由银行和保险公司组成的财团的经济学者，是美国通用汽车公司、克莱斯勒公司、IBM 公司等大企业的顾问，还是美国佛蒙特州的本宁顿学院的科学克拉克讲座教授。

德鲁克于 1945 年创办了德鲁克管理咨询公司，自任董事长。他著作颇丰，主要著作有《管理实践》《管理：任务、责任、实践》《公司的概念》《经济人的末日》《工业人的未来》《剧变时代的管理》《旁观者》《后资本主义社

德鲁克

会》《非营利机构的管理》《新现实》《为明日培养企业领导》等，《有效管理者》于 1967 年由哈伯罗出版公司出版，一出版即获得了一致的好评，赢得了广大的读者。《有效的管理者》是一本小册子，有中译本出版，求实出版社 1985 年版，吴军译，中译本 12 万册。它的影响超过了几乎所有同样规模的作品。

德鲁克首先分析了管理的环境，明确了要提高管理者工作效率必须首先解决的认识问题。最终告诉大家：有效性是必须学会的，也是可以学会的。"我们为什么需要有效的管理者？谁是管理者？管理者工作中面临的有哪些现实问题？有效性是可以学会的吗?"等。通过讲故事般的叙述,德鲁克以其卓越的睿智告诉人们:管理者的效率往往是决定组织工作效率的最关键因素;并不是高级管理人员才是管理者,所有负责行动和决策且又是有助于提高机构的工作效能的人,都应该像管理者一样工作和思考。他对管理者工作中面临的现实问题的描述更为经典,被人们到处引用。

(1)管理者的时间一般容易"属于别人"。

(2)管理者除非采取积极行动去改变他们所生活和工作的现实,否则他们只好继续这样"工作"下去。

(3)只有当别人利用管理者贡献出来的东西时,管理者才具有有效性。

(4)管理者在组织之内,但是其如果要有效工作,还必须努力认识组织以外的情况。

德鲁克说:"这四个现实问题,是管理者所无法改变的。它们是管理者存在的必要条件。但是,管理者因此必须要设想到,如果自己不经特殊努力学会有效性,将成为无效的管理者。"

德鲁克通过自己的研究和观察,提出了管理者要做到有效所需要的条件,他认为要成为有效的管理者必须养成五种思想习惯。

(1)知道把时间用在什么地方。管理者应该清楚,自己掌握支配的时间是很有限的,则必须要利用这点有限时间进行系统的工作。

关于利用时间,德鲁克提供简便易行的办法:记录时间,安排时间和集中时间。把管理者对时间的分配情况记录在案,然后问一下这样的问题:"这件事如果根本不做,会出现什么情况呢?"如果没什么,就不去做。"哪些事是可让别人办,效果也一样好的?"如果有,就安排别人。"我是否浪费了别人的时间,而无助于发挥人家的有效性?"如果有,减掉这样的事。

而减少时间浪费,就是要找出:①由于缺乏制度或远见而造成的时间浪费;②人浮于事造成的时间浪费;③组织不健全带来的时间浪费(表现为会议太多);④信息失灵造成的时间浪费。

对于利用时间更为重要的,是要善于集中可供支配的"自由时间"。

(2)有效的管理者要注重外部作用,把力量用在获取成果上,而不是工作本身。在开始一项工作的时候,他们首先想到的问题是:"人们要求我取得什么成果?"而不是像现实生活中的许多管理者那样,从要做的事开始着手。

(3)有效的管理者把工作建立在优势上——他们自己的优势,他们的上级、同事和下级的优势,以及形势的优势,也就是建立在他们能做什么的基础上。他们不把工作建立在弱点上。配备人员，要用人所长，看他是否具备完成这项任务的能力和素质，而不是看他是否让自己喜欢。当然，还要运用上级的长处，来为提高自己的有效性服务。他们不着手进行他们不能做的事。

（4）有效的管理者把精力集中于少数主要领域。在这些领域里，优异的工作将产生杰出的成果。他们给自己定出优先考虑的重点，并坚持重点优先的原则。他们知道，他们只有将首要的事情先做，次要的事情不做，别无选择。否则，将一事无成。

（5）有效的管理者作有效的决策。他们知道，这首先是个有关系统的问题——按适当的顺序采取适当步骤的问题。他们知道，有效的决策常常是根据"不一致的意见"做出的判断，而不是建立在"统一的看法"基础上的。他们也知道，快速做出的许多决策都是错误的决策。所需要的决策，为数不多，但却是根本性的决策，所需要的是正确的战略，而不是令人眼花缭乱的战术。

德鲁克的有效的管理者研究，在很多组织中被广为宣传和推广，在实践中起到了很重要的作用。

（九）基础管理如何持之以恒？——OEC 管理

1984 年，青岛电冰箱总厂正处于濒临倒闭的边缘，组织上调张瑞敏担任青岛电冰箱总厂的厂长。为了挽救和发展，该厂引进了德国利勃海尔电冰箱生产线，该厂是原轻工业部最后批准的一家冰箱定点厂家，当时国内已有 100 多条冰箱生产线，海尔并没有什么优势。但是，就是这个小厂，在 25 年后，成长为中国最具影响力的跨国企业之一，产品出口到 170 多个国家和地区，在全球 30 多个国家建立本土化的设计中心、制造基地和贸易公司，全球员工总数超过 5 万人；2006 年，全球营业额达到 139 亿美元，成为世界第四大家电生产厂商，仅次于惠尔浦、GE 家电和伊莱克斯，成为我国企业在世界市场上的标志性企业。

海尔非常重视战略、重视服务、重视品牌、重视人……但这一切都要归根到最基础的日常管理中来，因此，海尔强调基础管理要持之以恒。海尔的掌舵人张瑞敏有一句话："什么叫不简单？把别人认为简单的事一次次做下去就叫不简单；什么叫不容易？把别人视为容易的事千百遍地做正确就叫不容易。"重复简单的程序，是产品质量和信誉的基础。关键是如何把一件简单的事情重复千万遍地做好。要杜绝缺陷，就必须把每一件简单的事情做好。

海尔的"OEC 管理法"就是针对简单的重复性劳动容易产生错误的一剂良药。在车间，产品的目标层层分解，量化到个人，做到人人都管事，事事有人管。每天的结果与效益挂钩。日日清，日日改进，基础管理一时一刻也不放松。正是抓好了基础管理，产品质量才得到了保证，在简单的劳动中，创造了不简单的奇迹。

"OEC"管理法由三个体系构成：目标体系—日清体系—激励机制，即：首先确立目标；日清是完成目标的基础工作；日清的结果必须与正负激励挂钩才有效。这样，从车间工人到集团总部的每一位干部都知道自己每天应干些什么，甚至可能自己考核自己的工作，领取自己该得到的那份报酬。具体地说，OEC 管理模式意味着企业每天所有的事都有人管，所有的人均有管理、控制内容，并依据工作标准对各自控制的事项，按规定的计划执行，每日把实施结果与计划指标对照、总结、纠偏，达到对事物发展过程日日控制、事事控制的目的，确保事物向预定目标发展。这一管理方法可以概括为五句话：总账不漏项，事事有人管，人人都管事，管事凭效果，管人凭考核。

1. OEC 管理法的构成

总体上看，"日清日高"管理法是由三个基本框架构成的，即目标体系、日清控制体系和有效激励机制。这三个体系恰好形成了一个完整的管理过程：首先由目标体系确立目标，然后由日清体系来保证完成目标的基础工作，为了使基础性的工作能朝着对企业有利的方向运行，必须对日清的结果进行正的或负的激励，这便是有效激励机制所要达到的目标。

（1）目标体系。目标体现了企业发展的方向和要达到的目的，它是企业做好各项工作的指南。目标提出的高度必须依据市场竞争的需要，低于竞争对手就毫无意义。1984 年，海尔上电冰箱时几乎是全国最后一家冰箱定点生产厂家，在落后的情况下，海尔审时度势，根据自身实力和市场竞争的需要，提出了"以质量取胜，走争创名牌的道路"，确定了争中国第一的目标，并在全厂达成共识。经过全厂员工艰苦的创业，终于在 1988 年夺得全国冰箱行业第一块金牌，随即，为了谋求进一步的发展，海尔又确定了创国际名牌的目标，并取得了显著的成绩。

（2）日清控制体系。"日清"是"日事日毕，日清日高"的概要。其基本含义是当天的事情当天完成，当天的效果有所提高。日清是海尔企业独创的 OEC 管理的核心或精髓，其意义在于：①所有员工对每天的工作任务心中有数，达到自主管理。②工作效率高，强调当天的事情必须当天完成。③每天都有进步，确保企业的成长。

要使日清有效地运行，必须确定坚持原则：

第一，比较分析的原则。即对所做事情与目标或计划相比较，分析现状与目标或计划的偏差（既有可能是负偏差，也有可能是正偏差；前者表明现状达不到目标，后者表明现状超过了目标）。对于任何一个有着进取心的员工而言，只有分析了偏差，才能进一步采取有针对性的措施。出现负偏差时，必须分析原因，并进一步采取解决的方案；出现正偏差时，必须分析超出目标的原因，这样才能取得更高的成就。

第二，闭环原则，即凡事要善始善终，都必须要有 PDCA 循环原则，而且要螺旋上升。其中，P（Plan）是指要根据用户要求并以取得最佳经济效果为目标，通过调查制定技术经济指标、质量指标、管理项目以及达到这些目标的具体措施和方法。D（Do）是指要按照所制定的计划和措施付诸实施。C（Cbeck）是指在实施了一个阶段之后，对照计划和目标检查执行的情况和效果，及时发现问题。A（Action）是指根据检查的结果，采取相应的措施，或修正改进原来的计划或寻找新的目标，制定新的计划。关键的一点是日清必须要找出原因并拿出具体的解决方案。存在问题并不可怕，怕就怕在出了问题还不明白问题的所在；出现好的效果也不见得可喜，如果不清楚好在哪儿、为什么好，那以后就没有好的可能了。例如，不良品率，对于某一个阶段的指标不但要看到总体是在上升或是下降，还要分别找出上升或下降的前三位因素的反馈率，再反馈给相关的部门，让其拿出针对性的解决方案，并规定期限。下降固然可喜，但究竟是哪些故障的反馈率下降了，其必然因素又是什么，找到必然因素之后方能为以后的工作起好的推进作用，不然怎能确保在其后的工作中不忽略这一个必然因素呢？

第三，不断优化的原则，即对明天（或下一步）的目标提出更多的要求。如果一直考评为"A"，则说明措施有力；如果是"B"，则说明措施还需强化和改进；如果是"C"，则说明距目标要求相差较大。当然，以上三种情况，如持续较长的时间，管理者就要研究：是目标过低？过高？是人员能力太强？太差？那么，再采取相应的措施。

（3）有效激励机制。激励机制使海尔人达到了自主管理和进入自觉状态的目标。它是日清控制系统正常运转的保证条件。海尔在激励政策上坚持两个原则：一是公开、公平、公正，通过 3F 卡可计算出职工的日收入状况，不搞模糊工资，使员工对工作中的"所得与所失"心中有数，心理上感到相对公平；二是要有合理的计算依据，如海尔实行的"点数工资"，就是从多方面对每个岗位进行半年多的测评，并且根据工艺等条件的变化而不断进行调整。

在激励的方法上，海尔更多采用即时激励的方式，如在质量管理中利用质量责任价值券，即员工每人一本质量价值券手册，手册中整理汇编了企业以往生产过程中出现的所有问题，并针对每一个缺陷，明确规定了自检、互检、专检三个环节应负的责任价值及每个缺陷应扣多少钱，质检员发现缺陷后，当场撕价值券，由责任人签收；

操作工互检发现的缺陷经质检员确认后，当场予以奖励，同时对漏检的操作工和质检员进行罚款；质量券分红、黄两种，红券用于奖励，黄券用于处罚。

激励的目标是向自主管理过渡，"日清工作法"使海尔形成了对不同层次、不同层面均有激励作用的激励机制。

2. OEC 的形式和内容

OEC 的具体形式和内容表现为"三本账"和"三个表"。

（1）"三本账"。三本账是指公司管理工作总账，分厂、职能处室的管理工作分类账和员工个人的管理工作明细账。管理工作总账，即公布年度方针目标展开实施对策表，它按工作的目标值、先进目标、现状及难点实施对策、完成期限、责任部门、工作标准、见证材料和审核办法的统一格式，将全公司的产量、经济效益、生产率管理、市场产品和发展作为重点进行详细分析和分解，由总经理签发执行，按规定的标准和审核周期进行考核奖惩。

管理工作分类账，即各部门、分厂年度方针目标展开实施对策表。它采用与公司相同的格式，按工作分工和总账中确定的主要责任进行分析和分解，由部门负责人或分厂厂长签发执行。对职能部门，按其职能确定重点工作并分解到人。例如，质量部门，按质量体系、质量管理、现场管理、新产品和内部日清等方向进行分解和控制，对分厂则按产量、质量、物耗、设备计量、现场管理、安全和管理等七个方面进行分解和控制。

管理工作明细账，即工作控制日清台账，其格式为项目、标准和指标（分先进水平、上期水平、本期目标）价值比率、责任人、每天的完成情况、见证性材料、考核结果、实得总额和考核人，此账按天进行动态控制，每天将控制的情况填入，以达到有效控制和纠偏的目的。

（2）"三个表"指日清栏、3E 卡和现场管理日清表。日清栏由两部分组成：一部分是在每个生产作业现场设立的一级大表，将该作业现场的质量、工艺纪律、设备、材料物耗、生产计划、文明生产和劳动纪律等方面的实际情况每 2 小时由职能巡检人员登记填写一次，公布于众。另一部分是职能人员对上述七方面进行巡检时做的记录和每天的日清栏考评意见，它将每天日清栏的全部情况进行汇总和评价，存档备查。

3E 卡，是指"3E 日清工作记录卡"，"3E"为每天、每人、每个方面的英文单词的首字母。3E 卡将每个员工每天工作的 7 个要素（产量、质量、物耗、工艺操作、安全、文明生产、劳动纪律）量化为价值，每天由员工自我清理计算日清并填写记账、检查确认，由车间主任及职能管理员抽查，月底汇总计算计件工资，其计算公式为：

岗位工资＝点数 x 产值×产量+各种奖罚。这使每个人每天的工作有一个明确定量的结果，体现了数据说话的公正性和权威性，保证了各项工作的有序进行。

管理员日清表，由各级管理人员在班后进行清理时填写，主要对例行管理的受控状况进行清理和分析，找出存在问题的原因、整改措施和责任人，不断提高受控率。

3. OEC 的特点

从日清日高管理法的内容，我们可以看出，这一科学的管理方法有如下特点：

（1）经营以市场为中心，管理以人为中心。海尔的经营方向就是在市场中战胜对手，而要达到这个目的就要提高企业管理素质，使管理服从市场的要求。而企业走向市场的基础是员工的素质，只有高素质的人才能生产出高质量的产品。海尔人深深懂得这一点，他们创造的日清日高管理法，不仅是为保证企业方针目标的实现，更重要的是要通过严格的管理，培养全体员工良好的工作习惯和令行禁止的工作作风，由制度管理向自主管理过渡。

（2）管理上坚持高质量、高效率、高标准。高质量表现为：管理不摆花架子，不做表面文章，注重管理的实效。对于管理制度、标准、程序确定以后，严格执行，依法治厂。高效率表现为：在管理中把问题解决在最短时间、最小范围内，避免了工作滞后造成的问题堆积，以使经济损失最低、收益最高。高标准表现为：在制定目标、标准和要求时，坚持就高不就低的原则，纵向与过去最好水平相比，横向与国内同行业最高水平相比，与国际先进水平相比。而且，在实际操作中不断完善标准，提高目标值。

（3）管理精细化、系统化。管理的关键不在于知而在于行，在精细化管理上，海尔坚持"人人都管事（物）"的原则，将每项管理责任精细到每名员工。在管理的系统化上坚持"事事有人管"的原则，实施全方位管理，目标明确，重点突出，把管理的各要素全部纳入严密的控制系统。特别是在实行 OEC 管理之后，发现问题在现场、解决问题在现场、人员素质的提高也在现场，将现场管理提升到了一个新的高度。

4. OEC 的效果

日清日高管理法是海尔人在长期探索中形成的独具特色的企业管理模式，这一模式的实施不仅为海尔带来了巨大的经济效益，而且也使海尔集团实现了经营规模、外向型企业、市场地位三大飞跃的目标。在原有设备、人员不变且没增加资金投入的条件下，海尔集团 1993 年的销售收入比 1991 年翻了一番，利润翻了两番；1994 年的销售收入比 1993 年净增 10 个亿，利润净增 1 个亿；1995 年，海尔集团兼并了红星电器股份有限公司，在没有增加新投入的情况下，运用有效的管理使红星公司当年扭亏为盈。我们可以从 OEC 实施后的效果来审视海尔独一无二的管理法给其基础管理所带来的冲击和革命：

（1）实现了基础管理的精细化和规范化。OEC 管理法将所有的物和事进行分解，强调"三个一"，即分解量化到每一个人、每一天、每一项工作，形成大到机器设备，小到每块玻璃，都清楚地标明责任人和监督人，有详细的工作内容的考核标准，形成环环相扣的责任链，做到了奖有理、罚有据，同时追求各项工作的零缺陷、高灵敏度的目标，把管理问题控制、解决在最短时间、最小范围内，使经济损失降到最低，逐步实现基础管理的精细化。此外，OEC 管理法博采众长，采用了国际上先进的瞬间控制方法，并与长期以来行之有效的 PDCA 循环和动态优化的目标管理等方法融合提炼，形成了 OEC 控制技法，使得企业和各项事物都处在有效控制的状态下向预定目标发展，从而实现基础管理的规范化。

（2）实现了基础管理的科学化和标准化。OEC 管理法对基础管理的一种重大冲击就是用哲学的观点来组织企业的基础管理工作。它是把质量互变规律作为基本思想，坚持日事日清，"积沙成塔、积水成渊"，使员工素养、企业素质与管理水平的提高寓于每日例行工作中，摒弃了追求一时轰动效应的会战、突击、献礼等形式主义的管理思想。而且，OEC 管理法意在通过日积月累的管理进步，使生产诸要素的组合与运行达到合理优化的状态，不增加投入就可以使生产力获得尽可能提高的效果，使管理收到事半功倍之效。

（3）实现了基础管理的目标化和效率化。OEC 的基础管理将全公司的企业管理工作的循环周期缩到了一天，改变了原先的周检查、月小结的滞后且流于形式而无实质意义的现象，避免了工作缺陷的堆积，提高了基础管理的效率。另外，在生产作业现场利用瞬间控制法的控制技法，因其对反映出来的问题能随时纠偏，使电冰箱生产的156 道工序成为 156 道关卡、156 个责任点，使偏差在最短时间内、最小环节内得到控制和消除，减少了损失和浪费，提高了质量，同时也体现了 OEC 基础管理的效率化趋势在加强。

（4）提高了流程的控制能力。主要表现在三个方面：①自控能力普遍提高，所有员工都以追求工作缺陷和经济损失最低、收益水平最高为目标，苦练基本功，提高技术技能，在努力消灭不良品的同时，自我把关，绝不让不良品流入下一道工序。②互控能力普遍提高，通过实行质量责任价值券，各道工序之间的质量互检工作得到了加强。③专控能力得到加强。在各生产环节上，各职能部门的巡检人员定时检查，实行瞬间纠偏，使各环节始终处于有效控制之中。通过"日清工作法"，海尔的各项管理工作实现了由事后把关向全过程控制的转变。从岗位上看，受控率达到100%；从时间上看，由过去的50%达到了98%以上。

（5）培育了高素质的员工队伍。这是"日清工作法"取得的最大效果，也是"日清工作"得以全面落实的基础。"日清工作法"通过每天进行整理、整顿、清扫和清理，使全体员工养成良好的工作习惯和令行禁止的工作作风，从而一支高素质的队伍迅速成长起来。

（十）为什么身教重于言传？——威尔逊法则

美国行政管理学家切克·威尔逊提出：如果部下得知有一位领导在场负责解决困难时，他们会因此信心倍增。因此说：身教重于言传。

日本本田技研工业总公司的创始人和总经理本田宗一郎以对人太粗暴而闻名。他一看见员工做得不对，拳头立刻就会飞过去。没有做错、只是照葫芦画瓢、没有一点创新的人和做错事闯大祸的人一样，同样会遭一顿好打。有的人挨打后还不知道是怎么一回事，认为他大概是发疯了，但事后本田宗一郎会告诉员工挨打的原因。由于一般都是不知不觉动手的，所以事后本田宗一郎会马上反省，但是也只是在脸上稍有点对不起的表情。

尽管如此，年轻人并不讨厌他，反而更加佩服他的表率作用。总之，本田宗一郎都是自己率先去干棘手的事、艰苦的活儿，亲自做示范，无声地告诉人们，你们也要这样干。

美国大器晚成的女企业家玛丽·凯·阿什在这个问题上更有自己独到的见解。她认为领导的速度就是众人的速度，称职的经理应该以身作则。

她说："一个称职的经理必须能以实际行动激励部下，经理不但应在工作习惯方面，而且应在衣着打扮方面为众人树立一个好榜样，经理形象是十分重要的……""我只是在自己的形象极佳时才肯接待光临我家的客人，我认为，自己是一家化妆品公司的创始人，必须给人留下好的印象。因此，与其不能给人留下好印象，不如干脆闭门谢客。我甚至不得不限制自己最喜爱的消遣方式：养花。我认为，要是让我们公司的一个人看见我身上沾满了泥浆，那多不好。我的这些做法已被传扬出去了。有人告诉我，我们的全国销售主任中有许多人在学着我的样子，都穿得十分漂亮，成了各自地区成千上万的美容顾问在穿着方面效法的榜样……""人们往往模仿经理的工作习惯和修养，不管其工作习惯和修养是好还是坏。假如一位经理常常迟到，吃完午饭后迟迟不回到办公室，打起私人电话没完没了，不时因喝咖啡而中断工作，一天到晚眼睛直盯着墙上的挂钟，那么，他的部下大概也会如法炮制。值得庆幸的是，员工们也会模仿一个经理的好习惯……""作为一个经理，你重任在肩，你的职位越高，越应重视给人留下适当的印象。因为经理总是处于众目睽睽之下，所以你在采取行动时务必要考虑到这一点。以身作则吧！过不了多久，你的部下就会照着你的样子去做。"

在企业管理中，身教不仅起到了导向和示范作用，而且还有凝聚人心、化解矛盾、鼓舞士气、催人奋进的特殊功效。长期经验教训证明：身教是密切管理人员与员工的黏合剂。管理人员的职位越高，身教的影响力的涉及面越宽。管理人员只有自身过硬，才能引起见贤思齐的广泛共鸣，带出过硬的团队。而且，从某个或某些管理人员身上往往可以看到一个企业的前途与希望。

（十一）不称职者的为官之道是什么？——帕金森定律

英国著名历史学家诺斯古德·帕金森写过一本名叫《帕金森定律》的书。他在书中阐述了机构人员膨胀的原因及后果：一个不称职的官员，可能有三条出路。一是申请退职，把位子让给能干的人；二是让一位能干的人来协助自己工作；三是任用两个水平比自己更低的人当助手。第一条路是万万走不得的，因为那样会丧失许多权力；第二条路也不能走，因为那个能干的人会成为自己的对手。于是，两个平庸的助手分担了他的工作，他自己则高高在上发号施令，他们不会对自己的权力构成威胁。两个助手既然无能，只能上行下效，再为自己找两个更加无能的助手。如此类推，就形成了一个机构臃肿、人浮于事、相互扯皮、效率低下的领导体系。

"帕金森定律"与武大郎式的用人政策很相像，甚至如出一辙，即比自己个高的人一概不用。长此以往，必将导致恶性循环：平庸的人启用比自己更平庸的人，更平庸的人再启用比自己更平庸的人，正如黄鼠狼下耗子———一窝不如一窝。

企业和行政部门都存在帕金森定律的现象。帕金森定律的核心内涵有两点：①不称职者的为官之道，因为非常有效所以普遍存在；②不称职者的所在单位，多数都是"当一天和尚敲一天钟"的无激情团队，在固有的管理体制下，这种团队是难有作为的。

一个具有本科学历的一把手，往往对具有博士学历的二把手抱有戒心，从而在商量相关事情时，往往喜欢和具有专科学历的三把手在一起，而不喜欢二把手参与，向上一级汇报工作时，更是不允许二把手随从，如果有可能，总是会选择一个冠冕堂皇的理由，将这个博士调离本单位，甚至逼其辞职。一个在大企业干过营销总监的管理干部，即便是到了一个中小企业，如果不是老板先把原来的营销主管调离，这个新来者，即使有再高的水平，也不会干出优异的成绩，因为那个"老人"在不断地"帮忙"。在生活中，一个本科毕业的男士，很难接受一个博士毕业的女士做老婆，也是这个道理。

"帕金森定律"发生作用的条件有哪些呢？

首先，必须要有一个团体，这个团体必须有其内部运作的活动方式，其中管理占据一定的位置。这样的团体很多，大的来讲，各种行政部门；小的来讲，只有一个老板和一个雇员的小公司。

其次，寻找助手的领导者本身不具有权力的垄断性，对他而言，权力可能会因为做错某事或者其他的原因而轻易丧失。

最后，这位"领导者"对他的工作来说是不称职的，如果称职就不必寻找助手。

这三个条件缺一不可，缺少任何一项，就意味着"帕金森定律"会失灵。可见，只有在一个权力非垄断的二流领导管理的团体中，"帕金森定律"才起作用。那么，在一个没有管理职能的团体，如网络虚拟学术组织、兴趣小组等，就不存在帕金森定律描述的可怕顽症。一个拥有绝对权力的人，他不害怕别人攫取权力，也不会去找比他还平庸的人当助手；一个能够承担自己工作的人，也没有必要找一个助手。

帕金森定律告诉我们这样一个道理：不称职的行政首长一旦占据领导岗位，庞杂的机构和过多的冗员便不可避免，庸人占据着高位的现象也不可避免，整个行政管理系统就会形成恶性膨胀，陷入难以自拔的泥潭。这样就会在官场中形成类似的"鲜花"插在"牛粪"上的现象，鲜花就好比是那些公司中的领导职位，牛粪就是那些公司中平庸的领导者，而这种"鲜花"插在"牛粪"上的危害是极其大的。

权力的危机感，是产生帕金森现象的根源。恩格斯曾经说过："自从阶级社会产生以来，人的恶劣的情欲、贪欲和权势欲就成为历史发展的杠杆。"人作为社会性和动物性的复合体，因利而为，是很正常的行为。假设他的既有利益受到威胁，那么本能会告诉他，一定不能丧失这个既得利益，这也正是帕金森定律起作用的内因。一个既得权力的拥有者，假如存在着权力危机，不会轻易让渡自己的权力，也不会轻易地给自己树立一个对手。在不害人标准的良心监督下，会选择两个不如自己的人作为助手，这种行为是自然而然、无可谴责的。

要想解决帕金森定律的症结，必须把管理单位的用人权放在一个公正、公开、平等、科学、合理的用人制度上，不受人为因素的干扰，最需要注意的，是不将用人权放在一个可能直接影响或触犯掌握用人权的人的手里，这样问题才能得到解决。

五、卓越的领导最有影响力

真正的领袖是人们可以跟随的榜样。一个杰出的将帅意味着可以影响他人，并引之前行。今天的组织比以往任何时候都更加确信，要应对团队中的绝大多数挑战，必须具备高效的领导能力。这不仅关乎一场战斗的胜败，更深刻影响一个团队的未来发展。可以说，领袖本身是一种影响，是一项技能，是一门科学，是一类艺术，是一种魅力！去读这本书吧，它会让你发现并挖掘自己潜在的价值！

（一）远见：目光如炬，高瞻远瞩

眼光有多远，决定了你的领导者之路能达到什么高度。想要成为卓越的将帅，首先就要培养自己卓尔不群的眼光，这对你的发展有着举足轻重的作用。一旦具备了超越常人的眼光，你就能先于别人发现现实中所蕴藏的机会，尽可能地规避现实中所会遇到的那些风险，带领自己的团队一步步走向成功。

眼光是金，超越常人才能赢得契机

一名成功的领导者，善于审时度势，总是能够从时间、战略和全局上考虑和分析问题，从而抓住最好的时机。俗话说得好，千军易得，一将难求。如果你具备了一个领导者应该具备的敏锐眼光，那么成功离你也就只有咫尺之遥。

为将帅者，必须要具备超越常人的眼光。眼光放得远，才能预知未来的兴衰祸福；眼光看得准，才能发现市场所蕴藏的契机。

商场如战场，给你一个团去带，你的每一步行动，都关系着这个团的生死存亡。作为一名将帅型的人才，你不仅要有远见卓识，更要善于从现实中寻找潜藏的机遇，只有发现机遇并把握好机遇，才能够带领自己的队伍一步步走向成功。

有很多企业失败的原因都在于领导者欠缺眼光，没有超越常人的眼光，就不可能带领自己的企业在激烈的市场竞争中永远走在前列。当别人通过敏锐的眼光找到发展的机遇时，你却依然在原地打转，结果自然可想而知。

眼光有多好，不仅决定了你能将企业带到何种高度，也决定了你个人会达到什么高度。看看职场中那些成功的管理者，几乎都有着卓尔不群的眼光。正是这种眼光，让他们成了卓越的将帅，也让他们在各自的岗位上创造出了辉煌的成绩。

盛田昭夫是日本索尼公司的创始人，在日本国内素来有"经营之圣"的美称。他在索尼有一个完美的开端和过程，也有一个备受争议，甚至有点悲凉的收场。

在索尼任职期间，盛田昭夫的决策一向是英明而正确的，但他晚年却启动了一笔当时被人们看作是荒唐透顶的并购。

1989年9月，索尼斥资48亿美元将哥伦比亚电影公司及其关联公司一并收购。对于此次收购，在很多经济学家和管理大家看来，实乃索尼的"发疯"举动，他们断言此次收购将会将索尼推向万劫不复的深渊。

这是因为，当时哥伦比亚的股价为每股12美元，但索尼的出价却是每股27美元。这样一笔看起来亏本的买卖，怎能不让人错愕呢？

果然，之后事件的发展被不看好收购的专家们言中。从收购那天到1994年9月30日，哥伦比亚公司累计亏损31亿美元，创下了日本公司公布的亏损之最。在此局面下，索尼公司似乎大势已去，大厦将倾。面对着如此重大的压力，盛田昭夫有些招架不住了，很不幸，他于1992年染上中风，从此不再处理索尼的经营决策与管理事务。

然而，上帝似乎总是在和人们开玩笑，而历史和时间也似乎在检验着真正的成功与英雄。当时间的脚步迈入21世纪，人们逐渐惊讶地发现，原来当年盛田昭夫那一笔看似是"失误"的亏损并购，却是他为索尼留下的最"值钱"的东西。

想当初，那些人死死抱着利益损益表斤斤计较于眼前的经济利益，却看不到盛田昭夫的良苦用心。人们没有想到，他用自己特有的眼光洞见了21世纪索尼赖以存活的根基——视听娱乐，而且用其敏锐的商业直觉，觉察到了好莱坞的知识产权对索尼发展的巨大战略意义。

发展至今，虽说索尼公司遇到了一些暂时的困难，但是业内人士仍然纷纷看好索尼，因为它围绕着家庭视听娱乐而展开的完整产业链和从内容、渠道、网络到终端的商业体系，必将使之摆脱目前的危机，摘得家庭电子娱乐霸主的桂冠。

由此，我们可以看出，正是盛田昭夫战略家的超前眼光和企业家的过人胆略，告诉了人们50年后的索尼靠什么存活、凭什么竞争这个问题的答案。

一次备受争议的抉择，有人拍手叫好，有人怨声连连。直到多年之后，人们才不得不由衷地钦佩这位优秀的企业家。盛田昭夫的一着妙棋，让索尼找到了可以长久依赖的金饭碗，也让人们认识到了优秀将帅的价值。而他这种发现机遇的宝贵能力，正是源自卓尔不群的眼光。

作为一名将帅型人才，就要能够发现别人所不能发现的那些机遇，洞察契机的能力对于将帅型人才来说至关重要。一名成功的领导者，善于审时度势，总是能够从时间、战略和全局上考虑和分析问题，从而抓住最好的时机。

俗话说得好，千军易得，一将难求。如果你具备了一个合格将帅应该具备的敏锐眼光，那么成功离你也就只有咫尺之遥。所有有志于成为一名优秀将帅的人才，都应该格外重视培养自己的眼光，开阔自己的视野，提高发现机遇的能力。当你具备了睿智的眼光时就会发现，你已经能够轻松地洞察到事物的本质，能够在变化无穷的市场环境中做出最好的决策。

闻名世界的麦当劳快餐创始人兼总裁雷·克罗克是一个很有战略眼光的人，他善于在商海中寻找机遇，麦当劳的崛起就是得益于他这份独到的眼光。

有一次，雷·克罗克接到了一份订单，而这份订单上写着要求订购14台制奶机。雷·克罗克拿到这份订单后喜出望外，觉得这是一笔大买卖，于是决定和客户见上一面。殊不知，这次见面不仅使美国产生了一个新兴的快餐业，也改变了雷·克罗克后半生的命运。

原来，这位客户正是如今早已家喻户晓的麦当劳兄弟。当时，麦当劳兄弟正在合伙经营着名为"麦当劳"的快餐馆。餐馆的规模不大，品种也不丰富，主要是汉堡和炸薯条。

出于好奇心理，雷·克罗克品尝了麦当劳餐馆的食品，没想到一下子就被它吸引住了。当然，吸引他的不只是食品的美味可口，更主要的是麦当劳兄弟独特的经营方式。因为雷·克罗克发现，麦当劳兄弟采用的是流水线生产汉堡包和搭售炸薯条的营销方式。他们在制作和销售过程中，采用的是标准化牛肉小馅儿饼、标准化配菜系列，不仅如此，他们还采用红外线灯照射以保持炸薯条的清脆可口。由于食品口感好、分量足，并且很快捷，"麦当劳"的食品很受当地居民的喜爱。

此外，有一个巨大的拱形"M"招牌也吸引了雷·克罗克的注意。在当时所有的麦当劳餐馆中都有这一招牌，名字也都叫作"麦当劳"，显然，这已经有了联合销售、联合经营的发展趋向。

尽管麦当劳有很多可圈可点的地方，但雷·克罗克经过周密考察，还是发现他们的经营思路并不是完美的。在雷·克罗克看来，麦当劳兄弟有个致命的弱点，那就是思想比较保守落后，而且过于满足现状。因此，他们对于进一步开发拓展业务和发展分店似乎兴趣不大。

所有这些，都给雷·克罗克留下了难以磨灭的印象。

但是，雷·克罗克没有放弃，多年的推销员生活和对饮食业发展趋势了解的经验告诉他，麦当劳餐馆的这种生产和销售模式非常重要，只是需要改进。因此，他并不急于签订出卖制奶机的合同，而是留在加州连续考察了一周。

这7天中，雷·克罗克一刻都没有闲着，他马不停蹄地四处打听，不断地观察，结果又有了新的发现。当时，他告诉自己：人生的转折时机就要来临了。

就在1960年，雷·克罗克甩出了令人惊异的大手笔，出资340万美元买下了麦当劳兄弟的全部资产和经营权。这在美国的经商史上，算得上一个新的奇迹。

后来，雷·克罗克跟人们解释说："当我遇到麦当劳兄弟时，已有多年准备了。以我多年在食品、饮食业中推销的经验，我有足够的能力去判断机会是否真正来临。"

麦当劳辉煌的成功，得益于雷·克罗克当初睿智的眼光。如果他不是从那份订单中敏锐地看到了发展的契机，如果他没有果断出手去把握住这次机会，那么现在也就不会有麦当劳这个闻名世界的快餐业巨头了。

一名卓越的领袖，要有卓尔不群的眼光，有善于发现机会的能力。机遇诚可贵，眼光价更高。抓住了一次宝贵的契机，也就是抓住了让企业腾飞的机会，很有可能让企业从此走上快速发展之路。一份意外的发现有可能重新设定一家企业的发展轨迹，在迈向成功的道路上，眼光有多准，你的成就就会有多大。

将帅型人才要能够高瞻远瞩

事业在于计划，而计划则需要有长远的目光。成功的将帅都善于制订自己的工作计划。当然，在执行计划的过程中并非简单容易，这要求领导者即使在走投无路的情况下，也要振作精神，鼓起勇气去做。如果能够这样有耐性地、不屈不挠地努力去做，那么胜利必将属于你和你的团队。

事业在于计划，而计划则需要有长远的目光。很显然，只能看到眼前利益的人是不会有长远打算的，而出色的将帅肯定不会是这样的人。

长远的眼光就是周密的计划，就是计划到"自己"的外面，也就是居安思危。如果一个将帅没有了计划，就只能在职业旅途上徘徊，永远无法确定努力的方向。

为将帅者的组织能力还包括善于计划。做每一件大事，都应该有大计划，分门别类，按部就班；而每一个大计划又有若干阶段的独立计划，每一个独立计划前后彼此都有着密切的联系，并且能做到相互衔接，以便加以统筹安排。

例如：一次战争，应有整体计划；而每一次战役，又有战役计划。现代企业工作也是如此，每一个部门应有自己的建设计划。计划还要按照时期、种类分别计划，国家是这样，个人也是这样。个人有一生的计划，一年的计划，一日的计划；一件事又有一件事的计划；然后按照计划行事，自然就有所成就。

提到苹果公司，我们立刻就会想到史蒂夫·乔布斯。这个创造了 iPod、iPhone、iPad 的美国人，头顶上可谓笼罩了各种的光环。在他的带领下，苹果公司在 2007 年底，股价甚至飙升到了 200 美元。

然而很少有人知道，这个如今令人景仰的公司，10 年前的股价只在 3 美元左右徘徊。令苹果公司能够从破产的危机中逐步走向蓬勃发展，关键就在于一点——乔布斯的高瞻远瞩。

从诞生的第一天，苹果公司就被打上了乔布斯的个人烙印。创新，走一步看三步，这是苹果公司持之以恒的发展策略。因此，与其他公司不同的是，苹果公司在乔布斯的带领下，不断开发新产品，不仅取得了技术上的领先，股票的成功上市也证明了其在市场上的成功。

到了 20 世纪 80 年代，具有忧患意识的乔布斯意识到，再优秀的产品也需要精准的营销。于是，他邀请百事可乐的总裁斯考利加盟苹果。

乔布斯的深谋远虑，现在看来无疑是非常准确的。然而，他在选人上却出现了失误。与乔布斯"专攻"理论不同的是，从百事聘请来的斯考利主张多元化发展，在他的带领下，苹果陆续开发了数码相机、随身听、音响系统，甚至游戏主机。可是，这一做法并没能让苹果取得理想的成就，反而因为产业链过长，严重地分散了公司资源，使得公司的核心产品得不到应有的研发资金，公司承担了庞大的资金压力。也正是在这个节骨眼上，微软取得了苹果

乔布斯

在图形界面领域的多项专利，造就了 Windows3.1 和 Windows95 的巨大成功。至此，苹果变得无足轻重，慢慢沉寂起来。到 1997 年时，公司当年亏损 10 亿美元，市值也有区区 30 亿美元。此前，乔布斯也被迫离开了苹果公司。

虽然聘请斯考利，导致了苹果公司的溃败，但是没有人可以否认，乔布斯的当年制订的计划是正确的。因此，苹果董事会经过讨论，在 1997 年将乔布斯又一次请了回来。

重回苹果的乔布斯，依旧是那副高瞻远瞩的样子，仿佛把未来的一切都尽收眼底。这一次，他没有再依赖别人，而是凭借着自己的力量，在苹果公司内进行大刀阔斧的

改革。

乔布斯所做的第一件事，就是大幅削减生产线。60多个产品，一下子精简到只剩4个。当时，很多人不理解乔布斯的举动，但乔布斯却毫不妥协，因为对未来的规划，他已经了然于胸。

紧接着，乔布斯再一次展现出了"走一步看三步"的魄力。他决定重新从工业设计入手，以家用为切入点。而这时候，一个人的到来为乔布斯的计划起到了决定性作用，他就是乔纳森·艾维。进入苹果之后，乔纳森·艾维设计出了那种透明的类似果冻般效果的电脑外观，这让所有人都大开眼界，它一下子改变了人们对电脑的印象。这次改变，为苹果的重新崛起打下了坚实的基础。

更让人吃惊的是，乔布斯居然和对手微软公司达成了协议！所有人都不明白，乔布斯为何这样做。其实，他早已看清了未来的发展趋势：虽然在操作系统领域，微软是自己的对手，但是在其他领域，两家公司的合作却多于竞争。正是基于这样的考虑，乔布斯重新审视了两者的关系，这样，苹果和微软两个看似永远站对立面的企业，居然达成了战略联盟。

这份魄力，有几个人可以做到？乔布斯做到了，并成功了。通过与微软的合作，苹果得到了来自微软的投资，还得到了微软在苹果的 Mac 平台下继续开发 Office 软件和 IE 浏览器的承诺。

正是凭借着乔布斯的高瞻远瞩，苹果一转颓势，迎来了一个新的时代。

没有计划的将帅都不会成功，所以有人说："没有计划，就是正在计划失败。"成功的将帅都善于制订自己的工作计划，他们很清楚自己预想的目标，并且会为这个目标的实现而制订周密的计划。有管理者调侃：你可能不会被大象踩死，但你可能会被蚊子叮咬。而蚊子，就是你疏忽的地方。由此可见，计划是任何一个目标实践过程中必不可少的东西，而且要详细到把所有要做的事项都列下来，并按照先后顺序排列，然后按计划行动。这样，才能一步一步向目标迈进。

许多作家创作的时候，规定自己每天需要撰写多少字数，需要搜集多少资讯，需要查阅多少资料，把它们分割下来，每天固定的时间一到就照着计划进行。当然，有的时候没有办法完全按照计划进行。但是，有了计划，会提供你做事的次序，让你可以在固定的时间内，完成你需要做的事情。在工作当中，管理者没有办法做每一件事情，但是永远有办法去做对你最重要的事情，计划就是一个排列次序的办法。

一位哲人曾经提出：成功者之所以成功，是因为他对时间管理的方式和一般人不一样，他在24小时当中，跟你做了不一样的事情。这些事情往往不是非常困难，都是一些简单的事情，然而，成功者把这些事情变成一种习惯，因此，他们的成就总是超越别人。

为了做成功的将帅，你需要设计严密的计划；为了传承，为了团队和公司的发展，你需要设计严密的长远计划。这就是承接定律。

有内在坚定信念，才可对事业目标执着坚持

不要把所有的精力都放在那些成功人士的方法与技巧之上，我们最应学习的，是他们那种誓不回头的决心。

想要在商界中打下自己的一片天地，计策是必不可少的。然而，比计策更重要的，则是誓不回头的决心。套用尼采的一句话就是："一个有强烈决心的人将无所不能。"

当下，成功学界有一个观点十分流行，那就是：成功来源于你是想要，还是一定要。如果仅仅是你想要，那么最后的结果可能是什么都得不到；如果是一定要，那你就一定有方法可以得到。

事业的发展不是一蹴而就的事，它需要有着顽强必胜的信念的人，毫不松懈地坚持。这样的人决不会因为一次失败而打乱他一生的计划。通过失败，他们可以从中总结总结经验、吸取教训，然后养精蓄锐、从头再来。

这也正是一个合格将帅所必备的精神品质所在。每一个管理者，要想带领团队大展宏图，就必须要有决心，有韧性。而对于决心的培养，则是要讲究原则与方法的：

1. 培养浓厚的兴趣

兴趣是最好的老师，兴趣是前进的动力。如果一个将帅对某种事物、某项工作产生了巨大的兴趣，那么他就更容易具备不达目的不罢休的决心和意志，成功也便顺理成章了。正如诺贝尔奖获得者丁肇中说："我经常不分日夜地把自己关在实验室里，有人以为我很苦，其实这只是我的兴趣，我感到'其乐无穷'，自然有毅力干下去了。"

所以，无论做出怎样的决定，我们首先要问问自己："这件事我真的感兴趣吗？"只有肯定的回答，才能让你有决心坚持下去。

2. 衡量自己是否有决心

正如我们前面提到的，当明确了目标之后，你要这样问自己：究竟是"想成功"，还是"一定要成功"？虽然"想"与"要"之间只是一字之差，但结果却是天壤之别。渴望成功的人多如牛毛，而真正成功者却凤毛麟角，其中很大一部分原因就取决于这一字之差。因为"想"，是随意的、想当然的、盲目和非现实的；而"要"则全然不同，它是明确的、有目的和现实的。而"一定要"则是促使人前进的最强驱动力，

在它的支配下，人们才会不顾任何艰难险阻，义无反顾，锲而不舍地前进。

3. 把决心融于生活的每个细节

人是一种充满惰性的动物，习惯性放弃很多人都有。想要扭转这种心态，我们就要把决心融于生活的每个细节。例如，你可以在一张纸上写下自己的决心，字最好大一些，然后把它贴在显眼的地方。每天清晨，当你醒来第一眼看到它的时候，就大声说出你的决心；你也可以用录音机把你的决心录下来，每天反复地收听；此外，闲暇的时候，要不断地想象自己的目标实现了的情景。这样，决心就会得到强化，让你难以产生放弃的思维。

总而言之，丢了决心，就等于断了前进的路。不下决心，我们很难从根本上改变习惯和心态；不去决战，我们很难做好充分的准备；不能决胜，我们就会失去职业的尊严。所以，牢牢记住拿破仑的一句话吧："我成功是因为我有决心，从不踌躇！"

（二）胆识：基于能力，成于魄力

聪明出众称之英，胆识过人谓之雄。缺乏胆识的人可能失败一千次，有胆识的人则只失败一次。大凡卓有成就的将帅型人才都知道希腊哲人苏格拉底所说的"守护神"，那是潜藏于我们身体之内的"神灵"，它会不断地提醒人们："一定要多加小心！"但是，只要决策是正确的，就没有任何理由因执行起来有难度，或因其麻烦而选择退却。

有胆有识，敢为别人不敢为之事

一个有胆识的将帅型人才，当面临困境的时候，不会垂头丧气；在遇到阻碍的时候，不会畏首畏尾；需要力排众议的时候，不会瞻前顾后。胆识是一个将帅型人才的精神支柱，也是一架通天梯，依靠它，我们可以所向披靡，战胜一切困难，赢得别人钦佩的目光，攀登到事业的巅峰。

有着日本"赚钱之神"之称的邱永汉曾说过这样一句话："做生意，没有什么别的秘诀，只要有一笔可以牺牲的钱和一个敢冒险的胆子。"

我们还经常听到这样一句俗语：撑死胆大的，饿死胆小的。话虽粗俗，但道理却明明白白，千真万确。在如今处处存在着竞争与机遇的社会，也必然存在着众多的风险，如果一个人缩手缩脚，前怕狼后怕虎，那么其带领下的团队将失去一展宏图的潜能，这家企业也必将无法在激烈的市场竞争中寻求到发展壮大的机会。

换句话说，在企业发展的道路上，只有具备勇气和胆识的人才能大胆去接受风险的挑战，也只有在这样的管理者领导之下，企业才有顺利发展的可能。

纵观古今，但凡有所成就、名垂青史、为大家铭记的人物都是有胆有识，敢为别人不敢为之事，收复新疆的左宗棠就是出了名的有胆识之人。

胆识是一个管理者的精神支柱，也是一架通天梯，依靠它，我们可以所向披靡，战胜一切困难，赢得别人钦佩的目光，攀登到事业的巅峰。

有胆识不仅要敢为天下先，敢于成为第一个吃螃蟹的人，而且要做事果断。尤其是在面对困境，需要做出艰难抉择的时候，有胆识者不会因循守旧、畏首畏尾，而是果断地做出决策。

那些敢于冒险、不怕风险的人，往往都拥有敏锐的眼光。他们善于在风险中抓住机遇，也同样不会忽略机遇中的风险，从而在为企业打造出一个美好未来的同时，也为个人进一步走向成功奠定基石。

一位畅销书作家对"胆识"一词下过这样的定义："胆识就是需要力排众议的时候，就不会瞻前顾后；胆识就是发现百年难得一遇的机会的时候，就不会犹豫不决；胆识就是对已经不能再用的人，就不会一再容忍，否则徒增困扰；胆识就是果断处置的当下，就不会畏首畏尾。"作为管理者，如果做事犹犹豫豫，畏缩不前，结果只能是自取灭亡。反之，如果像老鹰一样有胆有识，果断行事，就可以重获新生，搏击长空。

当然，要成为一个有胆有识的将帅型人才，还需把握以下两个关键点：

1. 将那些缺乏自信的词语统统摒弃

自信是成功的一半。这句话同样适用于管理者。如果一个人总是把缺乏自信的话语放在嘴边，那么就会越来越缺乏胆识。

例如，老总说："老张，这个项目你来做，我想你不会让我失望的。"老张却说："感谢老总的信任，希望能如您所说，我能够做到不辜负您的期望。"显然，老张是在"谦虚"地表示，自己可能做不好。试问，这样的话，有哪个老总愿意听呢？

再如，老板说："陈经理，我决定升你做总监。"陈经理却说："谢谢您的抬爱，可我怕我做不好。"相信老板听了这样的话，第一个念头就是：难道我看错人了？

因此，我们要敬告读者朋友，类似上面这种模棱两可的话不要讲。如果您的这种谦虚被外国老板听到，那么很可能就将交给你的任务取消掉。对于我们这种"博大精深"的谦虚"美德"，人家根本无法体会。

说到底，这样的话语，虽说表面看是一种谦虚，但实际上却能体现出，说者本身骨子里头是不自信的。所以说，一个管理者要赢得尊敬，获得赏识，一定要将这种看似谦虚的行为坚决摒弃，而将自己的专业和自信表现出来。

2. 对自己已经决定的事，不要轻易反悔

象棋界有这样一句话："起手无回大丈夫"，说的就是一步棋走下去，不管怎么后悔，也没有返回的道理，否则就不是"大丈夫"所为了。

其实，走错了有什么大不了的？如果能够走好下面的，胜算也不是没有。即便真的输了，不是还有下一盘吗？

用下棋的道理运用于工作，其实是一样的。想要成为一名将帅型人才，很有必要培养自己"起手无回"的魄力和习惯，遇到事情的时候不要犹疑不定，对于已经决定了的事情不要轻易反悔。更何况，在工作中，为了一件小事就反反复复或随意推翻自己的决定，那显然是不负责任的表现。这样的管理者，又怎么能力服众人呢？

胆识源于顽强的意志力

一个有胆识的人，总是表现出敢打敢拼的精神，而这种精神很大程度上源于其内心深处那股顽强的意志力。在长时间面对生活、工作的挑战、磨炼、磨难中，有些人逐渐培养起了这样的可贵品质，让自己以及所带领的团队不管遇到什么情况，都能持续地坚持到底，直至走向成功。

美国第30任总统约翰·卡尔文·柯立芝在其晚年的人生回忆录中写下了这样一段话："世界上没有一样东西可以取代顽强和坚韧。才能不可以——怀才不遇者比比皆是，一事无成的天才也到处可见；教育也不可以——世界上充斥着学而无用，学非所用的人；只有顽强和坚韧，才能无往而不胜。"

要想成为团队的带头人，要想带领团队更好地工作和生存，就要努力培养自己顽强的意志力，做好下属的"领头羊"，不断创造佳绩。

然而我们却常常发现，在工作中很多人会感觉力不从心，明明已经定好了的任务量却受到这样那样的因素干扰，经常无法按计划完成，这是什么原因呢？就是信念不足、意志力不够，用老百姓的话来讲，就是做事缺乏定力。

意志和毅力不是一种抽象的力量，它通过管理者的活动体现出来，是蕴藏于管理者的内心而直接体现在行动中的超人的品格。它具体体现在顽强性、果断性、忍耐性三个方面。

一个管理者的意志是否顽强，表现在遇到困难和挫折时，能够迎难而上。意志顽强者，往往会困难越大，挫折越多，他的斗志越旺盛，干劲越足，有一种不达目的誓不罢休的决心、勇气和闯劲。我们来看一下丘吉尔的故事：

丘吉尔是英国著名的政治家，世界反法西斯战争"三巨头"之一。他受命于危难之际，领导英国人民取得了抗击德国法西斯战争的胜利。

在丘吉尔的一生中都抱着同一个信念，那就是：英雄创造了历史，而自己正是创造历史的英雄。他认为，自己命中注定要发挥杰出人物的作用。事实果然如丘吉尔所坚信的那样，他最终成了英国历史上叱咤风云的人物。因为他的存在，不仅挽救了大英帝国，而且与此同时也改变了世界的时局。丘吉尔以其远见卓识、深刻的分析判断力、坚忍不拔的意志、决胜千里的政治魄力和雄辩的演说能力，在世界政治舞台上留下了永不磨灭的光芒。

艾森豪威尔十分尊敬地赞扬丘吉尔的雄才大略说："通过战时与他交往，我发现，对他来说，整个地球就像是一位智者的操练场地，这位智者可以力图解决海陆空部队部署这样的紧迫问题，而几乎在同一瞬间，又能探索到遥远的未来，仔细考虑参战国在今后和平时期的作用，为他的听众设计着世界的命运。"

虽然艾森豪威尔不是丘吉尔复制的将帅型人才，但他同样受到丘吉尔的影响，可见意志力在"复制定律"中的核心地位。

我们还会发现，在工作中，常会出现管理者与被管理者经常进行就意志进行较量的局面。这种较量，有些是明朗化的，有些是具有隐藏性的，不易被发现。如果一个领导者的意志力不足，在较量中败下阵来，那么，即便他大权在握，他想要得到的结果，却未必可以得到。而最有可能的结果就是：他的威信扫地，负面的影响非常大。反之，如果管理者的意志力足够坚韧，他就可以树立威严的领导形象，让下属心服口服。

程彬是公司的业务主管，有"铁面主管"之称，但凡是他下的指令和任务，很少有半途更改的情况出现。

程彬曾讲过这样一件事情："4月中旬，鉴于公司前段时间出现的一些问题，我对销售政策做了重大调整。负责执行的几个员工对此非常不满意，他们来到我的办公室，讲了此事，并提出了政策修改建议。我的意见非常明确：政策绝对不能改！他们非常不服气，我就耐心地讲明了此次调整的原因：第一，从年初开始，我就在筹划新的销售方案，考虑是成熟而周全的；第二，公司前段时间的状况混乱不堪，严重影响公司的整体发展，从大局考虑，这次调整是必需的，也是必要的；第三，调整政策的出台，是经过了系统性考虑，做了整体协调安排，平衡与灵活性是兼顾的，没有死胡同。一个员工还是有些不满，他说，现在这个调整方案的争议很大，如果继续下去，恐怕会引起更大的问题。我告诉他，对于争议，我早就有心理准备，在竞争如此激烈的公司中，但凡涉及利益之争，爹娘老子都有不认，此次割肉放血的调整政策，即便个别员工有过激行为，也是正常情况。对于争议的解决，我早就有预案。在我的强烈坚持下，调整政策得以实施，结果证明我的坚持是对的，这次的调整让公司的整体业绩上升了40％。"

程彬表示，从某个角度来说，主管与下属之间并不是简单的管与被管的关系，彼此也会进行意志力的较量，不是你决定他，就是他决定你。身为管理者，一定要掌握主动权，让自己的位置稳如泰山。

意志力强的管理者，除了要在管理中有坚韧的精神，也要让自己真正养成坚忍不拔的性格。这样，无论在什么环境中，管理者都可以坦然面对，从容应对，否则，就可能因为意志力薄弱而吃亏。

有这样一个著名的生物学实验：

把鲮鱼和鲦鱼放进同一个器皿中，然后拿一块玻璃板将它们俩隔开。最开始的几分钟内，鲮鱼见身边有条鲦鱼，于是兴奋地向鲦鱼猛攻。可是经过几次碰撞，被玻璃板撞得晕头转向后，鲮鱼便有些垂头丧气了。这时候，实验者将玻璃板拿走，再看鲮鱼却已经没有了攻击的欲望，它对近在眼前的鲦鱼竟熟视无睹，哪怕肥美的鲦鱼在唇边擦过，它们也无进攻的动向。最后，鲮鱼被活活地饿死，而鲦鱼则因为有生物学家供给的鱼料而活得自由自在。

碰壁的鲮鱼之死，可以让我们从中悟出一些道理：鲮鱼的意志力薄弱，被一时的困境吓倒，从而形成了固定的思维模式，最终眼睁睁地看着食物饿死。而在工作中，有的管理者也在重复着鲮鱼的悲剧，他们工作之初往往有一往无前的冲劲，一旦碰到困境也想去克服，但"攻击"了几次，就如霜打的茄子——蔫了。一次微不足道的困难或失利，就前怕狼后怕虎起来。这种缺乏"再坚持一下"的性格弱点，常常让他们与唾手可得的成功擦身而过，"为山九仞，功亏一篑"，令人扼腕叹息。

任何一个成功者，无不具有坚强的意志力；而任何一个失败者，缺乏毅力则几乎是他们共同的特点。所以说，意志力这个东西，很重要，也很可贵。有了意志力，我们会克服恐惧、沮丧和冷漠；会不断地增加你应付、解决各种困难问题的能力；会将偶然的机遇转变为现实；会帮助你实现他人实现不了的理想……因此，古今中外的先人、哲人、伟人、名人，都对它做了高度的评价：

宋代大文豪苏轼说："古之立大事者，不唯有超世之才，亦必有坚忍不拔之志。"

中国革命的先行者孙中山说："最后的成功，归于最后的努力者。"

现代作家巴金说："战士是不知道畏缩的。他的脚步很坚定。他看定目标，便一直向前走去。他不怕被绊脚石摔倒，没有一种障碍能使他改变心思。"

无产阶级的伟大导师马克思说："在科学上没有平坦的大道，只有不畏劳苦沿着陡峭山路攀登的人，才有希望达到光辉的顶点。"

那么，如此重要的毅力又该怎么培养呢？不妨从以下几个方面进行：

1. 坚定的信心，产生意志力。

2. 强烈的愿望，产生意志力。

3. 明确的目标，有助于产生顽强的意志力。

4. 有组织的计划，可以产生意志力。

5. 积极行动，产生意志力。

当然，上面诸多有利于毅力培养的因素，不能只是头脑一热的短暂产物，只有使之成为融入我们思想和实际生活的习惯，意志力才能够真正培养起来，所以，克服消极的心理因素，来保证意志力的培养，特别要注意习惯。

破釜沉舟，有置之死地而后生的魄力

翻开财富名人录，我们可以看到很多巨富都曾有相似的贫苦经历，同样他们也都有相同的破釜沉舟的精神。当机会摆在他们面前时，他们都会不惜一切代价抓住它，从而登上财富的殿堂。当你发掘机会的时候，就需要这样破釜沉舟、孤注一掷，别让机会就这么溜走。

"有志者事竟成，破釜沉舟，百二秦关终属楚"，在我们读中学甚至小学时，就对这句话不陌生了，它出自历史上有名的"巨鹿之战"，让人们感受到的，正是西楚霸王项羽敢于破釜沉舟、置之死地而后生的魄力。

我们一起来重温一下这个历史故事：

公元前 209 年，一场规模盛大的农民起义，将陈胜吴广推上了历史的舞台，而刘邦和项羽率领的两支军队逐渐壮大起来。两年之后，项羽的起义军与秦将章邯率领的秦军主力部队在巨鹿（今河北邢台市）展开大战。最终由于项羽不畏强敌，引兵渡漳水（由巨鹿东北流向东南的一条河）。过河之后，项羽对全军下发命令："皆沉船，破釜甑，烧庐舍，持三日粮，以示士卒必死，无一还心。"这正是历史上著名的巨鹿之战，这一战，使项羽大破秦军，其带领的军队也威震诸侯。

在实力远远强于自己的敌人面前，项羽下达了"破釜沉舟"之令，这其实是在表明他本人的立场：要坚决与敌人死战到底！南于之前项羽已经在军中充分树立了威信，所以，他的这一"决一死战"的行为立即引起了楚兵的热烈响应，激起了这些热血青

年的斗志。同时，面临汹涌澎湃的黄河，不前进就只能是死路一条，而当下的情况是，秦军虽然强大，但相对于黄河天险则要小上很多，击破秦军是唯一可以求得生还的渠道。于是，当这唯一的生存机会摆在面前时，项羽以及他的将士们已经疑虑尽去，一心杀敌。这种置之死地而后生的信念支撑着楚军拼死一搏。

这次战役，项羽及其麾下的士兵们的做法看似绝望死拼之笔，但实际上这其中恰恰蕴含着巨大的激励效能。从与敌人交战的英勇斗志到奋力抗敌的坚定信念，再到竭尽全力杀敌的决心，项羽通过这种激励策略，从这三个层面层层递进地激发了楚军的士气，挖掘出了楚军的全部实力，因此创造了以弱胜强的经典战役。

职场中拼搏的你，如果还有梦想，如果不甘于平庸，如果想改变自己的生命轨迹，那么，你就应学会破釜沉舟、孤注一掷，努力去把机会变成成功。要有勇气不给自己留退路，去逼着自己必须成功。只有这样，你才会全身心地投入其中，全力以赴地建立属于自己的事业。

2004 年，一位叫庞海燕的成都女孩，高考失利，最终无缘"象牙塔"。她的父母觉得女儿是没考好主要是没发挥好，复读一年再考肯定没问题。但是，庞海燕没有接受父母让她复读的建议，而是只身前往福建厦门打工，不久后她在一家贸易公司做了业务员。

由于勤奋努力，又加上头脑灵活，几个月之后，庞海燕就取得了比大多数同事都好的业绩，深得领导的器重。碰巧业务部经理要借调到分公司任职，而庞海燕就顺理成章地坐到了部门经理的位子上。这一干，又是两年过去了。通过几年的打拼，庞海燕在自己所从事的行业中站稳了脚跟，有了一种让别人羡慕的生活。

2007 年，庞海燕的一个朋友想约她一起创业，而且要回老家成都，因为那个朋友也是成都的。经过一番深思熟虑，庞海燕决定放弃目前看起来不错的工作。离职时，她这样跟老板说："老板，您当年也走过这样的一条路，所以才有了今天的成绩。所以，现在的我，也要拥有那种破釜沉舟的勇气，打造一段属于我的人生！"庞海燕的话感动了老板，老板欣然应允，让她回家乡创业。

到成都后，庞海燕一天没有休息就开始寻找投资项目。终于在他人的扶持下，庞海燕建立了一家网络传媒公司。公司里繁杂事务的忙碌并没有让庞海燕忘记给自己充电。她一边经营公司，一边在成都大学进修广告学。曾经期待中的美好感觉还未出现，公司经营中的各种问题却接踵而来。不到半年，她的网络传媒公司亏损严重，庞海燕也觉得筋疲力尽，甚至开始后悔自己当初的决定，打算放弃看不到光明的网络公司。

但是，经过半个月的休息和调整，那个打不垮的庞海燕又回来了。她想：既然自己喜欢广告这个行业，就应该不留退路地走下去！于是，她重新振作起来，先后到几家广告公司挂职学习。最后，庞海燕倾尽所有家资，在2010年10月，再一次创办了一家广告传播有限公司。这一次，她汲取曾经的经验，也吸收了曾经的教训，很快经营稳步进行，她的公司逐渐在行业中站稳了脚跟。每当开公司例会，庞海燕看着朝气蓬勃的职员，常会感叹："要想真正地获得成功，你就应该破釜沉舟、不留退路地走下去！"

俗话说得好，压力产生动力。像上述故事中庞海燕采取这种破釜沉舟、不留退路的做法，正是在给自己施加压力，逼迫自己在追求财富的路上奋力前行。任何一个人，想成就一番事业，都必须一心一意、全神贯注地追逐既定的方向。因此，当我们产生惰性、害怕失败时，不妨自断退路，逼着自己全力以赴地寻找出路，如此才能赢得出路，走向成功，收获属于自己的灿烂事业。

由此看来，一个身处波折的商界中人，只有具备破釜沉舟的决心和勇气，才会敢于迎接、挑战未来路上所遇到的各种难题。这样的气魄，是一个合格的将帅型人才不可或缺的品质；这样的人生，才是一个完美而真正的人生，才是一个能够收获财富的人生！

英雄展示胆识，胆识也成就英雄

"不会冒险的人永远不会成功！"在滚滚商业浪涛中，冒险是现代企业生存和发展的经典语录。想要取得更大的发展，就必然要担当风险，当然，在冒险的同时有必要预计到种种可能的损失，然后坦然面对，争取将风险尽量减至最低程度。

在滚滚商业浪涛中，冒险是现代企业生存和发展的经典语录。"不会冒险的人永远不会成功！"世界著名的成功学大师戴尔·卡耐基在少年时代就从父亲那里得到了这样的人生誓言，而他也总是把这句话拿出来，调适自己与别人的心态，激励人们战胜困难，奋勇向前。

对于美籍华人王安博士，几乎世界各地的企业界和IT界无人不知，无人不晓。在30年的时间里，王安的企业从600美元开始，上升到了年销售额30亿美元，公司员工也从个位数上升到了5位数。这样一个看似令人惊讶的巨大成就，就源自王安敢于冒险的精神。

1951年，王安毅然告别了令很多人艳美的哈佛大学计算机研究所的工作，在一个远离繁华区域的地段租了一间房屋，用600美元的家底成立了王安实验研究公司。

在起步阶段，可以说只有"艰难"二字能够形容。起初，公司里只有他和妻子两个"全职"员工，另外还有一名"兼职"人员作为工作的助手。一年下来，王安实验研究公司只有1万多美元的营业额。这样下去，公司必将因难以为继而关门大吉。

面对现实的困境，王安寻求着突破口。为了渡过难关并求得发展，他开始和一些公司联盟。这一举措是需要胆略和更大的冒险精神的，因为与他联盟的公司实力都强于他，在这个过程中，虽然自己会受益，但也会有损失。最终的结果表明的确如此，联盟虽然为公司的经营发展中的资金问题带来了益处，但同时也给王安的公司造成了不小的损失。

不过，王安毅然坚持了下来。后来，他的公司推出了"洛其"对数计算器。它的出现终于为王实带来了新的希望。在20世纪60年代初期，这种计算器销量很好，随着销售收入的增加，公司利润水涨船高，而员工人数也逐渐发展到百人以上。

此后又经过一段时间的奋战，王安的公司又推出了自己设计制造的"300型"计算器，使公司的销售额又来了一次突飞猛进的增长。1967年，王安的公司成功上市，在发售股票之初，竟在证券市场上掀起了一阵空前的抢购狂潮。

在这种高歌猛进的势头下，王安却居安思危，为公司的未来作了长远打算。此时，他将目光对准了更先进的产品和计算机。为了弥补自己在软件技术方面的不足，王安的公司以745万美元代价买下了菲利普·汉金斯股份有限公司。不久后，王安的公司便生产试制出了3300BASIC和700型两种计算机。几年后，王安的公司又推出了2200型迷你计算机。所有这些计算机产品，在上市后均深受用户们的好评。

王安的脚步并没有止于此，在开发通用计算机的同时，他又带领着团队开始研制文字处理器——WPS。之后，王安的公司成了全世界此类系统最大的供应商。

纵观王安的公司令人刮目的发展，无不体现着其敢于冒险的精神。没有这种精神，没有敢于尝试的勇气，这一系列成就只会成为镜中花、水中月。

由此我们也可以看到，一个将帅型人才大胆冒险和敢于尝试的勇气对一个企业的发展来讲，是影响巨大的。只有那些有胆有识、敢于冒险的英雄才能获得事业的成功和人生的辉煌。

对于很多企业来说，在从弱小走向强大的过程中，都难免遇到阻力。在这事关生死存亡的关头，如果跨出去，可能会让公司掉进陷阱或者深谷里，从此销声匿迹，但也有可能带领公司踏上一条康庄大道，使公司摆脱困境，实现发展的目标。于是，风险便产生了，是停步，还是前进，必定要做出选择。如果向前跨出一步，可能会让公司跌得粉身碎骨，但也可能让其再次攀上高峰。如果选择停步，也许可保一时的安全，但很可能会因此错过大好时机，令自己懊悔不已。

因此，想要取得更大的发展，就必然要担当风险，当然，在冒险的同时有必要预计到种种可能的损失，然后坦然面对，争取将风险尽量减至最低程度。举世闻名的苹果公司就是创业者冒着巨大的风险获得成功的一个典型例子。我们一起来分享一下：

上世纪70年代，计算机开始在西方国家出现，但那时的计算机远不像我们现在所见到得这么小，而是有着庞大体积和复杂结构，需要专业知识才能操作的一个大物件。对于这种"稀有动物"，更不是人人都可以有拥有的，当时它的使用只局限于政府部门、科研机构和大型公司。即使发展到后来的阿尔塔微型计算机。也只是供人们娱乐使用。

在科技日益发展的同时，计算机开始由大变小，直到1976年，"苹果"微型计算机面世，顿时掀起了一场震惊世界的革命。设计和制造这款"苹果"微型计算机的人分别是乔布斯和沃兹尼亚克，他们被人们称为"永远改变了人们工作习惯的人"。

说起他们设计和制造计算机的历史，可以追溯到他们的童年时代。

他们二人都是在硅谷土生土长的居民，从小就对电子计算机有着巨大的热情。两个人都爱钻研一些电子设备，长大后依然热情不减，到1974年，阿尔塔微型计算机上市时，他们就琢磨着是不是可以将计算机"升级"一下。在想方设法弄到了一些零部件后，他们就在乔布斯家的一间破旧车库里开始制造由沃兹尼亚克设计的微型计算机。

经过他们的一番努力，使车库里那件"新产品"具有多种功能，比"阿尔塔"优越得多。于是，他们想借此赚取一些钱财，乔布斯就把他们组装的、尚缺外壳的计算机带到附近一家计算机批发商店，店主看后，喜出望外，感到此产品大有前途。这位英明的店主一下子就订了50台。拿下这么大的订单，乔布斯激动极了，他告诉自己，该是干一番事业的时候了！

紧接着，乔布斯和沃兹尼亚克合办了一家公司。他们设计出来的计算机新品，犹如呱呱坠地的婴儿，虽然貌不出众，尚无法吸引那些根底深、家业大的大资本家来投资，但却引起了风险资本家的高度重视。当时38岁的百万富翁马库看了产品之后，认为冒险挣大钱的机会来了。于是马库决心帮助这两个大胆的新手。他投资9.1万美元，还给他们借来60万美元，并推荐一位富有经营管理经验的能人——33岁的迈克·斯各特出任总经理。

公司开张不久，他们又开发研制了新商品苹果Ⅱ型微型计算机，并投放市场。苹果Ⅱ型微型计算机无论从操作上，还是功能及外观上，都有了更大的提高，受到更大范围的认可。借此，苹果公司的创办者开始一帆风顺，逐渐步入了拥有无尽财富的辉煌殿堂。

从出身来讲，乔布斯和沃兹尼亚克并没有多少优于常人之处，但他们却取得了举世瞩目的成就，一方面可归因于他们的勤奋和聪明才智，但另一方面我们不得不承认，是他们异于常人的胆量和气魄。

可以说，没有乔布斯和沃兹尼亚克的冒险精神，那么也就不会有苹果计算机的产生，更不会有人们生活的跨越式变化与发展。因此，只有大胆尝试、敢于冒险，才能最终收获成功的果实，才能成就不一样的自己。

（三）谋断：谋先事昌，事先谋亡

一名合格的将帅型人才，必是处理事情、解决问题的想法周密，主意较多，并且能够从多种办法中选择出最佳办法来，当机立断，坚决果断地执行它。可以说，多谋善断是"智多星"和"铁腕人物"的最佳结合点。当然，这一本领常常需要借助"智囊团""思想库"之类的集体智慧，不过最后的优选决策还是掌握在管理者手中的。

审时度势，掌握正确的方针

"没有预见就没有领导"。只有具备超强的预见能力的人，才能对事物的形势和发展趋势做出正确判断和预测，并做出科学的决策。所以说，要想成为一个常胜不败的管理者，就一定不能墨守成规，亦步亦趋，而是要懂得灵活机变和审时度势。

"未雨绸缪"是我们都熟悉的一个词，也是大多数中国人做事风格的体现。在这种心态的支配下，我们往往在决定某一行动之前，会好好地盘算一下，因为这样便可以对未来有一个清晰的、有条理的、系统的预计和打算。

不过，这种"打算"中所制定的计划和决策并非一成不变的，而是随着决策的雄行过程而选择停止或者继续，或者变更其中的某些部分。也就是说，在不改变决策目标本质的情况下，可以灵活机变一些，边做边修改边调整。这也是中国式管理的一大特色，当然，这也是一个合格将帅型人才所必备的做事风格。

总部位于美国加州的立源亚洲控股有限公司，对于很多业内人士来说并不陌生。但恐怕大多数人并不知晓其董事长贺将波一贯奉行的创新原则——"灵活机变"。针对这一点，我们可以从下面的事例中略知一二。

贺将波以哈佛商学院第一名的优异成绩毕业后，带着对自己那份儿聪明劲特有的自信，开始管理投资基金。因为那个时候，投资理念是聪明人才能在投资上赚到钱。但是当进入这个行业后，贺将波发现这个世界上聪明人太多了，而且大家会挤进一个领域进行投资。贺将波觉得自己应该到聪明人较少关注的地方投资，做生意一定要灵活多变，人弃我取、人取我弃才能赚到钱。

1993年，贺将波成立了立源基金，成立之后，首先进入的是液晶显示屏项目。那个时候，IBM对于液晶显示屏并不看好。但本着"人弃我取"的经营策略，贺将波将IBM的液晶显示屏部门收购，并把该部门搬到台湾，成立了红鹂显示器公司。短短两年时间过后，液晶显示器的投资领域成了炙手可热之所在，众多生产商蜂拥而上。

然而此时，贺将波却觉得，自己该放手这一块了，"一个产业，如果投资进来的钱太多，成本肯定会比较高，也很难取得理想的投资收益。"说变就变，他知道绝不能抱着一种产品经营。于是，贺将波将红鹂显示器公司卖给了明基的子公司友大光电，顺利地拿回了投资，还狠狠地赚了一笔。

看得出，贺将波是一个在经营决策中注重灵活变通的人，也正是他的这种"善变"，使企业避免了损失风险，反败为胜。事实上，市场是多变的，作为市场中消费主体的人们的需要也是多变的，那么，一个能够适应市场需求的企业，必将根据市场的需求审时度势地做出相应的决策。

所以说，要想成为一个常胜不败的管理者，就一定不能墨守成规，亦步亦趋，而是要懂得灵活机变和审时度势。

相反，如果一个人做不到这一点，那么即使拥有万般才能，也必将难以避免失败的结局。我们来看一个历史上的典型案例：

秦朝末年出现的楚汉相争，其最后关头，韩信成了一个有着十分特殊地位的人物。用项羽的说客武涉的话来说，就是"当今二王之事，权在足下。足下右投则汉王胜，左投则项王胜。"用齐国辩士蒯通的话说，是"当今二王之命悬于足下。足下为汉则汉胜，为楚则楚胜"。显然，韩信已成为刘、项之外的第三股力量。因此。武涉和蒯通达成了一致意见，那就是韩信应该取中立态度，谁也不帮，而是与刘邦、项羽三分天下，鼎足而立。

然而，韩信并不具备孙权那样的魄力，他总是犹疑不定，直到最后也没能下定背叛刘邦的决心。他总觉得刘邦对自己有恩，自己怎么忍心背叛人家呢？韩信对项羽的说客说："当初我事奉项王，官不过郎中，位不过执戟，言不听，计不从，这才背楚归汉。汉王授我大将军印，给我数十万兵，脱下自己的衣服给我穿，省下自己的饭菜给我吃，言听计从，这才有了我韩信的今天。一个人这样信任我，我背叛他。不吉祥啊！"

当然，韩信内心里还保留着一丝侥幸，他认为自己对汉有功，怎么也不会落得个兔死狗烹的地步。可事实却向人们证明了韩信愚忠的下场，人们称之为妇人之仁。正是这种"妇人之仁"致使韩信惨遭被刘邦、吕后杀害的厄运。

其实，韩信获此结局，完全可归责于其本人。对于当时的利害关系，他不是去仔细地分析和思考，而是一心想着忠诚于刘邦。可当时以韩信的功绩来讲，刘邦已经将其视为对自己的威胁。正所谓"功高盖主"，哪个皇帝也不能忍受臣子的功劳达到危及自己地位的程度。虽说韩信没有任何"越轨"迹象，但刘邦的心里却早已将他视为肉中之刺了。换言之，如果韩信不离得刘邦远远的，那他早晚得死于刘邦之手。

可见，一个对事物缺乏审时度势和高瞻远瞩眼光的人，很容易被眼前的局势所蒙蔽，到头来自己被别人卖了，还替人家数钱呢！所以说，要想成为一个将帅型人才，就需要具备通权达变、运筹帷幄的智慧。

可以肯定，只有那些具备预见能力的领导者，才更容易对事物的形势和发展趋势做出正确判断和预测，并且适时地抓住机遇，做出科学的决策。在现今这个瞬息万变的社会，管理者尤其需要具备敏锐的洞察力，做到审时度势、预见未来，这样才能跟上时代的步伐和未来的发展要求。

决策要有轻重缓急

"决策的最佳时机并不仅仅是快速，而是适速"。自上而下，每一级管理者都必须有轻重缓急的决策，否则将一事无成。可以说，轻重缓急的决策不仅体现了一个管理者的远见和认真的程度，而且决定了整个团队的基本行为和发展战略。轻者当缓，重者当急，至于关键性决策，由于和团队生死攸关，则是一秒钟也不能耽误和忽视。

同做任何一件事情一样，团队管理者的决策也有先有后，有轻重缓急之别，这是每一个管理者都应该把握的问题。美国决策大师皮尔斯·卡特有一句名言："决策的最佳时机并不仅仅是快速，而是适速。"

一个再小的公司，一个公司的管理再有序，公司中有待完成的工作也总是多于用现有的资源所能做的事情。因此，自上而下，每一级管理者都必须有轻重缓急的决策，否则将一事无成。可以说，轻重缓急的决策不仅体现了一个管理者的远见和认真的程度，而且决定了整个团队的基本行为和发展战略。

轻者当缓，重者当急，关键决策，南于和公司生死攸关，更是一刻也不能忽视。

那么怎样来分辨何事轻，何事重，何事该缓，何事又该急呢？

在此，我们和读者朋友一起分享几点方法，将有助于您在诸多事物同时出现它们时，做出最英明的决策。

1. 重要又紧急的事

和所有其他事情比较起来，这些事情都更为重要，更需要马上解决。也就是说，这种危急事物，事关企业生存条件的事情，必须第一时间着手处理。

2. 重要但不紧急的事

工作中的大多数真正重要的事情，都不是很急的，可以现在去做也可以稍后再做。然而实际上，我们却往往会把这些事情无休止地拖延下去。对于此类工作的注意程度，可以分辨出一个将帅型人才决策有无失误，工作有无效率。正确的方式应该是要把这类工作作为第一优先的事情。只有当一个管理者把主要精力放在"重要而不紧急"的事上，他才能从容应对。

3. 紧急但不重要的事

表面上看来，这类事情是需要立即采取行动的，但是冷静下来客观分析一下，又觉得应该把它们列入次优先工作中去。

4. 既不紧急也不重要的事

很多职场人士误以为，既不紧急也不重要的事，往往占用的时间和力较少，干脆早点完成，好去做那些重要的事情。实际上，这是本末倒置。是不是浪费时间，每个人都有不同的看法。但因为做这些事情而影响了工作效率肯定是得不偿失的。不可否认，此类事情会给人一种有事可做和有成就的感觉，使我们有借口把重要的工作向后拖延。这种做法常常是一些能力不强而又身处高位之人的一大弱点。

事实上，管理者所做的决策本身既是一件硬性工作，也是一件弹性工作，但万不可眉毛胡子一把抓，更不能固执行事，正确的做法应该是灵活应对，以控制好决策的过程，该先就先，该后就后，这样的弹性处理才是将帅型人才的智慧所在。

要想达到这一点，需要我们根据自身的特点来定义事情的轻重缓急，以下几点或许能帮我们成为优秀的决策者：

1. 能够用长远的眼光看问题

具备这种做事风格的管理者，意味着其能够预见到一个决定对未来所产生的影响。很多时候，让一个管理者迅速做出决策反而是容易的事，从短期来看，这样做并没有什么不妥；但如果能够看到该决策的长远影响，那么，其必将会成为一名更好的决策者，从而抢在别人之前把握住机遇，并且能够更好地利用这次机遇。

2. 能够看到整个大局

这一点和第一点并不相同，因为看得长远，是指我们在做决定的时候，可以预见到这个决定对未来的影响。而"看到整个大局"则是指，我们可以看到该决策对整体形势所产生的影响。

对于这一点，需要提醒的是，我们要让自己从问题中抽离出来。因为当身处问题之中时，我们很难看清眼前的问题。我国自古有句这样的话："不识庐山真面目，只缘身在此山中。"要想看清整个问题，我们需要暂时"离开"一下，以便更客观地看清问题所在。一旦暂时远离问题现场，我们会很吃惊地发现，我们已经找到了比自己想象中更多的选择。

3. 采取行动不需要经过别人的同意

一个人在做某项决策时，如果总是想："我的领导、我的老板会怎么看待这件事？"那么他必将很难成为一名自信的决策者。记住，你的任务是利用自己的决策技能做出正确的决定，然后用你的说服技巧来说服领导，赢得领导的支持。

4. 善于独立思考

一个英明的将帅型人才，必定是一个善于独立思考的人。在一些事情上，即使周围所有人都在拼命说服自己改变主意，他们只要认为自己是正确的，那么就会对自己的决定充满信心，坚持自己的立场，毫不动摇。

5. 内心拥有很强的道德观念

儒家学派的代表人物孟子曾说："人有不为也，而后可以有为。"这句话旨在告诉人们不管受到怎样的诱惑，要想取得理想的成就，自己内心的价值观必须保持不变。

或许很多管理者都面临过下属抑或客户向自己提出带有诱惑性的请求，比如"如果您不太计较我这次工作中的小失误，我保证会更好地工作，等下次签下单子的时候我私下里跟您分红"。此时，如果管理者犹犹豫豫，既怕破坏了上下级的友好关系，又受"分红"的诱惑，导致前怕狼后怕虎。而当他踌躇于如何做出决定时，或许用多年实践确立起来的高大形象一下子大为贬值，团队风气也会骤然滑坡，甚至会毁于一旦。

对细节问题不放过，做个细心的"领头羊"

细节，往往是成就一个将帅型人才素质的重要因素。很多企业中的"领头羊"拥有无比的智慧，也不缺乏创造性，但却很难称得上优秀，问题就在于他们对细节没有什么感觉，也没有给予足够的重视。

我们常听到人们赞许德国人做事的细心和缜密，但反观我们自身，则很容易发现一些人大大咧咧，甚至以不拘小节自诩，认为这是能做大事的"兆头。"

事实上，这种想法是很狭隘的，要成为一个团队中的"领头羊"，成就一番事业，诚然需要目光远大，但这并不代表细节问题就可以忽视。在很多情况下，细节往往是影响事情成败的关键因素。

15 世纪时，英国国王理查三世在位期间，准备和亨利公爵来一场生死决斗。这次的结果将决定由谁来统治英国。决斗开始的前一天，查理三世命令马夫为他备好战马。

马夫不敢怠慢，赶紧为国王仔细挑选了一匹战马，然后找来铁匠，说道："快点给它钉上铁蹄！国王明天要骑着它去决斗。"铁匠回答："那你得等一会儿，前几天，我替国王把其他的马全都钉了铁蹄，现在已经没有制作铁蹄的铁片了，我得再去找一些来才行。"马夫没好气地喊道："我不能等！"

铁匠非常无奈，只好赶紧干活。他拿来一根铁条，制作了 4 个铁蹄，并把这 4 个铁蹄一点点敲平、整形，然后固定在马蹄上，再往上钉钉子。可是，钉完三个铁蹄后，铁匠发现没有钉子来钉第四个铁蹄了，于是他打算再做一根钉子。但是，马夫在一旁不断地催促，铁匠怕挨骂，就将铁蹄挂在马蹄下面，草草了事。

第二天，理查国王骑着那匹战马上阵了，他指挥士兵迎战敌人。远远地，他看见公爵亨利，他想："擒贼先擒王，先打败亨利，他的士兵就会不战而败。"于是，他狠狠地在马屁股上抽了一鞭子，向亨利的方向跑去。

但让他没想到的是，意外发生了，理查国王还没走一半，他胯下的战马脚上挂着的铁蹄就掉了，这匹马立刻跌翻在地，他也被摔在地上。理查国王刚想抓住缰绳上马，战马就跳起来逃走了。他想大声求助，却发现他的士兵纷纷向后逃跑，而亨利的军队已经冲上来将他包围了。他在空中挥舞宝剑，声嘶力竭地吼道："都怪那匹马的铁蹄！我竟然因为这一个铁蹄失去了我的国家！"

一个铁蹄失去了一个国家，看上去似乎风马牛不相及，但却因为细节的疏忽，使人们难以置信的事情真实地发生了。

要做好一个将帅型人才，细心同样不可忽视。这种细心势必会为其带来诸多好处，比如，细心的将帅，在参与竞争时，会因为精心的准备而多一分赢的机会，而粗心的管理者则会因为马虎大意而失去竞争力。

方敏在家乡县城的一所中学工作，是初二年级的学年组长，跟她共事过的同事都称赞她做事细心。

其实，方敏的细心并不是天生的，而是后天养成的，这源于一次粗心事件。那次，她参加县里的评优课比赛，临行前，她觉得自己已经有了充分的准备：课件做好了；讲课材料带好了；总结报告打印好了……但是，在比赛开始 20 分钟前她才发现有很多问题：由于操作系统版本不同，课件在服务器上的几项功能无法使用；讲课材料由于学生人数较多不够用；总结报告少打了一页。

她赶紧实施补救计划，虽然提前几分钟解决了问题，但是，上课时的从容和自信却少了很多。结果，她没能拿到优秀奖，学校领导也因此推迟了她的升职日期。

这件事以后，方敏感慨道："有时候感觉自己已经很认真地做好了一切准备，但计划没有变化快，无法预知的变化始终会走在我们前面。如果事前我们能细心一点，准备得充分一些，就不会留下遗憾了。"因为这次的教训，方敏也开始培养自己的细心，事业也开始顺利起来。

细节决定成败，在工作中，管理者注重工作中的细节问题，是一种良好责任心和个人素质的表现。试想，一个办公桌上乱七八糟的管理者，他怎么会将工作安排得井井有条？一个粗心大意的管理者，如何带领下属创造佳绩？那么，将帅型人才应该如何培养自己细心的能力呢？一般来说，可以从以下三点去做：

1. 考虑周全

管理者做事不要只考虑单方面因素，要考虑周全，以便实现团队的最佳管理状态。

张经理在团队成员管理中有着充足的经验。在面对一些处事高调，具有"高层背景"的员工时，向来都是处理的十分妥当，经常私下里委婉的表达对他们的意见和建议，也明确地将自己的看法和态度传达给他们。在对待工作业绩突出的下属时，经常在会议中公开表扬，既为那些"惹不起"的员工留住了面子，又为表现好的下属赢得了自尊。

细节决定成败。张经理在管理中，考虑问题时细致周到，不放过任何一个细节，不管是有"背景"的员工，还是优秀员工，他都能妥善、周全的处理妥当，避免员工发生，以免影响共同的利益。他这样做，既加强了团队精神，又能促使团队共同朝着目标努力，实现公司利益最大化，这也是企业领导者不能缺乏的管理能力之一，在细节中发现问题，解决问题。

2. 认真对待小事

要想成为一个细心的将帅，就要学会将目光放在小事上，并认真对待。久而久之，细心的能力就会培养出来，而且，还可能因此而获得老板的青睐。

李倩是公司客服部的经理，说到自己的升职之路，她道出一个秘诀：认真对待小事。她说："我刚到客服部的时候，负责接电话。时间一长，我发现同事们接电话的方式都差不多：'没有'、'不清楚'、'时间安排不过来'等等。我觉得这种方式不好，就决定改变一下。一次，我接到一个电话，客户希望我们能派出最有经验的张技术为他们解决机器故障，而张技术外出还没有回来。通常情况下，同事们就会回答客户：'张技术出去了，不知道什么时候能回来。'但我没有这样说，而是答道：'他出去了，我们这里还有几位有经验的技术人员，他们是刘技术、杨技术、陈技术。刘技术的特长是……'"

李倩表示，主动地为客户提供更多信息，尽可能让对方有更多选择，是她在接电话过程中的一个小秘诀，而客户也会在她的推荐下欣然选择一位技术人员。

一年后，老板找李倩谈话，问她愿不愿担任客服主管。李倩很诧异："我一直在接电话，没什么特长，怎么能当主管呢？"老板说："不同的人，哪怕接电话也会有大大的不同。你接电话的方式与众不同，就凭这点，我就相信你能管理好客服部。"

半年后，由于工作认真，李倩再次高升，成为客服经理，她不无感慨地说："职场上不乏接电话、订盒饭等鸡毛蒜皮的小事，但恰恰就是这些小事，足可以练就一个优秀的职业人。"

3. 善于发现和记录问题

国内一名管理学讲师这样说过："细心的人，在执行过程中不会看不出破绽与漏洞。"很多时候，我们无法执行到位，不是一开始就有问题，而是在执行的过程中，我们发现方法有问题。其实，很多工作都是一边做一边调整和修正，即摸着石头过河，所以，管理者要随时发现问题，既可以避免出现问题，又可以培养自己的细心。

另外，要想成为细心的将帅，还要善于记录问题，著名的罗兰·贝格咨询公司总裁罗兰·贝格就很细心，跟他接触过的人都知道，他不会忘记任何事情，即便是一件小事。

罗兰·贝格每天都要与很多人打交道，为了让自己细心一点，他会用录音机录下每件事情，让秘书整理后打印出来。同时，他还会在每一份备忘录上标明时间，到了这个时间，秘书就会把备忘录交给罗兰·贝格。因为这样细心地记录，他从没有忘记他曾关注过的每一件事情。

指引方向，为团队设立明确的目标

"并非是有了工作才有目标，相反，只有有了目标才能够确定每个人的工作……指导和控制团队成员行为的应该是绩效目标，而不是管理者。"不难理解，如果一个团队有了明确的目标，那么就相当于有了日常管理和行动的指南，每一个团队成员就会遵循着这一方向而努力。

一个人如果没有目标，就好比在茫茫大海中航行的船只没有灯塔，容易迷失方向以至于做无谓的转圈。一个团队也是如此。只有团队具有明确的前进目标，才能让团队成员齐心协力，一致向前看，才能调动每个成员的积极性，发挥其才干和潜能，将团队打造成一个高效、卓越的集体。

贞观年间，在长安城的一家磨坊里，共同效力的一头驴子和一匹马是好朋友。贞观三年，这匹马被玄奘大师选中，跟随大师前往西天取经。

时光荏苒，转眼十几年一晃而过，这匹马和玄奘大师胜利归来，驮着佛经的马回到长安的那一刻，心中无比骄傲。修整之后，它重到磨坊会见驴子。当马向驴子谈起自己这些年的经历，驴子就像听天书一样惊异不已，它不禁惊叹："你有多么丰富的见闻啊！那么遥远的道路，我连想都不敢想。"

马说："实际上，咱们俩走过的距离是大致相等的，这些年你也没闲着，我也没歇着，所不同的是，我和玄奘大师始终朝着一个目标前进，所以我们打开了一个广阔的世界。而你一直都在同一个地方，始终没有走出过这个狭隘的空间，眼睛也就看不到外面的世界。"

同样是不停歇地忙碌，然而却有着截然不同的结局。一个由于有清晰的目标而"闻名天下"，一个因为没有目标而"原地踏步"。可见，目标的作用何其重大。

不难理解，如果一个团队有了明确的目标，那么就相当于有了日常管理和行动的指南，每一个团队成员就会遵循着这一方向而努力。

这也正印证了著名管理大师彼得·德鲁克曾说过的这样一段话："并非是有了工作才有目标，相反，只有有了目标才能够确定每个人的工作……指导和控制团队成员行为的应该是绩效目标，而不是管理者。"

事实上，很多管理者都充分认识到了目标的重要性，但遗憾的是，在制定目标的时候却出现了不少失误。究其原因，多数是由于管理者本身没有真正理解目标是什么，导致在他们嘴中所表达出来的目标总是含糊不清，令下属无法理解。还有的管理者在设定团队目标时好高骛远，不切实际、偏离重心，等等。这样一来，目标就失去了其存在的价值，团队的绩效也将大打折扣。

王志峰在最初担任公司销售部门经理的时候就犯过这样的错误：为了迎合营销副总年度销售突破亿元的计划，王志峰为各个销售区域制订了在上年基础上翻了近乎一番的目标。目标公布出来之后，王志峰听到的是团队成员的大量反对意见，可他对此满不在乎，依然坚持自己的决定。

到了上半年工作总结时，王志峰发现自己犯下了一个严重的错误：他所设定的目标根本无法实现，一些资深销售人员由于无法完成销售任务受到打击，不时流露出颓废的神情，一些过激的销售人员则选择了离职。

此时，王志峰才意识到了问题的严重性，及时进行了调整，并与那些神情颓废的销售人员进行了深入的沟通。王志峰的改进措施收效很明显：三个月过后，全体销售人员的激情被重新点燃，销售状况随之好转起来。

可见，不切实际、好高骛远的目标不仅不会促使团队取得理想的绩效，反而会给团队的进步形成巨大阻力。

那么作为管理者，该如何设定目标呢？

1. 自始至终都要明确一点：目标不是自己个人的，而是整个团队的

不少管理者在设定团队目标的时候，往往只考虑其自身，而忽略了整个团队，或者是根据个人对团队的理解做出判断，然后据此制定目标。这样制定目标很可能存在两方面的问题：要么根本无法实现；要么很轻易地就可以实现。所以说，一个好的将帅型人才在制定团队目标时，首先需要对团队中的每一位成员进行深入了解，始终记得，目标不是自己一个人的，而是整个团队的。

2. 设定的目标必须要有关键点

这里所说的关键点，指的是实现目标必须达到的指标，或者说是检验目标是否实现的标准。举个例子来说，一个以销售快速消费品为主导的团队，制定目标的时候，就要考虑到生产、渠道、客户、促销等多个环节和因素，但绝不可能把每一个环节和因素都视为重点，也就是我们常说的不能眉毛胡子一把抓，最终只能从销售收入、利润率、单品销售额、市场占有率等几个核心因素展开。

3. 目标必须是具体的、可量化的

尽管有的部门的目标难以量化，但作为管理者还是应尽可能地使其目标得以具体和量化。只有这样，下属才能接收到来自自己内心深处的"我需要什么，我在乎什么"。这样下属自然不会推卸责任和搪塞。

4. 必须界定目标实现的时间

如果没有时间限制，那么设定目标就变得毫无意义了。也就是说，制定目标必须将时间这一重要因素考虑进去。事实上，目标是否可行，将由两个因素来决定，一个是团队本身的能力，另一个就是效率。而效率的根本则在于时间。不难发现，有些团队会为了追求目标而无限制地延迟时间，直到领先地位被对手占领了，自己才恍然大悟。这样，岂不得不偿失了吗？

总之，管理者若遵循上述几项法则，将使自己避免陷入错误的目标设定之中。当然，设定目标必须结合整个团队的实际现状，因此，能否设定合理的目标首先取决于管理者对自己团队的了解。

（四）担当：勇于负责，敢于承担

遇事就缩头，出了问题不是逃避就是将责任推给别人，是为将帅者的大忌。真正的将帅，都是敢于担当之人，而绝非一发生过错就会推给别人的人。所以，要想让自己的职场生涯一片光明，我们必须诚实地面对自己的责任，而不要学鸵鸟一样把头埋在沙子里。这样，我们才能将自己训练成一名真正受下属欣赏和爱戴的将帅，并且将我们的团队打造为一支真正的无敌团队。

责任心长存心间，敢于担当才会有作为

"大事难事看担当，逆境顺境看襟度"，坐上将帅的位置，就意味着一种责任，就要培养自己敢于担当、临危不惧的品质。一个合格的将帅型人才一定要敢于迎难而上，在困难时刻、突发事件、破解难题中挑起责任的担子，展示自己的胆略和魄力。

作为一个成功团队中的带头人，往往具备高人一等的素质：心智成熟、理想远大、善于沟通管理。但是，仅具备这些优秀的素养就称得上是成功的将帅了吗？也不尽然，其中最关键的当属管理者的责任心，并懂得如何将责任心化为实际行动，让下属感受到关心、让团队沟通顺畅、让企业迅速成长，源源不断地输出动力，实现团队的目标。

可以说，敢于承担责任，是领导身上一种宝贵的美德，也是成功将帅型人才必备的一项素质。

20世纪90年代末期，韩国的三星集团被"大企业大制造"的错误思想引领，并渐渐进入了困局。当时，韩国国内的汽车产业已经生产过剩，而三星集团的总裁李健熙却依然在汽车业务上进行了高达数亿美元的投资。

事实果不出人们所料，李健熙建立的三星汽车公司很快就债台高筑，无奈之下，在2000年被迫贱卖出售给雷诺汽车公司。因为这一错误决策，使三星集团遭受了巨大损失，而该决策的制定者李健熙也因此被投资者批评为一个"失败的管理者"。更有韩国舆论一针见血地批评说，三星汽车公司的建立"不仅是个盲目的决策，也是官僚主义管理体制的一次失败"。甚至有一些偏激的观察家指责李健熙担任三星集团的总裁后在若干年内"一事无成"。

在巨大的舆论压力面前，李健熙没有选择逃避，更没有选择争辩，而是勇敢地承担起了责任。为了承担几乎全部投资汽车领域失败的责任，李建勋一次性捐献出20亿韩元的个人财产。当外界闻悉这个公告，人们都惊呆了。投资者们在心里为李健熙竖

韩国的三星集团

起了大拇指，原来要等待裁员消息的员工们的眼中也饱含着泪花。《财富》杂志撰文称赞李健熙是"为错误的投资决策承担责任的 CEO"。

可以看出，这一敢于担当的做法，不仅没有使李健熙丢面子，反而赢得了投资者及下属的信任与爱戴。

以身作则，承担责任，这是身为一个合格将帅的最基本要求。带头人自身素质过硬，这本身就是一张王牌，往下属们面前一摆，不怒而自威，下属们自然就去效法。这样一来，带领好团队，也就成了水到渠成的事情了。

程松在一家机械厂任生产科科长，他一向个性温和，工作勤奋，和同事们相处得也十分融洽。

有一次，由于客户所要的货物，厂里无法尽快补足，造成产量和销量均不能达到预期的目标。为此，厂长非常生气，在主持生产科会议时，宣布要扣除所有生产科科员当月的奖金。

散会后，程松并没有向厂长解释生产延误的原因，而是诚恳地对厂长说："这一切都不关生产科其他同事的事，是我自己指挥不当才造成的，责任应该由我独自来承担，请扣我个人当月工资和全年奖金作为处罚。"厂长见程松这样说，就同意了他的要求。

本来因为扣奖金一事心情不爽的生产科员工们得知这一消息，表现出来的不仅仅是高兴，更多的则是对科长的感动之情。为此，他们主动加班，决心下个月超额完成生产目标。在所有生产科员工的辛勤努力之下，第二个月的产量果然超过了预期目标。这一次，厂长非常高兴，立即宣布加发奖金给生产部门。而作为科长的程松却表示，奖金都应该分给员工，自己分文不取，他对员工说："这些奖金是大家的辛劳所得，是属于大家的。'"

看得出，故事中的程松推功揽过，不但赢得了生产科同事的拥护和赞赏，同时也为工厂创造了佳绩。

作为一个领头人，同时也作为团队中的一员，当工作中出现了纰漏或者犯了错误，就该像程松一样坦然承认，勇敢地挑起责任的担子，而不应该装出一副若无其事的样子，更不能以各种借口逃避责任、推卸责任。因为这样不仅会给你自己的人格魅力抹黑，同时，你的不负责还会给团队的发展带来负面的影响。

张鹏在一家电子设备厂任设计部主管，他的下属不是从别的公司挖来的优秀设计师，就是从名牌大学毕业的高才生，按理说，拥有这样一批强兵悍将，张鹏的部门应该出类拔萃，备受老板青睐。但是，事实却恰恰相反，设计部成了老板最头痛的部门，为什么会这样呢？

原来，张鹏常缺乏责任心，部门出现问题的时候，他不仅不帮下属解决问题，而且总是第一个逃跑，让下属收拾烂摊子。有时，明明是他决策不对，影响部门的工作进度，但当老板怪罪下来时，他就将责任推得一干二净，让下属挨骂。久而久之，部门员工就都不买张鹏的账，工作松松散散，没事就请假，即便上班，也是闲聊或睡觉，没有人再踏实工作。

眼看着一大堆工作积压，老板心急如焚。经过调查，他发现问题出现在张鹏身上，深思熟虑后，他将张鹏降职，让在员工中颇有口碑、很有责任心的洪宇担任主管。两个月后，设计部的业绩突飞猛进，为公司创造了可观的利润，老板的脸上露出了久违的微笑。

俗话说"火车跑得快，全靠车头带"，一个团队中，领导就是"车头"，像张鹏这样缺乏责任心的领导又怎么能带领团队跑得快呢？受这种不良环境影响，即使出色的员工，其工作动力也会大打折扣，如此又何谈优良业绩？

一位著名的人力资源专家曾在自己的著作中写道："很多企业的管理者，可以说个个学历很高，能力较强，但缺乏对企业的责任心，给企业造成了巨大的损失。"上述故事中的张鹏就是如此，他缺乏责任心，遇事就逃避，耽误公司的工作进度，最终引起下属的怨恨，老板的不满，落得个降职的结局。而洪宇则用自己的责任心激发了下属的工作激情，赢得了老板的赞赏，前途一片光明。

作为将帅型人才，有责任心的一个重要表现就是：赢得起，也输得起。也就是说，取得了成绩不自满，不张扬；出了问题，不逃避，不推卸；有了失误，敢于承认，勇于承担。正如一家企业的董事长曾说过的："世上所有的优秀管理范例，可能都具备一个共同的，但通常又不太被提及、被关注和被重视的基本起点：管理者的责任心。这是所有优秀管理行为和结果的出发点，是最重要的源头，是成功的动因。管理者的心力，这里暂且称之为责任心，甚至可以被称之为人类文明的动力。"

当年，在营救驻伊朗的美国大使馆人质的作战计划失败后，时任美国总统的吉米·卡特马上在电视里发表声明："一切责任在我。"就因为这句话，卡特总统的支持率随即上升了10%以上。

美国田纳西银行前总经理·特里说过："承认错误是一个人最大的力量源泉。"意思就是，正视错误，我们就会得到错误以外的东西，卡特总统的例子就是一个很好的证明。

在职场中，一个有能力，有血性的将帅型人才，当遭遇困难局面时，绝不会绕开它，选择回避；即使面临事故的责任时，他们也不会敷衍塞责，将自己撇清。可以说，这样的管理者是下属的主心骨，是公司的中流砥柱。

"大事难事敢担当，逆境顺境看襟度"，坐上将帅的位置，就意味着一种责任，就要培养自己敢于担当、临危不惧的品质。一个合格的将帅型人才一定要敢于迎难而上，在困难时刻、突发事件、破解难题中挑起责任的担子，展示自己的胆略和魄力。这种对下属、对工作、对公司负责的态度也是很多老板非常看重的一个方面。

有这样一个笑话：在载满人的电梯里，老板忍不住放了个屁，大家纷纷捂鼻、皱眉，老板转头盯着身边的助理看，助理满脸无辜地解释道："老板，不是我……"没过几天，助理被辞退了。助理很迷惑，就跑去问老板为什么辞退他，老板不满地说道："'屁'大点事都担当不了，留你何用？"

虽然这只是一则幽默，但折射出的一些职场现象却是不容忽视的。老板之所以会器重有责任心有担当的管理者，原因就是工作方面的能力可以培养。所以在职场中，我们要勇挑重担，并成功完成任务，成为老板信赖的心腹员工。这样一来，想在职场"升升不息"就不是什么难事了。

敢于揽过，做下属的挡箭牌

一个人敢于揽过，敢于负责，这是顾全局，是一个人良好的个人修养和境界的体现。一个想成就一番大事的人，必须要在周围人的心中树立良好的形象，只有这样才能树立有力的权威，让别人从内心真正地服从你。因此，一个智慧的将帅型人才，在懂得施威之外，还必须巧妙地对下属施以仁爱，做到推功揽过，做下属的挡箭牌。

在职场中，犯错受罚当属正常。正是由于这个原因，使得很多员工在工作的时候有一种战战兢兢、如履薄冰的心理状态。

而如果他们周围有一个读懂下属心理的好领导，在他们办事不得力的时候能够站出来，替他们承担责任，做他们的挡箭牌，那么，他们自然会以更为踏实的心态、更出色的表现投入到工作中，而且还会对领导报之以感激、信任和敬佩，从而不辜负领导的一片良苦用心。

我们先来看一个历史上的相关案例：

在我国汉代，有一年一伙匈奴人来投降汉朝，当时执政的明帝甚为欢喜，就给尚书仆射钟离意下达命令，让他准备一些绢绸赏给前来的使者。钟离意奉命照办，将赏赐绢绸的数量拟定好之后，交给手下一个很得力的郎官去办理。

可是，那个郎官心里却开了小差，他想："既然人家有意降服于大汉，那我们应该多赏赐一点，那样方能显示我们大汉天子的仁爱之心。"想到这儿，郎官于是就擅自做主，多给了匈奴人一些绢绸。

随后，这件事传到了明帝耳朵里，明帝非但没有因此而夸赞这个郎官，反而大发雷霆，下令要对那个自作主张的郎官用酷刑。而此时，钟离意却想到，自己是这件事情的负责人，该承担责任的应该是自己，于是他匆匆觐见皇上，叩头请罪说："人人都难免犯错。这件事本该由我负责，郎官的任务是我委派的，现在出了问题，论罪过也该由我一人承担。郎官做事我一向信得过，他尽职尽责，对国家更是忠心不二，这次犯错也是出于一片好心，想让匈奴感受到大汉天子对他们的仁爱之心。虽然有不当之处，还请皇上从轻发落。请皇上明断！"说完，钟离意就脱下了衣服准备接受惩罚。

见此情景，明帝深为感叹：钟离意这般勇敢，对自己手下人爱护有加，实乃好头领啊！想到此，明帝心中怨气消了大半。不仅宽恕了钟离意，也饶恕了那位郎官。那位擅作主张的郎官在受到钟离意如此的袒护后，以后做事加倍小心，再没出过纰漏。

如若领导能为部下揽过，显然是为部下撑起了"保护伞"。管理者在必要的时候的确需要这样做，这样一来，下属一定会感恩戴德，全心全意效忠于领导。

此外，领导能够主动揽过，还将有助于同下属之间形成相互信任、相互关心、相互谅解、相互支持、配合默契的心理环境，从而给下属以信心、鼓励和宽慰，使其放下思想包袱，敢于放开手脚开展工作，与自己进退一致，为团队的发展建设形成良好的氛围。

当然，有时候难免会有冷枪榴弹，正所谓"明枪易躲，暗箭难防。"很多时候，下属用心工作，却遭小人攻击；下属表现得出色，却引来旁人的嫉妒；下属办事时触动了某些人的利益得罪了别人，遭别人伺机报复……这些情况常常能让一个原本干劲十足、能力出色的下属难以忍受，以至于对人、对事、对团队、对自己失去信心。

而英明的领导这时就要拔刀相助，为下属撑腰，铲除下属前进路上的障碍，给下属一个宽松的工作环境。

李健在一家企业担任秘书，由于他精明干练，勤恳卖力，不但在所在企业上上下下打点周到，就连其他一些关系单位也在李健的活动下与他们企业交往甚密。

总经理看在眼里，喜在心上，李健是不可多得之才，自己得好好犒劳犒劳他。不到两年的时间，领导几次破格提拔李健，就这样，李健在公司里大红大紫起来。

然而，好景不长，公司里开始传出不利于李健的各种谣言，有人说他是总经理的亲戚，也有人说他利用公司为自己拉关系，还有人抱怨给他升职加薪不公。

俗话说，天下没有不透风的墙。李健本人也听到了这些谣言，他担心谣言再起，就偃旗息鼓，尽量少出风头，士气也自然有所下降，工作效率也大不如前了。

谣言同样也传到了总经理的耳朵里，于是他明察暗访，得知有人从中作梗，便找出了刺头，在大会上严厉批评，并为李健平反，立下"再有无故生事者，立即解雇"的规定。

这样一来，李健又开始回到从前的状态，公司也又有了活力。而公司中其他像李健这样努力工作的人，看到领导能够为下属做主，心里也都有了底，做起事来也更加安心了。

如果领导不敢站出来为下属撑腰，那么必将失去下属的信任，更不利于团队的建设和发展。上面案例中的这位总经理显然是英明之人，在下属遭遇困境时，他能够站出来为下属撑腰，扫除其工作中的障碍，想不赢得人心恐怕都难了。相反，那些愚笨的领导在这种时候，可能会不闻不问，或者干脆推个干净，让下属自己的事自己去解决。若遇到这样的领导，想必是每个下属的悲哀了吧。

古语说："责人重而责己轻，弗与同谋共事；功归人而过归己，尽堪救患扶灾。"在错综复杂的社会中，谁也不能保证永远不会发生失误。将帅们要以身作则，做好表率，对工作推功揽过，勇于负责，对下属失误容忍宽待。

当然，我们所提倡的将帅推功揽过，并不是号召大家要一味选择迁就和照顾下属。而是要在坚持原则的前提下，本着有利于团队建设，有利于调动下属积极性和创造性的原则，对下属的付出给予尊重，为下属开展工作创造优良环境，激发他们更大更强的工作动力。只有内部搞好团结、上下齐心，才能够攻坚克难，为团队建设带来生机与活力。

做下属的主心骨，不做上传下达的"传声筒"

在管理工作中，一些管理者很容易犯的一个管理错误就是将自己当作管理中的"传声筒"。上头刚一做个决定，他便对下属发号施令，自己没有任何思想和领会，这样的管理者从严格意义上讲，是不称职的。

职场中，往往有这样一种管理者：接到任务后，他们不加分析，不予建议，不给指导，直接原封不动地转手给下级，下级完成后，他再转手交给上级。这样的管理者被称之为"传声筒"。

一位下属曾抱怨道："有些部门坐着的领导多了，站着做事的员工少了，喊号子的一大群，做事的却找不到几个人，那些管理者成了名副其实的'传声筒'。好点的'传声筒'传达得快些，传得准一点，不延迟，不走调。糟糕的是，有些传声筒是很差劲的，要么延迟，老板今天发出的声音，他很多天后才传下去；要么走调，老板发出的是一，他传下去的是二；要么干脆不传声，我们不再追问，他就永无下文！真是让人没法工作！"

虽然上传下达是管理者的一项职能，但是，管理者绝不是简单的"传声筒"。当接到老板布置的一项任务或指令，最容易最简单做的事就是将这个任务或要求一字不变地传达给下属，当所布置的任务或指令不能按时按要求完成时，管理者就开始责备下属或将责任推给下属。这样的做法固然会让自己肩上的担子轻一些，但久而久之，必将导致管理者与下属之间的矛盾和冲突越来越大，越来越严重，最终一发不可收拾。

康庆是一家食品公司的业务主管，手下有十几个员工。康庆工作努力，对下属很亲和，总是不时地给下属一些关怀和照顾。按理说，这样的主管应该很受大家喜欢。但事实不是如此，很多下属都在背地里抱怨他。这是为什么呢？

原来，康庆有一个最大的缺点：他对自己的直属领导言听计从，领导安排什么，他就马上对下属照本宣科。如果下属提出异议，他就马上说："王总说了，就照这样执行。你照吩咐做了，出了差错领导不会怪你，你如果不这样做，出了问题你得自己担着。"下属一听，觉得他说得有道理，就开始认真执行。但时间一长，下属有了不明白的地方，也不再问他，而是越过他直接请示王总，因为大家知道跟他说了也没有用，还得去请示王总。

最近一段时间，康庆还遇到了更加心烦的事情：他手下的几个下属竟然敢直接顶撞他，公然不听从他的指挥，他原来就想将这几个刺头辞退，但碍于情面，就一直没有这样做，没想到他们愈演愈烈，居然开始"造反"。不仅如此，在这几个"刺头"

的煽动下，他被冠以"无能主管"的称号，并在公司渐渐传播开来，其他原本听话的下属也不拿他当回事了。康庆非常郁闷，不知自己到底错在哪里。

一个团队管理者最失败之处莫过于做"传声筒"，上头刚一做个决定，他便对下属发号施令，自己没有任何思想和领会，这样的管理者往往会得到和康庆一样的结局：被下属看不起，而下属"造反"，不听从他的指挥也是必然的事情。

其实，不仅下属讨厌"传声筒"，领导也不喜欢只会上传下达的机械下属。一位职场专家指出："你对上级领导越是唯唯诺诺、言听计从，领导就越是对你不敢撒手；而相反的是，你对一件事情的处理越有主见，领导就越敢对你放权让你独当一面而自己不再插手，因为高明的领导培养下属，永远是想让下属给自己分担大量的事务和工作的，而不是还要事必躬亲。"

作为团队带头人，在管理工作中，不要将自己当成"传声筒"，做低效的管理者，这样就会上不受领导待见，下不招员工喜欢。接到上级所布置的工作或指令，不要急着向下属传达，要仔细考虑一下："我怎样能把这项任务往下传达得更好，让员工更容易理解。"然后根据任务的性质，结合本部门的实际情况，特别是下属的理解能力和工作水平，采取有效的、乐于被下属接受的传达方式布置任务。这样，下属就会欣然接受任务，并高效执行。时间一长，下属就会觉得自己的部门领导是一个有主见、有想法的领导，自动地将其当成主心骨，愿意听从其调遣。

（五）沉稳：胸有惊雷，面似平湖

"心有惊雷而面如平湖"，这是我国古语中对成功的管理者所做的概括。作为一个成功的将帅，决不能让人随随便便就看到自己情绪的变化，否则，不光自己容易乱了阵脚，下属们也跟着慌了神，无异于为对手提供了进攻机会。所以，不管遇到什么问题，一个成功的将帅型人才，都要具有处变不惊的沉稳，才能看透时局，赢得胜利。

情绪的控制是关键中的关键

情绪的控制是一种很强大的力量，它能帮我们搬开心理上的绊脚石，也能让我们对人对事做出最理性的选择。要想成为一个有魅力的将帅型人才，就应该学会有效地自我控制，避免怒气冲冲，而应保持心平气和，将一切不良情绪掐灭在襁褓中，把激情放在更有建设性的事情上。

现代职场中，不管是领导也好，职员也罢，似乎都会出现情绪失控的时候。每当面临这种局面，要么鱼死，要么网破，最终对于事物向积极方面的推进毫无用处，反倒因此而给工作的进展拖了后腿。

所以说，遇到事情只有处变不惊，沉着应对，才能有利于问题的解决，也只有这样的人，才有资格成为众人爱戴的领导，也只有这样的人，才能取得常人所无法取得的成就。

我们来看一个日本"推销大王"原一平的故事：

当初原一平刚进入保险公司做保险推销员时，公司派他去一家大型汽车公司推销企业保险。此前，原一平就听说了那家公司一直以不参加企业保险为原则，不管是哪家保险公司，也无论是哪个保险推销员，都无法说服公司总务部部长。

但是，领此任务，原一平还是打算试一试，而且他横下一条心：不管遇到多大困难，自己都要想办法把客户"拿下"。接下来自然是拜访这位"刀枪不入"的总务部部长，一连两个月，原一平始终没有间断过。功夫不负有心人，终于，总务部部长被原一平的这种精神打动了，决定见他一面，但部长提出要求，得看一下原一平的销售方案。原一平欣然同意，但让他没想到的是，这位部长只看了一半，就对原一平说："这种方案，绝对不行！"

虽然感到有点失望，但原一平并没有泄气，他回去后对方案进行了一番修改。第二天，他又去拜访总务部部长。可是，这位部长却冷淡地说："不管你的方案制订多少份，修改多少回，都不会产生任何作用的，因为我们公司有不参加保险的原则。"

这时候，原一平只觉得胸口的气向上冲，昨天的方案不行，自己熬夜重新制订方案，可现在又说拿多少来都没用，这不是在戏弄人吗？不过，原一平还是努力克制着，不让部长察觉到自己的情绪。他转而一想，自己的目的是卖保险，对方对此应该是有所需求的，自己的保险对其有百利而无一害，这单生意完全有可能成交。这样想来，原一平便冷静了下来，跟部长说了声"再见"就告辞了。此后，原一平依然坚持游说这位部长，一天又一天，一次又一次——终于，凭着超强的忍耐力，原一平将保险卖给了这家汽车公司。

情绪的自我控制，其实是潜藏在每个人内心深处的一种与生俱来的能力，它能过滤掉外界消极的信息。人一旦失去这种自我控制能力，就会被洪水猛兽一般的消极情绪给肆意吞噬。古今中外，成大事者无不具有高度的自制力。古语云："天将降大任于斯人也，必先苦其心智，劳其筋骨。"不管是苦心智，还是劳筋骨，都需要自制力来助一臂之力。

历史上有名的汉将韩信，虽然年轻时家境窘迫，但他不会插科打诨，也不善投机取巧。整日只顾一门心思地研习兵法，最后只落得个连饭也吃不饱的地步。迫不得已下，他只好背起家传宝剑，沿街乞讨。

有一天，韩信正在乞讨的时候，一个财大气粗的屠夫看见了韩信穷酸书生样，非常瞧不起，便当众冷嘲热讽道："你长得虽然人高马大，又喜欢佩刀携剑，但不过是个懦夫罢了。你若是够胆，就举起剑捅死我；你若是没胆，就从我裤裆下钻过去。"说罢，张开双腿，做出架势。

韩信一声不吭地打量了屠夫一会，随即弯腰蹲下，竟然真的从屠夫的胯下钻了过去。街上的围观者顿时哄堂大笑，一致认为韩信是彻头彻尾的胆小鬼。

就这样，韩信不置一言，闭门苦学。几年后，各地爆发了反抗秦王朝暴政的大起义。韩信闻风而起，执剑从军，成了一代战神，为后人所称颂。

古人说："忍人之所不能忍，方能为人所不能为。"自我控制能力强，才能成就大事。韩信正是因为受胯下之辱而忍之，从而完成了丰功伟业。如果当初韩信为泄一时之气，一剑杀了狂妄的屠夫，就等同于拿自己盖世将才之命去抵无知劣徒之身。如果当初韩信为贪一时之快，而上前斗殴厮打，就等同于舍鸿鹄之志而与燕雀较真。韩信深知此理，宁愿受辱，避免麻烦，也不为争一时长短而罔顾自己的远大前程。用隐忍代替怨气，以理性克制冲动。可见，韩信是一个非常有自制力的人。

心理学家曾对16万名身陷囹圄的成年犯人做过一项数据调查，最后结果显示：那些罪犯之所以锒铛入狱，有90%是因为缺乏一定的自制力。因为不善于自制，他们无法把有限的精力和时间花在积极有益的方面，他们甚至还给自己和他人的生活造成可怕的破坏。

可见，情绪的自制力是一种很强大的力量。它能帮我们搬开情绪上的绊脚石，也能让我们对人对事做出最理性的选择。一旦学会自制，我们便可能获得意想不到的结果。

所以，在工作中，我们千万不要让自己的情绪造成不利的影响，这不是明智之举。我们应该学会有效地自我控制，避免怒气冲冲，保持心平气和，将一切不良情绪掐灭在襁褓中，把激情放在更有建设性的事情上。这样，才会帮我们向将帅型人才迈进奠定基础。

那么，我们应该如何有效自制，并增强自身的情绪控制能力呢？

1. 明辨是非，始终清楚什么是对的，什么是错的

用理性的头脑、清晰的思路来判定事物，始终清楚什么是正确的，什么是错误的。比如，面对同事善意地指出自己工作中的失误，我们不要认为这是故意挑刺，而应该

认识到这是为自己提供了帮助，使自己避免了错误的发生。所以说，只有在心里摆正方向，分清孰是孰非，才能控制住不做令自己后悔的事。

2. 把意志力磨砺得更锋利

若没有顽强的意志力来做有力的后盾，自制力只是空谈。或许，在你心中有自制的意识，但行为却与意识相悖。这时，你需要一些意志力，来推波助澜一下。所以，意志需经常磨砺，否则，意识将无法变为行动。

3. 多把注意力放在细节上

很多时候，细节决定成败。所以，凡事要从小事做起，在细节上多加注意，加强自律。自古以来，成功之人往往注重小节，他们明白："千里之堤，溃于蚁穴。"

4. 经常进行自我反省

所谓"君子博学而日参省乎己，则知明而行无过矣。"只有经常自我反省，对自己严格要求，才会取得进步，才会得到经验值，才会避免犯错。

请记住，自制力是一种帮助人成功的力量，就如美国人格心理学家沃尔特·米歇尔所说："自制力不能操控世界，但却可以改变我们对待世界的方式。"

为将帅者必备良好的心理素质

心理素质过硬，才能赢得领导的信任。很多情况下，企业都需要这种具备良好心理素质，能够把控全局的人。换句话说，一个心理素质超强的将帅，才不容易受外界的因素干扰，才能更好地掌控全局。员工们跟着这样的领导才放心，老板们委任于这样的干将也才踏实。

为将帅者，要想运筹帷幄，就要处乱不惊。换句话说，一个心理素质超强的将帅，才不容易受外界的因素干扰，才能更好地掌控全局。员工们跟着这样的领导才放心，老板们委任于这样的干将也才踏实。

遥想三国时，华雄在帐外耀武扬威，满营将士皆鸦雀无声。唯有关云长，以一介马弓手的身份，大喝一声："吾愿往！"真可谓豪情万丈！由此便有了"温酒斩华雄"的著名典故，而曹操自此也深深地赏识和信任关云长，不惜一切代价要把他收为己用。

我们再来看一下现代职场中的案例：

一家大型酒店准备创办自己的千兆网站，由于建立千兆网需要克服很多技术上的困难，而具体到网站的设置方面，又牵涉到一些商业问题。当时，负责该项工作的李兵副处长一脸疑问，哪里有这种既懂计算机技术，又懂销售的人呢？

凭借自己积累的人脉，李兵副处长"挖"到了几个人，但他们在听完这一任务后，都感到任务艰巨，以心有余而力不足婉言推辞了。无奈，这项计划只好搁置下来。

过了两天，技术部科长张元峰找到副处长，他说，看到领导为此一筹莫展，自己想毛遂自荐，试一试。张元峰大学学的是计算机专业，一直在酒店负责网络方面的工作，但他对于商业销售并不在行。抱着试一试的态度，向副处长自告奋勇。

李兵决定让他试一试，反正一时半会也没找到合适的人，大不了做不成，也不会给酒店带来什么损失。就这样，张元峰就接手此事了。

之后，他一边向商场专业人员请教，积极地学习商业、销售知识；一边着手解决技术问题，项目推进得虽然不是很快，但却在稳步前进。李兵副处长对他的信任也在不断增加，并且不断放手给他更大的权力。最后，他终于胜利完成了任务。没过多久，张元峰便被升为网络部经理，因为领导和同事们都觉得他是个敢于承担责任，有着良好心理素质的人。

从上面案例可以看出，心理素质过硬，才能赢得领导的信任。很多情况下，企业都需要这种具备良好心理素质心理素质过关，能够把控全局的人。

不过，一个人超强的心理素质并不是天生就有的，要经过长期的训练才能形成，它不以主观意志为转移，而更多地取决于客观方面。所以要想成为一名受领导器重，得下属爱戴的将帅，应该努力在工作中学习，加强以下四个方面心理素质的培养：

1. 保持乐观而稳定的情绪

为将帅者具备乐观而稳定的情绪，不仅有助于自己的心理健康和提高工作效率，而且能感染下属，稳定下属的情绪与激励下属的士气；如果为将帅者情绪经常不稳定，忽高忽低，将严重地影响实际工作水平，降低下属的士气。

2. 具备坚强的意志力

任何一个团队最重要的任务都是实现相应的工作目标。我们知道，很多时候目标的实现总是和克服困难密切联系着的。只有将帅带领着团队成员将困难克服，工作才会有所前进。因此，坚强的意志，是优秀将帅的一个重要的非智力因素方面的心理素质。

3. 拥有宽容大度的胸怀和气魄

宽容是一种对别人关怀、爱护和体谅的高尚品质。具有宽容品质的管理者，在处理人与人之间的关系时，善于和别人进行"心理位置交换"，也就是站在他人的角度看问题，能够设身处地地想他人所想。这样的管理者能够给下属形成良好的心理影响，让下属感受到亲切、温暖、友好，获得心理上的安全感。同理，一个将帅只有具备宽容精神，才能调动一切可以调动的积极因素，才能团结一切成员，为实现工作目标而奋斗。

4. 具备谦逊与谨慎的良好品质

人们都不喜欢那种高傲的、不拘小节的人。作为一名统领团队的将帅，要想得到别人的尊敬和爱戴，同样需要注意这一点，尽量让自己展现出谦逊、谨慎的作风。因为只有领导正确地认识自己，知道自己的强项，也知道自己的弱点，这样才能扬长避短。所以，为将帅者做到力戒骄傲自满、言过其实，也不会畏首畏尾、自卑盲从。这样，才能使下属心服口服外加佩服，工作自然也就能够顺利开展。

在此，为了让读者朋友更系统地了解将帅型人才应具备的良好心理素质，我们特别指出几点具体的方法，希望大家从这些方面着手，力求实现上述几个"关键点"：

1. 让不良脾气如雨而至，如风而走

有些人天生脾气大，情绪来了，就跟倾盆大雨一样倾泻如注，不管遇到什么事，也不管事情是大是小，都喜欢用大发脾气的方式来压制别人。在他们看来，这种大发脾气可以在下属中间形成一种震慑力。其实，这种想法大错特错，领导的脾气发得越多，员工就越会见怪不怪，发脾气本身的效用也就荡然无存，甚至还有些聪明的员工对此形成一种自我保护的方法，上有政策，下有对策。

既然如此，身为将帅，不妨学会克制自己的情绪，尽量不要失控，更不要故意发脾气。如果真的火气上来了，不妨先停顿一小会，然后再解决问题，这样不良情绪自然会随风消散掉一部分。

2. 坚决不让自己戴上"专权独裁"的帽子

有的人一旦登上领导的位子，就摆出一副"家长"的架子，把下属管得严严实实，喜欢看到属对自己唯唯诺诺。实际上，如果一个领导在具体事情上对员工干预过多，甚至干涉下属的私事，将是非常不讨人喜欢的做法。久而久之，下属会对领导采取抵制、敌视的态度。

明智的做法应该是：给他们一定的自由空间，而不是试图将他们套装自己划定的小圈子里。在分派给下属任务时，也应该多强调目的和结果，而具体完成任务的方法和手段，则尽量让下属自己去决定。

3. 承认自己不是圣贤，犯错也在所难免

孔圣人说，人非圣贤，孰能无过。作为管理者同样难免犯错，但如果对错误故意掩盖，则势必欲盖弥彰，影响到自己的形象和权威。聪敏的领导会勇敢地将错误承担下来，或者公开道歉。这样做不见得就是一件坏事。前面章节中有类似案例，大家可以参考一下。

需要明确的是，勇于认错、改错并不表示会将"污点"放大，相反，适当的认错有可能会把污点变为亮点，正所谓"小过不掩大德"，就是这个道理。认错并改正错误，这实际上是展现了管理者本人的高尚德操，也在无形中为下属树立了榜样。何乐不为呢？

临危不乱，遇到危机从容应对

任何一个团队、一个企业的发展，有时候就像人的一生，不可能一帆风顺，总会遇到各种各样的难题和危机。当企业或者团队面对突如其来的危机时，下属慌了手脚，管理者却不能乱了分寸。身为将帅，一定要有临危不乱、从容应变的魄力，这不仅是一种能力，更是一种智慧。

《三国演义》中有一段"空城计"，展现了诸葛亮精彩的计谋，历来为人们津津乐道。马谡失街亭，司马懿率领兵士乘胜追击，直逼西城。而此时的诸葛亮没有迎敌之兵，但是他却摆出了一副镇定自若的神态，大开城门，自己坐在楼上弹琴。正是他的这一举动，使敌军误以为诸葛亮早已准备就绪，于是赶紧撤退。

不得不说，在大敌当前、寡不敌众之时，诸葛亮所表现出来的临危不乱，着实让人钦佩。

还有一个历史故事，同样展现了为将帅者临危不乱的气魄。我们一起来看一下。

楚汉争霸之时，项羽和刘邦对峙于广武，项羽吩咐暗处埋伏的弓弩手朝刘邦放冷箭，一支利箭正中刘邦胸口。刘邦险些从马上摔下来，左右将领大惊失色。就在中箭的那一刻，刘邦眉头一皱，心想："要是部下知道我伤势严重，必然会乱了方寸。万一项羽趁火打劫，后果就不堪设想了。"于是，他弯下腰来，不去摸胸部的箭伤，而是摸着脚大声骂道："臭蛮子，你的技术不行，只射中了我的脚趾头！"将领们见刘邦只是受了一点轻伤，都松了一口气。

回到军营之后，刘邦在几个心腹重臣的照料下包扎了伤口，又穿上了厚重的盔甲，用木棍子支撑着骑到马上，到各营寨巡视了一番。这样一来，下面的将士们都确信刘邦伤势不重，所以没有发生骚乱。消息传到了项羽那边，项羽只好放弃了乘胜攻打汉城的计划。刘邦则赢得了养伤的时间，日后再择机较量。

可见，刘邦赢在了临危不乱。他将事态的严重性紧紧控制在了极小的范围内，让大部队相信事情是朝着好的方向发展的。这样一来，军心就会稳定，士兵们也就能继续保持高昂的战斗气势。

在企业或者一个团队中，都需要这种临危不乱的将帅。只有这样，在危机来临时，才能沉着冷静，从容应对。

不可否认，每个企业在发展过程中，都难免会遭遇或大或小的危机。在这种时候，有的管理者如临大敌，如临深渊，强敌未到，自己先乱了阵脚。在这样的领导带领下的团队，又怎么能战胜困难，克敌制胜呢？

真正的将帅应该如前所述，临危不乱，从容应对。具体来讲，可以采取下面几个方法：

1. 出奇制胜之道

我国古代著名兵书《孙子兵法》里说："凡战者，以正合，以奇胜。故善出奇者，无穷如天地，不竭如江河，奇正之变不可胜究也。"其实，商场如战场，出奇制胜在商界同样适用。

要知道，危机并不等于危险，也不见得全是坏事，在危机面前如果处理得好，危难还可以转化为企业发展的契机。

在前两年金融危机爆发的时候，著名服装品牌"梦特娇"力求在危机中寻突破。金融危机既成事实，这种客观因素所造成的风险，企业是无法控制的，那么就要学会在危机中寻找突破口，这就是"梦特娇"面对危机的新主张。于是，"梦特娇"开始转变市场经营策略，由成熟男性品牌形象转向年轻运动系列，寻找新的消费市场，为企业找到了新的商机。

由此看来，当企业处于危机中时，要善于发现危机中的商机，明确市场定位，善于利用、引导当前形势就会赢得商机，以"奇"制胜，使企业在危机中求得生存和发展的空间。

2. 调整战略之法

在面临危机的时候，很多企业由于害怕受到更大的冲击，对于是否继续扩大业务范围犹犹豫豫。但是，有的企业却在同样的背景下大胆捕捉机会，寻求突破。比如，国内颇有影响力的红豆集团，在几年前的金融危机时大胆决定"走出去"扩展海外业务，并联合其他中国企业在柬埔寨设立经济特区。柬埔寨的资源，令很多跨国公司都眼红心热，所以，红豆集团在柬埔寨的发展具有相当大的潜力。

3. 查漏补缺之思

当危机出现，为将帅者除了要带领团队及时处理当前的危机事件之外，还要对自己的团队进行查漏补缺，提高整体的应变能力。

如果说遭遇危机给企业，给团队带来的损失巨大的话，那么如果不在这种损失中吸取教训，引以为鉴，将来再在同一个地方跌倒，损失就是无法估量的了。所以，这个时候，为将帅者要做的就是查找原因，进行查漏补缺，做好预防工作。冬天总会不期而至，准备好过冬的棉衣总比没准备要好，所以说，不管是企业领导还是员工个人，都要有危机意识，并时刻做好应对危机的准备，因为预防是对付危机的最好办法。

诚然，任何一个团队、一个企业的发展，有时候就像人的一生，不可能一帆风顺，总会遇到各种各样的难题和危机。当企业后者团队面对突如其来的危机时，下属慌了手脚，管理者却不能乱了分寸。身为将帅，一定要有临危不乱、从容应变的魄力，这不仅是一种能力，更是一种智慧。

非常时期，为将帅者定得应对诸多可测或者不可测的变数，这就要求为将帅者要做到招招到位。但不管是出奇制胜、调整战略，还是查漏补缺，前提都需要将帅们临危不乱。只有这样，才能看清危机的实质，才能够理清思路，明确定位，找准策略，从容应变。

（六）果决：机不可失，当断不乱

很多时候，时机一晃而过，如果不马上抓住，便轻易地失去了，对于个人和团队来讲都是损失。所以说，果断是一个将帅、一个团队成功的必备要素。真正优秀的将帅型人才，往往能够在机遇到来的时候，果断抓住，于是他们以及他们所带领的团队获得了成功。

抓住时机，一蹴而就

果断是成功的必备要素。我们所处的工作环境，事情纷繁复杂，会遇到来自方方面面的干扰，这就需要具备当机立断的魄力。只有在合适的时机做正确的决定，才能获得巨大的成功。为将帅者，更应该具备这一素质，在带领团队奋力前进的过程中，要审时度势，选择最佳时机，从而获得最大收益。

常常有人抱怨命运的不公，因为他看到自己周围有的人成功了，而自己却还在原点。其实，任何人的命运都不是从一开始就注定的，只是在之后更长的时日里，人们对待它的方式不同而导致了不同的结果。成功和失败都揭示了一条亘古不变的法则，就是命运是由自己创造的。对这句话，我们可以理解为，在同样的事情和机遇面前，有的人善于把握，从而能成大事，而有的人优柔寡断，也就丧失了机遇，这样的人，又何谈成功呢？

可以说，果断是成功的必备要素。我们所处的工作环境，事情纷繁复杂，会遇到来自方方面面的干扰，这就需要具备当机立断的魄力。真正优秀的将帅，往往能够选择合适的时间、地点，做最合适的事情，于是他们获得了成功。

世界首富、微软公司的创立者比尔·盖茨是当之无愧的把握时机的高手。

在哈佛大学刚读完大一的那个暑假，盖茨来到了哈尼维尔公司工作。此间，盖茨和他的好朋友艾伦就注意到电脑市场正在发生一场显著的变化。

这两个聪明的年轻人发现，电脑正在朝微型化、个人化发展，应该过不了多久，电脑就会有进入千家万户的趋势，放在桌子上，成为很多人都可以操作的一部常用机器。可是由于盖茨的父母不同意儿子这么早就搞科研，盖茨不得不放弃马上退学的打算，继续留在学校学习，而艾伦仍留在哈尼维尔公司。

后来有一天，艾伦从杂志上看到新微电脑装备——MITS 阿尔它（Altair）8080 号"牛郎星8080"的照片，文字介绍说这是世界上第一台微型计算机，可与商用型号相匹敌。MITS 是新墨西哥州的一家公司，创始人是艾德·罗伯茨。

看到这个消息，艾伦非常激动，他马上买了一本杂志，找到盖茨，并努力说服盖茨一起给这台机器开发一种程序语言。听后，盖茨也很清楚，这必将是电脑界的一次革命，它将改变这个世界。

怀着同样激动的心情，盖茨决定和艾伦一起向目标进发。于是，这两个对计算机充满着狂热兴趣的年轻人，开始在哈佛大学的计算机中心，使用那里的设备，废寝忘食地干了近两个月的时间，终于把一种简单的编程语言——BASIC 的最初版本凑在一起。

之后，盖茨和艾伦共同创立了软件公司——微软，这是他们计划已久的事业。随之，他们开始在新墨西哥州的坎布里奇营业。

到这个时候，盖茨再次说服父母要求退学，可是父母依然反对，他的母亲还专门请来当地一位靠自己白手起家的千万富翁给盖茨做工作。这一次，盖茨不想再屈从父母的意思了，他振振有词地辩解说，个人电脑时代已经到来，这正是他大展宏图的好机会。

在听完这个热血青年一番激动而又绘声绘色地对未来蓝图的描绘后，这位千万富翁被打动了。他心里开始相信，这将是个有一番作为的青年。他由衷地说："任何一个对电子学略有所知的人，都应该明白这确实存在，并且新纪元确已开始。"听了这话，盖茨更是下定决心。这下，反过来该是千万富翁说服盖茨的父母了。最终，盖茨的父母表示同意儿子的选择。

于是，盖茨向哈佛大学请假，到新墨西哥州与艾伦会合。一个多月后，微软与罗伯茨签署了协议，协议内容写道：允许 MITS 在全球范围内使用和转让 BASIC 语言及源代码，包括第三方。此后，在盖茨的带领下，微软公司向着一个又一个目标开进，最终成了 IT 界独领风骚的企业，而盖茨本人，也成了世界首富。

印度《五卷书》有这么一句话："最难的是自知，知道自己什么能做，什么不能做；谁要是有这样的自知之明，就绝对不会陷入困境。"比尔·盖茨正是凭借自己超人的禀赋，与电脑结下了不解之缘，并把握住时机，一鸣惊人，一举成功。

所以，时机的选择就是要求我们能够在正确的时间当机立断。说到这儿，我们来看一个寓言故事：

一个懒人靠在路边的一块大石头上，眯缝着眼睛，享受着阳光的沐浴。

正在这时，从远处走来一个怪物，它浑身散发着七彩光芒，身上的七八条腿，走起路来速度很快。

怪物看到懒人，便问："喂！你在做什么？"

懒人回答："我在这儿等待时机。"

"等待时机？那你知道时机长什么样子吗？"怪物问道。

"我不知道，可是，我听说过时机是个神奇无比的东西，只要它来到你身边，你就可以交好运，可以当官，发财，或者娶个美丽的媳妇……反正，时机无所不能，棒极了。"

"可是，你连时机长什么样都不知道，还怎么等它呢？你不妨跟我走吧，让我带着你去做几件比这个有意义的事情。"怪物说着就要来拉他。

"我才不跟你去呢，休想欺骗我，你还是该干吗干吗去吧，我要继续等待时机的到来。"懒人不耐烦地撵那怪物。

怪物摇摇头，叹息着离开了。

这时，一位银发苍苍的老者来到懒汉面前问道："你怎么不抓住它呢？"

懒汉不屑一顾地回道："我抓它干吗啊，它算什么东西？"

"它就是时机呀！"老汉说道。

"啊！它就是时机？！可是我已经把它撵走了！"懒人后悔不迭，急忙站起身呼喊时机，希望它能返回来。

"别喊了，喊也没用的。"银发老人说，"我来告诉你时机身上的秘密吧。它是个无法捉摸的家伙，当你专心等待它的到来时，它可能迟迟不来；倘若你不留心时，它可能一下子来到你面前；见不到它的时候，你会时时刻刻想着它；见到它的时候，你又无法辨认它。如果在它经过时，你没有牢牢将它抓住，那么它将永远不会回头，你也就永远错过了它。"

懒人一听，心想，这可完了，他懊丧地对老者说："这可怎么办呀，我这一辈子不就失去时机了吗？"

"也不见得呀，"老人继续说，"我再来告诉你一个关于时机的秘密。实际上，属于你的时机不止这一个。"

"不止一个？"懒人惊奇地问。

"是的。这个时机失去了，还会有下一个。不过，时机很难是自然走来的，而是需要人来创造的。"

"你说什么？时机还可以创造？"

"没错。你刚刚错过的那个时机，就是我为你创造的一个，可惜你把它放跑了。"

"噢，如果是这样，那简直太好了，那么，请您再为我创造一些时机吧！"懒人说。

"这次不能给你创造了。以后的时机，只有靠你自己创造了。"

"可是我自己不会创造时机呀。"懒人为难地说。

"那么，请你现在就听我的。先站起来，不要等待，而是放开脚步朝前走，遇到你能做的有意义的事，就马上去做。这样，你就已经学会了创造时机。"

懒人听完老者的话，似有所悟，马上站起来向前方走去。

这个故事旨在告诫人们，时机来到身边时，一定要及时抓住，同时更要不放过每一次做有意义的事情的机会，这样才能有更多的机会抓住时机，使自己的人生更加美好。

其实，为将帅者，更应该具备这一素质。在某种意义上，时机就是一种巨大的财富。在投资或推出新产品时，要审时度势，选择最佳时机，从而获得最大收益。

最后，有必要提醒的是，在追求事业前进的道路上，不必太过追求完美，否则很可能会因为对于细枝末节的高标准严要求，导致时机白白流失。在我们周遭，常常会发现这样一些人，他们虽然才智过人，而且也非常勤奋，但是很少看见他们有出色的成绩。其中，有很大一部分原因就是他们有完美主义倾向。

不管身为领导还是员工，如果遇到事情总会考虑得很完美之后再付诸行动，那么，很可能会失去很多机会，而且也会降低工作效率。那么正确的做法是什么呢？正确的做法应该是：对于一些细枝末节的小事情，一定要学会妥协。当然，我们在这里所说的妥协，是在追求、苛求完美过程中的妥协。妥协并不是没有原则的，关键是要把握好妥协的尺度，如果因为妥协而偏离了最终的目的，那就太得不偿失了。要知道，适当的妥协是为了实现更理想的效果，于事物本身而言，妥协是一项积极的举措，而绝非消极的行为。总之，在条件达到一定程度的时候，我们就要动手去做，把握先机。只有这样，我们才更有取得成功的可能。

为成功做好准备，不让机遇白白溜走

往往机会出现的时候，总是悄无声息，它不会主动和我们"打招呼"。我们要想抓住机会，就必须努力工作，从点滴做起。要知道，机会并没有高高地挂在远处，而是源于我们手头的工作，所以我们一定要从眼前的工作做起。机会的出现就从我们做好手上的工作开始。

我们常说，机遇只给那些有准备的人。换句话说，时机到来之前的努力是必不可少的，正所谓天下没有免费的午餐，天上不会掉馅饼。

行走于职场，我们大多会听到类似这样的声音：

工作几年了，我连部门主管都没做上，我不是没努力啊，可怎么总是那么倒霉，一点好机会也遇不到？

上学时大刚比我差远了，可毕业后人家事事顺心，什么好事都让他给碰上了；

我是个天生运气差的人，这辈子恐怕没什么指望了；

我们部门的小王，要学历没学历，要能力没能力，凭什么提升他当经理啊？

……

以上种种，无不是在抱怨机遇从不垂青自己，让自己始终处于小兵小卒的行列。殊不知，我们不是磁铁，机会也不是铁器，它当然不会被自动吸过来，但是我们都有聪明的头脑，有可以奔跑的双腿，只要我们积极主动地去寻找它，那么机会或许有可能会像天上的馅儿饼一样，一下子就砸到了我们的头上呢。

仔细分析来看，产生这样想法的职场人士有着某种基本的特性：在刚开始进入职场时，他们豪情万丈；但当参加工作久了之后，却失去了原本鲜明的棱角和个性。用一句文言文说就是"泯然众人矣"。

其实，职场就好比一个漩涡，是沉是浮取决于心态是主动的、积极的，还是被动的、消极的，要想在职场生存发展，就要时刻保持积极的状态，认真学习，努力工作，让自己不断积累，不断进步，这样等机遇到来的时候，才能一蹴而就，牢牢抓住。

这一点从下面这个故事主人公林白的身上可以清晰地看出。

20世纪20年代末期，美国飞行家林白首次单独不着陆横越了大西洋，创造了人类飞行史上的奇迹。

或许外界不清楚的是，在起飞的前一夜，林白度过的是一个不眠的夜晚。

林白驾驶着一家单引擎飞机从纽约长岛起飞了，目的地是法国的巴黎。由于机舱里装满了汽油桶，使得林白连坐的地方都没有，而且由于汽油的重量使飞机负荷太重，在从纽约飞往巴黎的途中，想空降那是不可能的。

一路上，大雾遮住了林白的视线，而当时根本没有无线电让他和地面保持联系，他所拥有的，只是一个指南针。

然而，就是这次如今看来令人惊心动魄的航行，居然在起飞33个小时后横越来大西洋，在巴黎机场安全降落了。得知消息的人们欢声雷动，为林白骄傲，为人类的飞行骄傲。

但是，众人所不知道的是，为了这次飞行，多年来，林白一直在做着准备工作，不断地训练自己。

当初，从威斯康星大学退学后，林白就开始学习飞行了，并加入了飞行训练队。之后，他得到空军批准，可以在闲余时间进行飞行。就是这样，林白练就了过硬的飞行技术，他可以坚持在白天黑夜、晴天雨天都飞行，几年下来，林白的飞行行程多达几万英里。当然，林白也曾遇到过险情，但凭借着驾驶飞机的丰富经验，最终使飞机迫降在农田里，人机平安。此外，多年的飞行和勤奋钻研，让林白学会了修理飞机引擎并懂得每个零件的工作原理。

可见，林白的成功绝非是偶然因素所致，也绝非命运之神对他有所垂青，而是因为在冒险之前，他就尽了最大努力去准备。如果没有充分的准备，单凭运气和侥幸心理，是很难创造奇迹的。

任何成功的将帅都会明白，什么事情都要自己努力争取，并且要为自己的行为做充分的准备。没有人能保证你成功，只有自己；也没有人能阻挠你成功，只有自己。

我们经常会发现，那些看上去一夜成名的人，其实在他们成名之前，就早已默默无闻地努力了很长一段时间。正所谓"台上一分钟，台下十年功"，其实成功也是这样，它是一个人不断努力的累积，不论何种行业，要想攀上顶峰，通常都需要漫长时间内一点一滴的努力。

我们来看一个现代职场中的故事：

从一所普通高校毕业后，熬燕来到一家电子公司做行政部的文员。然而，令人想不到的是，长相平平、专业优势并不明显的她在短短的三年时间里，就从一个小职员迅速做到销售部经理。

由于熬燕的"飞跃"式发展，使得公司的同事们对她纷纷刮目。于是关于她升职如此之快的传闻在整个公司弥漫开来，有的人说熬燕和公司的某个领导是亲戚，更有大多数人说熬燕运气好，一般人可碰不到。其实，只有熬燕自己知道，她的好运气是怎么"砸"到她的头上的。

在熬燕的公司里，不乏能言善辩、八面玲珑的人。因此，本来就毫不起眼的熬燕就更不能引起他人的注意了。但是，她总是任劳任怨、勤勤恳恳地做着自己的工作，而且还适时地给同事们帮忙。每次领导交代的任务，熬燕也都能够及时完成。有时候，还会有同事因为这样那样的原因把麻烦的工作推掉，熬燕却总是"傻乎乎"地接过来，而且在业余时间，她还试着了解其他部门的工作流程和客户信息等情况。

有一次，市场部负责人牛经理经过行政部办公室的时候，发现熬燕正在处理一件小事，事虽然小但是她却做得得体而仔细，牛经理很欣赏她的工作作风，经过跟她沟通，希望能把她调去自己的部门工作，熬燕欣然答应。

进入市场部后，熬燕令所有人都觉得诧异，一个曾经坐办公室的姑娘居然对市场了如指掌，半年后，她的几份扎实的调查分析报告，更是令人对她刮目相看。一年后，她已经是市场部公认的举足轻重的人物了，看到她在会议上气定神闲、无懈可击的发言，原来行政部的同事更为惊讶。

一天，老板请熬燕到自己的办公室，问她愿意不愿接受挑战去情况不景气的销售部工作，没想到熬燕一口答应了下来，当时有同事听说都觉得她傻，好好的工作不干，偏偏接那个烂摊子，但是熬燕不这么认为，她觉得只要努力，她会把工作做好。

熬燕首先选择了库存积压最厉害的北方公司，开始了她的第一步工作。在大雪纷飞的冬天，她一个人借了一辆自行车，找代理公司产品的代理商，了解产品滞销的原因。几个月后，情况就有了明显的改善。

因为熬燕的业绩突出，她很快被调到大客户部，为了笼络客户，她在最短的时间内就学会了打高尔夫和唱卡拉OK，而且学得非常好。

有一次，她遇到一个大客户是一家电器公司的老总，在办公室，她无意中听到一位同事和客户在讲电话，谈论第二天的一个会议，得知自己的客户也将出席这个会议。熬燕立即查到了会议地点，第二天一大早就来到了那里等待那位老总。那位老总到达后，熬燕并不直接告知对方她要来的目的，而是很自然地和他聊了起来，之后他们一起吃饭、唱歌、打牌，同时，她还认识了更多的人，结果不久后，熬燕做的第一个大单子就出现在了这些人中间。

可见，要想让机遇垂青自己，就必须要让自己从点滴做起，把手上的工作完成得漂亮。这样，才能引起领导的注意和赏识。在此基础上，再敢于在机遇来临的时候主动出击，那么就不愁升职加薪了。

总而言之，认真又勤奋地工作是获得机会的必要条件，机会不会花费力气浪费在那些懒惰的人身上，机会是一种想法和观念，它存在于那些认清机会的人心中，存在于那些勤奋的人手中。因此，我们不必去询问领导自己有没有机会获得晋升，而应该去问那个最为清楚的人——自己。

任何一个聪明的人，不但善于在平常的工作中寻找机会，而且还能将危机转化为自己的机会，坏事也能变好事。其实，当工作中出现了困难，只要我们处理得当，敢于承担责任，困难就会化身为机会。只有当我们克服了困难，为公司排忧解难，我们自然会拥有向上攀登的机会。

执行力第一，想到就付诸行动

决策再正确，计划再严谨，梦想再伟大，蓝图再宏伟，如果缺乏严格高效的执行力，那么最终的结果都会和我们的预期相差甚远，甚至南辕北辙，不是摘得成功的桂冠，而是落入万劫不复的深渊。可以说，一个企业没有执行力就没有竞争力，一个管理者没有执行力就带不好团队，一个员工没有执行力就会被企业淘汰。

不管是为将帅者，还是普通员工，执行都是职场人士必不可少的一项重要能力，只有执行好了，团队才能带好，工作才能做好。执行能力的强弱将直接关系到一个人、一个团队的业绩好坏，进而关系到整个企业发展的快慢。

一位资深经理人认为，一个企业若想取得成功，就一定要有成功的商业模式、成功的市场机遇以及团队的执行力，它们依次占到两成、三成、五成。

然而，我们却常常发现有这样一些人，甚至有这样一些管理者，他们总是有远大的抱负，想法也是推陈出新，说起来更是天花乱坠，可是并没有通过行动表现出来；有的人总是有着听起来很美的计划和打算，却迟迟没见他有什么目标……总之，有太多事情，因为缺乏行动，而没有下文，很可惜，也很遗憾。

有一家民营小企业，因为经营不善，已濒临倒闭。走投无路、无计可施的老板不得不请来一位德国的管理专家，希望专家能改善企业的经营管理体系，拯救处于危机中的企业。

德国专家考察完公司上下的情况后，公司员工都以为他会针对公司的情况制定出一套全新的管理方法。然而，就在大家期盼公司能够因为专家的推陈出新而起死回生、重燃生机时，专家却宣布了一个令大家都很纳闷的消息，专家不仅没有制定什么新制度，而且要求公司上下按以前一样运作，人员、设备、制度等都原封不动。

专家做出的唯一一个变动就是要求公司员工增强执行力，坚定不移地、不折不扣地贯彻落实公司的一切制度。

起初，企业老板对专家的提议能够带来的效果半信半疑，但是结果却让老板惊喜万分，专家这个"绝招"使濒临破产的企业在一年内扭亏为盈，反败为胜。

从这家企业的沉浮中，我们可以看出，再完美的经营管理制度，如果没有得以有效执行，那也只能是一纸空文。所以说，成功有时需要的并不是什么新方法，也不是什么出奇制胜，而只是需要你增强自身的执行力，把所有计划、设想或者制度认真地贯彻执行下去。

孙子是春秋时期著名的军事家。有一天，吴王想考一下孙子，便问孙子道："你能把任何人都训练成一支优秀的军队吗？"

孙子听后，毫不犹豫地回答道："没问题！"

吴王听后，便指着门前的一些宫女说："照你这么说，你也能把这群宫女训练成军队？"

孙子胸有成竹地笑道："只要您能给我这个权力，我就能够做到。"

"好，我赋予你这个权力，但是只给你三个时辰。"吴王向孙子承诺。

孙子

在训练场上，这些从来没受过军事训练的宫女一点都不懂规矩，闹作一团，没有一个人把这次训练当回事，更没有人去认真对待。吴王看到这种混乱的场面后，觉得很有趣，于是便把他的两个宠妃也叫了过来，并让她们担任两队宫女的队长。

训练开始了，孙子大声说道："停止喧哗，大家排成左右两队。"

宫女们显然不把这个"教官"放在眼里，她们装作没听见，继续在原地你推我搡。

见到这一混乱的场景，孙子并没有恼怒，他继续说道："这是第一次，你们不明白纪律和命令，是我的过错，现在我第二次要求你们列队。"

然而，宫女们还是没有反应，依旧在原地打闹。这时，孙子又重复道："第二次还是不明白，也许还是我的问题，现在我第三次要求你们列队，左右各列一队。"

第三次说完后，宫女们依旧没有照做，孙子的脸沉了下来，他严肃地说道："第一次大家没听明白，是我的错误；第二次，还是我的错；但是，第三次没听明白就是你们的问题。来人，把那两个队长带到一边，立刻斩首。"

因为手握军权，孙子的命令大如山，就算是吴王的宠妃，也不能幸免。

看到孙子是来真的后，所有的宫女都肃然而立，不敢再怠慢。不到三个时辰，由宫女组成的军队便被训练得服服帖帖。

从这个案例中可以看出，态度决定了人的执行力度，而成功则必然来自高效的执行力。

我们在这里所说的高效执行力，并不在于工作经验或者学识深浅，而是依靠管理者高度的威慑力和控制力，使团队成员能够一丝不苟地贯彻落实。

目前，大多数企业管理者都已经开始关注团队的执行力，但普遍处在一个比较初级的阶段。所以必须重视团队内部的执行力，重视团队的管理，重视团队中人才的培养，这才能更好地提升团队的核心竞争力，才能使团队乃至整个企业在竞争环境下立于不败之地。

在一次以"关于中国企业的成长路径"为主题的中国经济增长论坛上，一位与会经理人指出，中国企业的发展必须着力提升核心竞争力。尤其要在加强企业执行力上寻求突破。

这位经理人表示，作为一个团队带头人，可以不必像专家们那样去追求经济宏观管理理念，但是却要做一个管理的艺术家，这就体现在执行力方面。

对此，这位经理人认为，看一个管理者的执行力是不是到一定的层面，我们最好从纪律、速度和细节这三个层面来判断。

首先，我们来看纪律。纪律是企业里面执行力当中最重要的环节。衡量一个企业有没有执行力，关键之处就是企业里面有没有这么一个纪律，一旦管理者对某一项工作做出了决策，然后一声令下，是不是能够把指令发到每一个员工的耳朵里。

所以说，纪律是执行力非常重要的环节，作为带兵打仗的将帅，如果只要通过你的一个声音、你在大会上的一个演讲，就可以把团队中的每一个员工都调到一个方向上，这样，团队就可以朝着一个方向来走。显然，这正是执行力所涵盖的"中心思想"。

如果一个团队管理者没有这个能力号召下属，那么这样的团队就很难有很好的执行力。因为下属对领导没有一种认同的姿态。不管是做人，还是做事，如果下属认为从领导嘴里讲出来的话是没有信用的，那么这时候管理者提出来的话就是没人执行的。在这种情况下，团队不可能朝一个方向执行。

其次，衡量执行力的强弱，还要看速度的快慢，这也是个非常重要的环节。执行力归根到底就是一个速度问题，一件事让甲团队做花五天，但是乙公司需要花半个月。虽然做的质量不相上下，但是中间的差别却不容小觑，因为现在人们讲的是效率，同样的工作当然都希望速度快一些的来做。所以说，要想让团队有更好的执行力，速度是很关键的。

最后一点就是细节。我们大多数人都有这样的认识，那就是德国的车、美国的车比中国的车要好一些，卖的价格也高一些。其实，这多是因为他们注重细节的问题。因为细节是执行力的差距所在，它影响了很多人在事业上的发展，一个团队，一家企业更是这样。

总而言之，决策再正确，计划再严谨，梦想再伟大，蓝图再宏伟，如果缺乏严格高效的执行力，那么最终的结果都会和我们的预期相差甚远，甚至南辕北辙，不是摘得成功的桂冠，而是落入万劫不复的深渊。可以说，一个企业没有执行力就没有竞争力，一个管理者没有执行力就带不好团队，一个员工没有执行力就会被企业淘汰。

作为领头人，要想让团队有好的执行力，那么管理者首先要以身作则，率先垂范。

我们都知道，在团队内部，领导者的坚强有力是整个团队高效执行的前提，在一定程度上，下属执行力的强弱，是冈队领导执行力的真实反映。

不难想象，为将帅者都是企业的决策和目标的制定者，如果他们只是把执行力当成一个口号在会上喊，往纸上写，往墙上贴，而不落实在行动上，长此以往，员工就会耳濡目染地接受这种华而不实的作风，执行力就成了纸上谈兵。

俗话讲：火车跑得快，全靠车头带。身教重于言传，行动胜过语言，要求下属做到的，将帅们自己必须率先做到，规定下属遵守的，将帅们必须带头遵守，这样才能培养出员工令行禁止的纪律、诚实守信的品格和执行有力的作风，使执行力成为企业的自觉行动。

（七）度量：贤而能下，刚而能忍

宽容是管理者容人之过的一种胸襟。"人非圣贤，孰能无过"，对下属的过失与冒犯的处理方法，足可以区分一个主管是优秀还是平庸。优秀的管理者最忌讳的就是心胸狭隘，只有管理者胸纳百川，才能带领一个极具战斗力和凝聚力的团队披荆斩棘，不畏艰险，才能使团队，使企业走上又好又快的发展快车道。

为将帅者可贵的是大气

无数事实证明了这样一点，一个优秀的管理者只有胸怀广大，才能创造和谐宽松的竞争环境，才能打造一个强大的团队，共同为企业推波助澜，朝着共同的企业愿景而努力。

火热的太阳和呼呼的北风打赌,看谁能先让行人把大衣脱去。于是,太阳加大自己的照射强度,很轻易地就让行人脱掉了大衣;而北风却使劲儿地吹,试图让行人脱掉大衣。可是行人反而把衣服裹得更紧了。这是《伊索寓言》中的故事。

通过这个故事我们可以得到这样一个道理:身为将帅,要用温暖去感化自己的部属;如果一味地逼迫压制,会使人产生极强的心理压力。

换言之,要做好一个领导,就要有一个宽大的胸怀。在与部属相处的过程中,要开阔胸襟,真心诚意,不能做两面三刀的事。人与人相处,总要有一方先打开胸襟,对他人要真诚实意,不能做两面三刀的事。这样,矛盾就容易化解,隔膜也就不存在了。

在我国历史上的春秋时期,齐国排在"春秋五霸"之首,齐国之所以取得如此大的成就,很大程度上取决于相国管仲对齐桓公的辅佐。但是,在关于王位继承的问题上,管仲因和齐桓公意见相左而作对,并且预谋要刺杀齐桓公。因此,当齐桓公即位后,想惩罚管仲,但是鲍叔牙却劝他说,"大王若想称霸天下,就得起用管仲,立管仲为相。"

齐桓公最终听取了鲍叔牙的建议,立管仲为相。管仲为了报答齐桓公的知遇之恩,一展自己在政治的才华,不但使齐国兵强国盛,而且使齐桓公得以称霸天下。

试想,假如齐桓公没有宽宏的度量,而是和管仲坚决作对的话,或许就不会有日后的成就。正是他包容管仲,任贤而不避仇,并将政治实权交给管仲,这种开明的做法,为他带来了日后的大业。

身为现代企业的管理者也一样,在一起为事业打拼的同事或者部属中,难免会发生磕磕绊绊,如果因此在心里产生仇恨,那么对将来的工作和人际势必产生不利影响。所以,一个成功的将帅必须能够不受细节或感情的束缚,拥有大气的胸怀和度量。

唐代有两大名将,一个叫郭子仪,一个是李光弼。这二人共同效力于一位节度使,但二人水果不相容,长期不和。

受上级委派,节度使外调,郭子仪因才华出众而被任命为节度使。这下,李光弼可吓坏了,他担心郭子仪公报私仇,就打算悄悄地带兵逃走,可又有点犹豫不决,也就没有立即离开。随后,发生了安禄山、史思明发动的叛乱,郭子仪受命领兵讨伐。

这时候,李光弼考虑到自己身为大将,此时正是为国效力的时刻,该把个人的恩怨放置一旁,以国事为重。于是,李光弼找到郭子仪说:"我们虽共事一君,但形同仇敌,如今你大权在握,我是死是活,你看着办吧!但恩请放过我的妻儿。"

这时，营帐的空气似乎要凝固了，众将领们均不知所措。在这种情形下，如果郭子仪感情用事，后果不堪设想。但出乎所有人的意料，郭子仪表现出了令人敬佩的大将风度，他握着李光弼的手，眼含热泪地说："国难当头，皇上不理朝政，作为臣子，我们怎能以私人恩怨为重，而置国家安危存亡于不顾呢？"说完倒地便拜。

见郭子仪这番表示，李光弼被感动坏了。在接下来的战斗中，李光弼积极出谋划策，打败了叛军。

后来，李光弼和郭子仪的权力均日益增大，两个人同居将相之职，但二人之间再没有半点猜疑忌妒之心。

这个故事让我们看到了郭子仪虚怀若谷、宽广能恕的气魄，就像廉颇与蔺相如的关系一样，郭子仪与李光弼的友谊也成为千古佳话。

"以怨恨回报怨恨，怨恨就没有尽头；以德行回报怨恨，怨恨就顿时消失。"这是处世的准则，也是做领导的宝典。

惠普大中华区前总裁孙振耀先生在一篇文章中写过这样一句经典之言："好领导要有宽广的心胸，如果一个领导每天都会发脾气，那几乎可以肯定他不是个心胸宽广的人，能发脾气的时候却不发脾气，多半是非常厉害的领导。"

无数事实证明了这样一点，一个优秀的管理者最忌讳的就是心胸狭隘，只有管理者胸纳百川，创造和谐宽松的竞争环境，才能带领一个极具战斗力和凝聚力的团队披荆斩棘，不畏艰险，才能使团队，使企业走上又好又快的发展快车道。

宽容的领导才有好人缘

宽容，虽然不是身为将帅者形成亲和力和影响力的决定性因素，但却是必要因素。真正具有大智慧的将帅往往有容纳百川的宽容胸怀。"世上没有不生杂草的花园。"既然人人都会犯错，那么身为将帅，一定要有宽广的胸襟，宽容地对待下属。

《尚书》中说：一个人有包容的雅量，他的德行就是伟大的。身为将帅，只有做到容人之所不能容，忍人之所不能忍，恕人之所不能恕，忘人之所不能忘，才能管人之所不能管，成人之所不能成。

一个将帅的品格高不高，首先就要看他对员工的态度是否宽容。如果用以德报德、以怨报怨、以牙还牙的方式对待下属，那么自然会有失领导的风度。

作为一名团队带头人，要有管理者的风范，管理者的修养，即博大的胸怀，雍容的气度，可以听得进下属的反对意见，容得下员工的短处和缺点，用古语说，就是可以容众纳谏。这样，管理者才能与自己的职位相匹配。

哈佛管理全集

据史书记载，宋太宗是一位宽容的君主，他曾非常大度地包容了两位大臣的冒犯。

有一天，殿前都虞候孔守正和另一位大臣王荣，一起陪宋太宗喝酒。几巡酒下来，孔守正就喝得酩酊大醉，借着酒意，他和王荣开始争论起征战边关时，谁的功劳最大？两个人越说，情绪越激动，完全不顾及旁人的感受，视宋太宗为隐形人。

一旁的侍臣觉得两个人的行为有失大体，是在太过分了，就奏请宋太宗，将两人抓起来，送到吏部去治罪。宋太宗笑了笑，说道："算了，他们也是喝得太醉，无心冒犯我。你找人好好照顾他们，酒席结束后，将他们送回各自的府上。我有些累了，先回寝宫了。"

第二天，孔守正和王荣酒醒之后，从侍臣口中得知了昨天酒后的鲁莽行为，两个人心惊胆战，一起赶到金銮殿向皇上请罪。一番忏悔后，他们等待皇上的严惩。

但让他们惊讶的是，宋太宗一脸茫然地说道："昨天朕也喝醉了，发生过什么事，朕完全没有印象。要是没有别的事情，你们就退下吧。"他们走后，侍臣疑惑地问宋太宗："皇上，您昨天明明很清醒，为什么说自己也喝醉了呢？"宋太宗意味深长地说道："编个喝醉了的理由，对他们的冒犯不加追究，既没有丢失朝廷的面子，又能让两位大臣警觉自己的言行，能达到惩前毖后的作用也就够了。"侍臣听后，连连称赞："皇上英明！皇上大度！"

宽容是管理者容人之过的一种胸襟。"人非圣贤，孰能无过"，对下属的过失与冒犯的处理方法，足可以区分一个管理者是优秀还是平庸：前者往往会坦然面对、一笑了之，以宽广的胸襟原谅下属的错误，并给予其改过的机会；后者则会大发雷霆、斤斤计较，并施以惩罚。大量事实证明，前者的做法得到的好处更多，管理者宽容下属的过失，换来的将是他们的真心改过和赤胆忠心。

当然，我们不否认，每一个管理者都希望下属少犯错误，将工作做得完美一些。但人无完人，当下属出现了失误时，管理者能在指出问题的同时，要多一些宽容。从某种意义上说，这是一种很有效的管理手段，它既能体现领导对下属的理解和关怀，又能赢得下属对领导的尊重，从而用加倍的努力工作回馈领导的宽容。

王飞是一家公司策划部的员工，他思维很活跃，创意层出不穷，做出的策划案让客户很满意。但是，他有一个缺点，就是酗酒，一喝起来就把工作抛到脑后。因为这个毛病，他给公司造成了很大的损失。

那天晚上，大家加班赶一个策划案。正在研究调查报告的小李发现一个数据有问题，需要核实，而王飞就是这个报告的负责人。刘凯赶紧问王飞，这个数据是否准确？王飞晚饭时和别的同事喝了一些酒，头脑非常不清晰，他看了一眼报告，说道："准确，没有问题。"刘凯有点不放心，说道："你还是在电脑上核查一下吧，这个数据要是错了，会损失很多钱的。"王飞不耐烦地说："我说准确就准确，我又不是第一天做这个工作，你别质疑我的工作能力！"刘凯听后，没有再言语。几分钟后，王飞就趴在桌上呼呼大睡了。

第二天一早，他在一片嘈杂声中醒来，只见办公室乱成一片。他刚想打探情况，刘凯就匆匆走来，焦急地说道："你这回可惹大祸了，你报告上的那个数据是错误的，主管昨晚按那个数据审核的策划案，然后发给客户。客户一看就火了，说我们对待工作不认真，要取消合作，让我们退还定金。这可是个大客户，他要是不跟我们合作，公司就要损失一大笔钱，主管现在都急疯了，正在和客户沟通，还让我们马上设计出新方案，争取留住客户。"王飞听后，脑袋嗡嗡作响，一种悔恨油然而生。他经过主管办公室时，从主管焦虑的神色中感到了一种不祥之意。他想："这次错误犯大了，得卷行李卷回家了。"

经过一番努力，客户决定再给一次机会，大家都松了一口气。主管将王飞狠狠地批评了一顿，当即做出处罚决定：让他辞职走人。虽然这个处罚已经在他的意料之中，但真的听到这个消息的时候，他的心中还是一震。他对主管说，自己真的非常喜欢这份工作，希望主管可以原谅他，再给他一次机会。主管看了看他，思忖片刻后，答应了他的请求。

从那以后，王飞戒了酒，工作非常努力，无论大事小事，他都表现出极强的责任心，业绩十分出色。两年后，他成了策划部的经理，他负责的几项策划案，还得了大奖。忆起当年的往事，他十分感慨地说："主管对我的宽容，改变了我的一生。从那件事以后，无论做什么，我首先想到就是做事要对得起领导，对得起公司，绝不能因为我的过失给同事、领导和公司带来损失和麻烦。"

看完上述案例，我们在觉得王飞是个幸运儿的同时，更不得不佩服他的领导宽宏大量的胸襟。如果王飞的主管当初坚决让他离开公司，虽说对于工作本身来讲也无可厚非，但可能就无法让王飞得到如此之大的转变，自己也将失去一个好的助手和工作伙伴。

英国有句谚语："世上没有不生杂草的花园。"意思是人人皆会犯错。身为将帅，一定要有宽广的胸襟，宽容地对待下属。简而言之，就是在心理上接纳下属：接受下属的优点时，也要接纳他的缺点；接受下属的成绩时，也要接纳他的错误，就如一位资深管理人所说："容人须学海，十分满尚纳百川。"

允许有不同性格的下属存在

人们的个性有方有圆。你是方，他是圆，虽然不同型，但只要有一颗宽厚的包容之心，方和圆也能和谐相融。不管是已经攀登上管理者的高位，还是正埋头苦干地走在"金字塔尖"的路上，都需要有一个和谐的人际关系，使自己在职场中如鱼得水，如沐春风。

美国成功学大师戴尔·卡耐基在他的著作《关爱人》一书中说道："一个能够从细微处体谅和善待他人的人，一定是一个与人为善的人，必定有很好的人际关系，这种人际关系就是他成功的基石。"

事实虽如此，可在职场这个充满着利益博弈的圈子中，想拥有理想的人际关系绝非易事。之所以难，很大一部分原因就是很多人对自己的领导、同事或者下属没有一个宽厚的胸怀。

工作中我们会发现，每个人有每个人的特点，有些我们喜欢，有些就不喜欢。哪个下属无法让我们"看得惯"的个性特征比较明显的话，可能就会被我们打入"冷宫"，不愿意与其交往，甚至想法处处和人家作对。

其实，这是心胸狭隘的表现，也是对人对事判断不够客观的体现。因为世上没有完人，也极少有真正一无是处的人。如果能换个角度去观察，我们会发现其实每个人身上都有值得自己学习的地方。

戴尔·卡耐基

郝诚是一家食品销售公司的销售经理，当说起自己如今的成就时，他总说要归功于他的上级老张。当郝诚刚进这家公司的时候，只是个小小的销售员，在老张手下做事。

老张是个性格谨慎，做事严谨的人，对下属总是板着一副严肃的面孔，对下属的工作要求也极其严格，几乎到了鸡蛋里挑骨头的程度。在郝诚看来已经做得很到位的工作，但在老张看来也还是存在很多问题，郝诚被他训斥简直就是家常便饭。

所以一开始郝诚对老张充满了愤怒和不满，但在听别人说完他的奋斗历程后，郝诚开始佩服起他来。

那时的老张也是一名默默无名的销售员。刚到这个城市的时候，非常穷困潦倒，

甚至还睡过天桥和公园的石凳，3块钱就能过一天。后来凭着自己的勤奋和认真，他才一步一步从销售员做到了如今这经理的职务。他最明显的做事风格就是认真仔细，绝不容许犯不该犯的错误。虽然做销售经常会有应酬，但他从来不喝酒不抽烟，奇怪的是，客户并没有因他这些习惯而反感，反而对他很信任，和他的关系相处得非常融洽，原因就在于他的认真。

在渐渐了解了老张之后，郝诚开始冷静地反思，尽管他的个性有时候令人自己很不舒服，但是老张身上有他值得学习的地方，他要学习老张的认真和严谨。自此之后，每当老张批评郝诚，郝诚都在心里告诉自己，他说得对，我要认真，再认真。慢慢地，郝诚习惯了老张的挑剔，并从中受益。郝诚自身的一些缺点也因为老张的影响而发生了改变。

其实老张也明白自己的臭脾气很不招人待见，没有多少人能一直容忍，可是郝诚不但容忍了下来，还一直努力进步着，慢慢地老张也对这个心胸宽广、肯努力的下属刮目相看，经常委以重任，这才有了郝诚今天的成就。

可见，对异于自己有着包容之心的人，他最终得到的也将是不可估量的丰厚回报。如果郝诚看不到老张"古怪"个性之外的优点，一棍子将其打死，他可能就不会那么及时地完善自己的工作，那么他取得现在的成就也可能就遥遥无期了。

民间有句俗语："百人百姓""千人千面"。我们每个人都有着不同于他人的个性习惯，也正因为如此，我们才各有所长、各有所短。

古代圣贤孟子曾说："君子莫大乎与人为善。"其实也是在告诫世人，要想做一个为人称道、功成名就的君子，就要学会善待他人，这是任何想成功的人都必须遵守的规则。尤其是在当今这样一个充满合作的时代，要想赢得更多的人合作和帮助，以便助你成功，更需要宽厚待人，与人为善，与部属和周围的同事们和谐相处。

影响是相互的，一旦你对别人报以宽容的心态去欣赏，他们也会反过来接纳和欣赏你，你的发展之路也就轻松顺畅了很多。

俗话说，人们的个性有方有圆。你是方，他是圆，虽然不同型，但只要有一颗宽厚的包容之心，方和圆也能和谐相融。

敢于向下属承认错误

掩饰错误，只会错过了修正问题的机会。如果一个管理者染上这种陋习，那么，他的管理系统就会不时出现漏洞，直至全面崩溃，无法正常运行。因为他不去寻找自己犯错的根源，只会推卸和逃避责任，久而久之，错误越积越多，下属的怨恨情绪也越积越深，管理陷入一片混乱状态。

你会向下属说"对不起"吗？

什么？领导向下属道歉？下属做错了向领导道歉还差不多，岂有领导向下属道歉之理？

相信不少人在看到这个问题时，都会产生上述想法。的确，职场中，下属犯错后，大都会马上向领导承认错误，请求原谅。但是反过来，当领导犯错时，却不见得能做出同样的道歉行为。

某权威网站曾以"你向下属说过对不起吗？"为题进行了一项调查，结果显示，60%以上的领导从没有为自己的错误行为向下属道过歉。

一位名叫"CBD 小白领"的网友说道："5 个月前，我们部门换了个新经理，真不知道他是对部门情况不熟悉，还是业务能力差，自从他上任之后，无论是开会，布置工作还是策划新方案时，他总是频频出现失误。刚开始，我们觉得他刚刚上任，可能是不熟悉部门的业务，但是，眼看着小半年过去了，这个经理还是老样子，屡屡犯误，而且，他从不为自己的错误感到抱歉。有一次，我们加了一个星期的班，做了一个很不错的项目方案，但在最后关头，他却将一个数据弄错了，客户极其不满，没有签合同，我们的心血全白费了。但事后，他就像什么也没发生过似的，一句道歉的话都没有。在这样的头儿手底下干活，真是憋屈。"

是呀，的确憋屈，看完这段话，我们也为这位"CBD 小白领"深感同情。当然，我们更应该汲取的是其中表述出来的下属对于领导的要求和期望。尽量做一个不犯错误，至少是少犯错误的领导，对于自己的错误行为和错误指令，发觉后要真诚地向下属表示道歉。

其实，现代职场中，很多管理者并不是意识不到自己犯错，只是羞于承认，觉得"跌份儿"。一家 IT 网站的策划部经理就曾表示："有时，我虽然认识到自己的错误，却不知该如何向下属说明情况，我很担心，我向下属道歉后，他们会在心里嘲笑我，我的权威就没了，以后没有办法管理他们。"

事实上，这种担心是没有必要的。据调查，97%的职场中人认为道歉和职位高低无关，无论采取哪种方式，当面道歉或是私下道歉，只要勇敢地承认错误就是好领导。

三国时吴国的孙权就是一个敢于认错的君主。他一旦发现自己的决策主张不对，或者什么事做错了，就会在众人面前坦率认错，从不逃避。

他一度重用校事吕壹，但吕壹生性残忍，执法非常狠毒。不仅如此，他还利用孙权对他的信任，作奸犯科，作威作福。他还给孙权手下的大臣编造罪名，包括丞相顾雍、大将军陆逊，都被他诬陷过。太子孙登觉得如此下去，吴国就要陷入危机，就屡次向孙权进谏，让其严惩吕壹，但是孙权一点也听不进去。大臣们见太子劝说都没有用，就闭嘴不语了。一时间，吴国人人自危，君臣关系十分紧张。后来，当吕壹因诬陷朱据被抓住罪证后，孙权才幡然醒悟，将吕壹处死。

随后，孙权在众大臣面前承认了自己的错误，他还派专使向诸大将谢过，并向他们征求治国良策。但大臣们心有余悸，怀疑孙权的诚心，谁也不肯提建议。孙权知道他们的心思后，又写了一封自责甚重、言恳意切的罪己诏，再次诚心邀请他们多进谏。大臣们看出孙权是真心认错，就纷纷进言，提出治国策略。

孙权堂堂一国之君，在察觉到自己的错误之后，都不惜低头认错。这是何等的胸怀与气魄！实际上，也正是孙权的这一行为，使得大臣们对他更加信任，献计献策，共创治国大业。如若君王凡事唯我独尊，错了也不承认，那么也就只能培养一批只会趋炎附势、糊弄人的大臣了。那样，离国将不国也就为时不远了。

实际上，主动承认自己的错误，不仅是一种优良的品质，同时也是一个管理者显露自身涵养的好机会，更是大智大勇者才能做出的行为。职场中，敢于承认错误是优秀管理者的必备品质。

凭借直销方式，迈克尔·戴尔在个人计算机行业掀起了一场革命。因为对这一模式的应用自如，戴尔不但降低了公司的经营成本，而且赢得了极高的顾客满意度，这让他的公司遥遥领先于竞争对手，曾荣登全球电脑市场占有率第一的宝座，成为世界领先的电脑系统厂商。而戴尔本人也荣获《首席执行官》杂志评选的"2001 年度首席执行官"。

戴尔取得了很多杰出的成就，但是，他从不摆架子，与员工讲话时也不装腔作势。员工可以对任何问题提出质疑，甚至直接向他发难。当他犯了错误时，他会在第一时间内向员工承认错误。他说："管理人员必须勇敢地承认错误，坦然面对错误，我的原则就是：不找借口，承认错误。"

其实，领导承认自己的错误并不是坏事，它不会影响管理者的权威，也不会让下属看不起。相反，下属会更加尊敬这样的领导，他们会觉得领导承担了他应该承担的责任，非常有勇气。同时，领导主动认错的做法会让下属和他更加亲近，他们有这样的想法："领导非常信任我们，所以，他不在乎在我们面前暴露自己的缺点。"抱有这样想法的下属的，忠诚度会很高。

日本著名的电器巨头松下公司曾发生过这样一件事情。有位员工由于个人疏忽，忘了将一笔货款及时收回。松下幸之助得知后，大发脾气，在员工大会上将这个下属狠狠地训斥了一顿。事后，松下幸之助冷静了一下，他突然想起来，这件事自己也有责任，因为他在那笔贷款的发放单上签了字，那个下属只是没把好审核关而已。想通后，他马上拿起电话，非常真诚地向那个下属道歉。非常凑巧的是，那天是这个下属乔迁新居，松下幸之助马上到其家中表示祝贺，并帮助其家人一起搬家具，忙得满头大汗，下属深受感动。

一年后的这天，那个下属意外地收到了一张明信片，他仔细一看，是松下幸之助寄来的，上面是他亲笔写下的一行字："让我们忘掉这可恶的一天吧，重新迎接新一天的到来。"这个下属感动得热泪盈眶，从那以后，他再也没有犯过错误，对公司忠心耿耿。而松下幸之助诚心给下属认错的事情，也成为日本企业界的一段佳话。

身为将帅，勇于承认错误是勇敢、诚实的表现，不但可以消除上下级的隔阂，创造融洽的工作氛围，而且可以提高自身的威望和信用，有助于更好地管理下属。但是，道歉并不是说一句"对不起"那么简单，也是需要方法的。一般来说，管理者向下属承认错误时，要注意以下两点：

1. 道歉一定要及时

道歉也是有时间限制的，及时与否，得到的效果往往会大相径庭。如果因为某些原因，管理者不能及时向下属道歉，也不能将时间延迟得太久，最晚不要超过3天。因为时间太长，下属心中的积怨就会变深，领导的道歉效力会大打折扣。但及时道歉也要分时机，如果双方都在气头上，马上道歉就很不合适。管理者要在冷静过后的第一时间道歉，才能让道歉发挥最好的效果。

2. 道歉态度很重要

态度决定道歉效果，即使只是说"对不起"三个字，也要用真诚的态度。如果一个管理者端着架子，摆出居高临下的样子，用冰冷的语气说：对不起，那么，下属就会认为他装腔作势，非但不会接受道歉，反而会因此更加厌恶他。

（八）守信：身正令行，信以服众

古语说得好："君子一言，驷马难追。"旨在告诫人们，说出来的话，不能反悔。意即我们现在常说的言出必行。这是做人的学问，也是做领导的学问。一个成功的将帅必定是守信之人，这样才能让部属相信自己、信赖自己、接近自己，与自己共事共心，同舟共济。

管理者一定要恪守诺言

一个人只有学会了做人，讲诚信，念恩情，并付诸实际行动，那么他的人生必然是坦荡的，他的道路必将是宽广的，他的未来也必将是光明的。孔子说："人而无信，不知其可也。"此话旨在告诉我们，不讲诚实守信、言行不一，就无法立足于世，也无法行而为人。作为将帅，在部属心目中都是一个"官"，要为好官，先要为好人，要为好人，首先要诚信。

诚信是一种美德。自古以来，在为人处世法则中，最重要的标准之一就是"言必行，行必果"。

美国著名小说家西奥多·德莱塞曾说过："诚信是人生的命脉，是一切价值的根基。"的确，一个人若是讲诚信，那么他将赢得他人的尊重和信赖；一个企业若是讲诚信，那么它将获取更大更多的利益。可以说，无论对于个人还是对于企业来讲，诚信都是无价的隐性资产。

曾有记者问李嘉诚认为自己最大的收获是什么时，李嘉诚的回答只有一个词：讲诚信。

这个词贯穿在李嘉诚的生意经中。

当年，顺应香港经济转轨的大好形势，李嘉诚投身当时在世界上处于新兴产业地位，并有着大好发展前景的塑胶行业。

做销售出身的李嘉诚对推销轻车熟路，第一批产品很顺利就卖出去。接下来是第二批、第三批、第四批……李嘉诚的手里捏着一把订单。为了加大生产力度，李嘉诚开始招聘工人，只经过短暂的培训就单独上岗，并实行三班倒工作制，一切都为了多出货而进行。

正当李嘉诚准备大干一场的时候，没想到遇到了意外。一家客户说他们厂生产的塑胶制品质量粗劣，要求退货。可是，李嘉诚手里还攥着一把订单呢，其他的客户在不断地打电话催货。李嘉诚清楚，如果不能按约定时间正常交货，是要被罚款的。一方面为产品质量担忧，一方面为产品数量顾虑，这让李嘉诚骑虎难下。可是，由于设备陈旧，时间紧迫，确保质量绝非易事。

于是，这样的一幕场景出现了：仓库里到处都是因质量欠佳和延误交货退回的玩具成品。与此同时，有不少客户纷纷上门要求索赔。

墙倒众人推。银行得知他们陷入危机，便派职员来催贷款。李嘉诚只得赔笑接待，恳求银行放宽限期。因为银行掌握企业的生杀大权，李嘉诚负责的长江厂处于清盘的边缘。

思索再三，李嘉诚准备坦诚地承认自己的错误。第二天，李嘉诚召开全体员工大会，他表示，自己这样做不但让工厂一天天被拖垮，而且也让工厂的信誉不保，同时也使员工们受到连累。

为此，李嘉诚向这些天被他无端训斥的员工们赔礼道歉，同时，他对员工们表示，工厂的经营一旦发生转机，就将请回辞退的员工。从今往后，一定坚定不移地与员工同舟共济，绝不为了保全自己，而损及员工的利益。

紧接着，李嘉诚开始逐家地拜访，银行、原料商、客户都成了他拜访的对象，他向这些合作伙伴诚恳道歉，请他们原谅，并保证在放宽的限期内一定偿还欠款，对该赔偿的罚款，一定如数付账。在李嘉诚这股子诚恳劲儿的感召下，业务伙伴们大多给予了谅解。

尽管如此，李嘉诚却不敢松一口气，银行、原料商和客户，只给了他十分有限的回旋余地，事态依然十分严峻。

在这种情况下，李嘉诚专门派了员工，对积压产品普查一次，要求他们把这些产品归为两类：一类是有机会做正品推销出的；一类是款式过时或质量粗劣的。李嘉诚不想因为产品积压而把工厂拖累太久，于是就低价出售，但是在制品的质检卡片上，他要求工作人员一律盖上"次品"的标记。通过低价售卖，李嘉诚获得了一些小额营收，他把这些钱分头偿还了一部分债务。

一段时间过后，李嘉诚召集员工聚会。会上，李嘉诚先是向员工深深地鞠躬，以此感谢大家的精诚合作。然后，李嘉诚用难以抑制的喜悦之情宣布："我们厂已基本还清各家的债款，昨天得到银行的通知，同意为我们提供贷款。这表明，长江塑胶厂已走出危机，将进入柳暗花明的佳境！"

不难看出，正是因为李嘉诚的诚信，赢得了员工们的理解和尊敬，大家齐心协力帮他渡过了这个难关。这样的领导，这样的老板，恐怕没有人会不喜欢，也没有人会在他处在困境中而选择一走了之。

必须承认，一个人只有学会了做人，讲诚信，念恩情，并付诸实际行动，那么他的人生必然是坦荡的，他的道路必将是宽广的，他的未来也必将是光明的。

我们再来看一个古时候的案例：

我国古代，有一个叫查道的人，一天早上，他和仆人一起去看距离比较远的亲戚。到了中午，由于他们还没有赶到亲戚家，而两人都感觉到饿了，仆人建议从给亲戚带的礼物中拿一些来吃。

查道却不同意，他说："那怎么行呢？我们带的这些礼物都是要送人的，既然要送给人家，那这就是别人的东西了。我们要讲信用，可不能偷吃。"结果两人只好饿着肚子继续赶路。

走着走着，他们发现在路边有个枣树，这时候正是枣子饱满而又没有落杆的季节，看起来甚是诱人。查道饿得饥肠辘辘，就打发仆人去树上采些枣来吃。

两人吃完后，查道却拿出一串钱，挂在被他们采过枣的树枝上。

仆人看了，感到奇怪，就问查道："这是什么意思？"

查道说："我们吃了人家的枣，就该付给人家钱，岂有白吃之理？"

仆人又说："可是枣园的主人不在这里啊，也没有其他人看见，您何必这样认真呢？"

查道却严肃地说道："诚实是一个人起码的品德，虽然枣园主人不在，也没有别人看见，但我们毕竟吃了人家的东西，就应该给钱，不给钱，就是偷人家的东西，就是不道德。"

听了查道的话，仆人默默地点点头，似乎明白了查道的想法。

其实，为人诚信不但能让我们在待人接物方面坦荡无私，而且还会使我们内心坦然；相反，如果说谎、虚假、欺瞒，则会让我们的良心遭受折磨，使得我们无时无刻不处于一种灰暗的、忐忑不安的状态。如果长期被这种情绪笼罩，那么我们的心还能够安宁吗？

孔子说："人而无信，不知其可也。"此话旨在告诉我们，不讲诚实守信、言行不一，就无法立足于世，也无法行而为人。作为将帅，在部属心目中都是一个"官"，要为好官，先要为好人，要为好人，首先要诚信。所以，一个成功的将帅必是真实诚恳之人，这样才能让部属相信自己、信赖自己、接近自己，与自己共事共心，同舟共济。

在此，需要提醒的是，为将帅者讲诚信有必要注意以下几点：一是对重点工作，该抓的要抓牢抓实，不说空话，不放"空炮"。自己对员工强调布置过的工作，一定要适时适当地加强检查督办，决不允许留尾巴。另外，对于突出问题，也要做到该管的一定管住，不留空隙。同时，还要让自己克服"只打雷，不下雨，雷声大，雨点小"的不良倾向。当这些都能够成为一个将帅的形式风格的时候，那么你的团队必将是团结的、向上的、充满着健康与活力的！

言出则必行，不向员工放"空炮"

"以信待人，不信思信；不信待人，信思不信。"作为领导，就要用诚信来对待员工，不要"忽悠"他们。否则，最终落得个不欢而散也未可知。同时，身为将帅，要有"君子一言，驷马难追"的魄力，如果说出来就得兑现，如果没有十足把握兑现，那就不要随便说。放"空炮"或许能引来员工片刻欢喜，但长久看来，则于大局极为不利。

古语有云：君子一言，驷马难追。旨在告诫人们，说出来的话，不能反悔。意即我们现在常说的言出必行。这是做人的学问，也是做领导的学问。

傅玄在谈到信用时说："以信待人，不信思信；不信待人，信思不信。"以诚信待人，人必诚信；以欺诈待人，必欺诈。

《诗经》中说："白圭上的污点，还可以磨掉；语言上的污点，就难以磨掉。"

身为将帅，就需要这样来立信。

在我国古代的战国时期，商鞅制定了新法，试图在秦国实施变法。一次，商鞅命人在京城南门口竖了一根大木，并让人对围观的群众说："谁要能将这跟木头从南门搬到北门，就赏他50两银子！"

50两银子？这对当时的百姓来讲可不是个小数目，有的人家一年也没这么高的收入呢。正因为如此，大多数人都不相信有这等好事，担心这不过是戏弄人的把戏，不会兑现。

可就在众人家犹豫不决的时候，围观的人中站出来一人，只见他扛起木头，从南门一直走到北门。谁知商鞅当场兑现，赏给了那人50两银子。

通过这件事，商鞅在群众中很快树立了威信。这样一来，人们就愿意遵守他推行的法律，新法得以顺利实行。

上面所举的案例都是领导重信用，讲诚信的。可日常工作和生活中，我们看到的也不乏一些善于"画大饼、放空炮"的领导。

有的领导为了笼络和激励员工，就会不假思索地给员工许诺："若能超额完成任务，大家月底能拿到40%的分红"；"只要你们努力，我们公司很快就可以上市了，到时候人人是股东"……而后却往往又办不到。如此，很容易就在员工的心目中留下一个"不守信用"的烙印。长此以往，除非员工智商有问题，否则没人愿意在这样的领导手下效力了。

可是，有些领导很困惑，他们是想通过这种手段来激励员工，如果真的实现了目标，自己也会兑现承诺的。说到这儿，我们就不得不告诫这样的领导，对于团队，对于企业发展的战略如果没有较为明晰的规划，那么这样的理想恐怕只能是水中月，镜中花。

因此，我们特别总结了几点规则，可以帮助存在上述认识的领导们做到言出必行，不放"空炮"，从而赢得员工的信任。

1. 首先，制定科学的企业发展战略，循序渐进地向目标开进

任何事物的发展都是循序渐进的过程，可偏偏有的领导想颠覆这一规律，想一口吃个胖子，这个月偶然地签下一笔大订单，就盘算着每个月都能如此，年终时将会如何如何，而不是去想如何稳扎稳打一步步迈进。到头来，实现不了，员工也跟着空欢喜一场，甚至产生被忽悠的感觉，觉得这个领导不靠谱。正确的做法应该是，扎扎实实，不浮夸不冒进。当团队取得成绩后，也让员工得到些实际的利益。这样就会从根本上杜绝"空头支票"、防止"无力践诺"。

2. 三思之后再许诺

有的领导比较冲动，脑子一热，就满嘴"跑火车"，给下属这样那样的许诺。岂不知，这种未经深思熟虑而做出的承诺，兑现的可能性实际并不是很大。一旦没能兑现，下属在失望的同时，还会觉得领导太不靠谱，说话不算话。这样一来，工作的进展，团队的建设就可想而知了。所以说，为将帅者，如果不能肯定自己能够实现就不要承诺，承诺了就要保证它不折不扣兑现。如果真的发生了棘手问题而不能兑现承诺，也要马上开诚布公地与下属重新进行商洽。如果下属知道你通常都能够恪守承诺，偶尔一次因某种原因而无法兑现，但你又和他们进行了坦诚的协商，那么他们依然会相信你是个值得信赖的领导。

3. 利益分配要因人而异

常理上讲，领导向员工兑现了承诺，可以换取员工对自己的信任，实现团队的通力合作、和谐共融。但是，有个"众口难调"的问题摆在面前，怎么分配能让各类下属都对自己的做法认可，令大家都感到满意？所以说，领导还是需要掌握一些利益分配方面的小窍门的。想办法满足了各类员工的具体需要，这样就能用"小面额支票"产生大的效力。

从前，有个财主家里养了一些门客。有一年风不调雨不顺的，庄稼收成不好，财主家觉得还像以前那样供养这么多人有困难，于是就和门客们说，在未来一年内每月的供奉要减少，不过等来年收成好了，可以双倍补上。

门客们听到这个消息，出现了满意和不满意的两种声音。财主为了留住大家，就采取了第二种策略，他打算去亲戚朋友们那里借一些银两，保持大家的供奉来年不变，但是第二年还别人银子的时候，利息要大家分担。

没想到，这个消息传出后，仍是有人满意有人不满意。这下财主为难了，不知如

何是好，就找一位老学究请教。

老学究听后，对财主说："你是否注意过。对第一方案不满意的一定是年纪很大的门客，而对第二方案不满意的一定是年轻人。"

老学究笑了笑，说："你想想看，上了年纪的人是不是大多没了雄心壮志，身体也保得了今年保不了明年后年的，所以他们很在乎眼下的所得。因此他们会反对第一个方案。而对于那些年轻人，由于他们刚到你这里，正是踌躇满志的时候，他们更看重的是将来的发展，眼下的困难对他们来讲不算什么，何况将来还能加倍补偿，他们自然乐意。所以这些人一定是反对第二个方案的。所以，给他们的待遇就不能采取同一个模式。对岁数大的，要想办法保证他们眼前的利益，对于年轻的，则要让他们看到未来的前途。"

按照老学究说的，财主回去试了一下，果然让门客们都满意了。大家又一起齐心协力，帮财主顺利地渡过了难关。

总的来说，能不能让下属看到切实的利益，这是对为将帅者领导能力的巨大考验。那些只会把口号喊得震天响，却不见什么成绩的领导，早晚成为下属们背后抱怨的对象。只有能够让每一个员工都感觉到自己的利益得到了最大程度的维护，他们才会勤恳、踏实地陪伴领导一路走下去。所以说，"多研究问题，少讲些主义"，是为将帅者极有必要学习的一门功课。

（九）人脉：做好人脉，白手起家也能站在财富巅峰

人脉的积累比知识的积累更重要

一个人事业上的成功，只有15%是由于他的专业技术，另外的85%要依赖人际关系、处世技巧。软与硬是相对而言的，专业的技术是硬本领，善于处理人际关系的交际本领则是软本领。

——戴尔·卡耐基 美国现代成人教育之父，曾在哈佛演讲

说到人脉，其实就是讲人际关系的意思。一个人拥有再多的知识、再多的财富，没有人际网络、社会关系都不能称之为成功人士。辞典里关于人脉的解释是"经由人际关系而形成的人际脉络"，人脉经常用于政治或商业的领域。然而，其实不管人们从事何种职业，都离不开人脉网，离不开别人的帮助和沟通，行走于职场、商界，更是能够体会到人脉的重要性。在哈佛大学里，人脉的积累要比知识的积累更为重要。拥

有了知识，你能够站在客观科学的角度去为自己谋取财富，而拥有了人脉，则无异于如虎添翼，让自己的事业逐渐蒸蒸日上。这样一来，人脉资源就成为人们能够终身受用的无形资产以及潜在财富。

倘若把血脉比作人体生理生命的支持系统，那么人脉就可以说是人的社会生命的支持系统。人们常常会说"一个篱笆三个桩，一个好汉三个帮"，"一人成木，二人成林，三人成森林"，等等，这些俗语都表达同一个意思，就是如果你想要成就一番事业，必定要有做成大事的人脉以及人脉网络作坚实的后盾。

人脉可谓是一种高级资源和资本。不管你多么博学、多么睿智，孤芳自赏只会让你越发地与这个社会脱节。有的时候，看一个人是否成功，会看他在公司工作获得了多大的收益，也会看在工作过程中他积累了多少经验。然而，其中更重要的因素在于他的人脉网有多大，积累了多少人脉资源。这种人脉资源的作用或许在校园生活中体现得还不是多么明显，一旦踏入了社会，不管你是步入职场，还是自主创业，都会在很短的时间内发现人脉对你而言有多重要。人脉不仅在你的工作生涯中发挥着作用，即便之后你离开了工作岗位，人脉资源还会继续发挥着作用，成为你创业的重大资产。

在人脉关系经营方面，一定要保持一种良好的心态，与人交往的时候，既不能阿谀奉承也不能虚伪做作，坦诚相待的同时也要时刻保持一份潜在的警惕性。毕竟职场或者商界的人际交往不同于和校园中的同学相处。人与人之间的关系可谓千丝万缕，没有人脉资源落地生根的人际关系是毫无意义、空泛的人际关系。建立及巩固好自己的人脉关系网要比寒窗苦读难度更大，但也更加重要。那么，关于人脉的积累，他的重要性又体现在哪些方面呢？

1. 人脉——事业发展的一笔无形资产

当你决心闯出自己的一片天时，除了要有丰富的知识积累作后盾，人脉的巩固也是不可忽视的，它就像是一笔无形的资产，往往能够给你带来意想不到的收益。

2. 人脉——事业发展的情报站

在这个信息发达的时代，拥有无限发达的信息，就意味着你能够拥有无限发展的可能性。而信息来自什么地方呢？来自你的情报站——人脉网。你的人脉有多广，获得的情报就会有多广。因此，可以说人脉是你事业无限发展的平台。

在哈佛大学中，绝大多数的学子都能够清楚地认知人脉的重要性。在他们眼中，人脉要比知识的积累更加重要，其中比尔·盖茨就是一个典型的例子。

很多人都明白比尔·盖茨能够成为世界首富的原因，正是由于他能够了解世界的发展趋势，适时出击。那么，他是如何全面了解市场动向的呢？答案就是比尔·盖茨懂得利用一切可以利用的人际关系。他的智慧是大家公认的，然而，如果没有广阔的人脉关系网，他很有可能无法取得辉煌的成就。

从创业初期开始，比尔·盖茨就开始经营自己的人脉网络，其人际关系法则还是很值得我们去借鉴的。

1. 利用自己亲人的人脉资源

比尔·盖茨在 20 岁的时候就签订了第一份合约。这份合约是跟当时全球一流的电脑公司——IBM 签的。在那个时候，比尔·盖茨不过还是个读大学的学生，几乎没有太广的人脉资源。那么，他是如何将这条"鲸鱼"钓到手的呢？主要得益于比尔·盖茨的母亲。他的母亲原是 IBM 的董事会董事。通过母亲的介绍，比尔·盖茨认识了 IBM 的董事长。如果起初比尔·盖茨没有很好地利用母亲的人脉资源，拿不到第一笔大订单，恐怕他也不可能发展到后来拥有几百亿美元的个人资产。

2. 利用合作伙伴的人脉资源

很多人都知道比尔·盖茨身边两个最重要的合伙人——保罗·艾伦以及史蒂芬。他们不仅为微软公司贡献了他们的聪明才智，更重要的是他们还贡献了自己的人脉资源。

3. 依靠外国朋友，开拓国外市场

比尔·盖茨有一个相当要好的日本朋友叫作彦西。他总是能够给比尔·盖茨讲解很多日本市场的特点，并且为他找到了第一个日本个人电脑项目，以此来开辟日本市场。

4. 同那些有潜力的人一同工作

比尔·盖茨曾经说过："在我的事业中，我不得不说我最好的经营决策是必须挑选人才，拥有一个完全信任的人，一个可以委以重任的人，一个为你分担忧愁的人。"

比尔·盖茨的人脉资源法则带给我们不少启发。想要立足于商界，仅靠知识的积累是远远不够的，纵使你天资聪颖，没有人脉资源作依托，你依旧是寸步难行。所以，注重人脉的积累，善于发现身边的人脉资源，才能给自己的事业一个更广阔的发展平台。

人脉资源从表象来看，并不等同于直接的财富，但是，可以说如果缺失了它，那你就根本没有办法获得财富。纵使你能够拥有很扎实的专业知识，又具有雄辩的口才，更是个彬彬有礼的君子，但这些都不能够保证你可以成功地促成一次商谈。然而，在这个时候，如果能够有一位关键人物协助你，帮你说句话，那么，你则会有大获全胜的可能。所以说，人脉的积累要比知识的积累更为重要。

哈佛校友的人脉网络

所谓的精英社会实则是一张纵横交错的人脉关系网，如果你想要融入这个社会，就要学会建立和巩固这样的网络。

——霍华德·加德纳　美国心理学家，曾在哈佛任教

从哈佛大学走出来的商界精英可谓是遍布全球，甚至能够毫不夸张地说，所谓的精英社会其实就是由哈佛大学的校友们交错而成的人脉网络。

在哈佛大学，学生们常常会感觉到压力相当地大，其实老师也同样背负着巨大的压力。在哈佛大学的课堂，老师们传授的东西都是最新的。授课的内容也与最前沿的与科学发展变化有着紧密联系。因此，哈佛的老师必须处在最前沿科学的研究阵地。哈佛大学认为，授课的教授首先应该是个学者，能够享受挑战和创新的乐趣，并且要有与他人进行颇具说服力的交流与沟通。也就是说，在哈佛精英的人脉圈中，这些教授同样占有一席之地。

很多人会认为，积累人脉资源是踏入社会以后的事情，这种观点是大错特错的。从踏入大学开始，大学生们就需要建立起积累人脉的意识。不管在生活中还是在学习中，都要处处留心，你的老师、同学，甚至同在一个自习室的陌生人，都很有可能成为你日后工作后的宝贵人脉。在这方面，哈佛人给我们提供了宝贵的实践经验。那么，在学习生涯中，要如何培养和发展人脉关系网呢？

1. 最易被忽视的人脉资源——老师和同学

在校园里，学生们接触的最多的也就是自己的老师和同学了。其实他们就是你唾手可得的宝贵人脉资源，但是也往往是最容易被忽视的。每个人都拥有自己的交际圈，同学的人脉关系也许不能够被直接拿来利用，但是平日里可以多培养感情，在遇到麻烦的时候，他们才有可能会愿意动用一下自己的人脉关系，助你渡过难关。

2. 实习以及求职时最有利的导师——学长和校友

离开校园生活，踏入社会的时候，很多人会感到相当的迷茫，仿佛这个社会瞬间变得陌生了，不知道自己的明天会在哪里。也会有人在离开校园走上工作岗位的时候感慨曾经的同学情分逐渐变得淡漠了。其实，并非如此，每个人踏入了社会，都会逐渐地成熟起来，这时候的人脉关系网其实也是比较容易建立的。那些曾经的学长和校友，都是你值得巩固的关系网。他们要比你早些走进社会，因此，能够给你提供一些实习机会或者工作岗位，也能够在求职道路上给你更多实用性的建议。

也正是因为他们经历着求职的过程抑或者正在你期待的工作岗位上打拼。所以，多听取他们的经验，对自己的实习、工作都有很大的帮助。当你还没有踏出校门的时候，就应该有先见之明，多跟那些学长、校友们接触，也让自己多一些时间和机会去参加社团活动。尽管很多同学都对学生会嗤之以鼻，甚至觉得参与校园社团也没有什么实质意义，但是，你不得不承认那里是积累人脉的"风水宝地"。此外，在校园的BBS上，或者在一些社交网站上，你也都能够找到自己的学长和校友。当然，你还可以通过一些老师手中的资料来寻找那些学长及校友，多认识一些同校的同学，对你今后的工作发展会有很大的帮助。

走出了校园，踏入了社会，跻身精英阶层是每一个职场人士的梦想。每个人都得从青涩逐渐走向稳重，这是一个必经的过程。哈佛大学的学生们总是能够懂得很好地利用自己身边的人脉资源，建立适合自己发展的人脉关系网，并且不断地加以巩固。那么，如何在初入社会时巩固自己的人脉关系网呢？

1. 积极主动，给他人留下好的第一印象

谁都知道第一印象的重要性。因此，当你初次踏入一个职业圈时，要理性地去面对每一个人，不要我行我素，那样会让所有的人都逐渐疏远你。只有当你给别人留下一个好的印象时，别人才愿意成为你人脉关系网中的一员。

2. 敢于"搭讪"

行走职场或者商界，唯唯诺诺、胆小怕事都是要不得的。想要获得广阔的人脉资源，就要懂得主动出击。尽量去结识一些其他部门的同事。人与人的交往都是由陌生开始的，不要害怕被冷淡、被拒绝，你要逐渐适应职场和商界的模式，这就是社会，这就是现实。你多留心一些，你多认真一点，你多大胆一步，就会有可能比别人多一个机会，一个走向成功的机会。

总之，在生活中，我们所接触到的所有人都有可能是我们今后的人脉资源。因此，千万不要轻易忽视我们身边的任何一个人，更不要忽略任何一个可以助人的机会。友好热情地与人相处，你才能逐渐为自己建立广阔的人脉关系网。

精英社会几乎就是哈佛大学的校友们所组成的人脉网络。他们要比常人更懂得人脉的重要性，也更能够将这种思维模式贯穿于自己的工作及生活中。

由草根青年到美国总统

伟大从来都不是凭空而来的，而是赢得的。在我们的历程中，从来没有捷径可走或是退而求其次。

——贝拉克·侯赛因·奥巴马

2008年11月4日，对黑人贝拉克·侯赛因·奥巴马来说是不寻常的一天。这一天是美国总统大选的日子。而赢得大选，登上美国总统宝座的正是贝拉克·侯赛因·奥巴马。他成为美国历史上第一位黑人总统，也从此改变了美国的历史。尽管人们在大选之前对奥巴马并不是十分了解，但是在大选期间他已经为自己聚集了足够的人气；尽管他的政治资历并不深厚，但他已经成为全球媒体公认的政治明星。因此，奥巴马的当选也存在一定的必然性。我们也能够从他的经历里程中看到，一个黑人是如何不懈努力使自己由"草根"摇身一变成为美国总统的。

1961年8月4日，奥巴马生于夏威夷州火奴鲁鲁。他的父亲老贝拉克生于肯尼亚西部尼安萨省一个牧民家庭，他是一位纯粹的肯尼亚黑人。奥巴马的母亲雪莉·安·邓纳姆生于堪萨斯州的威奇托，她却是一位美国白人。对于童年记忆，奥巴马在他1995年的回忆录《父亲的梦想》中写道："我的父亲与我身边的人完全不同——他的皮肤像沥青一样黑，我的母亲却像牛奶一样白。"

在奥巴马还不满3岁的时候，他的父母就匆匆结束了他们短暂的婚姻。由于父母的多次婚姻，奥巴马多了6个同父异母或同母异父的兄弟姐妹。6岁那年，奥巴马跟随母亲落户到印尼雅加达，4年快乐的童年时光消散在南亚的滚滚热浪中——10岁时，他回到了美国。

奥巴马有过一段肆意放纵的少年时代，那是他与外祖父母一同生活的日子。他曾经在自传中这般写道："我在十几岁的时候是个瘾君子。当时，我与任何一个绝望的黑人青年一样，不知道生命的意义何在……我过了一段荒唐的日子，做了很多愚蠢的事……中学时候的我是每一个老师的噩梦，没人知道该拿我怎么办。"

进入了高中后，奥巴马依然浑浑噩噩地混日子。他终日逃学，放荡不羁，吸毒成瘾。为了能够给奥巴马一个光明的未来，他的母亲凌晨4点钟就会唤他起床，学习英语函授课程。她不断地教导自己的儿子，一定要做一个有用的人，要坦率、诚实、能够独立判断是非曲直，更要注重与身边人的交流与沟通。奥巴马的母亲还把马丁·路德·金的录音带一遍一遍播放给他听。

终于，奥巴马长大了。成年以后，他终于认识到正是母亲使自己接受良好的教育，他开始对自己充满自信。那曾经如影随形的自卑感在令他沉沦崩溃的同时也带给他无尽的能力以及惊人的战斗力。找到自信的奥巴马开始懂得利用自己身边一切可以利用的人脉资源，为自己的成功铺开道路。

在芝加哥当了3年的义工后，奥巴马进入了哈佛大学法学院，并在毕业前一年当选全美最具权威的法学杂志《哈佛法学评论》长达 104 年历史上的首位非洲裔主编。这可谓是人才济济的哈佛法学院所有 1 600 名学生当中最高的荣誉。那个时候的奥巴马第一次得到了全国性的认可。1991 年，奥巴马在哈佛大学获得了"极优等"法学博士的学位。

奥巴马用自己的努力与奋斗来证明自己，对肤色的自卑使他产生了强烈的成就欲望，并促使他从博士、教授、州议员、国会议员一直走到摘得美国总统的桂冠。

奥巴马的成功是用艰辛和努力换来的，而支撑这种努力的强大精神无疑是令所有人都钦佩不已的。诚然，奥巴马直到 18 岁才真正开始在美国本土的生活。他的人生观、价值观都潜移默化地影响着他的人生。这也证明了，历经坎坷的人才能够真正懂得如何得到自己所向往的生活。

在总统的竞选中，由于奥巴马能够适应美国绝大部分人要求"变革"的呼声，因此得到了大多数的拥护。此外，他复杂的血统恰巧迎合了美国社会的多元化思潮，更重要的是奥巴马以自己"精美的意识形态空壳"包容了来自各方的改革诉求，于是，他最终用自己的努力将优势转化为了成功，从一个草根青年变身美国总统。

奥巴马的成功并不是轻而易举得来的，它的理所当然来自奥巴马的顿悟以及亲人的鼓舞。当他懂得要抬起头走路的时候，他学会了抓住自己身边的人脉资源，依靠更多的力量来促成自己的成功。

奥巴马

身价是由人脉圈的价值决定的

衡量一个人的身价，往往不是看他拥有多少财富，而是看他处在什么样的人脉圈中。

——朱利安·泰普林

人们总是希望能够出人头地，能够在自己感兴趣的工作岗位上奋斗，拿着一份不错的薪水，过着自己想要生活。有人说过，不甘于平庸的人已经开始远离平庸。事实正是如此，一个人的身价往往也是由他的人脉圈价值所决定的。你平时跟什么样的人接触，对你方方面面的变化都有着直接的影响。

有些企业的培训者总是喜欢说这样的一句话："学历是铜牌，能力是银牌，人脉是金牌。"以此来向那些即将踏上工作岗位的人强调人脉的重要性。

不管出身如何，不管未来的际遇如何，你始终都要记住，人脉圈对你实现自身价值有着非常大的影响。随着社会的不断发展，人们的惰性开始慢慢扩散，很多人都不愿意再平等地与人交往。所谓的富二代、官二代层出不穷，也不断地出现嫁富豪、娶富家女的现象。如果抛开道德层面的因素，单从成功学角度来说，这些人可谓是抓到了成功的精髓，即通过优化自己的人脉圈来改变自己的命运。然而，对于普通人来说，如果你生来就没有一个相对富裕的家庭，没有富爸爸，也没有嫁给富豪或者娶到富家女，那么，你还有第三次扭转命运的机会——从当下做起，累积你的"人脉存折"，建立、巩固属于你的人脉圈，扭转命运。

很多人都听过这样的话："30 岁以前靠专业赚钱，30 岁以后靠人脉赚钱。"伴随着竞争的白热化，你是否已经逐渐意识到人脉竞争力的重要性？现在的你，可以翻开你的"人生存折"，看看其中除去专业知识、金钱，你拥有多少人脉？你的人脉圈的价值其实就是你的身价。如果说专业是把利刃，那么人脉则是秘密武器。在职场或者商场中，如果能够独具匠心地用好这把秘密武器，将大部分人脉揽入自己的人脉圈中，则会对自己的事业发展起到很大程度的协助作用。

不少人会错误地认为，只有像记者、保险等行业，才需要对人脉十分重视。其实不然，人脉的重要性虽然在上述行业中表现得更加明显，但是实际上，不管是哪种行业，哪些工作人员，甚至说任何人，都离不开人脉。当今时代，人脉竞争力已经逐渐成为一个非常重要的课题。有一句话在好莱坞十分流行："一个人能否成功，不在于你知道什么，而是在于你认识谁。"这句话重点不是在于说明专业知识不重要，而是为了格外地强调"人脉是一个人通往财富、成功的入门票"。

寇克·道格拉斯是知名影星迈克·道格拉斯的父亲，也是美国的老牌影星。他在年轻的时候可谓是非常落魄潦倒。但他十分健谈，十分善于快速和陌生人建立一种友好的联系。一次在火车上，他与旁边的一位女士攀谈了起来。可是，没想到这一次简短的聊天，却聊出了他人生的转折点。没过几天，寇克·道格拉斯就被邀请至制片厂报到。原来，与他聊天的那位女士是一位知名制片人。

这个小故事主要想要表达的意思是，即使你是一匹千里马，也只有遇见了伯乐，你才能大放异彩。人脉往往是人们事业发展的助推器。每一个人都会期待着自己事业上的"贵人"，能够在关键时刻或危难之际挺身而出，帮自己一把。这就要求你注重并妥善经营自己的人脉，让自己尽可能地融入一个能够提升自己身价的人脉圈中。如果你能够处在一个相对有价值的人脉圈中，那么你的身价也会骤然提升。

一个良好的人脉圈可以帮助你在成功的道路上寻找到宝贵的资源，为你打开机遇的天窗，让你拨云见日，豁然开朗；一个良好的人脉圈还可以为你大大缩短成功的时间，提升成功的速度，使你屹立在巨人的肩膀上，这样一来，你就能很轻易地眺望到远处的胜利灯塔。

哈佛大学的学生时常会探讨一些关于人脉关系网的课题，他们会就人脉与财富的关系展开讨论。哈佛人认为，拥有好的人脉，实则就是拥有了不可或缺的财富，这对一个人在事业上的发展能够起到非常大的推动性作用。

哈佛商学院实际上就是一个构筑人脉的集训营

大学是培养未来各界领袖人才的地方……在大学内通才教育与技术教育，理应并重。

——竺可桢　中国卓越的科学家和教育家，毕业于哈佛大学

美国《幸福》杂志的调查显示，美国 500 家最大公司的高层管理人员中，毕业于哈佛商学院的学生占据约 20%。这些人才活跃在各公司的总裁、总经理、董事长等显赫的位置上。在他们经营和管理下的公司，都是全美、甚至全世界声名卓著、资产雄厚、独霸一方的超级企业。正是由于他们能够给企业、给社会做出杰出的贡献，所以在他们被人们称道的时候，他们的母校——哈佛商学院也逐渐成为人们心目中超一流的学府。很多人都会将哈佛商学院的 MBA（工商管理硕士）证书，看作是进入高级管理阶层的有效通行证。

在美国的教育界流传着这样一种说法："哈佛大学可算是全美所有大学中的一项王冠，而王冠上那夺人眼目的宝珠，就是哈佛商学院。"很多人也都说，哈佛商学院其实就是一个构筑人才的集训营，一个人才辈出的摇篮。

哈佛商学院对人才的培养有着自己的模式与目标，它所造就的是总经理式的通才，而并非是市场分析家、生产计划专家、会计师等专才。现代企业的所有者——股东，一般情况下都是不参与企业的经营与管理的。而是要由代表股东利益的董事会任命总经理委以代理人的身份对企业进行管理。所以说，哈佛商学院对总经理式的通才的培养很能适应社会对人才的需求。

如此人才云集的哈佛商学院，其实也是一个构筑人脉的集训营。

"man keep"可以说是当下很流行的一个词语，它的中文意思是人脉经营。而它的发音也十分有趣——"脉客"。随着社会的不断进步，科学的不断发展，人脉的重要性

越发地凸现出来。一个人事业上的成功，其中 80% 都得归功于人脉的作用，剩下的 20% 才来自自己的专业知识以及勤劳与努力。

广义的人脉经营可以定义为：如何主动将现有的和将有的人际关系，有目的、有意识地管理起来，使之产生双赢甚至多赢的价值，并且使自己的人脉不断得到扩展、升级以及优化。人脉经营也堪称是如今社会的一门人生必修课程。

中国流行着一个公式：人脉＝钱脉。但是，华夏人寿的专业寿险规划师黄国胜却针对这个公式发表了自己的看法："人脉首先要变成商脉，然后才能成为钱脉，人脉与钱脉直接画等号多少是偏颇的。君不见许多人交往了一辈子，相互之间也是君子之交清淡如水。所以，商脉是介乎于人脉和钱脉之间真正桥梁。也就是说，经营人脉，就是搭建桥梁，建立双赢通道，这里面涉及许多资源的调配，等等，很有学问。"

因此，哈佛商学院的学生们都十分清楚人脉在个人以及企业的发展中占据着何等重要的地位，更清楚身边的同学和老师可能就是以后能够帮到自己的"贵人"。所以，他们总是能够用最好的心态和法则来经营大学里的人脉关系。同时，这种对人脉的妥善经营也会被他们带到社会中，他们总是能够以最快的速度融入一个新的环境中，汲取那些对企业发展有用的人脉。在哈佛商学院学子们的字典中，没有胆怯、孤僻的字眼，他们总是能够将最美好的微笑呈现给出现在身边的每一个人。在哈佛商学院这样一个构筑人脉的集训营中，莘莘学子所编织出的人脉关系网毫无疑问将对他们的事业腾飞起到极大的推动作用。

历史悠久的哈佛商学院本身就是一个庞大的人脉关系网，它将所有的商业精英都紧紧地连接到了一起。从哈佛走出去的企业领导者、管理者们，都能够很好地利用自己身边的人脉关系，为自己的事业添砖加瓦。

穷也要穷在富人堆里

我愿意用我所有的科技去换取和苏格拉底相处的一个下午。

——史蒂夫·乔布斯

中国有句古话："人为财死，鸟为食亡。"自古以来，财富对任何人来讲都具有相当大的诱惑力。经济学家经常将人区分为穷人和富人两大类，这种区分是把财富直接归于人类的最基本属性。在一个以财富划分人群的社会群体中，一个人拥有财富的多寡对其道德水准、社会地位、政治态度以及思想精神都起着相当大的决定作用。在这样一个由穷人和富人组成的社会里，所有的人都被简单地还原成一种财富和经济的动物。

那么，作为绝大多数都是穷人的普通人，如何来面对这个世界根据财富多寡进行的阶层分级，是在穷人堆里浑浑噩噩，成为穷人中的"人上人"，还是争取混进富人圈子里，努力让自己成为一个富人呢？

"有一种穷人就算是穷到了家。他们也只是宁愿位列一支穷人的队伍之首做一辈子穷人，而不愿跑到一支富人的队伍之尾去做一会儿富人。"说这话的是一位日本的学者，名叫手岛佑郎。他曾经先后在以色列以及美国钻研犹太商法长达三十余年。手岛佑郎的观点独特、见解犀利。在一次演讲中，他曾经提出一种"穷也要穷在富人堆里"的人脉观点。

手岛佑郎曾经到中国某所大学进行演讲。在演讲的过程中，他给台下的人列举了犹太商法的32种智慧。就在这时，一个听众因为迟到而错过了手岛佑郎之前的演讲，所以就举手向提问什么是犹太商法。

这时，不少人都在窃窃私语，等着看这个人遭到嘲讽。可是手岛佑郎却对那个提问的人说："在我解释之前，你先回答我三个问题吧。"

第一个问题，有两个犹太人同时落入一个大烟囱中，其中一个身上没有沾到烟灰，而另一个却满身都是灰，那么他们两个爬出来后谁会去洗澡？

"当然是那个身上脏的人！"众人听完都忍不住异口同声地回答。

"错！会去洗澡的是那个身上没有沾到烟灰的人！"手岛佑郎否定了众人的回答，看着他们错愕的表情，手岛佑郎继续说道："因为那个满身是灰的人看到身上干净的人，就会认为自己一定也是干净的，反之，那个身上并没有沾到灰的人却因为看到那个人满身是灰，所以就会认定自己也和他一样脏，因此，他会选择去洗澡！"

第二个问题，还是那两个人，他们后来再次掉进了那个大烟囱，并且情况同上次一样，那么，这一次哪一个会去澡堂？

"这还用说吗，是那个干净的人！"众人再次统一了观点，认为之前手岛佑郎已经分析过了，这次的回答肯定不会错。然而，手岛佑郎再次否定了他们的说法："又错了！干净的人上一次在洗澡的时候发现自己身上其实并没有沾到烟灰，而那个满身烟灰的人则明白了干净的人为什么要去洗澡，所以这次是那个满身是烟灰的人去洗澡。"

第三个问题，还是那两个人，他们再一次掉进大烟囱，那么谁会去洗澡？

"这次是那个脏人。不，是那个干净的人！"大家开始意见不统一了，或许经过手岛佑郎对前两个问题进行分析后，他们也不知道到底是谁该去洗澡了。

"不管你说的是哪一个人，都会是错的！因为你们见过两个人一起掉进同一个烟囱，一个满身烟灰而另一个则保持干净的事情吗?"

台下黑压压一片的听众顿时鸦雀无声，只有手岛佑郎的声音在回响着："这就是犹太商法。穷是一种切肤没齿的感受，富是一种矜持倨傲的状态。穷人赞美富人积累财富的结果，却忽略了富人通达财路的智慧。穷到富的转变是大多数人憧憬的，但没有致富的思想和手段，富有殷实只是聊以自慰的幻想罢了。因此，穷人不能只懂得一味地慨叹命运不济，而要站在富人堆里，汲取他们致富的思想，比肩他们成功的状态，才能真正实现致富的目标。"

不管是谁，不管你现在如何穷困潦倒，都会有成为富人的梦想，也都会有成为富人的可能。就算你现在还是一个不折不扣，穷得叮当响的人，你也不能轻易地放弃你的梦想。这就要求你不要让自己远离了富人的队伍，哪怕就只能站在最后面，也能够汲取富人身上那种为梦想努力奋斗的精神，那种富人特有的处世智慧和做事方法，最重要的是你可以从你周围的富人堆里得到许多常人梦寐以求的成功机遇和能够助你成功的"贵人"。事实上，只要能让自己成功地混入富人堆中，并得到那些富人们的认可，那么，你也就离成为富人的日子不远了。

格局能够决定未来，所以，如果你现在还只是一个穷人，并且仍旧只在穷人堆里浑浑噩噩地混日子的话，那么，赶紧让自己清醒过来。宁可在富人堆里做最后一个富人，也不要在穷人堆里为穷人之首，那对你的成功之路、富人之梦毫无益处。

尽管成功没有办法复制、粘贴，但是，不管是赚钱的方法还是理财的技巧及理念，都是可以效仿的。犹太经典《塔木德》中有一句名言："和狼生活在一起，你只能学会嗥叫，和那些优秀的人接触，你就会受到良好的影响，耳濡目染，潜移默化。"而且，混在成功的人的圈子里，你的人脉圈也将得到优化，这对你的成功之路尤为重要。因此，相信自己，坚定地选择正确的灯塔，穷也要站在富人堆里。

应纳入囊中的 10 种人脉

选择最宝贵的东西——朋友。

——拉尔夫·沃尔多·爱默生

处在工作岗位上的你，是否工作很忙，几乎都抽不出时间与任何朋友打交道?

你是否每天都要挑灯夜战到深夜，根本没有时间给身边的朋友打个电话或者约出来一起聚聚，抑或是到公司对面的咖啡馆喝杯咖啡?

大概很多人都会摇头叹息："没办法，我太忙了。"或者，你确实没有时间，因为太忙了。有些人总是认为，忙是好事，忙会让生活变得充实，变得没有空当。然而，纵使你存日常的工作中再忙，也要腾出时间经营你的人脉，尤其要注意将以下这10种人脉纳入囊中，并且要学会巩固这些人脉关系网。

1. 能够在关键时刻为你提供票据的人

这种人在关键时刻总是能够扮演起重要角色。例如你的朋友急欲观看某场重要比赛，可是这时候偏偏票售完了，甚至问过所有的票务公司都说没票可售了。这时的你急人之所急，拍着胸脯担保包在你身上，相信你的朋友一定会大为高兴。

然而，你揽下了这个"瓷器活"，是否真的就有那个"金刚钻"呢？如果这个时候你恰好有一个票务公司的朋友，并且入场票对他来说只是小事，那么你就不用再为票的事情劳神费心了。因此，当你认识了这些能够为你提供车票、门票等票据的人，才能在关键时刻显现你的胸有成竹。

2. 接触一些银行内部的工作人员

在经济发展为主导的社会，银行逐渐占据着十分重要的地位。薪资发放、奖金福利、税款缴纳、投资理财，等等，都与银行有着密不可分的关系。因此，认识几个银行内部的工作人员是极有必要的。当你的资金出现任何问题的时候，你就不会急得像热锅上的蚂蚁一样，而是知道向谁求助，向谁咨询。

3. 可以的话，不妨认识一下猎头公司的人

也许很多人都曾经接到猎头公司的电话，并且频繁程度让你感到十分厌恶。其实往往在这个时候，你不必冷言冷语地忙于拒绝，不妨随便聊聊，或者记一下联系方式。要知道，虽然你现在不需要，但是却不代表你将来不需要。倘若你哪一天不幸落马了，猎头公司就能派上用场了，说不定还能帮到你。永远要谨记一条真理——在口渴前挖井，那你在任何可能会渴的时候都会有水喝。

4. 不管你是不是常出差，都多与旅行社打交道

身在职场，出差办事是避免不了的。那你就会经常与汽车、火车、飞机等交通工具打交道。有的时候，同一架飞机中10名旅客就会有10种不同的价格。如果你认识旅行社里的人，那你的票价就有可能是这10种票价中最便宜的。例如一张原价400元的机票，别人花500元才能买到，而你却只花了300元就到手了，这个时候你会不会很得意？其实这就要得益于你所认识的那些能够帮到你的旅行社里的朋友。

5. 处理好与警务人员的关系

很多人见到穿警服的人时心里会冷不丁地犯怵。其实，只要你没做犯法的事，完全没有必要。你要知道，很多时候，警务人员的作用是相当大的。例如，遇到户口迁移、子女就学、家庭安全等情况时，都会有警务人员涉入。所以，从某种程度上来说，

如果你能够多跟几个警务人员打好关系也是有百利而无一害的。

6. 尽量多结交名人、大腕

大家都懂得这样一个道理："大树底下好乘凉"。所以，尽可能地多去结交那些名人、大腕。或许在很多人的眼中，那些名人大多都会端着架子，不愿意与人接触。其实不然，有些名人要比人们想象得更容易接近，其关键就在于你是否用对了方法，是否有独特的魅力去获得他们的关注。也有一些人会比较看不惯那些所谓名人的作为，但是你不得不承认他们所在的圈子会让人尽快得到成长，也会历练人的心智，更让人看清现实。不管怎么样，多结交这些人对你也是十分有帮助的。

7. 虚心向金融和理财专家请教

金融、理财，这两个看似高深莫测的词语，却随着社会的发展不断地渗入人们的生活，人们生活中的点点滴滴都逐渐与金融、理财挂钩。可是，并不是我们每个人都能够成为这两方面的专家。所以，我们就要多向这方面的专家请教，用一些较为科学的方法来指引我们更好地生活和工作。

8. 有的时候你也需要一位律师

社会逐渐复杂多变，有些看似很简单的问题都会存在太多扑朔迷离的因素让人难以解答。甚至有人会抱怨，就算是两手空空地走在大街上都有可能惹祸上身。因此，最明智的选择就是动用法律武器，采取法律手段，走法律程序来保护自己。那么，这个时候，我们就需要一位能够真心为自己说话的律师朋友为自己辩解。

9. 必要时也要与维修人员打交道

有些人会认为这类人处在社会的底层，这种说法有些偏激了。人们在日常生活中会遇到形形色色的麻烦，例如家里的锁锈得打不开了、下水道堵塞、煤气罐漏气、半旧的汽车突然罢工……诸如此类的麻烦往往会很影响人们的情绪。这时，如果你突然想起某个精通维修的朋友，那么一个电话过去，你所有的问题都能够迎刃而解了，并且朋友价，你所需要付的费用也肯定会在合理之中，那么，何乐不为呢？

10. 你不要忽视媒体工作者、医生朋友

人们往往一听到媒体工作者第一时间就会想起让人生厌的狗仔队。万不可以以偏概全，如果你是一家企业的管理者，正巧公司新研发了一种产品，那就自然少不了宣传。既然要宣传那也就避免不了与媒体工作者打交道。不管是从集体利益出发，还是从个人利益出发，你都相当有必要结交一些媒体方面的朋友。很快你就会发现这对你或对你的公司，都是十分有益处的。虽然媒体可能会让你绯闻缠身，但也可以使你在短时间内人气飙升。这两种结果就要取决于你与媒体工作者之间的关系以及你的处事态度了。

再说说医生，这类朋友可谓是十分重要的。人吃五谷杂粮，没有谁能够逃脱得了生老病死。很多时候，身边的人或者自己需要看病，到医院挂号都需要很长时间，如果这个时候你恰好认识一位医生朋友，那你则可以很迅速地得到治疗并且能够更加放心。所以，千万不要忽视这些白衣天使，关键时刻他们可是能够扮演很重要的角色的。

总之，不论你在哪个行业、哪片领域，都很有必要结识以上10种人。他们能够在很多关键时刻给予你意想不到的帮助。这些人就好比我们日常出行必须用到的交通工具一样，有的时候没有他们，我们甚至连最基本的事情都难以完成。或许结识他们看似十分平常，甚至感觉没有什么作用，但是，如果我们能够巧妙地运用、安排，在一些必要时刻，他们则能够协助我们解决很多自身难以解决的问题，发挥事半功倍的最佳效果。

哈佛人对人脉的重视和经营对我们也有很大的启发：我们无论如何都不能怠慢人脉，但建立人脉却是急不得的。我们必须在平时就让自己为人脉添柴加炭，只有不动声色地微火慢炖，才能够使自己的人脉关系网有足够的硬度，朋友也才会纷至沓来，成为你取之不尽、用之不竭的"摇钱树"。

辉煌与成功从来都不是依靠哪一个人的单打独斗就能得到的。因此，顺应当今社会的发展趋势，打造高绩效的团队，是实现商业目标的首要突破口。商业精英们应该懂得，自己不可能一个人完成所有的事情，要想管理好自己的公司，打理自己的事业，首先就必须懂得用人。善于用人，敏锐地挖掘他们的特长，再给予他们施展自己才华的工作平台才能让他们能够更好地为公司谋取利益。从营销管理的角度来看，各个方面都离不开人力资源的作用，它非常值得人们去重视！

（十）口才：会演能力体现管理者素质

如何靠演说激发干劲

毫无疑问，我们都非常羡慕那些激情澎湃的演说家，从苏格拉底到罗伯斯庇尔，从马丁·路德·金到今天的奥巴马，他们的经典演说风头，甚至有时候影响了历史的进程。

哲学家弗里德里希·尼采有句名言："对语言的理解不仅仅限于词句，而是连同语句的声音、强度、变化、速度——并表达出来——简而言之，就是言语背后的音乐，就是发自内心的激情。"将激情注入演说，演说者将乐在其中。而激情，是每个人天生都具备的。正如著名演说家卡耐基所说："每个人只要会说话，就一定能成为出色的演说家。"

但是，哈佛管理课的教授们却经常这样告诉学生们：在现实中，很多人在台下是一个杰出经理人，博学多闻，见解精辟，但一站上台，却立刻变成一位无趣地讲者。经常会看到一名经理人头脑空白地侃了数分钟后，却发现下面的听众双臂抱胸，或茫然无措、打哈欠，有的还频繁看表，最糟糕的是有人已经开始离场……一旦出现这种情况，就表明这场演讲彻底失败了。

可见，演说和表演、作文有很大的区别。首先，演说是演说者（具有一定社会角色的现实的人，而不是演员）就人们普遍关注的某种有意义的事物或问题，通过口头语言面对一定场合（不是舞台）的听众（不是观看艺术表演的观众），直接发表意见的一种社会活动（不是艺术表演）。其次，作文是作者通过文章向读者单方面的输出信息，演说则是演说者在现场与听众双向交流信息。严格地讲，演说是演说者与听众、听众与听众的三角信息交流，好的演说者不能以传达自己的思想和情感、情绪为满足，他必须能控制住自己与听众、听众与听众情绪的应和与交流。所以能激发听众干劲的演说具有针对性、鼓动性的特点。

针对性演说：是一种社会活动，是用于公众场合的宣传形式。它为了以思想、感情、事例和理论来打动听众，"征服"群众，必须要有现实的针对性。

所谓针对性，首先是作者提出的问题是听众所关心的问题，评论和辩论要有雄辩的逻辑力量，要能为听众所接受并心悦诚服，这样，才能起到应有的社会效果；其次是要懂得听众有不同的对象和不同的层次，而"公众场合"也有不同的类型，如专业性会议、服务性俱乐部、学校、社会团体、宗教团体、各类竞赛场合，写作时要根据不同场合和不同对象，为听众设计不同的演说内容。

鼓动性演说是一门艺术。好的演说自有一种激发听众情绪、赢得好感的鼓动性。要做到这一点，首先要依靠演说稿思想内容的丰富、深刻，见解有独到之处，发人深省，语言表达要形象、生动，富有感染力。如果演、讲稿写得平淡无味，毫无新意，即使在现场"演"得再卖力，效果也不会好，甚至相反。

林肯曾经说过："我相信，我若是无话可说，就是经验再多，年龄再老，也不能免于难为情。"这说明要进行成功的、能激发听众干劲的演说，需要有成功的准备，任何演说都需要做一定准备，长则数十年。短则数分钟。所谓"台上十分钟，台下十年功"。

那么在公开演说前要做哪些准备？最重要的是了解你将要面对的演说对象，想方设法了解演说听众的需求。演说者与听众间建立起和谐关系，是一切成功演说的关键。根据听众的兴趣来演说可以有效地抓住受众，也可以使自己尽早进入演说的角色。

曾把《如何寻找自己》这一题目讲过 6000 多次的演说家罗素·康威尔博士这样回忆："当我去某一城或某一镇访问时，总是设法尽早抵达。以便去看看邮政局长、旅馆经理、学校校长、牧师们，然后会找时间去同他们交谈。了解他们的历史与他们拥有的发展机会。然后，我才发表演说，对哪些人谈论．就得适当地选择当地题材。"

当然，所有的解决方法，都像是一个精心揣摩的过程，如果不能参透其中玄机，那么"方法"层面的"知识"就永远不可能变成"智慧"，你也将仍然经受着演说前的局促不安，并且收获"蹩脚"的演说。

哈佛的老师们告诫学生：我们不指望凭着一条三寸不烂之舌闯荡江湖，但至少在演说中得到听众的重视和青睐，为自己的工作和生活加分。

成功演说的一系列关键

一百多年来，很多从哈佛大学毕业的人，进入美国军界、政界和商界等领域，获得显赫的职位。如此这些，都归功于哈佛大学传承百年的口才精英训练。作为每一位哈佛学生必须掌握的沟通技巧，它时刻强调精英的思维习惯，倡导真正实用的人际交往理念，让你自然发挥潜在的表达实力，在各种场合下挥洒自如。

希望成千上万的普通人通过学习本书中阐述的沟通理念，能够成为成功的演说者、有效的判断者、人见人爱的交际家。

一个重要的演说可能让人心神不安。而成功的关键在于充分的准备工作和自信的讲话过程。如果你准备很好，并且记住了关键点，那么你已经准备好大展身手了。演讲就是一场表演，它不仅仅是简单的文字的传递，它还包括戏剧的表演形式。这里列举演讲的 7 个关键，成功与否，就要看你能否把握好这 7 个关键。

1. 自信

你会感到焦虑，那很自然。最好的良药就是排演时表现出思路清晰和自信。听众可以直接读懂你的行为举止，他们会说他们看到了一个与众不同的，令他们感到自信、阳光的演说开头。你可以试着问一个问题，给大家一个挑战，引用名人的话，讲一个笑话，或者陈述一个有趣的事。记住，你的开端怎样直接影响你的听众。

2. 10-20-30 原则

著名的风险投资家，同时也是位充满激情、睿智和幽默的演说家 Guy Kawasaki，他提出的一个幻灯片制作和演说原则，即一个 Power Point 不能超过 10 张幻灯片，演说总长不能超过 20 分钟，而且幻灯片的字体要大于 30 号。

他说，不管你的想法是否能够颠覆世界，你必须要在有限的时间里，用较少的幻灯片和精练的语言将其精华传达给听众。

Power Point 使用说明：

直观辅助材料（例如视频和 Power Point 幻灯片）是使听众关注您的演说内容的一种好方法，当演示或较演说长时是必不可少的。但稍有不慎可能会有问题。最明显的是当设备无法工作且您的整个演说都是以视听设备元素为基础的情况。

说到设计 Power Point 演示文稿，Adam Griffiths（Aon Consuhin 9 的交互通信经理）建议使每张幻灯片上的内容尽量简单。"多样性也很重要，使用图像而不仅仅是文字。一种很不好的方式是使用 20 张幻灯片而仅有一段评论。"

Adam 建议使用表、图和相片来丰富演示文稿。要更为吸引人，可以在 Power Point 中嵌入数字视频。但也不要将文稿弄得华而不实。每张幻灯片使用一两种字体、一两种颜色和一幅图形就可以了。"我常对别人说，要仔细考虑要阐述的前 3~5 点内容，并确保保持一致和简单。"他说，"为演示文稿提供主题通常很有用，例如，'接触星球'，然后使用一个火箭图形，标上您要阐述的五个关键点和其他直观比喻，并在结束时回到图形以紧扣主题。"

请记住，直观辅助材料仅对演讲起辅助作用，而不能完全依靠它，"某些人使用 Power Point 开始创建演示文稿，而不会考虑'我要达到什么目标、达到此目标的最佳方法是什么、直观辅助材料如何帮助我传达信息'等问题"。

3. 与听众进行眼神交流

不要藏在讲桌后面或者低下头念你的稿子。在讲台上走一走，要看着大家，用心与他们进行交流。眼神交流是不可或缺的，它能够唤起听众的热情，提升演说的水平层次。

4. 运用一些排比局式

奥巴马的演说中就有很多排比句式，也可以用一些押韵的句式。这些句式虽然有些做作，但是当你讲出它们时，观众们会给你强烈的反应。这种句式会提升听众的兴奋度，使他们情绪高涨。

5. 演说就像讲故事

如果你的演说比较长，那最好加入一些小故事、双关语和奇闻逸事等来串联整个演说，同时也帮助阐述观点。优秀的演说者都知道怎样将小故事和要阐述的观点联系起来，从而达到吸引观众的目的。

6. 学会暂停

演说家的秘密武器就是暂停，也就是讲话时的短暂停顿，但是要谨慎使用它。它可以让你吸引观众的注意力。比如，你可以在重要的内容前停顿一下，在问问题之后停顿一下，让大家产生好奇。

7. 不要事先计划手势

演说中的任何手势都应该是你要传达的信息的延伸，它是帮助你传递信息中的情感。事先计划手势会看起来很不自然，刻意为之时还会和其他自然的肢体语言不搭配。如果你不知道该做什么手势，那把手随意地放到身体两侧就好了，不要用手指着听众！

开场和结尾都要精彩

在哈佛的课堂上，我们常听到这样的话，要想抓住并保持住听众的注意力，在演说一开始就要与听众建立起密切的联系。如果你一开始就成功地吸引住了听众，那么他们就会更容易接受你要传达给他们的内容。

精彩开头要达到：

1. 吸引听众的注意

演说开头成败的关键在于能否吸引并集中听众的注意力。例如，麦克米兰石油公司副总裁迈克斯·艾萨克松在一次演说的开头中便运用了引言和反诘的方法来吸引听众：

"我们都知道，演说是件很难的事。但是请听听丹尼尔·韦伯斯特是怎么说的吧：'如果有人要拿走我所有的财富而只剩下一样，那么我会选择口才，因为有了它我不久便可以拥有其他一切财富。'那么，为什么许多有才华的人偏偏害怕演说呢?"

2. 为听众阐述演说结构

演讲时，应当利用开头部分对演讲内容加以概述，让听众了解演说的内心思想和结构。例如，汉诺威信托制造公司的主席及总裁约翰·F·麦克基里卡迪在一次演讲的开头中，就很明了地陈述了他演说的结构及范围：

"女士们，先生们，晚上好！我很荣幸应科里曼主任的邀请来参加这个在我国很有权威的商业论坛——在见解上它可以与底特律和纽约的经济俱乐部相提并论。

第一，我将对最近的国内经济形势加以展望，我认为它并非人们有时所想象的那样严峻。

第二，谈谈近期欧佩克的经济增长对国际经济增长的影响——对包括我们自己在内的许多国家来说是件痛苦的事，但又是完全有办法应付的。"

当演说处于高潮的时候，听众大脑皮层高度兴奋，情绪和能力都由此达到最佳状态，如果在这种状态中突然收束，那么保留在听众大脑中的印象就特别深刻。

结尾是演说内容的自然收束。言简意赅、余音绕梁的结尾能够使听众精神振奋，并促使听众不断地思考和回味；而松散疲沓、枯燥无味的结尾则只能使听众感到厌倦，并随着事过境迁而被遗忘。怎样才能给听众留下深刻的印象呢？美国作家约翰·沃尔夫说："演说最好在听众兴趣到高潮时果断收束，未尽时戛然而止。"这是演说稿结尾最为有效的方法。在演讲处于高潮的时候，听众大脑皮层高度兴奋，注意力和情绪都由此而达到最佳状态，如果在这种状态中突然收束演讲，那么保留在听众大脑中的最后印象就特别深刻。

那么，怎样结尾才能给听众留下更深更好的印象呢？

首先是回顾要领：在演说告一段落的时候把今天演说的内容做一个总结，总结出几个要点，让台下的观众知道今天主要讲的是哪些题材，让他们知道哪些是重点，哪里是主要哪里是次要。

第二点是感恩你的听众：这个也是很重要的，因为你能有这次的演说是因为有人愿意花时间来倾听，没有他们你就没有演说的舞台，所以在结束的时候要对他们表示感谢，谢谢他们花时间来听你的演说，对你这么支持。

最后一点是呼应重点：前面回顾完了，也感谢完了，还要让下面的观众和你一起把今天的重点重新再说一次，加深下他们对今天演讲内容的印象，也同时可以带动他们一些积极性。

就像我们在平时的工作中不管是上台演说，还是在给客户沟通的时候都要并然有序，不要想到哪里就说到哪里，而且还要把主题突出，让别人知道你今天演讲的是什么内容，哪里是重点哪里该记住，这样不会让客户或者其他聆听者觉得没有头绪，听完了也听不出今天道理讲的啥。所以不管做什么演说，都要做好事先准备，条理分明。

常见的正确方法有：

1. 利用赞颂的话结束演说

人一般都喜欢听赞颂的话，通过这些赞颂的话，会场的活跃气氛可达到一个新高潮，讲者和听者的关系就更融洽了，给听者留下一个满意的印象。但要注意，讲者在说赞颂的话时，不能有过分的夸张和庸俗的捧场，否则听者就会有溢美或哗众取宠的感觉。同时，讲者说话的表情要自然，态度要严肃，口气要诚恳。

2. 利用名人的话或轶事结束演说

权威崇拜是一种普遍存在的社会心理，恰当地运用权威和名人的话或者轶事结束演讲，可以把演说推向一个新高潮，给讲者的思想提供最有力的证明。但要注意，讲者引用名人的话或轶事要有针对性，要能丰富和深化自己演讲的主题。

3. 利用幽默结束演说

除了某些较为庄重的演说场合外，利用幽默结束演说可为演说添加欢声笑语，使演说更富有趣味，并给听者留下一个愉快的印象。

演说者利用幽默结束演说时，要做到自然、真实，使幽默的动作或语言符合演说的内容和自己的个性，绝不要矫揉造作、装腔作势，否则只会引起听者反感。

4. 利用呼吁结束演说

这方法对一些"使人信"（相信）和"使人动"（行动）的演说来说，效果尤为显著。讲者通过对与听者有共同思想、共同愿望、共同利益和共同语言的某问题的阐述，使演说达到一定高潮。

然后，讲者利用一些感情激昂、动人心弦的讲说词对听者的理智和情感进行呼吁，这样，讲者就实现了激励和感召听者的目的。

5. 利用动作结束演说

在演说中，讲者的动作（无声语言）是与听者交流思想的重要媒介，利用动作结束演讲，也是一种具有独特风格的方法。

另外，结尾同开头一样，也没有不变的程式，只要我们敢于创新，不拘一格，细心体验他人成功的经验，就会创造出精彩、新颖、言已尽而意无穷的结尾来。

第三章　时间管理

一、时间管理概述

如果不思考和了解目前是如何使用时间的，你将很难达到有效管理时间的目的。如果你明白自己现在安排时间的方式，就能够比较容易地掌握和控制时间。对家庭预算来说，除非了解了现在的消费习惯，否则你将无法计划并控制未来的开支。这也同样适用于你对时间的管理。

你现在花多少时间在文书工作上？会议上呢？电话上呢？旅行上呢？网上冲浪上呢？如果能够精确地描述现在如何分配时间，你将清楚地了解在什么地方浪费了时间，以及如何更加有效地利用时间。

自我测试：你在什么地方浪费了太多时间？

检查一下你的工作方式和可能受打扰的因素，看看自己在什么地方浪费了太多时间。请根据你的实际情况，按照以下标准进行打分，并记住相应的得分。

几乎总是 0 分

有时是这样 1 分

大多数是 2 分

几乎没有 3 分

（1）电话时常打扰我，通话时间比较长。

（2）不速之客常常影响我，让我不能专心于自己的工作。

（3）讨论时间通常比较长，而我从中受益很少。

（4）由于常常屈从于压力，我才遵守我的时间表。因为有些事情难以预料，或者我打算做的事情太多了。

（5）没有明确的先后顺序，我总是想着一口气就把工作完成。我常常被琐事所困，不能集中精力做最重要的工作。

（6）有的工作时间紧迫，任务繁重，所以我总是觉得很难完成任务，故而总是拖延，或者从来没有完成过，因为我总是静不下心来。

（7）我办公桌上的文件堆积如山，回复与阅读需要很多时间。

（8）与他人缺少沟通，信息交流迟滞，误解甚至摩擦时有发生。

（9）当别人向我寻求帮助时，我很难拒绝他们，即使我还有自己的工作要完成。

（10）我常常做一些其他人也可以做的事情，而没有授权给别人做。

（11）在我的生活中，工作与个人的目的性不明确，每天毫无意义地工作、生活。

（12）有时我缺乏自律，难以实现自己的计划。

根据自己的回答，计算一下所得的分数，看看自己的分值是多少。

0～17分：你没有任何时间观念，既不能驾驭自己，更不能有效地领导别人。时间管理可以使你开始崭新、成功的生活。

18～24分：你努力控制自己的时间，但是方法不对，而且不能长久地坚持下去，所以总是不能成功。

25～30分：你的时间管理进行得还不错，但是你可以做得更好。

31～36分：祝贺你，你有很好的时间管理能力，是别人学习的典范。你可以把自己的经验与别人分享，同时你也要坚持把时间管理继续下去。

（一）超负荷工作

时间最不偏私，给任何人都是二十四小时；时间也最偏私，给任何人都不是二十四小时。

——赫胥黎

罗伯特是一家 IT 公司的优秀员工，他一直勤奋努力地工作，并且总是希望自己能将工作做得更好。他一直竭尽全力地去做好一切工作，来帮助团队达到公司的工作目标。

有一天，他的上司罗斯说："我觉得应该有人为我们公司的新项目的下一步工作制订一份详细、周密的计划书。大家谁愿意主动来接受这个工作？"

然而，没有一个人做出回应，大部分员工都默默地坐在那里，眼睛看着自己的笔记本。

"有没有人愿意做这份计划书？"罗斯又问了一次。

罗伯特见没有同事愿意主动承担这个工作，便像往常一样站出来，接下了这项工作。罗斯对罗伯特的行为表示赞许，当即赞赏他是一个勤劳、认真的好员工。他的举动是同事们意料之中的，他的同事都很清楚他在这种情况下会有什么样的行为，只要他们坚持不站出来，罗伯特最后一定会承担起新任务的。罗伯特是一个勤奋、踏实的完美主义者，他所做的工作通常都完成得非常出色。但是他存在一个问题，那就是他很多时候不能按时完成工作任务，因为他总是接受一些超负荷的工作。

罗伯特这样的人是很值得赞赏的员工，但他们也存在一个很大的问题，那就是不懂得对别人、对工作说"不"。他们总是大包大揽，经常承担起自己能力之外的工作。因此，他们的工作日程计划总是不断增加新的工作任务，而他们也经常在深夜或者周末加班加点才能完成任务。更让人觉得遗憾的是，他们的工作效率并不高，在工作进度上，他们总是落在其他人的后面。

你现在的工作状态是不是也像罗伯特一样？如果你也像罗伯特那样大包大揽，什么工作都接受，那么，你就应该认真思考一下超负荷工作给你的生活带来了哪些方面的负面影响。你的职业生涯将被超负荷工作搞得没有一点生气，然而这些工作最终又有多少与你的关键目标相关？更何况，你还可能因为超负荷工作把自己搞得筋疲力尽。此外，如果你把本来应该花费在学习新知识、陪伴家人和交际等方面的时间也全部拿来工作的话，那么，你的个人生活也将痛苦不堪。如果你存在上面的这些情况，建议你按照下面的方法去尝试一下，也许你可以避免让自己超负荷运转：

（1）明确自己的关键职责和目标。如果这样做了，你便可以很容易地把本职工作和额外的工作区分开来。如果公司里有本职工作以外的任务，不要主动揽下它。相反，你应该好好想想，谁最有责任去完成它，这是谁的本职工作或者分内的工作。如果最后你不得不参与这项工作的话，也不要把这项工作当成是你自己的职责，而是尽量去当主要负责人的好助手。

（2）如果你的同事没有完成他的工作或是没能达到你的标准，请不要想着帮他去完成工作。这是费力不讨好的事情。你的同事可能会把他的工作做得非常糟糕，但是如果你插手帮他们做的话，那么他们可能永远也不会取得进步。相反，你应该针对他们的工作进度和工作状态，提出一些有意义的建议，帮助他们把工作做好。

（3）学着对你的老板和同事说"不"。如果你天生乐于助人或者你习惯性地把自己看作团队中的一分子的话，说"不"是一件困难的事情。但如果不懂得拒绝的话，你将像事例中的罗伯特一样，无休止地工作。

其实拒绝老板或者上司对于工作的额外要求远远比你清楚地说出为什么要做这项工作容易得多。认真地思考一下说"是"将会给你带来什么样的后果——打乱你的工作计划，让你无法按时完成最重要的工作，这样说"不"的理由就会变得十分清晰了。在老板面前，说"是"非常容易，说"不"对你来说却是一个很大的挑战。对老板或者部门主管说"是"可以让你在很短时间内取悦他。在上面罗伯特的例子中，罗斯就会想："如果没人愿意做的话，罗伯特还是可以做的。"但如果总是因为接受新的工作任务而导致你的本职工作不能按时完成的话，你很可能就会成为一个失败者。更重要的是，说"是"并不能让你得到升职的机会。罗斯会想："我需要罗伯特在现在的这个职位上，我的工作不能没有他。"老板们是不会让那些他们觉得不可或缺的人升职的。

在你的工作过程中，当上司要把难以完成的额外工作委派给你的时候，你可以按照下面提供的办法解决：

（1）在你想好之前，什么都别说，先想办法得到缓冲的机会："我们明天下午来谈好吗？"

（2）充分利用喘息时间，准备好你的回答。

（3）当你去见上司时，把你现在手中的工作列个单子给他，让他来决定你的本职工作和那个即将委派给你的新任务，哪个应该优先完成。这样，皮球就被踢回到他那里。

当你觉得自己的工作超负荷时，你需要好好地调整一下自己的工作状态。这里有一些小窍门，对你应该有所帮助：

（1）给自己设定一个脱离工作的时间。不管你几点开始工作，你都要设定一个一个脱离工作的具体时间。一旦设下时间，就要按这个设定来做。在这个时间以后，你就不要再做与工作相关的事情，不管是检查邮件或者是思考关于工作的问题。

（2）培养自己的业余爱好。除了工作以外，你还喜欢做什么？看书，运动，还是听音乐？总之，你要找到一个自己喜欢的、可以放松自己的业余爱好。下班后你应只想下班后的事，而不要再想工作了。

（3）学会适时地休息。一般来说，你的工作时间是8~10个小时，这么长的一段时间，你不可能做到毫无间歇地工作。如果可以的话，你可以到办公室外走走，跟别人聊聊天，活动一下筋骨，远眺一下，等等。这样做，更有利于你的工作。

（4）寻找提高工作效率、增加收入的有效方法。当你的能力增强的时候，你的个人价值自然也就变高了。渐渐地，你就有机会接触一些价值更高、收益更多的工作和项目。这通常意味着你需要换一份新工作，但也有可能是升职。当然，也有可能你将开始创业或者成为顾问。通过增加收入，减少工作时间，你就为自己赢得了更多的空闲时间。

（二）授权效果不佳

管得少，就是管得好。

——杰克·韦尔奇

一天下午，从新西兰回来的公司董事长，突然召见正在每周一次的管理例会上开会的 CEO 汤姆·桑德斯。他从自己的公文包里拿出一本美国新出版的《如何授权》（How to Delegate）给了汤姆，并对汤姆说："汤姆，你一个人负责了太多的工作，这是你的问题。我建议你下周前把这本书看完，下周我会请你吃饭，到时候我们再讨论这本书。"

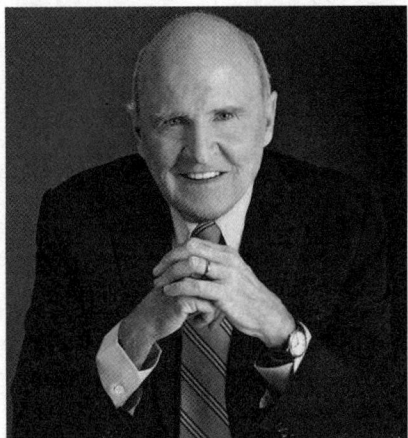

汤姆有些生气，认为董事长是在指责自己的工作做得不到位。气急败坏的他回到会议上大声说："安排我看《如何授权》……好像我的工作做得不够似的，真不知道董事长怎么想的……我们谈到什么地方了？是的，我正想问你关于我跟你说使用油的等级……"

"稍等一下，汤姆，"市场总监史蒂芬·巴恩斯说，"我们认为董事长说得也对。没错，汤姆，你工作比任何人都努力，但是你太注重细节了。你浪费了你自己大量的宝贵时间来检验管理细节，甚至做许多别人能为你做的日常工作。如果你授予别人更多的权利，做更多的工作，那将会给你自己留出更多的时间去考虑在今后的几年里，公司该如何发展，朝哪个方向发展，具体发展步骤是什么，等等。"汤姆看了看史蒂芬，又看了看在场的其他人，然后说："好吧，你看上去已经获得了每个人的赞同。我同意你的意见，会把这本书从头到尾看完的——如果整个周末我都有时间。我会一直读下去的。现在，我们继续谈论我们的工作……"

一周后，汤姆看完了那本《如何授权》后深受启发，他发现了致使自己整天忙得焦头烂额的问题所在。

汤姆从书中学到了授权的各种技巧，渐渐地改变了自己的工作方式。他开始学着把一些下属能够很好地完成的工作交给手下人去做，而自己去处理更重要的事情。这样一来，汤姆就不至于每天忙得晕头转向了。

在经济发展迅速的今天，适当授权对任何一个公司的管理者来说都很重要。尽管大家都知道授权对公司、对自己、对下属都有利，但是为什么至今很多公司的管理者仍然很难进行真正意义上的授权呢？

（1）管理者的习惯

一般公司中的管理者已经习惯了拥有决策权，而授权需要管理者们放弃一部分的决策权并把权力下放到自己的下属手中，他们会担心失去控制权。而且，管理者往往会感觉到他们的地位受到了下属的威胁，甚至会觉得他们有可能失去这份工作。

（2）觉得让下属做会浪费时间

不少的管理者宁可自己辛苦地去工作，也不愿意把工作分派给下属。某公司的高级主管每天都忙忙碌碌的，总有工作需要他去做。朋友建议他把工作内容分派给下属。他却说："教会下属如何去做，需要花费几个小时的时间；如果自己做的话，不到半个小时就能做好了。有时间教会他们，还不如自己做花费的时间更少。况且他们做的可能达不到我的要求。"

（3）担心下属滥用权力

很多企业的管理者认为，由于信息的不对称，被授权后的员工往往很难达到主管要求的工作目标，因为他们往往不能理解主管要求他们达到什么样的工作目标。而同时，他们做出的决策对公司的成本和利润都产生较大的影响。

（4）认为下属的能力没有达到自己的要求

有些管理者还可能担心下属的能力达不到完全地自由运用权力和制定正确的决策。一旦对员工进行授权，他们的行为将不会再受到以往的规范和制度的制约，他们可能会不知道该如何去做。

（5）员工怕承担责任

许多公司的员工已经习惯在分派和命令中工作，大部分的权力往往是公司管理者才拥有的，责任也是他们所承担的。一旦员工需要为自己的行为结果承担一定责任的时候，他们很可能会犹豫是否需要为他们所犯的错误也承担责任。而一旦所犯的错误比较大，他们又担心会被责骂甚至可能失去工作。所以，一些员工不愿意接受授权。

（6）公司的环境阻碍了主管的授权

授权并不适合每个公司和每一个行业，许多公司环境因素会影响到管理者授权的顺利实施，比如企业不支持团队工作、公司里存在旧的雇佣关系、缺少激励机制等，都会影响到管理者的授权。当一个公司的员工、制度、文化都能够适应时，授权才能真正发挥作用。

授权可以节省你的时间，而且还能提升下属的能力。了解了公司的管理者为何很难进行真正意义上的授权后，你需要分析一下自己是否需要授予下属更多的权力？

（1）你是否因为下属向你询问工作问题或决策而经常被打扰？

（2）对于下属应该做的事情，你是否发觉你正在帮他做？

（3）你工作的时间是否比你管理的时间要长？

（4）每天晚上或者周末，你是否习惯性地把工作带回家里做？

（5）你是否把自己的工作目标定得非常高，以至于只有你才能把它完成？

（6）你是否是一个非常关注工作细节的主管，是否总是关注下属如何工作？

（7）你是否经常有没有完成的工作或者在最后期限内不能完成的工作？

（8）你是否花费了更多的时间在工作细节上，而没有花费在战略思考、计划或者其他关键的宏观问题上？

（9）在过去的一年里，是否有人认为你是一个有责任心的人或者完美主义者？

（10）对下属的能力和经验，你是否缺乏信心，以至于你不敢冒险给下属更多的决策权？

当你的回答是肯定的，而且次数比较多的话，你就应该考虑有效地向你的下属授权了。

（三）什么事都想做好，什么事都做不好

当人们期待更好的时候，良好也就不被当成良好了。

——托马斯·富勒

有位曾在哈佛大学学习过的企业家说，在哈佛大学学习最大的收获就是懂得了人生当中你不必事事追求完美，你也不可能达到事事完美，人的精力毕竟有限，要处理面对的事情太多了，顾此就要失彼，所以要学会懂得尽己所能，也要学会欣然并洒脱地放手。

事情缘于一次测试，老师发下了厚厚的几摞讲义，可是由于那段时间要会见客户，要签订合约，讲义根本没看完，更别提深入体会学习了。面对测试，他懊丧极了，心情一团糟糕，觉得自己真没用。可是，教授一番话让他茅塞顿开。教授说，这些测试及讲义本就特别多，即使你竭尽全力也不可能全部看完，通过这次测试我想告诉大家你不必事事追求完美，学会欣然接受并非十全十美的结果对人生而言更为重要。

生活中，许多人什么事情都想做好，但结果却是什么事情都做不好，这是因为他

们过分追求完美。那些过分追求完美的人，往往会花费大量的时间和精力去构造完美，却没有时间做好自己应该做的事情。

不刻意追求完美，并不是说完美是虚无、无意义的幻想。在特定的场合、特定的时间，完美还是值得追求的。比如说，一个司机要做到不酒后驾车、不出一次交通事故，一个保洁员要确保每一处都非常干净，一个编辑要力求一本书没有一个错别字。这些有关完美的标准还是值得我们去学习、追求的。然而，有些完美即使办得到，也不值得花费时间去做。成功的时间管理需要确知何时应该追求完美，何时见好就收。

有时候你必须继续进行下一个计划、开发下一个客户，或是将建议书通过邮件发给上司。许多你必须做的计划和工作就像跨栏一样，你不应该碰倒栅栏，但是少碰倒一个栅栏不会有人给你加分，你只能奋力跳过去。同样，如果你所制定的计划需要在很短的一段时间内跨过很多栅栏，那么如果你在第一个栅栏上花费了太多的精力，就会筋疲力尽而没有多余的精力去完成剩下的部分，同时你的速度也会减慢。最好的跨栏选手会仅以细微的差距跳过栅栏。

这个问题在艾伦·休恩梅克的《大学生生存手册》中也提到了。他建议大学生们应该用最微小的差距跳过眼前存在的障碍，以便为眼前其他的事情保留充沛的精力。不要忽视获得学位的基本要求——如果未修完统计学的研究生，不论他们在其他课程上是多么优秀，他们永远也拿不到硕士学位。为了更好地说明这个问题，休恩梅克谈到了他的一个学生，这个学生在柏克莱，他非常喜欢研究，努力工作而且做得很好，"然而，他在其中一个障碍面前跌倒了。在发表25篇论文之后，他被学校勒令退学了。这是他的遗憾"。

休恩梅克这个观点的论据来自一个特殊的环境：研究生所处的生活环境和学习环境，但是，他所说的基本原则也适用于许多其他的领域。假如你接下了一个非常棘手的任务，处理小计划就像处理卢浮宫的收藏品那样谨慎或是用跳高的方式跨栏，那么你将会遭遇失败，而失败将使你的自信心受到打击，同时，你的名誉也会受损。

这个建议似乎没有考虑高品质的价值，但事实并非如此。绝大多数客户要求的就是品质。你可能花费数千美元制造全世界最好的台式电脑，但是，如果客户要的只是携带比较方便、性能比较好的笔记本电脑，你就浪费了时间与资源。你的客户也许不希望你在一个计划的某一部分花太多时间，而是希望你把计划的每个部分都做好。

你的经理（也可能是客户）也许只是要你将你的反映直接、随意地写在便条纸上，而不是要你写一篇长篇大论的答案。诀窍就在于，找出什么是客户真正要的东西。这才是最重要的时间管理技巧，也是生存之道。

所以，在工作过程中，你应该明白一些道理：任何值得做的事不需要一开始就做得完美无缺；在少数事情上追求卓越，不必事事都有好的表现，不要追求完美的分析，只需要有效地分析。

如果你是一个过分追求完美的人，相信你已经体会到过分追求完美给你带来的麻烦，因而，你应该适时地调整一下自己的状态。那么，该如何去调整呢？

（1）改变自己的认知模式

你需要意识到这个世界上不存在十全十美的事物，所以你要保持一颗平常心，知足常乐才是完美的心境。换一种新的思路，即尝试不完美。

（2）改变释放情绪的方式

用恰当的方式释放自己压抑的心情，例如听音乐、玩游戏、跑步、打球、做瑜伽等，在心理学上这被称为升华。做事情要抱着一种欣赏、感受、体验快乐的心情，要争取随时都能从生活和工作中感受到快乐。

（3）学会顺其自然

不要过分在乎自己，譬如总是问自己"我做得好吗"，"这么做行不行"，"别人会怎么看我"之类的问题。如果过分在乎别人的看法，人就成了舞台上的演员，而忽略了自己的存在。在思考问题时，要学会接纳控制不了的局面，接纳自己所做的事，不要钻牛角尖，要顺其自然。

（四）明日复明日的拖延

从不把今天能做的事情留到明天去做。

——本杰明·富兰克林

罗伯特毕业于哈佛大学商学院，现在在得克萨斯州的一家体育器械公司当部门主管。在许多方面，他都非常有潜力，是一个潜在的优秀管理者，尤其是在与他的员工的关系方面。但是，他的下属却发现他有一个让人难以忍受的缺点——拖延。

他总是习惯性地拖延，把今天的事情拖到明天，把明天的事情拖到后天，甚至是很小的事情，他也倾向于拖到明天再做出决定。

很多时候，他的下属从他的办公室里走出来就互相抱怨："他拥有我们花费时间才能获得的信息，现在他应该做出决定了，不然事情就难以解决了。但是现在他却让我们做更多的工作。"

罗伯特先生不是不能做决定，他只是陷入了把事情拖到明天的习惯。当他面对一些令他不愉快的事情时，这种习惯就更加显而易见。

最后，这种拖延的习惯让他尝尽了苦头：他耽误了看一封即将到来的会议的预告信，并且毫无准备地参加了这个会议，结果新的 CEO 在会议结束后解雇了他。

什么是拖延呢？拖延和知道有更多信息时再做出决定有什么不同呢？"拖延"是有意地、习惯性地、应受斥责地推迟应该做的事情，它通常是那种只处于思考状态而没有采取实际行动的人的恶习。

如果怀疑自己有拖延的倾向，那你就要问自己："我为什么把这个推迟呢？"如果你不能很好地找到原因——不能混淆原因与借口——你就应该振作起来，马上行动，认真反思和分析自己，找到拖延的真正原因。

一般来说，一个人有拖延的倾向或者习惯，主要有以下三方面的原因：

（1）工作乏味，缺少乐趣

很多我们非做不可的事情都是无趣甚至让人觉得讨厌的。这一周，你有没有搁浅一些枯燥无味而又非常重要的工作呢？你有没有在一些不重要的事情上花费很多时间来回避那些重要的工作呢？想想你一天的计划是什么，哪些重要的事情没有去做？为什么没有完成呢？是不是你觉得那些工作乏味甚至让你觉得厌烦？

这里有一些解决拖延问题的好方法：

如果你讨厌的这些工作可以委派给其他人做，那么就这么做吧。这些工作对你来说很无趣，可能对其他人来讲并不那么令人讨厌。

如果不能委派给其他人做，那还是留给你自己做吧，尽管你觉得它们无趣正在拖延时间。这时候，你需要跳出现在的位置，客观地审视一下现在的情况。这样做是有些困难，但它却是非常重要的第一步，告诉自己："是的，这些事情很让人犯怵，但是我必须战胜困难，把这项工作很好地完成。"

拖延常常会带来愧疚感和对自己的不满。所以当你发现自己正在逃避某项工作时，不妨想一想完成这项工作后的成就感和满足感。这种好的感觉足够激励你积极地投入到工作中。

把那些讨厌的工作按照原定的计划进行下去，并且说给同事听，让自己没有放弃的机会。

完成这项让你讨厌的工作后，你会感到很轻松，同时你应该问自己："为什么之前我没有进行这项工作呢？"进行这样的反问会让你在下一次想要拖延时有可供借鉴的积极经验。

（2）害怕做不好，担心失败

对失败的恐惧是造成拖延的另外一个原因。我们都努力地想要避免失败，所以当面对一项工作的时候，如果感觉不能顺利地完成，你总是会自然而然地回避它。而如果你一直回避它，失败是注定的。

当出现这种情况的时候，你能做的是直接面对困难。如果你担心完不成工作是因为缺乏相应的培训或者资源，那就尽量去寻求帮助。如果你的恐惧是缺乏自信，那就通过周密的计划来消除这种恐惧。把顺利完成这项工作所需的一切都考虑清楚，然后着手去做。你会发现：恐惧不过是一种可以通过具体行动来驱散的精神障碍而已。

（3）没有头绪，不知该从何处着手

对于某些项目，特别是一些比较大的项目、任务或者没有明确步骤的工作，人们通常会不知道该从何处开始。工作的模糊性会让你有更多拖延的理由。想象一下，当上司对你说"请写一本关于我们公司的时间管理建议书"时，你会有什么样的反应。你知道该从哪里着手吗？如果找不到一个明确的切入点，你就一定会拖延时间，并且把这些时间花费在其他的事情上。

要改变这种状况，通常有两种做法：

跳出现在的位置。当你置身事外的时候，才能找到更有成效的方法来完成这项工作，同时这也大大降低了拖延的可能性。

把这项工作分成几个部分，然后明确每个部分对整个工作的重要性，把它们按照逻辑顺序进行排列。先从在第一位的那部分开始，然后逐步完成。

下次遇到繁重的工作，有了拖延的倾向的时候，不妨试试这两个办法。当你解决了拖延的问题并开始着手去做那些非做不可的工作的时候，你会觉得你的工作比原先容易了许多，工作效率也相应地提高了。

你是不是有拖延时间的倾向或者习惯呢？如果你不能确定，那么，就通过下面的测试题测试一下吧：

以下的条目，肯定回答为1分，否定回答为0分：

（1）不到规定的最后期限不上交自己的工作成果。

（2）上班时间不能专心工作，总在浏览一些与工作无关的网页，快到下班才开始忙。

（3）没有自己的工作计划，不懂得时间管理。

（4）白天本来可以做完的事，总是拖延到下班后加班去做。

（5）安全感很强，总觉得还有很多时间。

（6）比较懒散，每天总想着明天还可以做。

（7）当自己的上司或者同事询问工作进展时，经常说"让我再检查一下，再调整一下"。

（8）买一大堆零食放在办公室里，上班时间经常吃零食。

（9）当自己做某项工作的时候，脑子里总会冒出各种理由：现在先做别的事情，这个工作可以稍后再做。

（10）自我麻痹：现在还来得及，实在不行就通宵工作。

（11）处理问题分不清主次，忙活了半天，但是最紧要的事却没做。

（12）经常由于时间紧迫，草草交差，结果遭到上司或同事的责怪。

（13）脸皮渐渐变厚，不管别人怎么催，都定力十足，习以为常了。

（14）从来不主动汇报自己的工作进展。

（15）需要团队合作的时候，同事都面露难色，不愿和你合作。

对于上面的这些条目，如果你的肯定回答是 0~4 分，那证明你刚刚有了拖延的倾向，还不严重。如果你的肯定回答是 5~11 分，那么你属于中度拖延。而如果你的肯定回答在 12~15 分之间，那么你拖延的程度就比较严重了，你需要从根本上改变拖延的习惯，提高工作的效率。

（五）无法控制时间

消磨时间不可能不伤及永恒。

——梭罗

32 岁的时候，杰出的生物学家萨莉·霍德森就被詹纳大学的校长提拔为微生物学系主任，此前她没接受过任何领导方面的培训，这使得她面临很大的挑战：她发现自己正要领导一个由 20 个学术人员、10 个技术助手、3 个行政官员、多名秘书和打字员组成的部门。同时，她还需要继续自己的教学工作和其他重要的研究项目。各种类型的会议——研究小组的、部门的、学院的、学校的——看上去好像充斥着整个学期。然而，另一类会议——大型会议占用了她的一些假期。在个人方面，她也有许多事情需要处理：父母的联络、学校理事、教区议会等。有时候她觉得，自己之所以被提拔为微生物学系主任是因为没有其他人想要这个职务。

萨莉如此繁忙，以至于她发现自己已经没有时间准备必要的会议了，或者是材料很难跟上议程的步伐，使会议的议程经常要调整或是会议经常被拖延。她私下还对她的丈夫说："我觉得我参加的大多数会议都是在浪费时间，这些会议有一半时间要花在讨论会议的主题上。通常这是个大多数人对很小的错误说得太多的问题。"

她丈夫一边看报纸一边说："亲爱的，你既然已经意识到这个问题，那为什么不采取措施呢？"对于妻子关于会议令人厌倦的抱怨，他已经习惯了。

萨莉说："我能做什么？其他人有的迟到，有的早退。对于会议的议程，他们各抒己见，很少坚持一个主题。像部门的信纸这样小的项目他们能花上一个小时的时间。而对明年的研究经费谈了不到五分钟就不再考虑了，这是没有任何希望的。会议拖延两个小时或更长的时间，从来没有任何人看上去达成了什么共识，更不用说做了什么有用的事情了。"

表面上是她自己陷入了时间的陷阱，无法控制自己的时间，同时她也在浪费别人的时间。其实是她没有用时间认真安排会议使会议经常被拖延或是使会议的议程一变再变。这些失控使得大家的讨论陷入了无休止的闲聊之中，以至于最后，会议的进程通常处于混乱之中。你觉得萨莉·霍德森能对她的会议做出哪些方面的改进呢？

开会被职场人士看作是职场中最常见的事情，但这些会议真的有价值吗？美国两家著名的管理顾问机构——管理工程师联合顾问所与史玫特顾问公司推出的"白领会议状况"调查显示，近八成的职场人士认为自己所参加的会议 2/3 是在浪费时间，超过五成职场人在开会的时候没有集中注意力，六成的职场人因为对会议的主题不感兴趣拒绝当众发言，近六成职场人没有为会议做任何准备。

会议是我们工作过程中必不可少的环节，在会议上可以交流工作进度、鼓励员工更加努力地工作、碰出创意的火花。根据美国那两家机构的调查显示，近五成职场人认为自己的会议比较多。相比较而言，从事客户服务工作的职场人士中有六成表示会议多。排在第二位的是从事审计、财会、统计的职场人士，比例为 58.8%。其次是从事文案、编辑、传媒、影视、新闻的职场人士，认为工作会议比较多的比例为 58.5%。

绝大多数的职场人士尤其是经理人会在会议上花掉 30%~50% 的时间。如果这些会议可以帮你高效率地实现目标，那么这些时间还不算太多。如果没有帮助你实现工作目标，这就是大大的浪费时间了。

有些职场人士认为，工作上的变化使得大家参加的会议越来越重要。这些变化包括向员工授权、更大程度地依赖跨部门的工作团队开展工作、更多地需要意见统一的决策和公司之间联盟数量的增长等。不管我们经历的会议基于什么样的原因，会议永远都是公司生活中不可或缺的一部分。

我们常常会听到对于会议的抱怨，不过，那些发牢骚者并不是针对会议意图，而是针对那些被浪费掉的时间。这些浪费时间的会议：

（1）是没有必要的；

（2）没有根据会议的议程进行；

（3）会议变成了大家的闲聊；

（4）会议超出既定的时间；

（5）由一两个领导人发起并包揽全部对话；

（6）没能做出决策或委派人员开始行动；

（7）不能让人们对各自的任务负责。

踏入社会后，你参加过的会议有没有以上这些特征呢？如果有的话，那就难怪你觉得它们在浪费大家的时间了。与之相反，那些成功的、有意义的会议，则能够让参加会议的人感觉他们正在分享有价值的信息、参与一个主要的决策或是完成一项很重要的任务。如果重要的事情被解决了，人们是不会抱怨这种会议的，他们甚至因为过分投入而忘记了时间的存在。

不管是何种类型的会议——从正式的委员会到在你的房间里两三个人的非正式会议——都会牵涉到其他人。也正是因为这种群体参与性，使会议中普遍有一种潜在的时间威胁。如果你不懂得慎重对待，尤其是你在名义上主持会议的时候，它们便会用浪费的方式占用你的时间，使会议的时间超出计划。

在开会之前，你应该考虑以下七个关键问题：

（1）如果我们不开这个会，将会发生什么？

（2）我们究竟为什么要开这个会？

（3）这个会的最终结果是什么？

（4）会议需要我们多少时间？

（5）谁来主持会议？

（6）怎样才能安排得最好？

（7）会议应该什么时候开——现在是不是合适的时间？

除非你能满意地回答这些问题，否则不要举行会议。会议是为了节省时间。不管是作为主任还是成员，你都应起到自己的作用，确保会议按时举行和结束，并以最有效的方式完成任务。

（六）没有必要的出差旅行

在今天和明天之间，有一段很长的时间；趁你还有精神的时候，学习迅速办事。

——歌德

詹姆斯在一家总部设在洛杉矶的出版集团担任图书选题的策划编辑，同时也负责金融方面书籍的策划和编辑工作。每年他都致力于寻找并签下 20 本有关证券投资管理、投资银行、证券分析及其相关领域的书籍。

他通过阅读《华尔街日报》《有价证券管理杂志》《财富》以及其他学术期刊和一系列商业杂志来寻找潜在的作者。此外，詹姆斯还经常通过电话与组稿公司、商学院教授和资金管理者进行交谈。他还常常为了参加各种出版论坛而出差，以寻找和签订新的出版合约，并试图了解金融界和资本市场的新动向。

"每次从这种专业会议回来，"詹姆斯对公司里的同事说，"我都会带回三到四个选题，其中至少一个肯定会在一两年内变成一本非常具有影响力的图书。"

对于詹姆斯来说，出差旅行是必不可少的事情，而绝非一种困扰。由于考虑到时间和金钱上的成本，他只在其他办法都不起作用的时候选择出差。他还会提前为每次出差提前认真地安排好与相关人士的会见，从早餐一直排到晚餐。他把出差的每一分钟都充分利用了起来。

商务旅行又称公干、出差，是商务人士以商务或者其他相关商务活动目的为导向的一系列活动的统称。商务旅行活动一般包括差旅、会展、商务考察、奖励旅游以及培训研修等内容。旅行是一个商务人士进行商务活动的必要组成部分。人们需要与产品供应商、代理商和顾客进行面对面的交谈，以建立良好的人际关系，有时候也需要参加一些会议，或者与其他地区的公司进行项目合作，结成良好的合作伙伴。

如果由于工作的需要，你也要去南方或者北方的某个城市出差旅行，那么你的出差旅行是否像詹姆斯那么有成效呢？你有没有为了参加一个不算重要的仅仅有两三个小时的会议而在途中耗费自己几个小时甚至十几个小时的时间呢？参加会议的时候，你有没有明确的工作目标呢？这些会议是否真的对你工作目标的实现有推动作用呢？你是否仅仅只是出于自己的义务而参加这些会议呢？在出差的过程中，你是否借机去观览当地的名胜古迹呢？出差旅行需要耗费你大量的时间，每个职场人士都应该对旅行的价值进行评估，这个价值可以通过对比收益和成本得出来。

当为了参加一个会议或者去外地的公司分部办理事情或者其他原因出差的时候，你应该仔细分析和找到花费在没有任何价值的那部分活动上的时间，比如，去机场或者火车站的途中、在候车室等待飞机或者火车、在目的地的机场或者火车站搭乘出租车、返回公司等。然后，仔细地估算一下这段时间内，公司所支付的薪水和补贴。把这个数字和你这次出差产生的交通、住宿以及餐饮等费用累加起来，同时与这次出差带来的实际效益进行比较，结果是收益大还是损失大呢？

然后考虑一下出差的机会成本：你待在办公室里工作所产生的实际价值是什么？如果没有出差，你可能已经做了一些非常具有价值的工作：

指导自己的下属提高他们的工作技能；

和一个重要客户吃饭，很可能因此而签订了一份新的订单；

为下属和工作团队制定出一个更有效率的工作计划；

通过电话与四五个潜在的客户进行有效的沟通。

若你发现出差所带来的实际收益远远不如在办公室中的收益，那么这次出差便是失败的。有些职场人士认为出差是工作过程中必不可少的内容，是一个人工作的一部分。这一点是毋庸置疑的。但并不是说所有的出差都是必需的，有些出差是可有可无的。很多旅行带来的经济效益可以通过一些成本更低的方式获得，比如举行电话会议、网络会议和视频会议等。如果你还没有尝试过这些做法，不妨研究一下这些潜在的可以替代出差的途径。

如果出差对你来说必不可少，那么，做一份出差旅行的必备清单是必须的。有了它，你就不会因为丢三落四而造成种种不便。下面是我们为大家提供的出差旅行的必备清单，希望能给大家带来一些借鉴：

（1）与出差任务相关的资料等工作专用物品一定得确保带上。

（2）应该携带的生活和其他用品：身份证、护照或其他学生证、军官证、单位证明等证件和现金、信用卡、会员卡，机票、车票或船票，手机及充电器，个人护理用品，巧克力或小饼干，笔记本，家门钥匙，等等。

（3）其他事项。全家出门要断水电、关煤气、闭门窗、清垃圾。掏出口袋、行李中与外出无关的物品。

其中部分项目应当根据出差或外出的具体任务、时间长短、天气变化和身体状况等因素进行相应的调整。短差可适当减少，长差要考虑适当增加。

在出差的过程中，你还应该充分利用旅行的时间。比如，带上足够多的文件，把在候机厅和出租车上的时间充分利用起来；如果你出差是为了参加一个会议，那就在抵达之前做好一切准备，这样不但可以确保会议的效果，还可以提升出行的价值。

（七）目标不明确

成功就是一个人事先树立的有价值的目标，然后循序渐进地变为现实的过程。

——格莱恩·布兰德

　　利兹·克林顿在全球最大的结算银行之一米德明斯特银行的员工培训部工作。她于一年前加入了一个由大约40名训练者组成的工作小组。该小组的目的是为了给经理人和管理者提供一个更全面的培训服务。然而，计划课程被取消或是没能吸引足够多的参与者，让她觉得越来越受挫。她经常对她的经理抱怨道："我觉得我们正在浪费许多时间，我们不知道我们的目标是什么，我们正在尽力做什么。我感觉好像我失去了方向，就像是在黑暗中工作。"

　　她的经理回答道："我也有这样的感觉。在董事长的办公室里，他们不断地改变我们的优先权。这个月是我们的客户服务月。上个月，他们在进行信息技术方面的培训。我们已经实现了一些目标。但是，没有人告诉我此刻应该干什么，没有人给我策略或指导方针。利兹，因此，我不能帮助你。"

　　利兹·克林顿若有所思地离开了。那天晚上，她告诉她的丈夫："亲爱的，我现在甚至不能确信我此刻是否适合眼前的这个工作。"

　　随着热情的渐减和士气的低落，她决定寻找另一份工作，换一下工作环境。她现在在一家百货店做售货员。有一天，她在街上遇到她的前任经理，她说："至少，我现在知道目标了。"她的前任经理回答："利兹，你很幸运，米德明斯特银行现在仍然是一片混乱。"

　　哈佛大学曾经做了一个非常有名的跟踪调查，这个调查影响力很大，是关于目标对人生影响的。那次的调查对象是一群智力、学历、环境等条件相差不大的年轻人，调查结果显示：27%的人没有目标；60%的人目标模糊；10%的人有清晰但比较短期的目标；3%的人有清晰且长期的目标。

　　25年跟踪研究的结果显示，他们的生活状况及分布现象让人觉得十分有意思。

　　那些占3%的人，25年来几乎从来没有更改过自己的人生目标。25年来，这些人为了实现自己的目标一直不懈地努力着；25年后，他们几乎都成了社会各界的顶尖成功人士，他们中有不少人是白手起家的行业领袖和社会精英。

　　那些占10%有清晰短期目标的年轻人，大部分生活在社会的中上层。他们具备共同的特点，那就是他们不断实现他们的短期目标，他们的生活状态稳步上升，成为各行各业的不可或缺的专业人士，如律师、医生、工程师、高级主管等。

　　而占60%的没有明确目标的人，几乎都生活在社会的中下层，他们能安稳地生活、工作，但都没有什么特别突出的成绩。

　　剩下的27%的人是那些长期以来没有目标的人群，他们大多生活在社会的底层，生活很不如意，常常失业，经常靠社会救济才能维持生活。他们经常抱怨他人，抱怨

世界传世藏书　哈佛管理全集　时间管理　一七五

社会，抱怨世界不公平。

看了上面哈佛大学的跟踪调查，大家应该看到一个明确的目标对一个人的一生有多么重要的影响。

如果你没有明确的目标，你就很难有效地管理你的时间。社会上的许多组织和工作小组不能掌握它们的核心任务，更不用说掌握更明确的目的和目标。

无论是在生活中还是在工作中，你都应该清楚你的目的和目标。这话听起来非常简单，但是，在实际的生活和工作中，你很难获得必要的清晰度。可是，对于你来说，清晰的结果会使你的时间管理变得越来越自然、越来越容易。你将不再困惑于不明确的目标问题，那可能是所有人最常遇到的时间管理问题。

一旦你认清了哪些是需要改善的地方，你就应该开始制定一个改变的计划。

提高你的时间效率就像是尽力成为一个优秀的高尔夫球手，一次一个洞，连续 18 次，满分 18 分。显然，想要轻易达到那个满分是非常困难的，但是，那并不能阻止优秀的高尔夫球手坚持不懈地提高他们的比分。在这个过程中，他们可能学会了谦让。当你想尽力节约工作时间，取得更多的业绩时，就给自己定一个类似的目标吧。完美可能很难达到，但是，优秀对你来说却不是什么困难的事情。

为什么不翻开新的一页？重新开始，再迟也不晚。然而，成为一个你自己或别人的优秀的时间管理者，那是一项非常困难的任务。不要让困难难倒你，应该把它当作一种挑战。

一个人没有明确的目标，就不能有效地管理自己的时间，就很难在工作和生活中取得显著的成就。所以，一个人想要管理好自己的时间，就要明确自己的目标。想要有明确的目标，下面谈到的三个方面就需要注意：

（1）把模糊的梦想变成清晰的目标

是什么因素使很多人追求成功却无法成功？绝大部分的人会认为是他们的目标不明确。要想管理好自己的时间，要想有力地控制自己的人生轨迹，就要明确具体地制定自己的目标，不要让自己的目标停留在模糊的梦想状态。

（2）用自己的特长选定目标

明确自己的奋斗目标，首先目标要可行，可以通过自己坚持不懈的努力能够实现。每个人有每个人的实际情况，大家都有自己的特长、优势，也有自己的弱项；有自己向往的生活方式，也有自己的实际困难。因此，选定自己的奋斗目标时，应保证不要与自己的实际情况脱钩，要根据自己的实际情况、根据自己的特长设定目标。

（3）设定的目标要有连贯性

一个人不但要有明确的目标，而且要把长远的目标分成阶段性的目标，使自己在奋斗过程中看到希望所在，能够保持热情，保持自信，持之以恒地向前走，更快更好地实现目标，而不会因为距离目标太遥远、看不到成功的希望而心灵疲惫，甚至放弃。

（八）将时间浪费在电子邮件上

用"分"来计算时间的人，比用"时"来计算时间的人，时间多五十九倍。

——雷巴柯夫

维多利亚今年 30 岁，在纽约市的一家商务公司做销售经理。她每天早上 8 点半到办公室。打开电脑后，她所做的第一件事情就是查收电子邮件。

"电子邮件给我的感觉很复杂，"她坦言，"一方面，我很期待能看到那些与我直接相关的公司的最新的活动信息。我也很愿意收到朋友们的来信。但是另一方面，我很担心面对二三十封既不是直接给我又和我没什么关系的邮件。每天下班前，还会有二三十封邮件出现在收件箱里。最糟的是，我必须打开它们才能确定是不是和我有关的。"

在过去几十年里，电子邮件早已经成为人们最有价值的沟通新工具了。通过电子邮件，你可以给你的隔壁邻居或地球另一端的朋友发送文字信息、扫描图像或是附加文件。同时它具有快速、便捷而且廉价的特点。但由于使用方式不当，电子邮件在很大程度上浪费了人们的大量时间。

也就是说，上面提到的维多利亚的情况并不是特例。很多公司的主管、经理和雇员们都会遭到电子邮件的轰炸。根据期刊《弗雷斯调查》（Ferris Research）几年前的一份研究报告，不管是在自己家里工作的人，还是在办公室里工作的人，甚至是每个月都需要出差的销售人员，平均每天都会收到 40~50 封非垃圾邮件、发出 25 封信件，并且每周还会收到 70 封左右的垃圾邮件。

处理如此众多的电子邮件，会让我们像上面事例中的维多利亚一样消耗掉大量的时间。当然，时间并不是全部被浪费掉了，因为对一个组织的工作而言，沟通是最基本的需求。然而，事实上，电子邮件给公司所带来的效益远远比在浪费时间上的损失高得多。如果我们拒绝笑话、个人信息、连锁信件、垃圾邮件和误发邮件进入收件箱并让我们从重要的工作中分神，电子邮件的成本还可以降得更低。在电子邮件开始控制你之前，你需要学一些技巧来控制电子邮件：

（1）每天要有固定几个时间处理你的电子邮件，最好避开自己做事最集中精力的时间段。除非你有一个紧急的邮件并且需要立即做出回复，否则，不要一有新邮件就打开信箱。相反，你应该在每天固定的几个时间内专门查询电子邮件，比如早上上班的前半个小时、午餐后和快下班的时候。这样可以减少电子邮件的打扰。

（2）为私人的信件开设一个单独的电子邮件账户。鼓励自己的亲人、朋友等非业务联系人使用这个信箱地址，这样你可以在自己家中或中午休息的时候查看这些私人邮件。

（3）用系统的方法处理电子邮件。你可以这样处理众多的未读信件：首先，你要删掉所有的垃圾邮件和那些别人强行抄送给你并且与你无关的邮件，速度要快；其次，把所有紧急的邮件移到一个标有"紧急邮件"的文件夹里，然后按照你时间表里指定的时间处理；最后，把剩下的那些值得关注的邮件转移到"稍后处理"文件夹里，等到完成时间表里需要优先解决的事情之后，再来处理这些邮件。

（4）和与你通信的人进行有效的沟通，让他们清楚你所需要的信息。发一封回信这样注明："请不要抄送这个信息给我"或者"关于这个问题我需要更多的信息"，或者"请把将来有关这一方面的信息直接发给某某人"。这样一两个星期后，你邮箱里那些没有价值的信件便会大量减少。

（5）公司应当鼓励员工在发信的时候把主题栏填写清楚。清晰的主题栏可以让接收者对信件的基本内容一目了然，也能够让接收者知道该如何处理这封邮件。

在很多情况下，员工们之所以工作量过重是因为公司没有强有力的规章制度，尤其是在电脑使用方法方面，有的时候会因收到过多邮件而影响其他工作的正常进行。

关于如何有效地使用电子邮件，我们有以下建议：

（1）邮件发给有必要看到的人，不要给整个公司的所有人员群发。

（2）使用回复，但不是"全部回复"。

（3）给每个小组设定一个主要联系人，这样联系的话就只要联系负责人就可以了。

（4）及时更新组员信息。

（5）如果你想退出组，就让你的负责人把你的名字以及联系方式都从组员中删除。

（6）不要发没有必要的邮件，比如笑话之类，很多员工不喜欢接收这类无聊的邮件。

（7）如果你有事情要同别人商量，而事情又比较复杂，就不要一直用发邮件的方式，你可以采用打电话或者采用即时通信等比较快捷的交流方式。

（九）小心，这些观念会妨碍你的时间管理

一般人在不同的环境、不同的年纪、不同的心绪下，对时间可能会持不同的看法。这些看法之间往往是相互矛盾的。例如管理者有时认为"光阴似箭，日月如梭"，有时则认为"时间像蜗牛一样地爬行"，甚至有时更认为"时间处于静止状态"。再如当管理者需要料理的事情太多时，管理者总是感到"时间不够支配"，但是当管理者无所事事时，管理者又感到"不知如何消磨时间"。

在各种时间观念之中，哈佛人认为，有四种观念特别不利于时间的有效管理。它们分别是：

1. 视时间为主宰的人

视时间为主宰的人，将一切责任交托在时间手中。对这种人的心理来说，时间被当作一种信念。这种人深信"这只是时间问题""时间是最好的试金石"这一类的说法。在这种人心目中，时间犹如驾驶员，而他们则好像乘客！

视时间为主宰的人的一个主要行为特征，便是重形式而不重实质。下面是一些具体现象的例子：尽管他们有时需要更多的休息，但每天却总是在同一时间起床，尽管他们有时在那个时间并不感到饥饿。但每天却总是在同一时间进餐。

有些管理者总是以时间为行为准则而忽视其他一切。例如长途电话的通话时间一超过三分钟，则令管理者感到极度不安，虽然增加的通话时间可以节省几天的旅途奔波或是代替冗长的会议。

视时间为主宰的人虽然重形式而不重实质，但这并不意味他们一定喜欢形式。这一类人中的管理者有时也会违背形式的要求，但不敢公然违背，而只是以"自欺欺人"的方式逃避。

视时间为主宰的人并不面临"选择"的困扰，他们生活得颇为潇洒，因为他们只需听从时间的指挥而无须费脑筋。他们最大的缺点在于无条件地向时间屈服，以致不能善用时间，更无法把握生命过程中无穷的机会。

2. 视时间为敌人的人

视时间为敌人的人，经常将时间当作超越与打击的对象。这种人的行为特征为：

（1）自我设定难以完成的时限，以便"打破记录"或"刷新纪录"。例如这种人开车上班，喜欢寻找捷径，以便更快到达；对这种人来说，节省下来的一点时间好像能积蓄下来似的。

（2）在任何约定时间的场合，因早到而感到"胜利"、因迟到而感到"沮丧"。这种"胜利"或"沮丧"的感觉，是针对时间的早晚而产生，并非针对时间的早晚所导致的后果而产生的。

视时间为敌人的人一个最大的长处，便是洋溢着突破障碍的竞争精神。但与时间作对的人，是终注定是要失败的。当一个人的心理经常处于竞争状态，他将难以充分体会经验、成就或喜乐，也将难以生活在当下，因为他的心放在了下一场的竞争上。

管理者视时间为敌人，就是重效率而不重效能。"效率"基本上是一种"投入—产出"的概念。当管理者能以较少的"投入"获得同等的"产出"，或是以同等的"投入"获得较多的"产出"，甚至以较少的"投入"获得较多的"产出"时，则被视为富有效率。

3. 视时间为神秘物的人

视时间为神秘物的人通常都对时间高深莫测。他们对待时间的态度，与他们对待自己身体的态度极为相似。除非等到他们的肠胃出毛病，否则他们不会意识到肠胃的存在或是肠胃的重要性。同样，除非等到他们对时间的使用受到限制，否则他们不会意识到时间的存在或是时间的重要性。

视时间为神秘物的人因为忽视时间所加以的各种限制，所以能够专心致志地工作。这未尝不是一种长处。但是，时间对绝大多数人特别是管理者来说都是吝啬的。除非他们真正了解到这种吝啬，否则他们将无法适当地科学调配时间。

4. 视时间为奴隶的人

视时间为奴隶的这种观念转化成管理者的一种行为，便是长时间地沉迷于工作，成为所谓的"工作狂"。

在各种各类的机构中，许多管理者的工作时间都很长，而且职位愈高者工作时间愈长。我们经常可以听到这一类的话："一位基层的管理者如能在八小时内做好一天的事，他已算是一位能干的人物。但是一位高层的管理者如能在十小时、甚至十二小时内做好一天的事，则他应被视为特别杰出的俊才。"

难道职位越高的管理者，他的工作时间就一定要无可避免地延长吗？许多人对这个问题都给予了肯定的答复。理由是：当一个人在组织中职位上升得愈高，工作愈加紧要，其责任愈加重大，所以工作时间自然延长。可是，对这个问题的否定答复，或许更加令人信服：当一个人在组织中职位升得愈高，上级授予他的权力愈大，供他差遣的员工也愈多，因此工作时间不应随职位的升高而增加，反而应该减少。

例外性的长时间工作并不足以产生不良后果，但是经常性的长时间工作则会导致不良后果。以下三种不良的后果很值得管理者注意：

（1）研究发现，每天的工作时间一超过八小时，则工作效率将快速递减。倘若这些研究的结果是可信的，则每周工作时间最好不超过四十八小时（按六个工作日计算）为好。

（2）长时间工作足以令人养成拖延的习惯。许多管理者对工作因保持着"白天做不完，夜晚还可以做；平时做不完，周末或礼拜天还可以做"的态度，于是使八小时可以做好的事被拖延到十小时才完成，五天可以做好的事被拖延到六天才完成。这不幸应验了帕金森所提出的"帕金森定律"。即如可供完成工作的时间为八小时，则工作将在八小时内完成；如可供完成工作的时间被增加为十小时，则同样的工作将改在十小时内完成。

（3）长时间工作可能导致工作的失败。哈佛商学院管理学者约瑟夫·崔特曾经对一群管理者在事业上的成败进行研究，他发现成功的管理者与失败的管理者的差别在于：后者随时愿意为工作而牺牲家庭。也就是说，忽视家庭而过度强调工作的管理者，其事业终究会失败。长时间工作所导致的不良后果足以说明，为何一些机构会强迫员工定期休假、限制加班次数、加班时数或是不准累积假期。

一般来说，管理者对时间的态度大多是积极主观的，但这种态度也会随着环境的变化而变化，而这种变化可能会导致错误的时间观念的产生，管理者必须予以重视。

二、方向正确才能用好时间

目标与时间有关系吗？时间管理专家给出了一个肯定的回答：是的，有关系。明确而清晰的目标对于一个人的成功起着至关重要的作用。所以说，有一个正确的目标方向，你才能利用好时间。

（一）明确的目标是掌控时间的关键

关于目标的作用，耶鲁大学曾就这一问题在一群智力与年龄都相近的优秀年轻人中进行过一次调查，调查结果如下：

3%的人有自己清晰的目标，后来他们几乎都成了社会各界的精英、行业领袖；10%的人有清晰但比较短期的目标，后来他们几乎都是各个领域的成功人士，生活在社

耶鲁大学

会的中上层，事业有成；60％的人只有一些模糊的目标，后来他们基本上属于社会的大众群体，生活在社会的中下层，事业平平；27％的人没有目标，后来他们过得很不如意，工作不稳定，常常怨天尤人。

由此可见，明确而清晰的目标对于一个人的成功起着至关重要的作用。所以，掌握时间应该有的放矢，日常活动都要紧紧围绕着这个目标进行。

下面，请看一个真实的故事：

美国海岸警卫队有一名厨师。这名厨师在空余时间代同事写情书，写了一段时间以后，他觉得自己突然爱上了写作。他给自己订立了一个目标：用两到三年的时间完成一部长篇小说。他立刻行动起来，每天晚上，大家都去娱乐了，他却躲在屋子里不停地写作。

这样整整写了八年以后，他终于第一次在杂志上发表了自己的作品，可这仅仅是一个小小的豆腐块文章，稿酬也只不过是 100 美元。他并没有灰心，相反，他从中看到了自己的潜能。

从美国海岸警卫队退役以后，他仍然写个不停。但是稿费没有多少，欠款却越来越多，有时候，他甚至没有买面包的钱。朋友们见他实在太贫穷了，就给他介绍了一份到政府部门工作的差事，可他却拒绝了。他说："我要做一个作家，我必须不停地写作。"

又经过几年的努力，他终于写出了一本书。为了这本书，他花费了整整 12 年的时间，忍受了常人难以承受的艰难困苦。因为不停地写作，他的手指已经变形，他的视力也下降了许多。

然而，他成功了！小说出版后立刻引起了巨大轰动，仅在美国就发行了 160 万册精装本和 370 万册平装本。

这部小说还被改编成了电视连续剧，观众超过一亿三千万人，创下了电视收视率历史最高纪录。

这位作家的名字叫哈里，他获得了普利策奖，收入一下子超过了 500 万美元。他的成名之作就是《根》这本书。

无论做什么工作，谁都期待有一个最好的结果，这个结果就是努力希望达到的最终目标。如果没有明确的目标，就不可能有积极的行动，也就不可能收获丰硕的成果。那些工作效率高的人都具有一个明显的特征：他们往往在做事情之前，就清楚地知道自己要达到什么目标，也知道为了实现目标，哪些事情是必须做的，因而能事半功倍，在最短的时间内实现自己的既定目标。

目标对时间管理的重要性是显而易见的，当不断向目标努力时，目标就会成为指明方向、激励自己不断前进的动力。

从耶鲁大学的调查中知道，3% 的成年人会写下自己的目标，并据此为每天的工作制订计划。当自己能坐下来写出自己的目标时，自己就跻身于这 3% 的成功人士之中了。

清晰的目标能帮助我们走向正确的方向，不至于走许多冤枉路，就好像赛跑选手一样，他们都是朝着终点进发，目标就是第一个冲线。更重要的是确定目标能使我们集中意志力，并清楚地知道要怎样做才能有所收获。

不过，在制定目标时要注意以下几点：

1. 对每一个渴望成功的人来说，制订的奋斗目标都要与自身情况相符。制定目标时，首先要充分估价自身的能力条件，并对周围的环境有一个清楚的认识，这样才能沿着正确的方向前进，否则，就会徒劳无功。

2. 目标制订后，要立即付诸行动，并且拟定与目标相关的工作日程表。比如，计划两年内要当技术部经理，那么就要写下今年要达到的目标，再定出每个月要实现的目标，以及每周、每天要做的事。如果只有计划而无行动或所作所为没有为目标服务，那么最终也会一无所获。

3. 要对自己有信心。在实现目标的过程中，肯定会遇到困难，这就要求自己必须坚持下去，要按计划有步骤地做好为实现目标所做的每一项工作，要用看得见的目标不断鼓励自己，而不要轻言放弃。

（二）没有目标，任何事情都不可能发生

没有目标，任何事情都不可能发生，一个人也不可能采取任何步骤。如果一个人没有目标，就只能在人生的旅途上徘徊，永远到不了想到达的地方。

美国前总统罗斯福的夫人在年轻时从本宁顿学院毕业后，想在当时的电讯业找一份工作，她的父亲就介绍她去拜访当时美国无线电公司的董事长萨尔洛夫将军。萨尔洛夫将军非常热情地接待了她，随后问道："你想在这里干哪份工作呢？""随便。"她答道。"我们这里没有叫'随便'的工作"，将军非常严肃地说道，"成功的道路是由目标铺成的！"

没有奋斗的方向，就活得混混沌沌；准确地把握好自己的喜好和追求，是走向成功的第一步。每个人都被赋予了一次生命，虽然长短各有不同，遗憾的是，很多人回首人生的旅程，却是满怀悔恨和失望，他们会忽然惊觉自己的旅程没有目的地。大多数人幻想他们的生命是永恒不朽的，他们浪费金钱、时间以及心力，从事所谓的"消除紧张情绪"的活动，而不是从事"达成目标"的活动。他们每周辛勤工作，赚够了钱，在周末又把它们全部花掉。

这就是太多的"勤奋人"的作为。他们外表看起来很让人敬佩，因为他们兢兢业业，但等他们老了，却感到自己的一生过得并不精彩。相比之下，一些看似并没有他们勤奋的人却取得了比他们更大的成就，过上了比他们更好的生活。这让他们百思不得其解。他们既感到失落，又不明所以。他们不明白，自己付出的努力一点儿也不比他们少（因为自己几乎没有放过任何能够工作的时间，那些人的工作时间也不可能比他们长），那么别人是怎样实现那样大的目标，过上那样好的生活的呢？

他们不明白的一个秘诀就是，所有的成功人士都有一个突出的个性：就是做事都有明确的目标。

目标是对于所期望成就的事业的真正决心。太多的人无法达成他们的理想的原因只是他们从来没有真正制订生活的目标。

成功人士总是事前决断，而不是事后补救的。他们提前谋划，而不是等别人的指示，他们不允许其他人操纵他们的工作进程。不事前谋划的人是不会有进展的。就像《圣经》中著名的诺亚，他并没有等到下雨了才制造他的方舟。

目标能使我们事前谋划，迫使我们把要完成的任务分解成可行的步骤。要想制作一幅通向成功的交通图，你就要先有目标。正如18世纪发明家兼政治家富兰克林在自传中说的："我总认为一个能力很一般的人，如果有个好计划，是会有所作为的。"

没有目标就不可能有成功，一些完美的计划实际上是相当简单的。每一个大公司都是从小公司发展起来的，在公司的背后一般都有一些有理想、有热情的人，是这些人心中怀有的坚定的目标把公司带向了成功的彼岸。

优秀的企业或组织一般都有十年至十五年的长期目标。管理人员时常会反问自己："我们希望公司在十年后是什么样子?"然后根据这个设想来规划企业应该做什么。工作并不是为了适应今天的需求，而是要满足五年、十年以后的需求。各研究部门也是在针对十年或十年以后的产品进行研究。

生活也是一样，我们也应该计划十年以后的事。

目标的作用主要体现在以下几方面。

目标一旦定下，它就成为你努力的依据，也是对你的鞭策。可以说，目标给了你一个看得见的靶子。随着你这些目标的实现，你的心中会越来越有成就感。制订和实现目标有点像一场比赛，随着时间的推移，你实现了一个又一个目标，这时你的思维方式和工作方式又会渐渐改进。

制定目标有一点很重要，那就是目标必须是具体的，可以实现的。如果计划不具体，无论它是否实现了，都会使你的积极性有所降低。这是因为向目标迈进是动力的源泉，如果你无法知道自己向目标前进了多少，你就会泄气，甚至放弃。

目标具体，也就是说，你必须确定你想要的财富的数字，不能空泛地想：我这一生要赚很多钱。

许多工作勤奋的人甚至是具有成功潜质的人，都没有一个具体的目标。想一想你的目标是什么？是每月挣两千块钱、五千块钱还是几万块钱？不要空泛地说"我需要很多很多钱"，那样没有用，你必须确定你追求的成功的具体标准。你对目标制订得越精准，对它的检视越仔细认真，成功的希望越大。由此可见，制订一个具体可行的目标是必要的。试着每星期花一个小时检视自己的目标，评估自己的表现，并为下一步行动做计划书。

你花在检视自己人生目标上的时间越多，你的目标就越能够与你的人生结合。但是千万不要以纸上谈兵代替实际行动，要知道，没有行动，再好的目标也是一纸空文。

当然，任何远大的目标都是不可能一蹴而就的。为了实现远大的目标，你还得建立相应的中期目标与近期目标，由近期目标逐步向中期目标推进，再由中期目标实现远大的目标，这样才能切切实实地看到财富的积累，从而增加成功、创造财富的希望，才能最终达到创造财富的目的。

大目标都是由小目标组成的，每个大目标的实现都是几个小目标小步骤实现的结果。所以，如果你集中精力处理当前手上的工作，心中时刻记住你现在的努力都是为实现将来的目标铺路，那你就能成功。

目标还有个好处就是有助于你评估工作的进展。不成功者有个共同的问题，就是他们极少评估自己取得的进展。他们大多数人或者不明白自我评估的重要性，或者无法衡量取得的进步。

而目标提供了一种自我评估的重要手段。如果你的目标是具体的，看得见摸得着的，你就可以根据自己距离最终目标有多远来衡量目前取得的进步。

下面是六个具体实现目标的"黄金"步骤：

1. 简单地说："我需要很多很多的钱"是没有用的。你要在心里，确定你希望拥有的财富的具体数字。

2. 确确实实地决定：你将会付出什么努力与多少代价去换取你所需要的成就。

3. 没有时间表，你的船永远不会到达彼岸。所以要规定一个固定的日期，一定要在这个日期之前把你想要的钱赚到手。

4. 拟定一个实现你的理想的可行性计划，并马上施行。耽于幻想而不去行动，目标就永远是空中楼阁。

5. 将以上四点清楚地写在纸上，不要仅仅依靠你的记忆力，而一定要体现为白纸黑字。

6. 每天两次大声朗读你的计划，比如在晚上睡觉以前，在早上起床之后。而且你朗读的时候，就想象自己已经看到、感觉到并深信你已经拥有这些成就。

生活中有太多这样的人，他们对生活中的一点小小的改善就心满意足，他们没有想过或者没有给自己制订明确的目标。很多人工作勤奋只是为了能在所在的单位待得下去，只为了能够达到眼前的糊口的目的，却没有什么更远大的理想。他们工作努力，但没有远大的志向，这样的人只能永远处在低级的职位上，无论他们多么勤奋，都不会有什么大的作为。

（三）把握好方向比努力更重要

哲学家漫步于田野中，发现水田当中新插的秧苗竟排列得如此整齐，犹如用尺量过一样。他不禁好奇地问田中的老农，是如何办到的。

老农忙着插秧，头也不抬，要他自己插插看。哲学家卷起裤管，喜滋滋地插完一排秧苗，结果竟是参差不齐，惨不忍睹。他再次请教老农，老农告诉他，在弯腰插秧时，眼睛要盯住一样东西。

哲学家照做，不料这次插好的秧苗，竟成了一道弯曲的弧线。

老农问他："你是否盯住了一样东西？"

"是啊，我盯住了那边吃草的水牛，那可是一个大目标啊！"

"水牛边走边吃草，而你插的秧苗也跟着移动，你想这个弧形是怎么来的？"

哲学家恍然大悟，这次，他选定了远处的一棵大树，果然插出来的秧苗非常直。

老农并不比哲学家有智慧，但他懂得去比照目标做事。

为什么有的人在工作中能创造出很高的效率，而有的人忙忙碌碌却最终一事无成呢？关键在于后者没有注意到所做的事情的方向性，把他们的精力消耗在了偏离方向的不重要的事情上，从而做了一些无用功。他们在羡慕他人成功的同时还往往不知道自己的失误到底在哪里。

有这样一个真实的故事。

18世纪后半叶，欧洲探险家来到澳大利亚，发现了这块"新大陆"。1802年，英国派弗林达斯船长带船队驶向澳大利亚，想以最快的速度占领这块宝地。与此同时，法国的拿破仑为了同样的目的也派阿梅兰船长驾驶三桅船前往澳大利亚。于是，英国和法国进行了一场时间上的比赛。

法国先进的三桅快船很快捷足先登，占领了澳大利亚的维多利亚，并将该地命名为"拿破仑领地"。随后他们以为大功告成，便放松了警惕。他们发现了当地特有的一种珍稀蝴蝶，为了捕捉这种蝴蝶，他们全体出动，一直纵深追入澳大利亚腹地。

这时候，英国人也来到了这里，当他们看到法国人的船只，以为法国人已占领了此地，非常沮丧。但仔细一看却没发现法国人，于是，船长立即命令手下人安营扎寨，并迅速给英国首相报去喜讯。

等到法国人兴高采烈地带着蝴蝶回来时，这块面积相当于英国大小的土地，已经牢牢地掌握在英国人的手中了，留给他们的只是无尽的悔恨。

法国人虽然提前到达了目的地，但是他们在没有完全达成目的时不小心就偏离了自己的方向，导致功亏一篑，前功尽弃。这个惨痛的教训告诉我们，不论是学习还是工作，都必须注意行动的方向性和有效性。这样不仅节省时间，同时也有成效，从而避免忙忙碌碌而又毫无所为。一个最简单的做法就是经常问一问自己，我的目标是什么？我的所作所为对实现目标是否有益？

善于利用时间的人都有一个共性，就是善于把握方向。无论他们做什么事情，都把目标看得很清楚后才开始行动。如果没有明确的目标，一味地蛮干，是绝不会获取成功、到达理想的彼岸的。现代管理者最重要的做事原则就是，要时刻清醒地认识到自己是什么样的人和要做什么样的事情。

如果拼命地在错误的事情上浪费精力、努力工作，即使是做得十全十美，那也只能是南辕北辙，不会给生活带来成功和快乐。

很多人在生意场上或是在工作中，大都以赚钱或是获得名誉为唯一的目标，并且把这一目标无限扩大，使自己总是处于紧张、繁忙和无序的状态中，很少考虑他们的职业技能、生意天赋、兴趣爱好等其他方面的问题。在行动的方向上，总是处于盲从的状态，而不是根据自己的实际状况来考虑问题，这样的结果，会使自己对工作失去乐趣和激情，最终只能面对失败的结果。

保持自我是很重要的，忠于自己的梦想和克制随波逐流的欲望，无论是在工作中还是在生活中，都要意识到，你的生活选择是你自己做出的。

如果你不满意你现在的状态，你想让你的住房更大些，或是你想拥有一部你做梦都想要的汽车，那么你就要为你的梦想付出代价，这个代价就是在你的生活中有一些改变。某种程度上，你要付出得多一些，多思考，改变工作方式，更聪明地工作，如此一来，你总会得到你想要的。

有很多的改变都是前进路上的方向标，虽然这些改变看上去很细微，但是它们的作用要比速度重要得多，在人生的路上，就好像是一次旅行，可以有不同的速度，但首先要明确方向，大多数人在匆匆赶路的时候，不考虑方向的问题，结果去了一些根本不值得去的地方。没有了方向，速度就失去了意义，要记住，方向永远比速度更重要。

"跛足而不迷路的人能赶过虽健步如飞但误入歧途的人。"根据自己的才能特点，发挥自己的优势，选择适当的学习目标，这样，才能少走弯路，快出成果，早日踏上成功之路。

没有目标的努力，有如在黑暗中远行。

决定方向的因素有很多，要在生活中对它们进行严格的审视，比如你选择什么样的人作为朋友、你的时间安排、创造性思维的能力、热情、对工作的态度等等。不要小看每一天的生活状态和快乐指数，这些可能都在潜移默化地影响着你对事物的看法。坚持自己的正确观点，付出勇气和行动，为驱动力加油，这的确是一种简单而有效的成功方法。

事实上，在通往成功的路上会有很多障碍，即使你运用了比较轻松而有效的工作方法，要想获得更多，还是要付出努力的，要时刻提醒自己，在成功的路上，一定要表现出耐心和战胜困难的决心，如果通过自己的努力而获得了你在生活中从来没有过的成就，那样的快乐和满足感，是会比生下来就富有的人高出几百倍，这种生命的体验不是更有成就感吗？

关于自己的人生方向你是否已有规划？也许你仍在学校里继续深造，但这不会影响你为自己设计未来的美好蓝图，有了这蓝图，你才不会浪费过多的时间，因为"时间就是金钱"；也许你已是一个社会人，那就更应该了解有一个目标会使你少做很多的无用功，能更轻松、更快捷、更有效地达至成功。

所以，无论做什么事都要掌握好方向性，即目标性。

（四）专心致志于你选择的目标

古往今来，凡是有成就的人，都很注意把时间用在一个目标上，专心致志，集中突破，这是他们成功的最佳方案。据说德国考古学家施利曼起誓要找到特洛伊遗墟的时候才八岁。历史上不少人被埋没，除了社会原因之外，没有找到他们为之献身的具体事业目标，东一榔头西一棒子，今日点瓜，明日种豆，成为被埋没的一个重要原因。但是，选择具体目标，却并非一件易事，因为目标的选择要考虑到社会的需要、对本人才能的自我认识、家庭及工作岗位等一系列原因。所以，不少年轻人和中年人也知道要学习，多学一点总有好处，也不乏献身的热情，但提到选择目标，却望而生畏，他们认为专业已明确的，不用选择目标，专业不明确的，很难选择目标。他们感到最困难的是本职工作、爱好与选择目标的矛盾。其实，在多数情况下，这两者可以通过主观的调节结合进行。结合本职工作选择目标，两者相辅相成，理论与实践紧密结合，比较容易取得支持与环境的助力；结合本人爱好选择目标，则由于兴趣所在，往往能倾注全部心力于其间。

因为一般说来，业余学习时间终究有限，而在这个知识爆炸的年代，如何才能不使自己的头脑成为浩繁知识的贮藏库，有选择地学习一些有用的知识，并让它们迅速地转化为聪明才智呢？有效的方法就是将业余学习与本职工作结合起来，以工作需要为根据，确定学习的重点与方向，另外，把业余学习和本职工作结合起来，也符合人类思维的发展规律。人们的思维发展表现为认识的逐渐深化过程，把业余学习时的思维活动与工作实践中的思维活动联系起来，就能发展并深化白天工作实践中的思维活动。许多业余学习和本职工作结合得好的经验证明，白天工作中遇到的难题，常常在业余学习中得到解答。不管是结合本职工作选择目标，还是根据爱好选择目标，都要有所弃，才能有所取；有所不为才能大有所为。

也有些人可能感到设计终身目标有困难，也可以先做短期设计，就是在一段时间内专攻一个课题，把其他无关的书先放一放，待有成绩后，再变换新的题目。总之，要认准一个目标，集中精力和时间深钻下去，力求掌握系统知识，搞出一点成绩来，继而取得辉煌成果，而不要在朝秦暮楚、一日三变中，贻误自己宝贵的青春和才能。文学家高尔基就是经过无数次的失败才走上了写小说的道路。开始他爱好戏剧，但此路不通，他又想去当马戏演员，那里的人却说："你来晚了，你的岁数太大，骨头硬了。"他又学写诗，写了厚厚一本，送给一位作家看，这位作家看后说："我觉得你的诗很难懂。"后来遇到一位革命家，高尔基常讲自己流浪生活的遭遇，有一次讲到自己遇见吉卜赛人的情形，那位革命家叫他写下来。高尔基硬着头皮写了下来，第二天送到《高加索报》编辑部，一位老编辑看了连连说："好！好！但你还没有署名呢，你是谁？"高尔基踌躇了一会儿，坚决地说："好吧，就这样署名：高尔基，马克西姆·高尔基。"从此，一颗文坛上的明星升起来了。

但是大多数人不想试着超越自己可能性的极限，他们一辈子也不想试着了解他们能干些什么，不能干些什么。他们不知道，什么是他们才华的闪光点。苏联当代作家格拉宁说："这种审慎稳妥在科学界是最可悲的。""如果每个人都能知道自己能干些什么，那生活会变得多么美好！因为每个人的能力都比他自己感觉到的大得多。"如苏联戏剧家斯坦尼斯拉夫斯基的大姐，原在剧场负责服装、布景一类的杂活，一次女主角有病，她代其上场表演，演得出人意料的成功。斯坦尼斯拉夫斯基用"一个偶然发现的天才"为题记叙了这件事。

既然每个人身上都有不同的才能点，大自然又平等地赋予了全人类每个成员共同的财产——时间，为什么有的人成了巨人？有的人成了庸人？也许有的人会说，只有绝顶聪明的人才能够成功，其实，智力一般的人只要善于选择目标，也可成就大事业。珍妮·古德尔并没有过人的才智，但却有超人的毅力，所以她没有去攻读数学、物理学，而是进到非洲森林里考察黑猩猩，终于成了一个有成就的科学家。另外，人的才能也可以通过后天的学习、培养、实践来获得。在获得医学生理学诺贝尔奖的92名美国人中，有48人是在前诺贝尔奖得主的指导下工作的。陈景润之所以能在数学上有重大突破，是与他中学的数学老师沈元的启发教育有关。从实践上看，人的才能是与每个人后天参加社会实践的深度和广度紧密联系的。如音乐家有高度发达的听觉鉴别能力，画家有高度发达的视觉观察能力。只要专心致志于你所选择的目标，你也终有成功的一天！

（五）学会逐一实现你的目标

一个人没有目标，他肯定不能成功，但是如果目标过大，就应学会把大目标分解成很多个具体的小目标，否则，很长一段时期你仍达不到目标，就会让你觉得非常疲惫，继而容易产生懈怠心理，甚至你可能会认为没有成功的希望而放弃你的追求。如果将大目标分解成具体的小目标，分阶段地逐一实现，你可以尝到成功的喜悦，继而产生更大的动力去实现下一阶段的目标，不要说"笑到最后才是笑得最好的人"，经常让自己笑一笑，分阶段的成功加起来就是最后的成功。

25 岁的时候，雷因因失业而挨饿，他白天就在马路上乱走，目的只有一个，躲避房东讨债。

一天他在 42 号街碰到了著名歌唱家夏里宾先生。雷因在失业前，曾经采访过他。但是他没想到的是，夏里宾竟然一眼就认出了他。

"很忙吗?"他问雷因。

雷因含糊地回答了他，雷因想自己看出了他的现状。

"我住的旅馆在第帕号街，跟我一同走过去好不好?""走过去? 但是，夏里宾先生，60 个街口，可不近呢。"

"胡说"，夏里宾笑着说，"只有五个街口。"

"可明明……"雷因不解。

"是的，我说的是第 6 号街的一家射击游艺场。"

这话有些所答非所问，但雷因还是顺从地跟他走了。"现在，"到达射击场时，夏里宾先生说，"只有 11 个街口了。"

不多一会儿，他们到了卡纳奇剧院。

"现在，只有五个街口就到动物园了。"

又走了 12 个街口，他们在夏里宾先生住的旅馆前停了下来。奇怪得很，雷因并不觉得怎么疲惫。

夏里宾给他解释不疲惫的理由："今天的走路，你可以常常记在心里，这是生活艺术的一个教训。你与你的目标无论有多遥远的距离，都不要担心，把你的精神集中在五个街口的距离，别让那遥远的未来令你烦恼。"

1984 年，在东京国际马拉松邀请赛上，名不见经传的日本选手山田本一出人意外地夺得了世界冠军。当记者问他凭什么取胜时，他只说了"凭智慧战胜对手"这么一句话，当时许多人认为这纯属偶然，山田本一在故弄玄虚。

两年后，在意大利国际马拉松邀请赛上，山田本一再次夺冠。记者又请他谈经验，性情木讷的山田本一还是那句话他把所有的访问都准备得充分完善，相关的业界知识加之多方面的努力积累，终于在第一年的年终，使自己的业绩创造了空前的记录，以后的年头效果更佳。

山田自己做了一个结论："以前，我不是不曾考虑过要扩展业绩、提升自己的工作成就。但是因为我从来只是想想而已，不曾付诸行动，当然所有的愿望都落空了。自从我明确设立了目标，以及为了切实实现目标而设定具体的数字和期限后，我才真正感觉到，强大的推动力正在鞭策我去达成它。"

在平常生活、工作中，我们都会有自己的目标，达到目标的成功关键在于把目标细化、具体化，让自己每天有一个小目标。

每个人不但要有一个人生目标，而且每天应有一个小目标。小目标也许不是什么宏图大业，也不是高远的志向，仅仅只是一件平常的事情，你今天一定要去完成它，这样你才能感到满足和快乐。

自己完成的一幅画可以让你欣赏许多天，甚至许多年。也许它不是杰作，但这并不要紧。问题是：你是不是把你的精力画进去了？这幅画比起你上次所画的，是不是付出得更多？你要不要将它装框，挂在你的客厅之中？不吗？嗯，这回也许可以挂在你的卧室里，下次再挂在客厅里。

你要不停地前进，尽力把每一件事情做好。进一步说，假如你还没有目标，那就不妨继续前进——自然会找到目标。

一位著名的整容医师讲了这样一件事：

最近，一位女士请教关于消除面部皱纹的事。她说她没有让家人知道，就悄悄来到我的诊所，是不是一种错误。

"你怎么不告诉他们？"我问。

"他们会反对的。我的丈夫和女儿会认为我虚浮愚蠢。"

我说："我多年来从未见过一个完全出于虚荣的病例。人们求助于整形外科医生，很多是基于心理学上的、社会学上的和经济学上的原因，他们除去缺陷是为了要在生活上重整旗鼓。"

她说："大夫，你说对了，我是想重整旗鼓。我要为我的家人而尽力变得好看一点。"

"你不妨向他们解释一番。"我建议道。

后来，我为她动了手术，在住院期间她对我说，她未能向她丈夫说明。手术成功了，但她的丈夫十分恼火，不肯谅解她。

人总是阻挡前进的意图——就像这位太太的丈夫所做的那样，以致使她的内心留下了比面部更深的皱纹。整形外科无法消除这种内心的皱纹，只有谅解才可消除。

德克萨斯州休斯敦市两位女士写信给我，说她们读了一些成功书籍之后，便开始运用其中的原理和原则。她们在信中表示，我为她们找到了可能的新境界，使她们尝试了以前连想也不敢想的计划。

她们知道了行事的限制，于是又谋划了事业发展的范围，因此，她们得以自由自在地去从事下列的事情：

写一本儿童读物；

写一部剧本；

写一部神秘小说；

筹组一个公司；

想了两个新的游戏，准备投给杂志。

所有这一切，她们仅仅花了一年时间。

"我们两个都有全天上班的工作。"她们还说，"请不要叫我们慢慢来，我们在享受我们人生的乐趣……如果遭遇阻碍，我们会想办法——办法自会出来……我们认为，所有的这一切，都应该感谢你……"

她们自己设定目标后，克服了她们一直无法克服的实际障碍，大大地感到了使她们向前迈进的价值，最后又让她们的成功机运在她们的创造能力范围之内发生了作用。

你也许不必像她们那样设定那么多的目标，也没有必要像她们那样雄心勃勃，不过，你和她们一样拥有成功的潜力，你要把它发挥出来，而小要阻塞它。

上天让你生存于世上，并非叫你郁郁寡欢；上天给了你获得成功的能力，你必须加以运用。

假如你有困难，假如你遭遇了障碍，那只说明你和大多数人一样。海伦·凯勒一生的故事应该是人尽皆知的，她克服了机能上的障碍，获得了不可思议的成就。你也许不知道著名的护士南丁格尔，她原先患了很重的忧郁症，但她的慈善服务使她相信：她并不是在垂死之中。

只要你相信自己，去做你想要做的事情，你的成就将会使你自己感到惊奇。

你觉得人们有趣吗？或者，你觉得他们讨厌吗？你是否愿和别人交往？或者，你是否避免与人打交道？

你和别人的关系，也是你要着重注意的。这些关系相当复杂，许多人低估了它们的复杂性。我们的友谊极有改善的必要。

现代社会，人与人之间，挡住真正友谊之道的问题很多：矛盾冲突、禁忌、毫无理由的怒气、缺乏聆听的能耐、自我中心的态度、多年的宿怨、不能容忍个别的差异……如果把妨碍人们彼此友好交往的要素编列起来，将可以编成一本目录。

但是，真理永远不会被遮掩住。在人类关系中，假如我曾看到什么的话，就是我们的倾向摩擦——往往非常委婉。这里面有你我潜在的内伤、隐晦的误解、预想的胡闹，其间有难以治愈的情感创伤——如果可以治愈的话。我们之中没有一个人可以不对别人发生误解，我也犯过不少错误。

当你觉得受到伤害时，绝不可避不见人。不仅如此，你应该积极地去想办法改进与他人的关系。你只要这样去做，就会获得极大的快乐。人类交友的能量与快乐的能量，具有极大的关系，都是可以开展的。

你可以使这种交友的艺术，成为你人生的最大目标之一。实际说来，你应该把它视作你人生中最大的目标才是。

（六）目标越具体明确越好

志向远大，是要使自己的目标保持在一个高尚的层面。崇高的目标表现在：吸引巨大财富，不排斥财富。但这种目标必须以不破坏社会的法律、社会公德以及不损害他人的利益为标准。否则，你的成功不会被人们承认不说，还将遭到唾弃和正义的惩罚。

事实上，许多真正凭借强大愿望而获取巨大财富的佼佼者，他们在创造财富的同时，是常常乐于与别人分享成功的愉悦，或者把精神财富如创造财富意识、理论、思想传授给别人，或者把物质财富无私地回报给社会的。

他们称这叫"壮丽的着迷"，许多值得人们敬仰的百万富翁都是如此，足见创造财富是多么纯洁与崇高。

目标具体，也就是说，你必须确定你所要求财富的数字，不能空泛而论，如：我这一生决心要赚很多钱。一定要明确，不能只停留在"我想拥有许多许多的钱"上。

在半个世纪前，洛杉矶郊区有个没有见过世面的孩子，才15岁，他拟了个题为《一生的志愿》的表格，表上列出：

"到尼罗河、亚马孙河和刚果河探险；登上珠穆朗玛峰、乞力马扎罗山和麦特荷恩山；驾驭大象、骆驼、鸵鸟和野马；探访马可·波罗和亚历山大一世走过的路；主演一部像《人猿泰山》那样的电影；驾驶飞行器起飞降落；读完莎士比亚、柏拉图和亚里士多德的著作；谱一部乐谱；写一本书；游览全世界的每一个国家；结婚生孩子；参观月球……"

他把每一项都编了号，共有127个目标。

当把梦想庄严地写在纸上之后，他开始循序渐进地实行。

16岁那年，他和父亲到佐治亚洲的奥克费诺基大沼泽和佛罗里达州的埃弗洛莱兹探险。他按计划逐个地实现了自己的目标，49岁时，他完成了127个目标中的106个。

这个美国人叫约翰·戈达德，获得了一个探险家所能享有的一切荣誉。

你如能像他一样明确目标，有一天，你也会发现自己是那个走得最远的人！目标，是一个人未来生活的蓝图，又是一个人精神生活的支柱。

爱因斯坦为什么年仅26岁时就在物理学的几个领域做出第一流的贡献？美国波士顿大学生化教授阿西莫夫为什么能够令人难以置信地写出两百余部科普著作？达·芬奇为什么能成为"全才"？仅仅是由于他们的天赋吗？试想，当时爱因斯坦二十多岁，学习物理学的时间不算长，作为一个业余研究者，他的时间更是极为有限。而物理学的知识浩如烟海，如果他不是运用直接目标法，就不可能在物理学的三个领域都取得第一流的成就。他在《自述》中说：

爱因斯坦

"我把数学分成许多专门领域，每一个领域都能费去我们所能有的短暂的一生……物理学也分成了各个领域，其中每一个领域都能吞噬短暂的一生……可是在这个领域里，我不久就学会了识别出那种能导致深邃知识的东西，而把其他许多东西撇开不管，把许多充塞脑袋、并使它偏离主要目标的东西撇开不管。"

爱因斯坦的做法有哪些好处呢？

其一是可以早出成果，快出成果。

其二是有利于高效率地学习，有利于建立自己独特的最佳知识结构，并据此发挥自己过去未发挥的优点，使独创性的思想产生。

这种方法还可以使大胆的"外行人"毅然闯入某一领域并得以取得成就。

DNA 双螺旋结构分子模型的发现就是有力的例证：20 世纪以来生物科学最伟大的发现者是沃森和克里克，两人当时都很年轻（沃森当时仅 25 岁），而且都是半路出家。他们从认识到合作，从决定着手研究到提出 DNA 双螺旋结构分子模型，历时仅仅一年半。可以说，如果沃森他们不是直逼目标，是不可能在短短的时间内获得如此巨大的成功的。

对准创造目标并不意味着没有一点知识也可以进入创造状态，而是指只有在阶段时间内集中精力掌握某一领域所具备的知识，才能较快地取得成果。

当有令你朝思暮想渴望得到的东西时，你应该怎么办呢？

"罗马不是一天之内建成的！"你一定听过这句话，一定从这句话中很清楚地知道了凡是杰出的成就都是历尽多年努力才能获得的道理。

一切有志者都想成功，憧憬着"一步登天"。但要把美好的理想转化为现实，尚需付出坚持不懈、锲而不舍的劳动。那么，为什么要抱怨自己"不会一鸣惊人"，"不是举足轻重的人物"，"不够聪明"呢！

体育运动员在一个赛季开始之前，他们都要长年累月地进行训练。通过训练，他们改进自己的不足之处，力求每天都能提高一点，这样，到了比赛那天，他们才可能创造出好的成绩。

每个成功也只能如此：付出代价。这个代价就是时间，就是耐心和努力。

诺贝尔生理医学奖得主托马斯·摩尔根说得好：

不要把志向立得太高，太高近乎妄想。没有人耻笑你，而是你自己磨灭了目标。目标不妨设得近点，近了，就有百发百中的把握。标标中心，志必大成。

（七）尽一切努力实现你的目标

每一个想取得成功的人都明白，进步是靠不断地努力得来的。例如，房屋是由一砖一瓦砌成的；足球比赛的最后胜利是由一次一次的得分累积而成的；商店的繁荣也是靠着一个一个的顾客的购买造成的。所以每一个重大的成就都是一系列的小成就累积成的。西华·莱德先生是个著名的作家兼战地记者，他曾在 1957 年 4 月号的《读者文摘》上撰文表示，他所收到的最好忠告是"继续走完下一里路"，下面是其中的几段：

"在第二次世界大战期间，我跟几个人不得不从一架破损的运输机上跳伞逃生，结果迫降在缅印交界处的树林里。当时唯一能做的就是拖着沉重的步伐往印度走，全程长达 140 英里，要在八月的酷热和季风所带来的暴雨的侵袭下，翻山越岭长途跋涉。才走了一个小时，我一只长筒靴的鞋钉扎了另一只脚，傍晚时双脚都起泡出血，像硬币那般大小。我能一瘸一拐地走完 140 英里吗？别人的情况也差不多，甚至更糟糕。他们能不能走呢？我们以为完蛋了，但是又不能不走。为了在晚上找个地方休息，我们别无选样，只好硬着头皮走完下一英里路……

"当我推掉其他工作，开始写一本 25 万字的书时，心一直定不下，我差点放弃一直引以为荣的教授尊严，也就是说几乎想不开。最后我强迫自己只去想下一个段落怎么写，而非下一页，当然更不是下一章。整整六个月的时间，除了一段一段不停地写以外，什么事情也没做，结果居然写成了。

"几年以前，我接了一件每天写一个广播剧本的差事，到目前为止一共写了 2000个。如果当时签一张'写作 2000 个剧本'的合同，一定会被这个庞大的数目吓倒，甚至把它推掉。好在只是写一个剧本，接着又写一个，就这样日积月累真的写出这么多了。"

"继续走完下一里路"的原则不仅对西华·莱德很有用，当然对你也很有用。按部就班做下去是实现任何目标唯一的聪明做法。最好的戒烟方法就是"一小时又一小时"坚持下去。很多人用这种方法戒烟，成功的比例比别的方法高。这个方法并不是要求他们下决心永远不抽，只是要他们决心不在下一个小时抽烟而已。当这个小时结束时，只需把他们的决心改在下一个小时就行了。当抽烟的欲望渐渐减轻时，时间就延长到两小时，又延长到一天，最后终于完全戒除。那些一下子就想戒除的人一定会失败，因为心理上的感觉受不了。一小时的忍耐很容易，可是永远不抽那就难了。

想要实现任何目标都必须按部就班做下去才行。对于那些初级经理人员来讲，不管被指派的工作多么不重要，都应该看成是"使自己向前跨一步"的好机会。推销员每促成一笔交易，就为迈向更高的管理职位积累了资本。

教授每一次的演讲，科学家每一次的实验，都是向前跨一步，更上一层楼的好机会。有时某些人看似一夜成名，但是如果你仔细看看他们的历史，就知道他们的成功并不是偶然得来的，他们早已投入了无数心血，打好坚固的基础了。那些大起大落的人物，声名来得快，去得也快，他们的成功往往只是昙花一现而已，他们并没有深厚的根基与雄厚的实力。

富丽堂皇的建筑物都是由一块块独立的石块砌成的。石块本身并不美观，成功的生活也是如此。

请做到下面的事情：把你下一个想法（不论看来多么不重要），变成迈向最终目标的一个步骤，并且马上去进行。时时记住下面的问题，用它来评估你做的每一件事。"这件事对我的目标有没有帮助？"如果答案是否定的，就马上停止；如果是肯定的，就要加紧推进。

我们无法一下子成功，只能一步一步走向成功。所谓优良的计划，就是自行确定的每个月的配额或清单。

尽力实现你的目标吧，要全力以赴，并且让目标为你带来达到目标所需要的那种"自动调整能力"。那些高阶层的成功人物都是能完全投入自己的目标的人。

我们常常会在假日早上醒来时觉得，今天没有什么重要的事急着做，于是磨磨蹭蹭，就这样糊里糊涂过了一天，什么事情也没做。但是当我们有个非做不可的计划时，不管多少都会有点成绩。

这个普通的经验含有一个重要的教训：想要完成某件事，就必须先有计划。

第二次世界大战之前，科学家已经了解了原子内部的能量，但是当时对于"如何分裂"以及"如何应用"所知不多。美国参战后，准备尽快发明原子武器，并拟出了计划。经过无数的改良与研究，终于有了结果，美国首次在日本使用了原子弹。如果没有那个计划来推动的话，原子分裂可能延后十年或更久才办得到。

所以说目标会使事情早日完成。

如果工厂的主管没有一个固定的工作进度，生产系统会陷入困境。销售主管知道，如果销售的同时有预期的销售配额，卖出的商品会更多，大学教授也知道，考试时如果先订下该次考试的截止期限，学生都会准时交卷。

当你追求成功时，先制订你的目标，例如，截止期限、完成日期以及强制配额等。因为你只能完成"计划去做的事项"中的一部分，而无法完成尚未计划的事。

美国杜兰大学的乔治·布尔契博士——一位极负盛名的人类专家指出："结束生命最快的方法就是什么也不做。每一个人至少必须有一个兴趣，以便继续活下去。"

退休是"开始"还是"结束"，人人都有自由选择。自认为退休是有意义生活的"结束"的大部分人，很快就会发现退休也是他生命的结束。因为没有目标的生活，无所事事，很快就会使人衰老。

至于把退休当成再出发的人，境遇就会完全不同。戈登先生就是如此。他几年前以亚特兰大一家银行的副董事长的身份退休时，就是他开始新生活的"纪念日"。后来他成为工商顾问，成就非常辉煌。现在他六十多岁了，仍旧为许多客户服务，并且经常应邀到全国各地演讲。他有很多计划，其中之一是成立一个为推销员设立的社交团体。看他神采飞扬的模样，仿佛三十岁出头的小伙子。

（八）目标有时候也需要合理调整

有许多事情，可能你用了很大的劲儿，但你发现自己总是处于一个进退两难的位置，你所走的路也许只是一条死胡同。这时候，最明智的办法就是合理调整你的目标，另外寻找成功的机会。

牛顿早年就是永动机的追随者。在进行了大量的实验失败之后，他很失望，但他很明智地退出了对永动机的研究，转而在力学研究中投入了更大的精力。最终，许多永动机的研究者默默而终，而牛顿却因摆脱了无谓的研究，而在其他方面脱颖而出。

在人生的每一个关键时刻，要审慎地运用智慧，做出最正确的判断，选择正确的方向，同时别忘了及时检视选择的角度，适时调整。放掉无谓的固执，冷静地用开放的心胸做出正确抉择。每次正确无误的抉择将指引你走在通往成功的坦途上。

当你确定了目标以后，下一步便是鉴定自己的目标是否合理。如果你决心改变，就必须考虑到改变后是什么样子；如果你决定解决某一问题，就必须考虑到解决中可能遇到的困难是什么。

当描述了理想的目标以后，你必须研究一下达到该目标所需的时间、财力、人力的花费是多少，你的选择、途径和方法只有经过检验，方能估量出目标的现实性。

有许多满怀雄心壮志的人毅力很坚定，但是由于不愿进行新的尝试，因而无法成功。请你坚持你的目标吧，不要犹豫不前，但也不能太生硬，不知变通。如果你确实感到行不通的话，就尝试另一种方式吧。

那些百折不挠，牢牢掌握住目标的人，都已经具备了成功的要素。下面的两个建议一旦和你的毅力相结合，你期望的结果便更易于获得。

1. 告诉自己"总会有别的办法可以办到"。

每年有几千家新公司获准成立，可是五年以后，只有一小部分仍然继续营运。那些半路退出的人会这么说："竞争实在是太激烈了，只好退出。"其实，问题的关键在于他们遭遇障碍时，只想到失败，因此才会失败。你如果认为困难无法解决，就会真的找不到出路，因此一定要拒绝"无能为力"的想法。

2. 先停下，然后变换目标再重新开始。

我们时常钻进牛角尖而不知自拔，因而看不到新的解决方法。成功者的秘诀是随时检视自己的选择是否有偏差，合理地调整目标，放弃无谓的固执，轻松地走向成功。

两个贫苦的樵夫靠着上山捡柴糊口，有一天他们在山里发现两大包棉花，两人喜出望外，棉花的价格高过柴薪数倍，将这两包棉花卖掉，足可供家人一个月衣食无虑。当下两人各自背了一包棉花，便欲赶路回家。走着走着，其中一个樵夫眼尖，看到山路上扔着一大捆布，走近细看，竟是上等的细麻布，足足有十多匹之多。他欣喜之余，和同伴商量，一同放下背负的棉花，改背麻布回家。他的同伴却有不同的看法，认为自己背着棉花已走了一大段路，到了这里丢下棉花，岂不枉费自己先前的辛苦，坚持不愿换麻布。发现麻布的樵夫屡劝同伴无果，只得自己竭尽所能地背起麻布，继续前行。又走了一段路后，背麻布的樵夫望见林中闪闪发光，待近前一看，地上竟然散落着数坛黄金，心想这下真的发财了，赶忙邀同伴放下肩头的棉花，改用挑柴的扁担挑黄金。他的同伴仍是那套不愿丢下棉花，以免枉费辛苦的论调，并且怀疑那些黄金不是真的，劝他不要白费力气，免得到头来空欢喜一场。发现黄金的樵夫只好自己挑了两坛黄金，和背棉花的伙伴赶路回家。两人走到山下时，突然下了一场大雨，两人在空旷处被淋了个湿透。更不幸的是，背棉花的樵夫背上的大包棉花，吸饱了雨水，重得已无法背动，那樵夫不得已，只能丢下一路辛苦舍不得放弃的棉花，空着手和挑着两坛黄金的同伴回家去了。

一个非常干练的推销员，他的年薪有六位数字。很少有人知道他原来是历史系毕业的，在干推销员之前还教过书。

这位成功的推销员这样回忆他前半生的道路："事实上我是个很没趣味的老师。由于我的课很沉闷，学生个个都坐不住，所以，我讲什么他们都听不进去。我之所以是个没趣的老师，是因为我已厌烦了教书生涯，对此毫无兴趣可言，但这种厌烦感却在不知不觉中也影响到了学生的情绪。最后，校方终于解聘了我，理由是我与学生无法沟通。其实，我是被校方免职的。当时，我非常气愤，所以痛下决心，走出校园去闯一番事业。就这样，我才找到推销员这份自己胜任并且感觉愉快的工作。

"真是'塞翁失马，焉知非福'。如果我不被解聘，也就不会振作起来！基本上，我是很懒散的人，整天都病恹恹的。校方的解聘正好惊醒了我的懒散之梦，因此，到现在为止，我还是很庆幸自己当时被人家解雇了。要是没有这番挫折，我也不可能奋发图强起来，闯出今天这个局面。"

坚持是一种良好的品性，但在有些事上，过度的坚持，会导致更大的浪费。

如果没有成功的希望，而去屡屡试验是愚蠢的、毫无益处的。

有的人失败，不是没有本事，而是定错了目标。成功者为避免失败，时刻检查目标是否合乎实际，合乎道德。

一个人要想获得事业上的成功，首先要有目标，这是人生的起点。没有目标就没有动力，但这个目标必须是合理的，即合乎实际情况和客观规律、社会道德的，如果不是，那么，即使你再有本事，付出千百倍的努力，也不会获得成功。

三、制定自我时间管理表

（一）不要让"日复一日"的事情左右你

生活中有很多人觉得自己已经忙得不可开交了，但是最重要的事情还是没有去做。而且，当人们面对那些重要事情的时候，很可能依然继续想去做那些不重要的工作，比如逛商店等。显然，人们需要完成一些日常的活动，而且人们也希望减少这些活动上的时间，但是无论如何也不可能不做这些活动。当然，除非你自己特别富有，否则你必须自己工作赚钱来购买食物、衣服等生活必需品。也就是说，吃饭、穿衣、交通、工作会占用你一定的时间。另外，你还需要时间去做日常的很多工作：打扫办公室、参加会议、读邮件、开车接送孩子等，这些工作量的多少取决于你在家庭与社交圈的位置。人们平时不会去思考这些活动，但是它们却占据了生活的大量时间。甚至很多人一辈子都在为这些事情忙个不停。

琼斯是一名秘书，她说自己总是没有时间去完成那些老板交代自己而且自己也觉得有意思的任务。她每天的所有时间都用在处理那些琐碎事情上，也就是从她上班第一天起就在做的事情——接电话、做记录、整理文件，等等。这些琐碎的事情几乎占据了她一天所有的时间，最后她根本没有时间去做那些有趣的事情。家庭生活中的主妇们也常常面对这种状况，又无可奈何。她们总是很本分地重复着一系列的家务活，结果却发现总是忙忙碌碌，但却不会有任何成就感。

大多数人每天做的事情都是由正在处理、未完成的工作决定的，比如昨天或者上周已经开始的一个项目。即使这些项目是一些常规性的工作，但人们还得去兑现自己的承诺，不能随心所欲地去做一些自己喜欢的事情。甚至在这常规性的工作期间，还会遇到一些意外的事情来占用自己的时间。比如，你早上醒来，发现闹钟没电了，结果迟到了 1 个小时，而你原本是打算提前半小时到公司将昨天没有完成的工作做完的。不仅如此，到了公司后，你还发现一个客户已经打过 3 个电话了，抱怨没有收到昨天答应给他的文件，所以你不得不马上打电话到快递公司询问情况，然后催促他们。

常规活动、意外的事情等，都会占用自己的时间。对于很多人来说，他们整日纠缠在这些事情上，一辈子也不可能有空闲的时间去做自己喜欢的事情。要想避免这些情况的发生，腾出时间去做那些更有价值的事情，就必须整理自己的工作程序，认真规划自己每一天的时间。

也许有人会说，谁有时间去规划每一天？事实上，无论多忙都应该抽出时间去规划。越觉得自己没有时间，越应该仔细规划自己的时间。比如，你可以在每天开始或者结束的时候抽出 10 分钟时间进行规划，你会因此而得到很大的回报。或许，你觉得自己太累，没有时间去规划，但如果不去规划，你就不可能分辨出哪些事情才是最重要的。

但是时间规划并不是说将每小时的活动都记录下来。这种做法不仅会浪费很多时间，还会给自己带来精神压力。将所有事情都记录下来的人很容易就半途而废，因为他们觉得太麻烦了。所以，应该有选择性地规划自己的时间分配方式，从而改善自己的时间管理。

如果你感觉自己在工作上花费了太多的时间，没有充足的时间去陪伴家人，那么你可以养成按时下班的习惯，即使其他人还在加班；如果你感觉自己在高尔夫上耗费了过多的时间，没有足够的时间去参加其他活动，那么就减少打高尔夫的时间；如果家务活动占据了你大量的时间，结果没有时间去做更有创造性的工作，那么就可以做个交替扫除卫生的方案。减掉那些可以省略掉的工作，即便是这个世界上最忙的人也能节省出空闲的时间来。

习惯的力量是巨大的，如果你能保持每天同样的时间做同样的事情，效率就会越来越高，因为不用花时间去选择。研究表明，人们在做那些习惯工作时，效率总是很高。另外，在处理事情时，一定要确保自己能够见到必须见到的人是重要的。比如，看牙医、做头发必须提前预约等。

多数人都不会站在他人的角度去思考问题，所以他们也很难考虑到他人的安排。事实上，那样做可以省去很多时间。比如，哈特经常趁午饭时间去找老板请示工作，因为他知道老板午饭时间一般不会出去。他们可以在办公室一边吃饭，一边谈工作，而且这时别人很少来找老板，他们的谈话不会被干扰，所以事情往往能够高效率地解决。找上司谈话的另一个黄金时间就是在对方刚刚到办公室的时候，因为那时他们还未投入到自己的工作中。

　　哈佛商学院教授总是告诫自己的学生，每天都是与众不同的，都是有变化的。所以人们必须要学会去做一些改变，在进行日程安排的时候，要给自己的时间留出空余。如果将所有时间段都排得满满的，就无法应对变化，不能如期完成工作，在下班后就会感到沮丧、焦虑。意外的事情会占据自己的时间，而且任何人都不可能预料到未来会发生什么事情，所以要留出一定的时间处理那些突发的事情，把握新出现的任何机会。就像为自己安排"不被干扰"的时间一样，每个人都应该为自己留出一段空闲的时间。如果设定的日程安排过于僵化，就会被时间牵着鼻子走，觉得自己被时间所控制，毫无自由。只要为自己多留出一点时间，就是对自己的生活有了控制，每天的工作生活也会感觉轻松自在。

（二）做好时间管理表，才能心中有数

　　在哈佛商学院，教授们会提醒学生一定要做好时间管理。人生道路上，充满着很多不确定性，人们需要努力走好每一步才能更接近梦想。人生就像航海，充满了变数，但越是充满变化，人们越需要做好应对计划，去完成自己必须要做的事情。

　　时间管理表也是人们连接目标的一座桥梁，所以时间管理表对于人生来说很重要。如果你的时间管理计划制订失败了，那么就注定你的行动也会失败。制订时间管理表时，要充分考虑到哪些事情会发生，然后安排时间去做，制订出一套切实可行的行动方案。只要做出一些时间计划，就可以按照时间表一步步地去做事，不会因为毫无头绪而浪费时间，也不会因为事情繁多而无从下手。

　　即使未来不会发生什么变化，时间管理表也是人们实现某一目标的最佳方法，使其行为更有效率，实现目标更加顺利。没有变化，并不代表你只能按照一种方式去做。人们总是面对很多选择，比如，你从美国到英国，天气没有变化，火车、飞机均无变化，你会选择哪种交通方式？坐飞机时间短，但是花费太高；坐火车速度慢，但是比较实惠。你是选择时间还是价格，这些都是需要考虑的。从经济学的观点看，现代人总是在追求效益最大化，也就是说每一分钟、每一分钱都要花得值。任何一个理财能手都是一个有计划的人，公司会计会进行成本核算，提供资产负债等，这些都是经理们制订计划的依据。一切都在计划之中，才能做到游刃有余。

　　有效的时间管理一直以来都是许多人所缺少的，缺少的原因是因为人们没有真正地重视它。时间管理的重要性等同于战略、创新等管理议题，甚至比它们更重要。每

个人真的很忙吗？人们对此问题的回答往往都很一致，通常都无力地回答道"忙"。实际上在忙的背后，有三种表现。第一种是忙忙碌碌，这些人不会管理自己的时间，常常会被堆积如山的事情逼疯；第二种是忙碌，但学会了选择与放弃；第三种是假装的忙碌，因为人们已经将忙与成功联系起来。现在，人们必须给予时间管理以应有的重视。因为对于工作、学习的人来说，时间是最大的限制，他们需要在有限的时间内去完成不同的任务。对于管理者来说，他们无法雇用更多的员工来获得充裕的时间。在过去的企业管理中，没有时间管理。时间管理被认为是个人问题，个人应该去进行时间管理。现在，企业越来越意识到，提高绩效的最佳方法不是改进每个环节，而是改进最大的约束因素，而时间正是管理中的最大约束。过度忙碌的人们陷入筋疲力尽的状态，忙得没有时间去思考，所以逐渐失去了生活与工作的平衡。

快节奏的生活让人的步伐比之前至少增加了一倍。白天，人们或者在上班的路上，或者穿梭于公司的各部门之间，又或者面对着一大堆的资料、文件，等等，忙碌而紧张的工作让你没有时间计划。晚上，回到家中，准备晚餐，晚餐后与家人度过难得的短暂时光，最后拖着疲惫的身体休息。轻松的家庭时光让你舍不得花时间去制订计划。好不容易熬到周末，又要带着家人逛街，或者外出郊游。繁忙的工作，沉重的压力让生活变得杂乱无章，一切周而复始，单调枯燥，始终没有自由的时间去做自己喜欢的事情。事实上，只要你做好时间管理，你的生活就会大有改观。

做好时间管理会让人们即使感到紧张，也井然有序；即使再忙碌，也会因为充实而更有效率；做好时间管理会让人们的思路清晰，能够得到事半功倍的效果；做好时间管理是自我管理的良好选择，对每个人来说都是必要的。如果你想改变自己的生活方式，就不要再说没有必要进行管理。做好时间管理不仅会让你轻松地面对工作，还会为你赢得陪伴家人的时间，做好时间管理而形成的良性循环所带来的价值一定会让你大吃一惊。

（三）时间锁定：一个最实用的日程表

有限的时间让一切具有了更大的价值。如果生命不是有限的，相信很多人便不会去珍惜时间。有限的时间不断流逝促使人们去管理自己的时间，但问题是有些人并不积极，对自己要求不严；而另一些人只是一种习惯，这些习惯也难以使他们积极地前进。另外，还有一些人甚至对于哪些事情该做、哪些事情不该做都不太明白。

所以时间管理最应该先做的就是将自己应该做的事情罗列出来，并分清哪些是重要的与紧急的。如果人们再将这些事情进行时间分配，在具体的时间做具体的事情，将目标明确化，就能产生预想不到的好处。对照日程表，人们就可以清楚地知道自己应该做什么、先做什么、什么时候去做。这样做，就会避免人们在一些不重要的事情上浪费时间。彼得·德鲁克曾经说过："计划所表现得不只是未来的决定，而是现在对未来所下的决心。"事先做好日程表，不仅能够帮助人们找到那些必须完成的任务，也可以监督自己对需要完成的任务有没有拖延。如果一个人对做任何事情都没有把握，制订一个日程表有助于他将应该做的事情有条理地记录下来。在制订日程表时，需要注意的是手头上的事情不一定就是需要第一时间处理的；需要在近期迫切完成的工作，在长远看来可能就不会那么重要。所以，制订日程表是一件需要认真思考、对待的事情。合理的日程表，可以让人们的工作顺利开展，并能高效率地完成任务。

汤尼每天都会坐在电脑前，在一张白纸上写下自己的计划。他会将最难的与最重要的事情放在一天最开始的时候，甚至安排在他查看邮件开始前。而且他还会详细地安排这些事情在什么地点做更有效。

有一项研究，是一组 30 名女士同意在一个月的时间内完成乳房自检，那些明确计划在何时何地做这件事的人全部完成了任务，而其他的不到一半完成了自检活动。在另一项调查中，承受巨大压力的戒毒者要求在某天完成一篇小短文。那些计划在那天写的人有 80% 完成了任务，而其他没计划的一个也没完成。如果你想确保自己完成某件事情，就要明确自己准备去做它的时间还有地点，否则即使你将它写了下来也没有多大效果。

汤尼在制订完日程表之后，还会设置自己手表、电脑等时间响铃，当铃声响起时，他会深呼吸并检查自己的前一小时是否高效，并认真地承诺自己会利用好下一个小时。就这样，汤尼一个小时接一个小时地管理一天。最后在一天结束的时候，汤尼会检查自己的一天是否完成了计划、在哪里分心了、在哪里集中精力了，这些都可以帮助他第二天更有效地做事。这种固定流程的力量在于它的可预测性，人们可以一次次地做着同样的事情，并且持续地提醒自己要集中精力，然后就可以聚焦，专心地工作。这种模式可以让人们在离开办公室的时候，感觉到高效，并产生成就感。

哈佛商学院教授劳伦斯·萨莫斯在授课时要学生完成一份计划方案，它将占据学生等级评分的 50%。每位学生都需要给一家特定的公司制订一个计划。对于学生来说，这份工作最难做的就是制订日程表。为了让学生能够出色地完成任务，他让学生们买了一本《效率手册》，并让他们用铅笔填写日程表。只能用铅笔，因为在进行计划的过程中，学生会经常犯错，他们必须将每一个任务放在卡片上，每一张卡片上都必须包括一个任务。然后，劳伦斯教授要求他们将这些任务与日期综合起来。

如何提高做事效率？劳伦斯教授表示，完美的计划是个人与企业成功不可缺少的，而制订日程表是走向成功的第一步。这个世界容不得人们没有效率，只要人们讲究方法，就可以提高效率，更好地适应节奏越来越快的社会。如果一个人每天都能高效而不是低效做事，总有一天会走向成功。从现在开始，就建立自己的日程表吧，将它科学有序地排满，然后就能"胸有成竹"地做事。

制订日程表需要遵循的原则有：

第一，首先安排每日固定活动，将固定的事情安排完后，然后看剩下多少时间可以分配。需要注意的是，做事情时要安排缓冲时间，用来休息或者准备进入下一件事情。

第二，根据自己的生物钟来分配时间，将最重要的事情安排在效率高的时段。

第三，将较大的任务分成小部分来完成。当人面对一个巨大的任务时，往往会承受很大的压力，如果将其分成几个部分，就便于管理，更好地安排时间。

第四，充分利用零散的时间。安排好大块的时间后，剩下的零散时间也不能浪费，可以用它来复习学过的知识，背几个单词。人们也可以将自己不喜欢做的事情分成小块，然后在零碎的时间内分开来做，不知不觉地完成这些令你头疼的事情。

第五，为每件事情设定明确的期限。这样就可以防止两件事情互相干扰，也可以使人们克服拖延的毛病。

第六，留出充分的时间进行休闲。人们在制订时间表的时候，千万不要"虐待"自己。要制订一个可行的计划，就应该为真实生活中的自己"量身定做"，为自己留出休闲时间，使自己保持良好的状态。

第七，留出弹性时间，不要将所有时间都安排满。一个被安排得满满的时间表是没有"防震"功能的，遭遇意外，所有计划都会"粉碎"，无法进行。所以要留出时间应对突发事件，比如生病、家庭聚会等。

第八，日程表安排完后，每隔一段时间要进行一次评估。重新审视日程表，可以检查一下它的作用，是否订得不切实际等。然后，进行必要的修改。如果你之前从未制订过时间日程表，从头开始会有一定的难度。但是，进行时间管理与其他事情一样，做得越久就越好，关键是要坚持，以养成时间管理的好习惯。

（四）顺应天时，制订"黄金时间表"

每个人的身体都有着独特的生理节奏。相信大家都有这样的体会，同样是一个小时的时间，有时你可以完成更多的工作，有时却晕头转向、迷迷糊糊。这种现象就是因为人体内的生理节奏在发挥作用。所以因为这方面的原因，人们在制订计划的时候，必须考虑自身的生理节奏，否则就不能做到高效率的工作。从这个角度来说，时间管理就是对自身的精力管理。

你的生物钟是哪种节奏？是属于早起的麻雀，还是昼伏夜出的猫头鹰？麻雀每天一大早就会唱着小曲儿用充沛的精力迎接朝阳。但对于猫头鹰来说，早晨就没有那么美好了。生活中也有一类人，除非万不得已，绝对不会在中午之前起床；即使起了，脑袋也抬不起来，总是迷迷糊糊的。但是一到深夜，这些人却精神抖擞。如果你不知道自己是属于哪一类，可以改变一下自己的作息习惯来感受自己的生理节奏，可以晚点睡觉或者早点起床，来观察自己在不同的作息安排下身体会有什么变化，什么时候精力充沛，什么时候昏昏欲睡。这样，你就对自己的生理节奏有所了解，知道自己是属于"麻雀"，还是属于"猫头鹰"了。

成功需要天时、地利、人和。而"天时"是首要条件，懂得利用合适的时机就相当于成功了一半。但是，什么时候才是最恰当的时机？时间管理成功的有效推动器就是人们自身的生理节奏。人们可以按照自己的精力来安排每天的工作，将一天中精力最充沛的时间用来做最重要、最能产生价值的事情。一般情况下，人们的精力在上午9点到11点以及下午3点到5点处于高峰期，所以"麻雀"应该充分利用上午的时间，而"猫头鹰"应该将最难的任务留到下午去做。根据生物钟节奏来进行日程安排很重要，因为充沛的精力会让复杂的事情变得简单起来，能够取得事半功倍的效果。如果你有跨时区的经历，就一定知道倒时差的痛苦，这就是人们的生理节奏出现紊乱的后果。虽然人体具有一定的适应能力，但是自我调整需要一定的时间，人们没有必要与身体的生物钟作对，所以不必要求自己每天保持激情澎湃的状态；在经历某些改变之后，偶尔"偷懒"调适一下，是很有必要的。

日程表是管理时间的一种手段，它可以将一天的工作任务清晰地记载与分布，提醒人们按照日程表进行活动，保证完成工作。这样，就可以节省更多的时间，并能得到很好的效果。如果人们不去认真地做计划，那么就意味着正在"计划"失败。

日程表最好于前一天下午或当天早上制订出来，并确保与近期的目标活动相一致。一张"黄金时间表"可以消除分心，让一天有限的时间成倍增值。同一件事情在不同的时间做，速度可以快到两倍或者更多！"黄金时间表"因生理周期与作息习惯的不同而不同。每个人都有一个自己的"黄金时间表"，很少人能够发现它。

丽莎最近开始记下自己几时几分做了什么事情，这样做了半年就有了一个惊人的发现，同一件事情，在不同的时间做，速度竟然可以快好几倍。比如说，她每天上午都要回复一些读者的问题，大约都是从 10 点半开始，但是往往到 11 点半才回复一个问题。但是从 11 点半直到 12 点为止，效率往往是之前的好几倍。她起初没有意识到这一点，直到最近看日记才发现，自己每天虽然是从 10 点半开始，但是直到 11 点多才进入状态。后来，她做了一个小小的改变，改成 11 点开始回复读者的问题。结果效率很高，回复起来更快！丽莎还发现自己常常在下午 2 点左右开始写文章、杂志专栏或者论文，但却怎么都写不完，总是东摸摸西摸摸，直到下午 4 点左右，才能一口气写完。后来她改成从 4 点开始写，结果很快地就完成了任务。这样丽莎就将原本早上 10 点左右的时间与下午 2 点左右的时间用在了其他地方，时间就变多了。发现了这种情况以后，丽莎将一周的时间全部分成一段一段的，然后查看自己的日记，挑出之前在某一时间段做得特别有效率的事情，然后将事情写在时间表内，这样就制成了"黄金时间表"。

另外，非常规性的工作时间，也可以帮助自己提高工作效率。人们可以偶尔尝试一下这种方式。比如，当你需要完成一项重要的工作时，可以提前去办公室，趁其他人还未上班，安静地处理自己的工作。或者你也可以选择延迟下班或者周末加班。这种"不被干扰"的工作环境可以提高工作效率，还可以带来一种新鲜感。但是，这并不是要求自己去加班。在完成这项重要的任务后，可以给自己放假，用来弥补这段时间被透支的精力。而且，当你悠闲地看着电影，而同事却在办公室努力工作的时候，不用感到内疚，你应该感到自豪，因为这是你懂得时间管理的结果。

人的生理节奏同样也会受到四季变化的影响，所以人们除了要找出每天的精力高峰期外，还应该尝试把握自己的全年精力变化情况，判断自己的身体是如何随着四季的变化而变化的。通常情况下，"麻雀"更喜欢春夏两季，因为春夏的日照时间较长。而"猫头鹰"则偏爱秋冬时节，因为这两个季节的黑夜更长。

从古至今，午休一直是人们恢复精力的好方法。研究表明，短暂的午休可以为身体与大脑注入新的能量，使人在下午的精力更加充沛。午休后，人的工作效率能够提高 35% 左右；而且，与那些整日拼命工作的人相比，有午休习惯的人患心肌梗死的概率要低很多。所以没有午休习惯的人，就赶快尝试一下吧！不过千万不要忘记上闹钟。因为当人进入睡眠半小时后，身体就会分泌嗜睡的荷尔蒙，开始进入深层睡眠。所以午休超过了半小时，不但不会精神抖擞，反而会更打不起精神来。

经过一天的工作后，人的精力、工作效率往往会在下班前的一个小时左右降低到最低点。这个时候很多人都快要撑不下去了，但是又不能提前下班。这时候人们就可以利用这一小时来做不需要太多脑力的活动，比如，制订第二天的工作计划，回复一下邮件，预订出差的机票或酒店，等等。

要想高效利用时间，让身体休息当然是少不了的。而且，人们应该改变错误的观念，认识到休息绝对不是浪费时间。相反，休息可以为人体注入新的能量。休息并不只是安静地坐着或者睡觉，可以舒展一下身体，到户外呼吸一下新鲜空气。当然，根据个人爱好，你也可以进行一些有趣的游戏或者运动，比如，玩一会儿轮滑或者打会儿羽毛球。这样一来，下午工作的时候就有了好心情与充沛的精力了。

另外，运动不仅仅对身体有益，对大脑也有着不可忽视的作用。比如，自我按摩可以提高人体的敏感度，使细胞更年轻。游泳不仅可以提高身体素质，还可以训练左右脑的配合度。投掷回力标更是一种了不起的运动，可以增强人的三维空间感与抽象思维的能力。

总之，工作中一定要让自己的身心得到很好的调节。即使你正投入在一项重要的工作中，也不要担心休息会让自己的思维被打断。大多数人往往认为，能够持续工作的人一定能够节省很多的时间，能够更快地完成工作。其实，这是一种错误的观念。最科学的工作节奏是每 90 分钟休息一次，最长不要超过两小时。不懂得利用生理节奏、劳逸结合的人，会逐渐失去创造力，感受不到生活中的美好。人们在长时间的连续工作下，工作效率会越来越低甚至不断出错，这种情况下一定要注意这不是能力问题，而是身体需要休息了。身体不是机器，大脑也不是永动机。当身体发出疲惫信号时，一定要停下手头的工作，让自己放松一下。这不仅不是浪费时间，而是高效利用时间的方式。

（五）记录日程，不要让小事情浪费自己的时间

如果人们对一件微不足道的小事做出过激反应，小题大做，那么这种反应可能会毁掉自己的生活。1654 年，瑞典向波兰开战，原因竟然是瑞典国王发现波兰的官方文书中他的名字后面只有两个头衔。一个男孩向格鲁伊斯公爵扔石头，导致瓦西大屠杀和 30 年的战争。这些事情让人们觉得不可思议。但人们对于一件小事过于关注，很可能就会引起一场自我灾难。就像在工作中，人们觉得手头的事情杂乱棘手，总是将目光锁定在那些鸡毛蒜皮的事情上一样，只会令事情越来越糟糕，难以解决。

哈佛大学教授尼尔·斯特莱特说："利用好时间对人们来说是极其重要的。时间如果不好好规划，人们就会漫无目的地停留在那些表面的小事情上，时间就会悄悄地流

逝，最后人们只会一事无成。"无数的事实表明，成功与失败的区别关键在于如何安排时间。人们常常认为，浪费这几分钟的时间没有什么关系，但事实上它们的作用却大到超乎你的想象。这种作用是很微妙的，需要经过很长时间才能看出来，甚至要过几十年才能看出来。但有时这差别又很明显，所以人们要珍惜每一分、每一秒的时间。

亚历山大·格雷厄姆·贝尔在研制电话机时，另一个叫格雷的人也在研究。两个人同时获得了成功，但贝尔却比格雷早到专利局两个小时。当然，他们当时是不知道对方的，但是贝尔就是因为那短短的两个小时而世界闻名。人最宝贵的财富就是每天的 24 小时，但是很多人却没有去制订出一套可以充分利用这 24 小时的计划。很多人在工作时，想当然地认为每个任务都差不了多少，只要将工作填满自己的上班时间就好了。但是取得成功的人绝对不是这样利用时间的，他们会分清主次、统筹安排一天的时间，并尽力做好每日规划。如果你也想让自己的工作同样变得高效率，改变工作效率低的状态，用良好的方法让自己的工作变得出色高效，而身体却又轻松自在，那么就从记录自己详细的日程表开始吧！

要想管理好自己的时间，首先就要认识自己目前利用时间的方式。使用日程表也是找到自己时间分配的最佳方式。只要你尝试一天，就可以知道自己的时间到底用在了哪里。通过日程表的记录，人们可以认识到自己无意识的习惯，然后才有机会去评估改变。在制订未来每天的日程表前，首先要学会记录自己的当天行动，并将时间记录下来。当一天的记录完成后，人们可以将这些时间段分类，找到自己在每项事情中所花费时间的百分比。如果想要更精确地得出时间的利用情况，最好持续一周时间，然后再计算每项事情所占总时间的百分比。在记录的过程中，要尽可能详细地记录，比如记下自己收发电子邮件、打电话、吃饭、洗澡等分别耗用了多长时间。通常每天结束后，一个人要记下 50 到 100 个日程记录。

通过这些日程记录，人们就会发现自己在那些实质性的工作上只花了总时间的一小部分。有研究表明，白领一族每天在实质性的工作上平均花费的时间为一个半小时。其余的时间都用在了社交、休息、吃饭以及与工作无关的事情上。上班族平均开始的工作时间是上午 11 点，然后在下午 3 点半之后就又开始松懈了。

琳达第一次记录日程表时，发现自己一周在办公室的总时间约为 50 小时，但是却只做了 15 个小时的实质性工作。虽然她的效率是上班族均值 1.5 小时的两倍，但是她却仍然感到不可思议。另外的 35 小时到底去哪里了？她的日程表上显示出时间都是在无意识的状态下流逝的，比如，过于频繁地检查邮件或者在那些无关紧要的事情上追求完美，就餐时间太长以及被他人的交谈所干扰，等等。当她知道自己在办公室待了

50 小时，但却只用 15 小时做了实质性的工作时，她开始意识到自己的工资与成就感仅仅来自那 15 小时，而并非是所有的 50 小时。她为自己仅仅利用了总时间的 30% 而感到糟糕透了，同时她还认识到用延长工作时间去完成工作量的方法是极其愚蠢的。

于是，琳达试着用约束自己的方式去做那些自己没有动力的事情，但却失败了。试图努力地工作却降低了她的动力。后来，她尝试了相反的方法，每天只允许自己在办公室中待上 5 个小时，而剩下的时间要求自己不再工作。有趣的事情发生了，这种情况下，工作时间变成了珍贵的时间，琳达几乎持续工作了 5 个小时，而且效率比达到了 90%。后来，琳达一周在办公室所待的时间成了 30 小时，但却完成了 25 小时的工作量。她将自己每周的工作时间缩短了 20 小时，但却多出了 10 小时的实质性工作，这就是时间管理的妙处。

如果你的日程表也显示自己的效率低下，那么就试着控制自己每天的工作时间，这样就会从根本上减少在琐碎小事上的时间，同时还能将人的精力集中在实质性工作上，所以能够明显提高工作效率。当人的大脑意识到工作时间紧迫的时候，就会不去做那些细枝末节的事情，突然间就会提高效率，因为在紧迫的限制下必须如此。人处在压力之下的时候，总会去试图找到完成工作的方法；而人处在轻松环境下，有充裕的时间时，就会变得效率低下了。

之后，琳达一直保持着超过 80% 的效率，并逐渐增加自己的工作时间，她每周都会用大约 40 小时去做实质性工作，需要在办公室待上 45 小时。假如她试图再增加时间，那么效率就会大大降低。这个方法不仅让她的工作效率得到了很大的提高，优化了工作时间，让她有了充裕的时间去安排工作之外的事情。使用这个方法后，琳达的事业飞速发展，而且还有了大量的时间去追求个人感兴趣的东西。

记录自己的时间是如何用掉的，是时间管理的开始，也是人们保证工作效率而又不必延长工作时间的最佳方法。但是，日程表记录需要定期使用，才能更好地发挥作用。如果长时间不使用日程表记录，人们就会迅速地降低工作效率，恢复之前那些无意识地浪费时间的坏习惯。在整个时间管理的过程中，人们需要不停地记录，了解最新的时间利用情况。按照某些时间管理方式，有的人能够坚持每 15 分钟做一次记录。这样做有一定的好处，但是过于频繁的记录时间表，不仅会浪费时间，还会给人造成一定的压力，产生负面的影响。

如果你觉得自己总是忍不住在那些小事情上浪费时间，做着太多与实质性工作无关的事情，就利用日程表来提升自己的效率吧，这样做不仅提高了工作效率，还优化了个人时间。总之，记录日程是一项高效而且无须多大努力就能应用的方法，它的作用是不可估量的。

（六）控制时间节奏，才能使自己的人生完美

生活中有很多喜欢拖延的人，这些人生性有些懒散，天生喜欢被时间所"超越"。他们其实并不笨，但是所做的事情却常常令人不敢恭维。比如，他们可能会在根本赶不上登机的时间才到达机场，却发现班机晚点起飞，他们还是搭上了。这种峰回路转的感觉让他们觉得自己"赚到了"！

克斯汀是哈佛商学院的一名学生，他曾经就碰到一位"天才同学"。这名同学写论文的方法与众不同。克斯汀与其他同学都比这名同学早两个月开始准备论文。当他们都完成初稿，写了将近100页，离交论文的期限还有一个月的时候，这名"天才同学"才写了两页。教授都比他还着急。不过，后来他紧追急赶，在那一个月的时间里，没日没夜地写论文，就这样在期限的最后一天写完了。显然，他的这种时间安排还是有用的，他的论文很精彩，最后拿到的成绩与克斯汀他们这群先写的学生相差无几。

论文评审的那天，这位"天才同学"感慨地说："好累啊，我每天都睡不到两小时。但是我就喜欢那种蜡烛急速燃烧的感觉，真享受啊！"其他同学们嘲弄说："还好，你身体挺棒，不用担心过劳死！"这名"天才同学"就属于那种"赛车手"性格，绝对聪明，很让人佩服。他能够在短时间内完成艰巨的任务，有着很大的"冲劲"。当然，拼尽全力去做一件事情是人生很美好的体验，但是，这样会让一个人失去"无暇顾他"的机会，生活中需要兼顾的事情太多了。

很多自由职业者，尤其是一些作家，他们很享受那种灵感爆发、潜力发挥到淋漓尽致的感觉。

卢丽莎是美国的一名小说作家，她与一个出版社取得联系，答应要在半个月内完成计划好的那本小说。不料却发生了很多事情，让她分不开身。而且当时她还在一家报社做记者。那段时间里，报社里有很多事情，需要她出差，于是她只好在飞机上写。在出差时，她又不巧订到一班像公交车一样的飞机，在到达目的地之前要降落6次。但是，卢丽莎还是镇静地写着自己的小说，遨游在幻想的世界里。最终，卢丽莎如期交稿，但是却由于过度劳累而得了肌腱炎，而且手腕还产生了囊肿，必须动手术。由于她在短期内疯狂写稿，28岁就有了肩周炎，当拍X光时，医生惊讶地说："你是怎么把颈椎弄得这么偏的呢？"当然，是因为写太久太劳累的缘故。

任何一件事情，如果想要在瞬间就做得很好，肯定要付出很大的代价；想要取得

"爆发性"的成功，就必须日夜兼程地奋斗。但是如果想要获得稳定的发展与成长，千万不能急于求成。人们要学会将事情分时间段去完成，工作与学习需要累积，这是至关重要的。每天都前进一些，你就会发现曾经觉得难以挑战的事情原来并没有那么难。

美国微软与 Google 两大公司曾经争抢著名华裔人才李开复。李开复在大学期间就对程序设计很着迷，而且在学校里很有名气。正巧，他的校长想为学院里的成绩查询开发一套新软件。本来校长想让专业的设计公司去做，但是听说李开复是个程序高手，于是就让他在暑期去做，并支付了他很高的费用。李开复感觉很开心，他想这件事情对他来说太简单了，于是欣然答应，并说："我 8 月初就能做好，9 月份保证可以正常使用。"由于他认为这件事情过于简单，就没花费太多心思在软件的设计上，而是先去和同学玩了三个星期。开始设计后，他才发现事情并没有自己想象的那么简单，有很多烦琐的事情需要耗费很长时间。其间，校长问做得怎么样了。他又推迟说："8 月底大概可以完成，应该不会妨碍开学时使用。"校长发现他的进度很慢，感到恼火，后悔自己不该将这么重要的事情交给一个学生，于是就将事情交给专业公司去做了。李开复很懊恼，立即承认错误，并将费用还给校长。校长没有拿回费用，只是劝诫他，要从这件事情上吸取教训。

这件事情对李开复的人生产生了深远的影响。从此以后，他做事情都能够掌握好自己的时间，按部就班一步一步地去做，终于获得了成功。李开复的经历告诉人们，时间管理是很重要的，人们必须掌握做事的时间节奏。社会上有很多自由职业者最有体会，如果他们接到一份任务，如果一开始进度比较慢，对方就会对他们产生怀疑，担心他们能否顺利完成任务。如果他们能够主动告诉对方进度，并且进展很顺利的话，他们就会对你产生信任。如果等到雇主去催，那就表示他们不再信任你了。时间常常就这样被人们无意识地去挥霍掉，很多时

李开复

候，人们总觉得自己在充分地利用自己的时间，但事实上并非如此。人们总是因为时间不够用而感到痛苦，人们总是急匆匆地穿梭在写字楼里，奔走在公交地铁之上，很多人都以为这是节约时间的，但这正是浪费时间的罪魁祸首。

人们控制不好自己的时间，最常见的原因就是，总想将事情拖到最后才去办。有

些人在还没有做完手头的事情时，又开始做下一件事情。这其中的原因，可能是因为他们觉得自己有充足的时间，所以就开始拖延；另一些原因可能是他们难以解决事情中的艰难问题，不知道如何去做，而且他们以为"车到山前必有路"；也许他们害怕让别人失望，总是将事情往后拖延，试图找到更好的解决方法。总之，人们总是可以为自己找到很多借口。但是，如果总是将事情弄到最后一刻才去做，总有一天会把自己弄得狼狈不堪。

事实上，无论是什么借口，这些都是缺乏自信的表现。人们害怕受到别人的谴责，于是谨慎到不敢开始去做，用一种逃避的态度去面对事情。究其根源，还是因为他们没有掌握好自己的时间节奏，不知道什么时候应该开始，正是因为这样，才不能确保事情能够在规定的时间内完成。

所以，人们在做任何事情之前，最好估算一下自己完成任务需要多长时间，然后列出时间表与工作的时间段。事实上，当你需要一个月做完这项任务时，而你提前5天完成，就会感觉很轻松。那些不会掌控时间节奏的人，往往到最后一刻才能够完成任务，他们往往会浪费掉很多宝贵的时间。

当你忙得晕头转向的时候，这种紧凑的时间安排会让你感觉很疲惫，而且还感到空虚。如果你觉得自己充实，其实是一种不自信的表现。这种不自信源于你害怕被人瞧不起，担心失去这份工作，或者企图逃避其他事情，用工作来掩饰内心的惊慌。你甚至会认为只有忙碌才能让自己的生活充实，才能让自己成功。相反，如果你没有感到充实，甚至感到恐慌，并觉得忙碌的生活糟透了，这证明你并不缺乏自信，而是应该进行时间管理了。

如果人们总是让自己处在忙碌的状态下，就会将自己弄得精神不振，而且对自身的健康也有很大危害。这种过度的忙碌，会让人产生焦虑、抑郁，甚至让人的心态失去平衡。这时，人们需要将节奏放慢，让自己静下来重新体会生活的乐趣。

人们应该从时间管理上认识到，任何人的成功都与他工作的忙碌程度无关。忙碌并不代表成功，人们应该学会去阶段性地完成自己的目标，控制好自己的时间，学会去休息，而不是一味地拼命做事。人一天的时间只有24小时，一年的时间只有365天。真正的成功是能够在有限的时间内完成自己要做的有意义的事情，而不是让任何事情去占据自己的时间。那样做不仅是在浪费时间，更是在浪费自己的生命。所以，人们要努力去控制好自己的生活节奏、时间节奏，这样才能让自己的人生充满快乐。

（七）集中安排自由零碎的时间

哈佛商学院教授詹纳斯·科尔耐每次在新生的第一堂课上总会说，要想学习得轻松快乐，就首先要学会统筹安排你们的时间。在工作上也是如此，一个人只有对自己的时间有了把握，才知道自己到底有多少时间是可以自由支配的，多少时间是可以做重要工作的。虽然管理者们都想消除各种浪费时间的因素，但是这种方法节省出来的时间往往是有限的。

奥卡利是一家大银行的总裁，他对时间管理有着自己的风格。他每月都与彼得·德鲁克会晤一个半小时，他总是提前就做好了准备，这使得彼得·德鲁克也学会了提前准备。每次会晤都只谈一个重点，每次在结束前 10 分钟，奥卡利就会对德鲁克说："现在，你最好将我们交谈的内容总结一下，并说说下次交谈的议题是什么。"等交谈满一个半小时后，他们的会晤就准时结束了。会晤持续了一年后，德鲁克终于忍不住问奥卡利："为什么每次都是一个半小时？"奥卡利说："我的注意力集中的上限就是一个半小时。超过一个半小时谈话就没意义了，如果少于一个小时，那么谈话我无法深入，事情就会说不清楚。"

每次会晤都在奥卡利的办公室进行，但是从未有过打扰，他秘书也不会进来报告说有重要人物要见他。于是德鲁克又问起此事，奥卡利回答说："我已经告诉我的秘书，在会晤期间我不接任何电话，当然总统与我太太的电话例外。但是总统一般不会往我这里打电话，而我的太太对我又很了解。对于其他事情，秘书都会替我挡驾。会晤后，我就会给来过电话的人一一回电话，至今我还未遇到不能等一个半小时的紧急事情。"无须多说，奥卡利每月会晤一次德鲁克比那些其他同样优秀的管理者开一个月的会议收获更多。但是即使是这样能有效进行时间管理的人也完全规避不了那些毫无意义但却不得不做的事情，比如接待"顺道来访"的重要客户，出席那些没有他也能开的会议。实际上，这些高层管理者的时间如果有四分之一能够自由支配的话就已经很不错了。管理者会用这些时间来完成重要的工作。但是在政府机构，高层管理者会更多地将时间花在一些不会有任何价值的事情上。

管理者的地位越高，他可以支配的自由时间就越少，他的大部分时间会花在那些没有什么绩效的事情上。机构越大，需要花在机构运转上的时间就会越多。所以优秀的管理者都明白必须安排好自己的时间。他们必须整理出大块的时间，因为零碎的时间是派不上用场的。如果将零碎的时间整理成大块的时间，就能有四分之一工作日，就可以去完成一件重要的事情。如果这些时间是零碎的，这里有 10 分钟，那里有半个小时，那么即使加起来有四分之三的工作日，也做不成任何事情。所以说，优秀的时间管理者必须学会的一条重要方法，就是将可以自由支配的零星时间集中起来。这样做的方法很多，比如某些高层管理者会每周选择一天在家办公，编辑与科研人员也会这样来集中时间。还有一些人会将同类事情集中起来处理，比如周一处理日常工作，剩下的几天处理重要的事情。

上面例子中的银行总裁奥卡利就是这样工作的，他每周一与周五召开例行会议，集中处理日常事务，而其他三天则处理临时重要的事情，比如一些重要客户的突然到访以及紧急人事安排等。而且这三天的上午都专门处理重要事务，时间都是整块的，比如上面提到的会晤。在会晤期间，他屏蔽掉其他事情，将时间集中起来进行会晤，而将在一个半小时内来的电话集中在会晤后处理。

另一种很普遍的方法就是在家里安排一段时间。哈特是一位高效的管理者，他每天上班前会在家里的书房工作一个半小时，中间不接任何电话。由于还要按时上班，所以每天他都会一大早就起来。但是他认为这种方法比他将工作带回家，吃完晚饭后再干几个小时要更好。因为晚上，大多数人都已经筋疲力尽，想要专心工作很难。喜欢将工作带回家做的人，往往就不会好好利用白天的时间。

虽然集中零碎时间的方法很重要，但更重要的是如何去利用这些时间。很多人会将那些没有价值的事情挤到一块去做，用这种方法挤出时间。但是这种方法并不能从根本上解决问题，因为这些事情不是非做不可、在他们的时间上还占据着重要的位置。所以只要时间一紧张，他们就会牺牲那些本该做重要事情的时间。那些急需处理的琐事就会将他们本来挤出的时间又重新占满。

优秀的管理者总是首先估算一下自己能够自由安排的时间，然后再将这些时间集中在一起保留下来。如果发现其他的事情占用了这些时间，就要重新审视一下自己的日程安排，将那些耗时的没有多少价值的活动砍掉。所有优秀的管理者都明白，有效的时间管理不可能是一劳永逸的，他们需要不断地对自己的时间进行审视，并定期分析，然后根据自己的时间利用情况给未来的那些重要活动定下期限。有一位工作效率极高的人，他总是带着两张清单，一张是关于紧急事情的，另一张是需要做的，但不是很重要的事情。每件事情后都有必须完成的期限。

时间是最珍贵的资源，如果不把时间管理好，那么想要管理好其他事情就是空谈。时间管理就是系统地分析自己的工作，弄清楚哪些是最重要的事情，然后去尽快完成。如果你希望自己的工作能够高效，能够让自己有限的生命变得更有价值，就好好掌握自己的时间吧，让它成为自己最能够有效利用的资源。

（八）哈佛商学院的时间操纵技巧

哈佛商学院相关人员曾就时间操纵总结出一些技巧，若能确实把握这些技巧，那么，大部分工作都能更有效率地完成。

（1）仔细观察工作的各种情况，把握最佳的行动时机。福泽谕吉是日本江户时代的学者。某次到横滨观光中，发现横滨地区相当流行英语，而自己竟然对英语一无所知，但是他并没有因此而气馁退缩，反而把握这个机会，努力地学习西方各种学问，终于成为大学者。

（2）时间是决定胜负的重要因素，应列为最优先的考虑。日本某企业家在创业的艰苦时期，曾提出"管理者能以其他竞争对手所需交货时间的一半来提前交货"。因此，他得到了更多顾客的青睐而渡过难关，并将公司发展成顶级企业。

（3）以时间为武器来打击对手。比如下棋，若遇到打得较慢的对手，就不断地以"喂！你打快一点行不行？"来催促，对方在忙乱之下，常会不加思索而乱打牌，种下败因；在现实的商场竞争中，这种现象更是屡见不鲜，尤须警惕！

（4）与前一项刚好相反，在处理重大问题件时，不可急于一时，要以更多的时间来换取最大的成果。比方说，与某访客交谈的预定时间已到，但若是他的谈话很有价值，可弹性地延长交谈时间。再比如，举行会议，当然是以在预定时间内结束为原则，但是，若遇到大家踊跃发表具有建设性的意见时，不宜仍然按时散会，可适度地延长会议时间。

（5）伺机而动。在商场上，如果不能伺机而动，往往会吃大亏。

（6）可将不想继续从事或没有价值的工作，暂搁一旁，这并不是怠惰，而是一种有革新意义的有效做法。

（7）在准备不足时，要适度拖延时间，若是盲目前进，必遭败果。因此，可用"我现在很忙"等借口，争取一些另谋对策的时间。

（8）遇到不利的交涉场合时，要设法拖延时间。这种情况，犹如拳击比赛时抱住对方一般，虽然不够光明正大，但有时却是必要的。运用之道如故意迟到、岔开话题、不谈结论等等。

（9）某些场合，要做迅速明确的决定，确实掌握住整个局面。

（10）让对手着急，使之落入自己的掌握中。

如果能够掌握本节总结的十项哈佛商学院的时间操纵技巧，你就一定能成为管理时间、运用时间的高手。

四、用迅速的行动赢得主动

人的一生就是和时间的竞赛，时间是直线向前的，是稍纵即逝的，如果你做不了它的主人，那么它就会做你的主人。在竞争日益激烈的今天，谁能做时间的主人，谁就能在最短的时间内收获最大的效益，真正优秀的人也是一个善于利用时间到极致的人。

（一）永远比人快一步

在今天，竞争日益激烈的商海里，谁能做时间的主人，谁就能在最短的时间内获得最大的效益，真正优秀的人也是一个善于把时间发挥到极致的人。

谁在时间上领先一步，谁就能战胜对手。

现在的商业竞争，没有什么秘密可谈，谁能在最短的时间内，发挥出自己的优势，谁就能"称王"。

在激烈竞争的商战中，时间是战胜对手的一个重要因素，谁在时间上领先一步，就有可能取得胜利。将你的技术革新变得方便实用，这样，你就会牢牢地占据市场，你也会以此为动力，不断发展。比尔·盖茨在"卓越"软件的开发上所表现出来的眼光与胆识，就是很好的说明。

现代企业的发展随着时代和社会的进步已经深深地打上了时间的烙印，对时间的有效利用渐渐成为衡量一个企业健康与否的重要尺度。

在商业竞争中，时间就是效率，时间就是生命，尤其是最具有现代产品性质的电脑软件更是一种时间性极强的产品，一旦落后于人，就会面临失败的危险。

比尔·盖茨在长期的实践中，对这一点体会最深，正是凭借着这笔难得的财富，他才总能在公司的若干重大危急关头，采取断然措施，抢在别人前面，因而获得了成功。

"永远比人快一步"是微软在多年的实战中，总结出来的一句名言。这句名言在微软与金瑞德公司的一次争夺战中，表现得尤为淋漓尽致。

金瑞德公司根据市场需求，经过潜心研制，推出了一套旨在为那些不能使用电子表格的客户提供帮助的"先驱"软件。这是一个巨大的市场空白，毫无疑问，如果金瑞德公司成功，那么微软不仅白白让出一块阵地，而且还有其他阵地被占领的危险。

面对这种情况，比尔·盖茨感到自己面临的形势十分严峻，他为了击败对手，迅速做出了反应。1983年9月，微软秘密地安排了一次小型会议，把公司最高决策人物和软件专家都集中到西雅图的苏克宾馆，整整开了两天的"高层峰会"。

在这次会议上，比尔·盖茨宣布会议的宗旨只有一个，那就是尽快推出世界上最高速的电子表格软件，以赶到金瑞德公司之前占领市场的大部分资源。

微软的高级技术人员在明白了形势的严峻性后，纷纷主动请缨，比尔·盖茨在经过反复的衡量之后，决定由年轻的工程师麦克尔挂帅组建一个技术攻关小组，主持这套软件的开发技术。麦克尔与同仁们在技术研讨会议上透彻地分析和比较了"先驱"和"耗散计划"的优劣，议定了新的电子表格软件的规格和应具备的特性。

为了使这次计划得到全面的落实和执行，比尔·盖茨没有隐瞒设计这套电子表格软件的意图，从最后确定的名字"卓越"中，谁都能够嗅出挑战者的气息。

作为这次开发项目的负责人，麦克尔深知自己肩上担子的分量，对于他来说，要实现比尔·盖茨所号召的"永远领先一步"，首先意味着要超越自我，征服自我。

但是，事情的发展从来都不是一帆风顺的，现实往往出乎人们的意料。

1984年的元旦是世界计算机史上一个影响深远的里程碑，在这一天，苹果公司宣布它们正式推出首台个人电脑。

这台被命名为"麦金塔"的陌生来客，是以独有的图形"窗口"为用户界面的个人电脑。"麦金塔"以其更好的用户界面走向市场，从而向IBM个人电脑发起攻势强烈的挑战。

比尔·盖茨闻风而动，立即制定相应的对策，决定放弃"卓越"软件的设计。而此时，麦克尔和程序设计师们正在挥汗大干、忘我工作，并且"卓越"电子表格软件也已初见雏形。经过再三考虑，比尔·盖茨还是不得不做出了一个心痛的决定，他正式通知麦克尔放弃"卓越"软件的开发，转向为苹果公司"麦金塔"开发同样的软件。

麦克尔得知这一消息后，百思不得其解，他急匆匆地冲进比尔·盖茨的办公室："我真不明白你的决定！我们没日没夜地干，为的是什么？金瑞德是在软件开发上打败我们的！微软只能在这里夺回失去的一切！"

比尔·盖茨耐心地向他解释事情的缘由："从长远来看，'麦金塔'代表了计算机的未来，它是目前最好的用户界面电脑，只有它才能够充分发挥我们'卓越'的功能，这是 IBM 个人电脑不能比拟的。从大局着眼，先在麦金塔取得经验，正是为了今后的发展。"

看到自己负责开发研究的项目半路夭亡，麦克尔不顾比尔·盖茨的解释，恼火地嚷道："这是对我的侮辱。我绝不接受！"

年轻气盛的麦克尔一气之下向公司递交了辞职书，无论比尔·盖茨怎么挽留，他也毫不松口。不过设计师的职业道德驱使着他尽心尽力地做完善后工作。

麦克尔把已设计好的部分程序向麦金塔电脑移植，并将如何操作"卓越"制作成了录像带。之后，便悄悄地离开了微软。

爱才如命的比尔·盖茨在听说麦克尔离开微软后，在第一时间里立即动身亲自到他家中做挽留工作，麦克尔欲言又止，始终不肯痛快答应。盖茨只好怀着矛盾的心情离开了麦克尔的家。

麦克尔虽然嘴上说不回微软，但他的内心不仅留恋微软，而且更敬佩比尔·盖茨的为人和他天才的创造力。

第二天，当麦克尔出现在微软大门时，紧张的比尔·盖茨才算彻底松了一口气："上帝，你可总算回来了！"

感激之情溢于言表的麦克尔紧紧拥抱住了早已等候在门前的比尔·盖茨，此后，他专心致志地继续"卓越"软件的收尾工作，还加班加点为这套软件加进了一个非常实用的功能——模拟显示，比别人领先了一步。

嗅觉灵敏的金瑞德公司也绝非无能之辈，它们也意识到了"麦金塔"的重要意义，并为之开发名为"天使"的专用软件，而这，才正是最让盖茨担心的事情。

微软决心加快"卓越"的研制步伐，抢在"天使"之前，成功推出"卓越"系列产品。半个月后，"卓越"正式研制成功，这一产品在多方面都远远超越了"先驱"软件，而且功能更加齐全，效果也更完美。因此，产品一经问世，立即获得了巨大的成功，各地的销售商纷纷上门订货，一时间，出现了供不应求的局面。

此后，苹果公司的麦金塔电脑大量配置"卓越"软件。许多人把这次联姻看成是"天作之合"。而金瑞德公司的"天使"比"卓越"几乎慢了三周。这三周就决定了两个企业不同的命运。

随后的市场调查报告表明："卓越"的市场占有率远远超过了"天使"。将竞争对手甩在后面，微软给全世界又一次上了精彩的一课。

在各种各样的商战中，谁在时间上赢得了主动，谁就能领先一步，在行动中就有了取胜的主动权。这样，你就会牢牢地占据市场，你也会以此为动力，不断发展。比尔·盖茨在"卓越"软件的开发上所表现出来的眼光与胆识，就是很好的说明。

能够把对手"挑落马下"的人，其实没有什么绝招可言，只不过是在他们出手时，在时间上比对手快了一点。

（二）不要过分地迷信计划

该做计划还是不做计划？做得太多占时间，做得太少吃力不讨好。你是否经常回顾当天的工作成果，并且怀疑如果仔细地做出比较完善的计划，工作成果会更好一些？你是否用过必要的时间，研究一下其他工作方法？计划是必不可少的，因为许许多多浪费时间的活动是不会改变的。曾有份杂志对人们一生如何消耗时间进行过研究分析，他们以年为单位，而不用小时和天数。结果如下：

人一生花费的时间中：

吃饭——六年

工作——十一年

娱乐——八年

走路——六年

阅读——三年

谈话——三年

睡眠——二十四年

沐浴修饰——三年半

学习——三年

以上数字仅是平均统计数，某一类人可能高些，也有些人可能低些。如果我们在工作上用掉整整十一年的工夫，吃饭又用去六年，那就绝对有必要花一些时间和精力，适当计划一下，以便为我们人生其他追求的东西开辟途径。计划意味着你必须对每日、每周和终生的计划高度重视。

1. 瞄准目标。

善于控制时间的人，永远瞄准自己的目标。看起来好像一分钟也不肯浪费，一直努力向长期目标前进。

将准备完成的个人生活目标列出清单。这些目标可以是赴欧洲旅行、搬到某一理想的地区、再同大学进修、培养一项新爱好以及寻找一些新朋友等等。然后再把你一生中打算实现的专业目标确定下来。例如你打算担任业务部的总经理、到某个单位当领导，或者自己做生意、当老板等等。将你的专业目标也列出清单。

最后决定一下往后六个月你的短期目标，以及半年内你真正打算完成什么？这些短期目标可以是你个人生活目标的一部分。选好后即对准目标工作，再附加一项目标截止期和完成目标所需的必要措施。

如果把短期目标列入"每日工作"的清单内，即可促使目标实现。坚持逐步完成自己的目标，直到达成最终目的。

2. 行动胜过计划。

看一看你花费在计划上的时间，你赔得起这些时间而不具体行动吗？过多的计划只不过是因循拖延的一种方式，表面上忙忙碌碌，实际上只是把重要工作耽误了。

先找出计划过多的原因，然后创造一种环境，强迫自己投入行动中去。重视为重要会议或事项做好准备工作的好处，让你的工作效率更胜人一筹。计划虽然重要，但远不如把精力、才智和能力投入工作那样重要。

3. 给自己更广阔的空间。

周莉中学毕业后的第一份工作，是在一家大型电子公司担任会计。工作才半年，就因经济不景气而遭到解雇。

她很喜欢会计工作，但之后却一直找不到会计工作，于是她只好去做推销员，现在已经做了四年的推销工作。但她始终不能忘怀会计工作，可是又害怕会计工资低、工作没保障，她幻想也许能找到高工资的会计工作，于是每天阅读无数应征会计的分类广告。但她的思维模式开始对她形成压力，造成自己束缚自己。

人的一生际遇无数，但是当你不知道要做什么的时候，做起事来就会格外困难。因为自己不信任自己，自然很难说服旁人信任你。你应该仔细想想自己的技术、天赋和能力，然后依此和自己的目标相配合，把自己的梦想看成是重要且能成真的现实，用全副精力投入，即使遇到挫折阻拦，或是犯了一次愚蠢的错误，也不要过于在乎，应该谨记教训，重新振作起来，尽最大努力，充满信心地向前迈进。

（三）计划也需要付诸行动

冰块放在电冰箱里就不会化掉，而一个人的时间这块"冰"，却是任何电冰箱也无法阻止它融化。它不停地在化、在淌，越化越少了。一切愿意使自己的生命有更大的价值的人，千万要抓住"现在"，使自己生命中的一分一秒转化为"凝固了的时间"！子在川上曰："逝者如斯夫！"类似的有西班牙作家塞万提斯的名言："时间像奔腾澎湃的急湍。"因此，把握住今天，就要抓紧现在。

时间包括三个部分，"过去"是已经逝去的时间；"未来"是尚未到来的时间；"现在"是现实的时间，存在的时间。应该说，"现在"这个部分的时间最宝贵、最重要。因为"无限的'过去'都以'现在'为归宿，无限的'未来'都以'现在'为渊源"。"过去"是"现在"发展的基础，"现在"又是向"将来"发展的起点，现在把握不住，将来更无从谈起。谁放弃了现在，便为葬送将来开了先例。"现在"的重要性还在于它最容易丧失，所以倍觉它可贵。

我们每个人都要树立"今天"的观念。只要能抓住今天，就能抓住成功。有人建议爱迪生"为科学休假十年"。爱迪生回答说："科学是永无一日休息的，在已过的亿万多年间，它于每分钟都工作，并且还要如此继续工作下去。"爱迪生在 1871 年圣诞节结婚那天，刚举行完婚礼，他突然想到了解决当时还没试验成功的自动电机问题的症结，便悄声对新娘玛丽说："亲爱的，我有点要紧的事要走，待会儿准时回来陪你吃饭。"直到半夜时分，他还在聚精会神地干活儿，直到家人找来，爱迪生才大梦初醒。爱迪生活了 85 岁，仅在美国国家专利局登记过的就有 1328 项科学发明，平均每 15 天就有一项发明。他的时间就是这么被节省出来的。

"不教一日闲过"，对于年轻一代人来说，尤为重要。"一日工作是一日功，一日不工作十日空"。我们不能一味地感叹岁月之虚掷，年华之流逝，让宝贵的时间，在踯躅蹉跎中白白地流过。人生易老，时不我待。必须抓紧每一天，才能使生命之光闪耀异彩，才能在白发苍苍的时候，理直气壮地回答：我没有虚度年华。

抓"现在"，就要有紧迫感。抓"现在"，必须立足于抓分秒。对于时间，人们只能从现在中去掌握它。现实的一分钟，是比想象中的十年更长的一段时间，古今中外一切事业上有成就的人，都是积秒建功、积秒创业的人。

只要你开始逐步进行，你就会发现，其实完成工作并不是十分困难的。你还会发现，逐步完成工作会带给你诸多好处，如晋升、加薪和其他各种良机。

另外，及早动手，你就会有更多的时间去处理意料不到的事情，获得更多的资料，或做其他更需要你去做的工作。

要立刻行动，就要克服拖延。拖延是影响你抓住"现在"的最大敌人，就像你成功航线上的礁石。有的人总觉得来日方长，"现在"无足轻重，只有"将来"才会有无限风光，才能决定一切。这种观念只是在向"现在"赊账，终有一天，债务必须偿还。

工作，是十分艰苦的劳动，需要的是勤奋，懒惰的人将一事无成。须知，知识财富不经过自己艰苦的思维活动，就不能成为自己的东西。中国古时候有一个懒惰的文人，怕读书费脑筋，就把书烧成灰，包在饺子里吃下去，以为这样就是读书的最好方法。到应考时，他也预先请人把试卷写好，如法炮制，吃进肚里。如果你想要立刻行动，就一定要戒懒，否则，多么好的设想、计划，都宛如细小的泉水滚落积水深潭一样，难得再奔跃向前，所谓成功、攀高峰也只能是一句空话。

所以，我们不但要研究如何合理安排时间，提高时间效能，还要研究怎样才能不浪费时间，把计划付诸现实。

（四）谁慢谁就被吃掉

在日常生活中，你要学会和自己比赛，始终走在时间的前面，尽可能地超越自己平常的成绩。

首先要养成快速的节奏感，克服做事缓慢的习惯，调整你的步伐和行动，这不仅可提高效率，节约时间，给人以良好的作风印象，而且也是健康的表现。

由于科学技术的社会化，人与人在能力（智商）上的差别越来越小，也就是说"M"基本是个常数。因此，人发出的能量就取决于其速度。

谁慢谁就会被吃掉。比如：搏击以快打慢，军事先下手为强，商战已从"大鱼吃小鱼"变为"快鱼吃慢鱼"。

比尔·盖茨认为：竞争的实质，就是在最短的时间内做最好的东西。人生最大的成功，就是在最短的时间内达成最多的目标。质量是"常量"，经过努力都可以做好以至于难分伯仲；而时间，永远是"变量"，一流的质量可以有很多，而最快的冠军只有一个。任何领先，都是时间的领先！

我们慢，不是因为我们不快，而是因为对手更快。

下面的这个《羚羊与狮子》的故事，充分说明了这一点。

在非洲的大草原上，一天早晨，曙光刚刚划破夜空，一只羚羊从睡梦中猛然惊醒。

"赶快跑！"它想到，"如果慢了，就可能被狮子吃掉！"

于是，它起身就跑，向着太阳飞奔而去。

就在羚羊醒来的同时，一只狮子也惊醒了。

"赶快跑"，狮子想到，"如果慢了，就可能会被饿死！"

于是，它起身就跑，也向着太阳奔去。

将时间管理当成比赛是有许多好处的。

1. 能让平淡无味的工作变得有趣、生动。即便是最有刺激性的工作中也免不了有乏味的事。

2. 和自己比赛可以激发心理学上的"满溢状态"的行为。这是一种内在的变化，时间似乎很少，但你的成果却很多。

3. 改善你的工作质量。对于实现你自己的目标应该像优秀的跨栏选手一样，速度更快、更好，还要求不把栅栏碰倒。

人生就是一场竞赛，只有不断地奔跑，才能在竞争中不被他人"吃掉"。

（五）培养不进则退的观念

工作不日进则日退。有人藐视一天的价值，以为不足道，认为稀里糊涂地过一天也无所谓。殊不知，没有一天，哪来一生。工作如逆水行舟，不进则退。

把数学上的"正"与"负"，运用在自我检测上，可以检查出自己是否做到日有所学，日有所进。季米特洛夫讲过："青年时谁在睡下时，不想想一天中学会了什么东西，他就没前进。虽然日常工作很多，你们必须好好组织自己的工作，要找出时间来考虑一下一天中做了些什么：是正号还是负号？假如是正号——很好，假如是负号，那就要采取措施。"我们不妨把在一天中工作有成绩看作"正"，没有成绩看作"负"，在每天睡下时，像季米特洛夫讲的那样，一想一问，那会大有好处。人们往往在扣心自问中，看到了自己的进步，发现了自己的不足。是"正"号的话，更上一层楼；是"负"号的话，奋起直追。这一问，可以问出雄心，问出进步，使自己在学习上，只有日进，不会日退。

我们工作，不仅要有长期计划，而且要有短的安排，这个安排，就是工作定额。工作定额是工作计划的具体步骤。假若没有定额，工作得松松垮垮，造成时间上的极大浪费，到头来，工作"计划"变成了"空话"。有了工作定额，就可以统筹安排，形成制度，培养良好的工作习惯，逐步完成工作计划。

定额一经制度化，就要立即付诸实践。就不能学学停停，一定要自觉培养每天完成工作定额的习惯。

每天完成工作定额的习惯，要靠高度的学习自觉性和坚韧的毅力来保证。

"明天"，是勤劳最危险的敌人。任何时候都不要把今天该做的事搁置到明天。而且应当养成习惯，把明天的一部分工作放到今天做完。这将是一种美好的内在动力，它对整个明天都有启示作用。着手完成每日定额也是一样，任何时候都不要把计划在今天做的事放到明天。

（六）行动就要迅速

大部分的人都太喜欢拖延了，他们不是做不好，而是不去做，这是失败最大的恶习。不行动，怎么可能会有结果呢？

你想成功、想赚钱、想人际关系好，可是从不行动；想健康、有活力、锻炼身体，可是从不运动；知道要设目标、订计划，但从来不去做，就算设了目标、订了计划，也不曾执行过；知道要早起、要努力，可就是没有行动力；知道要推销，可是从不拜访顾客。就这样，很多人一天天抱着成功的幻想，染上失败者的恶习，虚度着光阴。

每一个成功人士都是行动家，不是空想家；每一个赚钱的人都是实践派，而不是理论派。立即行动，从现在起就要养成马上行动的好习惯。

宇宙有惯性定律。什么事情你一旦拖延，你就总是会拖延，但你一旦开始行动，通常就会一直做到底。所以，凡事行动就是成功的一半，第一步是最重要的一步，行动应该从第一秒开始，而不是第二秒。

只要从早上睁开眼睛的那一刻开始，你就马上行动起来，一直行动下去，对每一件事都要告诉自己立刻去做，你会发现，你整天都充满着行动力的感觉，这样持续三个星期，你可能就养成了马上行动的好习惯了。

所以，现在看到这里，请你不要再想了，再想也没有用，去做它吧！

任何事情想到就去做！放下书本，现在就做！去行动！

拿一张纸写上"立刻行动"，贴在你的书桌前、床头、镜子前，贴满你的房间，你一看到它就会有行动力的。现在就做！

为了养成你马上行动的好习惯，请你大声地告诉自己："凡事我要立刻行动，立刻行动！"连续讲十次，立即行动！只有不断地行动，才能帮你快速成长。行动的人改变了这个世界，行动的人才会在 21 世纪快速拥有自己的梦想。

竞争的实质，就是在最短的时间内做得最强最有效果。人生最大的成功，就是在最短的时间内通过最快的成长达成最多的目标。

盛田昭夫说："如果你每天落后别人半步，一年后就是一百八十三步，十年后即十万八千里。"

谁快谁就赢，谁快谁生存。在贝尔研制电话时，另一个叫格雷的人也在研究，两人同时取得突破，但贝尔在专利局赢了——比格雷早了两个钟头。当然，他们当时是不知道对方的，但贝尔就因为这 120 分钟而一举成名，誉满天下，同时也获得了巨大的财富。

谁快谁赢得机会，谁快谁赢得财富。

无论相差只是 0.1 毫米还是 0.1 秒钟——毫厘之差，天渊之别！

在竞技场上，冠军与亚军的区别，有时小到肉眼无法判断。比如短跑，第一名与第二名有时相差仅 0.01 秒；又比如赛马，第一匹马与第二匹马相差仅半个马鼻子（几厘米）……但是，冠军与亚军所获得的荣誉与财富却相差天地之远。

不管你是总裁还是小职员，为了保住自己的职位，不都要尽心尽责全力以赴吗？要知道有人盯着你的职位跃跃欲试。总裁的高位自然热门，不必多说，小职员也不例外，因为公司门外总有不少新人等着进来。

这样看来，大家的选择都是一样：要么做得更好，要么被淘汰。在新的一天来临时，可不要再拿闹钟出气，还是对自己说一声"加油"吧！

（七）时机永远不会刚刚好

信息时代，抓住机遇、获得成功更是讲究时间了。时间就是生命，时间就是金钱，时间就是成功。谁能够最先产生好的主意，并将主意加以实施，谁先一步抢占市场，谁的收益就大，利润就高。

有时，同样一个机遇既可以属于你，也可以属于他，这就有一个谁捷足先登的问题了。

捷足先登靠速度，所谓兵贵神速。《孙子·虚实篇》说："凡先处战地而待敌者佚，后处战地而趋战者劳。"这是说，凡先到达战地等待敌人的，就从容主动，反之，仓促应战的就疲劳被动。

"疾而有节"，就能把握机遇。有人把机遇比作搭车，这一班车来了，一定要抓紧时间，赶快挤上去。至于下一班车什么时候到，只有天晓得，也许永远搭不上了。

人生，就是由无数个机会怪圈组成的长链。假如速度再快也赶不上这一班车了，怎么办？通常的回答是：等岁月蹉跎，人生短暂，朝如青丝暮成雪。当我们发现自己的鬓角冒出几缕白发时，这一生便被等得差不多了。

搭不上车为什么一定要坐车？可否跑步赶去？可否抄近路（有时候抄近路比坐车还要来得快）？自己没有能力买汽车，为什么不能买电动车？三十六计，走为上，等为下。我们应该把别人用来等待机会、抱怨命运的时间都用来完善自我，锤炼自我。一个人也许不能创造客观的机遇，不能驾驭别人，但为什么不能学会驾驭自己呢？无力驾驭别人不足为奇，也不可悲，但驾驭不了自己，实在是让人遗憾的事。不是机遇钟情于谁，也很难说是社会扼杀了谁，因为在所有的时候，所有的环境下，总会有出类拔萃者。作为个人，我们应该常常自问：别人行，我为什么不行？

居里夫人说："弱者等待时机，强者创造时机。"这真是一句至理名言。

《台北民族晚报》上，曾经记述了林语堂博士当年的一段故事：

有一天，一位先生宴请美国名作家赛珍珠女士，林语堂先生也在被请之列，于是他就请求主人把他的席次排在赛珍珠旁边。席间，赛珍珠知道座上多是中国作家，就说："各位何不以新作供美国出版界印行？本人愿为介绍。"

座上人当时都以为这是一种普通的敷衍说词而已，未予注意，独林博士当场一口答应。归而以两日之力，搜集其发表于中国之英文小品成一巨册，而送之赛珍珠，请为斧正。赛因此对林博士印象至佳，其后乃以全力助其成功。

据说，当日座上客中尚有吴经熊、温源宁、全增嘏等先生，以英文造诣言，均不下于林博士，如他们亦若林氏之认真，而亦能即日以作品送给赛氏，则今日成功者未必为林氏也。

由这段故事看来，一个人能否成功，固然要靠天才，要靠努力，但善于创造时机，及时把握时机，不因循、不观望、不退缩、不犹豫，想到就做，有尝试的勇气，有实践的决心，这许多因素加起来才可以造就一个人的成功。所以，尽管说有人的成功在于一个很偶然的机会，但认真想来，这偶然机会的能被发现、被抓住，而且被充分利用，却又绝不是偶然的。

因循等待是人们失败的最大原因，所以"弱者等待时机，强者创造时机。"所谓"创造时机"，不过是在万千因子运行之间，努力加上自己的这万千分之一的力量，希图把"机会"的运行造成有利于自己的一刹那而已。林语堂的故事，可以说是一个最好的证明。

另外还有一个广为流传的故事。

有位知名哲学家，天生一股特殊的文人气质。某天，一个女子来敲他的门，她说："让我做你的妻子吧。错过我，你将再也找不到比我更爱你的女人了。"哲学家虽然也很中意她，但仍回答说："让我考虑考虑。"

事后，哲学家用一贯研究学问的精神，将结婚和不结婚的好坏所在分别列下来，发现好坏均等，真不知该如何抉择。于是，他陷入了长期的苦恼之中，无论他找出什么新的理由，都只是徒增选择的困难。十年后，他得出一个结论——我该答应那女人的请求。

哲学家来到女人的家中，问女人的父亲："你的女儿呢？请你告诉她，我考虑清楚了，我决定娶她为妻。"女人的父亲冷漠地回答："你来晚了十年，我女儿现在已是三个孩子的妈了。"

哲学家听了，整个人几乎崩溃，他万万没想到，向来引以为傲的哲学头脑，换来的竟是一场悔恨。尔后，哲学家抑郁成疾，临死前，只留下一段对人生的批注——如果将人生一分为二，前半段的人生哲学是"不犹豫"，后半段的人生哲学是"不后悔"。

机会是在纷纭世事之中的许多复杂因子，在运行之间偶然凑成的一个有利于你的空隙。这个空隙稍纵即逝，所以，要把握时机确实需要眼明手快地去"捕捉"，而不能坐在那里等待或因循拖延。

西谚说："机会不会再度来叩你的门。"这并非说它架子大，而是它也被操纵拥挤在万事之间，身不由己。

徘徊观望是我们成功的大敌。许多人都因为对已经来到面前的机会没有信心，而在犹豫之间把它轻轻放过了。有车搭则搭车，无车搭则走路，抄近路，或骑摩托，甚至自行车。去不得雁荡山，也不必痛苦和嫉妒，赶紧修正目标，不妨去天姥山、武夷山。条条道路通罗马，一路风尘自潇洒。

（八）在心智上做出改变

大家或许知道，做事拖拉是一个毛病。如果你作为经理，你肯定不会喜欢做事拖拉的下属。然而，我们许多人自觉不自觉地形成了这样的习惯，染上了这样的毛病。或许我们每个人都有一种不良的习惯——拖延时间，这种现象我们不时遇见，以至于看见或者自我发生在自己身上时都不以为然了。

然而，拖延时间却是一种极其有害的恶习。鲁迅先生说过：耽误他人的时间等于谋财害命。那么你呢？是否经常拖延时间？你也许已经讨厌这种毛病，并希望在生活中改变它。但是，你总是没有将自己的愿望付诸切实的行动，其实，有了这样的想法而没有实施，这又是一种拖拉。

我们每个人都确知，拖延时间的确是一种不健康的行为，然而却很少有人能够说他自己从不拖延时间，这本身就是一种无可奈何。其实，生活本身就是充满了这样的哲理。并不是你喜欢这样做，恰恰你又这样做了，你的心情也不会很舒畅。事实上，对大多数人来讲，拖延时间不过是让自己避免投身现实生活而采取的一种手段。

造成拖延恶习的原因有很多，其中的主要原因是因为缺乏信心、责任感、安全感，害怕失败，或无法面对一些有威胁性、艰难的事。潜意识也是导致人们拖延的因素。他们知道该做些什么事情，但原因不明，就无法去做。有的时候是因为某些潜意识的恐惧，拖住了他们行动的脚步。

停止拖延的最好时机就是现在。那么，就让我们从现在开始改变自己！

首先，你要有一颗快乐的心。你对自己所从事的工作的感觉，会大大地影响你做事的方式。你如果十分快乐地接受实施某件事，这件工作就会更好更顺利地完成，而且你的愉悦心情可以与别人一起分享。相反，如果你对工作感到生气和不满的话，这件工作就会变得冗长，你也更有可能犯下许多错误，而周围的人也会慢慢疏远你。

其实快乐是很简单的事情。你想让自己有多快乐，你就会有多快乐。只要你一开始想些快乐的事情，把恐惧、愤怒、挫折感全部从心中除去，即使面对困难，也是阳光满面，快乐起来，周围的事情就会变得轻松，有时候还会让你感动。尽量找些快乐的事，看些令人快乐的书，看些喜剧片，碰到好笑的事就开怀大笑。假如你能养成快乐的习惯，停止拖延的脚步就会加快一些。

养成一种快乐、健康的态度，然后开始去做你所搁下的工作。你会发现以往的拖延是多么的不必要，你会发现你的生命充满了生机和活力，你会发现自己能那样轻易地感染别人。

学会了解你自己。假如你对自己做了什么都很了解的话，那么要改变自己的行为就容易多了。把你的情绪记录下来，找出哪一种情绪对你的帮助最大，正如找出你拖延的原因一样，假如你好好记录，并常拿来看的话，你会更加了解自己。这样可以增加你自身的力量，克服自己的缺点。

克服你心中的畏惧感。对于那些导致你拖延的因素，你必须敢于面对。假如你怕自己会犯某些错误，就把它写下来，然后写下你准备如何去解决这些头痛的问题。如此一来，你的恐惧就会消失得无影无踪，但你一定要训练自己做这些练习。

恐惧总是躲在黑暗的角落里，慢慢地消磨你的意志，但如果你把它们挖出来，迎头痛击，它们就会枯萎而死。

训练你的心智。每天你都必须训练自己的心智，不能让它一直处于休眠状态。假以时日，你就会培养出一种好习惯，并使你从拖延的陷阱中跳出来，而找到另一个充实而有价值的人生。这种心理训练要尽可能多做。下面是一些具体的训练方式：

1. 体验——把自己的思想集中于精神方面的体验。用点时间去看看花草，看看夕阳、日出，充分享受景物、声音、味道，体验这些感觉的乐趣。

2. 学习——每天让自己学点新鲜东西，以保持心智的新鲜成分。

3. 回想——想想过去所发生的事情，它们会对现在和将来具有一定意义和指导。

4. 开始行动——做些需要有责任感和想象力的工作。

5. 完成——把一件工作，或生活中的某些事加以完成，尤其是那些你忽略过的东西。

6. 创造——给予这个世界一些东西，这些东西也许在你离开这个世界后仍能有用。

此外，你还可以自己设想很多练习方式，这些练习不仅能帮助你行动，而且能帮助你完成你以前所不可能完成的工作。

学会自我激励。你也许因为缺乏动力，或是感到灰心，觉得自己无用而拖延工作，假如确是如此，你就必须改造自己，并且克服和训练你的弱点。

不妨自夸一点，那样会增加你的信心，并且增加你对工作的热度。你越是相信自己，你所能完成的工作就越多，做得也越好。

找资料来，记录下这些积极的刺激方法。你可以把你想到的灵感，或别人给予你的认可和奖励都记上去。幽默感也有难以想象的治疗效果。所以一定要画上一些插图，还有些什么"秘史"之类的，任何能让你发笑的都可以。只要能让你保持精神振奋，并给你自信，就多用它来帮助你达到目标。

你也可以偶尔给自己所做的好事一个最高的评价，这样可以使你的自我充分得到滋润。

改变某些习惯。在你不再拖延之前，你也许必须除掉一些习惯或改变一下你的行为方式。只要你开始去工作，就给你自己一些奖励，即使稍后你气馁不干了，也没关系，这总比你为了气馁不干，而惩罚自己要好多了。这样一直做下去，你会养成许多重要的好习惯。

你所有的习惯中，有一个是你必须马上革除的，那就是拖延的恶习。一种好的态度可以在你改变自己时给你冲劲，但同时你也要了解，你想完成的是什么。

分析你的行为。试着去分析你必须要做的每件事情，这点做起来很容易，而且往往也很有用。对于自己的行为，要仔细地研究。因为你越了解你的工作，你就越容易去完成它。如果你对你的行为一无所知，就会对它漠不关心，而漠不关心正是导致拖延的先头部队。如果你对自己的行为多加认识，你就可以克服这二者。

全身心投入你的事业。假如它值得你去做，它也就值得你去研究。假如你不清楚某些具体情况，就多加观察，收集更多的资料，这也可以当作一种准备工作，它会给你一股力量去开始工作。你对自己的工作知道得越多，就越有兴趣。运用这些新的知识，你就会觉得很容易而且可以更快地完成。把你的知识与别人分享，让他们也投入这个工作。他们不但会激起你工作的热忱，而且还会支持你努力工作。

五、克服办公时间管理障碍

如果你已经找出偷走时间的关键问题并加以改正，而且为自己制定了合理而有效的目标管理方法并制定了自我时间管理表，但你的工作效率依然低下的话，只能证明一点：在朝九晚五的八个小时中，有太多的事情在影响着你，令你无法将本可以在上班时间完成的工作顺利完成。本章中，你将会看到那些哈佛精英们是如何将办公时间中存在的时间管理障碍顺利克服的。

自我测试：你很善于控制自己的时间吗？

请在以下每一个陈述中选择最切合你的答案：

1. 为了避免对棘手的问题采取行动，我总是试图寻找理由和借口。

A. 非常同意

B. 略表同意

C. 略表不同意

D. 极不同意

2. 为了能够使得困难的工作被顺利地执行下去，就应该对执行者施加压力。

A. 非常同意

B. 略表同意

C. 略表不同意

D. 极不同意

3. 我经常采取折中办法来避免不愉快的事情和困难的工作。

A. 非常同意

B. 略表同意

C. 略表不同意

D. 极不同意

4. 我遭遇了太多的干扰与危机，这些干扰与危机足以妨碍自己完成重大任务。

A. 非常同意

B. 略表同意

C. 略表不同意

D. 极不同意

5. 当被迫做出一项不愉快的决定时，我避免直截了当地做出答复。

A. 非常同意

B. 略表同意

C. 略表不同意

D. 极不同意

6. 我对有关重要工作计划的追踪、监督一般不予理会。

A. 非常同意

B. 略表同意

C. 略表不同意

D. 极不同意

7. 我经常试图让其他人为自己执行不愉快的工作。

A. 非常同意

B. 略表同意

C. 略表不同意

D. 极不同意

8. 我经常把重要的工作放在下午处理，或者带回家里，以便在夜晚或周末完成它。

A. 非常同意

B. 略表同意

C. 略表不同意

D. 极不同意

9. 我在过分疲劳（或过分紧张、过分泄气、太受抑制）时，往往无法处理所面对的困难任务。

A. 非常同意

B. 略表同意

C. 略表不同意

D. 极不同意

10. 在着手处理一件艰难的任务之前，我喜欢清除桌上的每一个物件。

A. 非常同意

B. 略表同意

C. 略表不同意

D. 极不同意

评分标准:

每一个"非常同意"评 8 分,"略表同意"评 6 分,"略表不同意"评 4 分,"极不同意"评 2 分。

总分小于 40 分,表示你不是拖延者,只在偶尔有拖延的习惯。总分在 42~60 分之间,表示你有拖延的毛病,应在日常生活中予以纠正。总分多于 60 分,表示你或许已患上严重的拖延毛病。

(一) 如何应对不利的文化背景与工作环境

要打发时间就得多干事情,这是大家公认的事实。俗话说"真正忙的人是匀得出时间的"就是这个意思。

——洛夫·帕金森

由于工作能力突出,布朗在一个月前被公司的老板任命为部门经理。这一度使布朗非常兴奋,觉得自己终于可以在更高的平台上展现自己的聪明才智了。然而,在提升之后布朗却被新工作搞到晕头转向,他觉得有许多因素阻碍着他合理地分配自己的时间。他知道他所负责的新任务是具有挑战性的,但是他又不希望完全失去控制。他所在的工作环境比较混乱、嘈杂,让他无法安静地去分配时间,正常地进行工作。他经常被公司其他的同事呼来唤去,被他的老板、同级管理人员以及他自己写的报告牵扯进各种毫不相干的会议中。

布朗的脑子一直在高速运转着。他有太多的文件需要处理,他桌子上的文件一摞一摞地增加,而且每次他从文件堆里抽出一些准备处理的时候,就会有人要求他尽快去做其他事,要不就是电话开始响起来,要不就是电子邮件突然出现在他的显示屏上,要不就是又有一个会议要开始了。

一天晚上,虽然已经下班了,但是他还一个人待在办公室里,没有其他人,没有电话,没有电子邮件,只有布朗和大量的文件。然而,布朗还是不知道该从哪里做起。最上面的文件?那摞文件可能是最重要的。最下面的文件?那一摞大概是时间最久的。布朗不禁叹息。他怎么会落到这种地步了呢?他一直是一个了不起的员工,总能有效又准时地完成各项工作,他真的是在享受工作。为什么他作为一个管理人员就失去控

二三四

制了呢？怎样做才能让他搞清楚他应该把精力集中在哪里？怎样做才能使他重新掌握自己的时间？这些让布朗感到很头疼。他需要找到行之有效的解决办法。

哈佛时间管理项目研究人员发现，许多人在管理时间的过程中会遇到一些障碍和问题，比如一个混乱、嘈杂、高要求的工作环境，或者一个受干扰影响的文化氛围。

你在每天的生活中，遵循合理分配时间和管理之间的原则，不断地学习、训练、坚持以及自我认识。在你开始朝着自己的目标努力工作和调整自己的日程表的时候，可能也会遇到妨碍你有效利用时间的各种障碍。

这个时候，你要辨别你所遇到的障碍，不要被这些障碍压垮了。一次处理一个障碍，把各种障碍分开，努力解决掉它们。

你要知道，即便对于那些干扰影响最大的和具有很强时间敏感性的环境，合理分配时间的原则也是适用的。凭借着尝试、悟性和决心，相信你能够学会合理地分配自己的时间。

如果你所在的公司企业文化是建立在顺畅的沟通交流、持续的团队配合以及不断地协同增效的工作氛围基础上的，你可能会感到振奋。但是这样的企业文化也可能会非常容易令人分心。即使你已经安排好时间去完成某个工作，也不能保证不发生类似于某个人突然出现，或是某件事情突然产生这样的状况。由于出现的干扰问题可能很难解决，所以需要你能够适应它，找到解决它的有效办法。

如果你是一个管理人员，想高效率地工作，就要采取几个方法排斥浪费时间的因素。你可以关上办公室的房门，这说明你现在不是适当的交流时间。你也可以利用这些干扰因素，同时做几件事情。把正在进行的每个项目的待办事项清单详细地记录到你的电脑上，随时查看。

有时候，太平易近人也不是一个有利于时间管理的因素。你每天需要花费大量的时间与他人进行交流，再花上整个晚上的时间去做本来应该在白天完成的工作。当别人进来见你的时候，你要问清楚他要讨论的是什么问题，是不是你能够或者必须马上去做的。如果不是，就可以把它们列在清单上。你还可以拿出你的清单，和他自信地研究你们两个应该讨论的问题。

此外，你还可以通过预先安排定期的会议将别人的干扰降到最低的程度，同时检查经常出现的干扰问题的类别，试着改进应变计划。

很多时候，你可以用授权的方法来排除干扰问题。但是，如果是只有你才能够解决的干扰问题，就马上去处理，以便你可以回到你的优先事项上去。即使排除干扰花费了你半天的时间，你仍可以把精力集中在这天剩下的时间上。

你不需要一直为来访者敞开房门。在某些情况下，你也许会发现，拒绝与没有预约的来访者见面是较好的做法。

（1）确定意外的来访者是不是有急事，或者是马上就可以解决的事。

（2）如果可能的话，另外安排一个时间与来访者会面。

（3）如果可能的话，把来访者介绍给另一位合适的人。

（4）在你突然放下手头的工作之前，做一个记录，提醒自己工作做到哪里了，在处理完干扰你的那件事之后，回到刚才做的那个工作上来。

如果有必要的话，接受那些干扰你的工作，采取进一步措施，然后重新回到被打断之前记忆中的位置。但是，那并不是总能够做得到的。

（二）整理杂乱无章的工作空间

做一个成功的时间主宰者，将有助于你迈向成功的总经理之路。

——林登·约翰斯

艾薇儿在一家大型的跨国公司工作，她是一个非常聪明的女孩，很善于整理杂乱无章的工作空间。在公司里，她帮助同事整理和布置他们办公室里的空间，使他们能用最有效的方式去利用他们的空间。艾薇儿的这个优点与她养成的习惯密不可分。

而最开始，艾薇儿是在一个非常凌乱的房间里成长的。有一天，她的一个小伙伴艾丽来找她玩。当她走进艾薇儿房间的时候，她难以相信艾薇儿住的地方竟然会那么乱，于是她把艾薇儿讥讽了一番，这让艾薇儿感到很尴尬。从那以后，艾薇儿就开始把房间整理得井井有条。时间长了，她就养成了整理房间的好习惯，也很善于整理杂乱的空间。不久之前，她和丈夫在她的表哥家借住时还帮助表哥整理了一下空间。她在表哥家做饭的时候，经常找不到奶酪，因为奶酪总是被放在不同的地方。于是，艾薇儿花了四个小时的时间重新把表哥家的厨房整理了一下。

艾薇儿经常对同事说："人们遇到的最大问题就是觉得自己已经被压垮了。他们不相信自己可以花四个小时的时间去收拾东西，整理办公室。没有一个人这样去做，除非是以此为生的人。所以不要去想你需要花费四个小时的时间去经历这个过程。你首先要做的就是，认识到你办公室里的每一件物品都需要一个位置来放置。从这里开始，你可以把整个事情划分为几部分来完成。"

有时候，艾薇儿也向一些新来不久的同事介绍自己整理工作空间的经验："我把大量的时间投入到如何整理我的笔记本电脑里的文件夹上。比如说，每个委托人都有一个文件夹，而在每个文件夹里都有一个单独的文件夹——像是建议、应交付的资料、笔记等。确切地知道每件东西的位置，让我的工作变得很有效率，我也因此节省了许多时间。"

哈佛时间管理项目研究人员认为，整理杂乱无章的工作空间有利于节省工作时间，提高工作效率。

对于许多人来说，组织安排环节上的不足会妨碍他们有效的利用时间。办公桌上的纸张、信件、文件夹和收据让他们的工作没有头绪，无从下手。这样的人需要针对有缺陷的组织工作、杂乱的工作空间，找到解决的办法。下面是我们给大家提供的合理建议：

（1）有效的计划。你办公室的物品不能杂乱无序，你需要为它们都找一个合适的位置。花费十几分钟的时间，列出一个放置物品的计划。你所做的都有哪些文书工作？你能够用哪种柜子和容器保存这些物品？列出需要保存的物品以及你准备如何放置它们。

（2）彻底清理你的办公桌。清理办公桌的时候，你可以用一个能够循环使用的盒子、垃圾桶或是垃圾便利袋。把你所有的东西从办公桌上和抽屉里拿出来，堆成一堆，然后清扫桌子。这样做会让你觉得很爽。不要在乎现在堆成一堆的东西，因为它们再也不可能和以前那样杂乱无章、胡乱摆放了。

（3）丢弃不需要的东西。当你把桌子清理干净的时候，把不需要的东西都丢掉。因为你存放的物品越少，你就越可以节省自己的时间。你只需扔掉那些你清楚地知道你不想要的东西。如果有些东西你不能确定是否还能用得着，还是把它放在那堆东西里吧。

（4）购买新的物品。你需要列一份购物的清单，同时要记住，要有能够适用于差不多所有物品的盒子。去一家销售办公用品的商店，在那里你能够买到多数或是全部你需要的东西。也可以去卖工艺品的商店，那儿有漂亮的文档盒，还有存放铅笔、CD和其他物品的容器。

（5）把所有的物品整理分类。把最显眼的物品和你需要马上处理的文件或者信件放进指定的盒子里。把你每天都要用到的物品放在身边容易看到的地方。你要灵活掌握，你可以把这些物品来回改变位置。在你完成这些工作后，你还是有一堆东西堆着，但是你的办公桌确实已经能够正常运转了。

（6）学会从细节上调整你存放物品的方式。现在你有自己存放物品的计划，你从那堆东西里拿出来的大多数物品都应该有一个放置的地方。把它们扔掉，或是把它们放在适当的地方，抑或是安排一个新的位置存放。花几分钟的时间来解决这堆东西的存放问题。

（7）调整你的工作空间。到周末的时候，你的办公室可能已经不再是良好的状态了，但还是比先前的情况要好很多。你也许发现你用来装待办工作资料的盒子没有放在比较方便的地方，或是那个盒子装得太满了，但是至少你有一个存放待办工作资料的盒子。你应根据你的优先事项原则不断地调整工作空间。你也许需要把两个类别合并为一类，或是把一个大类别分成两类，但是调整一下盒子比重新整理一大批东西要容易得多。

在整理办公桌的时候，还有一些小窍门值得大家借鉴：

（1）组合法

当你办公室里需要的东西多时，你可以购买那些具有两个或者两个以上功能的物品，这样就可以为你节省不少空间。一些多功能物品，比如结合了手机座和便签夹的摆件，它们可以有效节省办公桌上的空间。

（2）挂法

办公室里的一些物品是可以挂起来的。所以，你千万别忽略了办公桌之间的半堵"围墙"或者你办公室里的墙壁。你可以把台历换成挂历，挂在隔板上或者墙壁上，也可以把台历当月的单张撕下来，贴在隔板上，这样看日期就更清楚了。另外，办公用的中性笔也可以挂起来，在笔的头部系上一根线，在隔板上粘几个挂钩，挂在上面，这样就省去了笔筒的位置了，或者购买一些弯曲笔，它们不用系线就可以弯曲成挂钩状挂在隔板上。

（3）分类法

如果你的文件在办公桌是分成几摞的，比如第一摞是昨天已经处理好但未上交的文件，第二摞是今天要处理的文件，第三摞是辅助资料，第四摞是……在这种情况下，你需要采用分类法。书架已经规划好了几个区域，只需按类把文件、资料、书籍等装入其中即可，然后在正面贴上标签。

（4）收纳法

如果办公桌上零碎的小东西太多，最好的办法就是买一个收纳盒，把办公用具、名片、便笺纸等小东西分类塞进去，这样不仅方便使用，也让办公桌显得整洁很多。

（三）与老板步调保持一致

"认识你的时间"，只要你肯，就是一条卓有成效之路。

——彼得·德鲁克

卡恩是美国加利福尼亚州一家广告公司的职员。他原本在一个工作岗位上干得非常出色，但上司却突然把他调到一个偏远的地区开拓市场，而偏偏那个地区开展业务又特别困难。为此，卡恩怨声载道，他不断地跟身边的朋友说："我工作那么努力，成绩斐然，但是现在非但没有升迁，反而被调到偏远的地区，在那么糟糕的部门工作，这不是逼着我辞职吗？"

但实际情况却是，卡恩的上司觉得卡恩是一个不可多得的人才，因为太年轻，办事欠妥当，不能够深思熟虑，因此决定派他到其他地方锻炼一下，以备将来委以重任。

当卡恩把辞职书递到上司的办公桌上时，上司问他为什么辞职。卡恩抱怨道："我觉得在新的部门没什么发展前途，在那里开展业务太困难了，去那里工作是在浪费时间。所以，我决定辞职了。"

上司摇了摇头，然后微笑着对卡恩说："你太不了解我的心思了。我觉得你是一个人才，将来肯定能够出人头地。现在把你派到那里是为了锻炼你的工作能力。在那个地区，虽然开展业务很难，但是能够磨炼你的毅力，能够让你更加成熟，提高你的工作水平。你仔细想一下，我们公司这几年发展迅速，市场占有率逐年上升，需要的人才越来越多。如果你的业务能力更强了，将来肯定有更大的发展。"

卡恩听了上司的话，恍然大悟，赶紧收回了辞职信，心情愉悦地回去工作了。

哈佛大学商学院的一个教授认为，人们在工作的过程中，要坚持一个重要的原则，那就是要跟得上上司的思维，与老板步调保持一致。这样，你才能忙碌在点子上，为公司贡献更多的力量。

与老板步调保持一致是员工和老板实现合作双赢的重要前提。如果你的老板总是抱怨你不够机灵，交代过多少次了都不明白，那么，你就有必要反省自己，在领悟力上下功夫，否则，你将很难得到老板的赏识。

作为一位下属，你的脑子一定要转得快，要跟上老板的思维，这样才能够成为老板的得力助手。为此，你不仅要努力地学习知识技能，还要向你的老板学习，这样才能弄明白老板的意图。

有时候，老板碍于身份，许多话无法直截了当地说出来，如果你是一位有心人，通过察言观色，充分领悟出他的意图，你一定会获得老板的认可。要领会老板的意图，还要善于与老板进行换位思考。然而，实际生活中却有很多人不懂得与老板进行换位思考。

哈佛大学商学院前任院长金·克拉克认为不能够和上司进行换位思考是许多人事业上不能够成就大器的重要原因之一，他说："在我们从事的商业中，的确有不少似乎充满了才华的人。他们工作勤奋、对主人的旨意从来不打折扣，他们自己也坚信是很热心地服务于自己的公司的。他们的这种勤奋及忠诚在一定程度上也获得了上司及领导的好感，并提升了他们做自己手下的主管或领班。但是，他们就是不能再一次地超越自己，其前程也永远止步不前了。"金·克拉克接着说："最简单的理由就是因为他们对于每个问题常常是依照他们自己所熟悉的那一局部的办事立场来解决，他们根本就没有想到考虑全局或以公司领导的立场去解决。他们也从不将自己置身于公司领导的位置去设想：'领导为什么这么想？他是怎样看待这一问题的？我的想法和领导的差距在哪里？如果我真的处于领导地位，对于这类事情我又该如何去处理呢？'"

许多职场人士认为，在他们所从事的事业中，给予他们最多帮助的是依照上司的办事习惯去做分派给自己的任务。因为他们知道，虽然他们有自己的想法，但是能力远远不如他们的领导。他们都熟悉自己的上司，在做每件事情的时候，他们都模仿他们的上司，并赶到他们前面。经过这样的努力，他们最终锻炼了自己，成就了自己。

一个人应该与老板进行换位思考，生存和发展就是你首先要想的事，你也应该具备以下能力：

（1）有责任心，爱岗敬业。老板喜欢什么样的员工？老板喜欢有责任心的员工，有责任心的员工让老板放心，让老板省心，老板在不在一个样，把工作交给这样的员工，他会当作自己的事来做，丝毫不会走样。

（2）养家的能力。员工还是很在乎每月那三千两千工资的，因为那些钱是他养活自己养活家人的钱。有人说员工太小气，太计较，三元两元的钱也算，因为这是他们一身土、一身汗辛苦挣来的，挣得不容易。再说现在的物价，每月的三千两千也真不够干什么，他们必须精打细算，让自己具备养活自己家庭的能力。

（3）听话的能力。拿人钱，听人管。老板是给你工资的人，对你来说老板就相当于上帝。上帝发话能不听吗？不听你的工作就没了，工作没了工资就没了，所以员工一般委屈都能忍，但他们忍了心里还是委屈，只是不敢表现出来。

（4）干一行爱一行的能力。员工从事的行业不一定是他的专业，不是他想干什么就干什么，不懂怎么办？用心学，还得学好，学精，不然在竞争非常激烈的今天，说不定什么时候就下岗了。所以你必须干一行，懂一行，爱一行。

（四）简化工作中的问题

一个有真正大才能的人却在工作过程中感到最高度的快乐。

——歌德

世界500强企业之一的宝洁公司，其制度具有人员精简、结构简单的特点。正是由于这样有特点的公司制度，使得宝洁公司成为世界最大的日用消费品公司之一，2004～2005财政年度，实现销售额567亿美元。在《财富》杂志最新评选出的全球500家最大工业/服务业企业中，宝洁排名第86位。该公司全球雇员近11万人，并在80多个国家设有工厂及分公司，所经营的300多个品牌的产品畅销160多个国家和地区，其中包括织物及家居护理、美发美容、婴儿及家庭护理、健康护理、食品及饮料等。

歌德

保洁公司强烈地厌恶任何超过一页的备忘录，推行简单高效的卓越工作方法。曾任该公司总裁的哈里在谈到宝洁公司的"一页备忘录"时说："从意见中择出事实的一页报告，正是宝洁公司做决策的基础。"

哈里当总裁期间，通常会在退回一个冗长的备忘录时加上一条命令："把它简化成我所需要的东西！"如果该备忘录过于复杂，他会加上一句："我不理解复杂的情况，我只理解简单明了的。"

哈佛时间管理项目研究人员认为，简化问题、避免冗繁是人们提高工作效率的重要途径。

无论我们从事什么工作，最简单的办法就是最好的办法。苹果电脑公司前总裁约翰·斯卡利曾说过："未来属于简单思考的人。"如何在复杂的工作环境中采用最简单有效的手段和措施去解决问题？这是每一位企业管理人员和员工都必须认真思考的问题。

简化问题是我们简化工作的一个重要原则。正确地组织安排自己的工作，首先意味着准确地计算和支配自己的时间，虽然客观条件使得你一时难以做到，但是只要你尽力坚持按计划利用好自己的时间，并根据分析总结采取相应的改进措施，你就一定能够得到效率。

简化问题可以帮助我们把握工作的重点，集中精力做最重要或者最紧急的事情。在高强度的工作条件下，我们如果不能理清思路，以复杂问题简单化的思路来开展工作，有针对性地解决重点问题，最初制定的各项目标就难以实现。

在做一件事情的时候，你应该问自己三个这样的问题："能不能取消它？""能不能把它与别的事情一起做?""能不能用更简单的方法完成它?"在这三个原则的指导下，你就能够把复杂的事情简单化，做事效率也就能明显提高了。

哈佛时间管理项目研究人员建议人们，简化工作可以从工作中的一些细节方面入手。例如，可以通过有效地利用办公用具达到简化工作的目的。

（1）有效地利用名片简化人际管理

名片不仅仅是记录姓名、电话的纸片，你可以利用名片简化人际管理。当一位刚结识的人递给你一张新名片后，你应该在名片上及时地记下你们见面的时间、地点、会谈的主题和重点、由什么人介绍你们认识，以及双方约定的后续接触事项。

（2）合理地利用记事本

在记事本中，你应该分成四项来登记：常用电话号码、待办杂事、代写的文件、待办事项。事情办完后，就可以用笔把它划掉。

如果你觉得记事本的内容比较复杂，你可以用不同颜色增进效率。比如说用红色的笔代表紧急的事情，黑色的笔代表一般的事情。总之，要用不同的颜色标出事情的优先顺序和重要程度。

（3）做好环境管理

一个人的工作效率与他所处的工作环境有很大关系。办公环境的杂乱往往会使一个人在烦躁中度过效率低下的一天。不管你是一个高级主管，还是普通的员工，如果不注重收拾自己的办公环境，就可能在找东西上浪费很多时间。

每天下班后，你需要把目前不需要的各类书籍、文件夹、笔记和其他各种材料收到柜子里放好，为第二天继续工作做好准备。这样，第二天你才能在一个井然有序的环境中工作，心情也会很好。

想要将简化工作变成一种习惯，贵在执行。下面是哈佛大学的研究人员提出来的一系列最实用的简化工作的方法：

（1）清楚地知道工作的目标和具体要求，避免重复工作，从而减少发生错误的机会。你要知道自己应该做什么，工作的目标对你有什么样的影响？这个目标对你有什么意义？当你搞清楚这些的时候，再进行工作。

（2）主动提醒上级把工作按照优先顺序进行排列，这样可以大大减轻工作负担。

（3）当没有必要进行沟通时，不要浪费时间。当完全没有必要进行沟通时，不要浪费自己的时间和精力进行沟通，尝试让同事或者客户改变什么。

（4）专注于工作本身。在工作中，你应该专注于工作，而非各类有关绩效考核的名目。

（五）治疗"会议综合征"的药方

研究群体协作的专家迈克尔·多伊尔和大卫·斯特劳斯曾合写过一本《开会的革命》。按照书中所言：如果你是一个普通职员，你一生中用以开会的时间，保守估计也有9000个小时（连轴转逾一年）以上；如果你是一个中层管理者，每周大约35%的时间用于开会；如果是高层管理者，开会时间更有可能超过50%。从财务数字来讲，大多数组织"直接"花在开会上的费用，占行政预算的7%到15%，还不包括以会议为名义的其他开销。

要知道，会议达不到预期效果，不仅意味着丧失机会，也意味着浪费金钱。时间是有限的，当你的雇员在会议上浪费几个小时，而不是用于在座位上或现场完成工作时，那么公司就是在浪费巨额的金钱。

《不再开会——促进高效会议实用指南》一书的作者弗朗西斯·迈卡尔是一位咨询师和培训师，她说："我听到的有关会议的最多的抱怨是，这些会议没有效率、时间太长，而且没有必要。"

下面是一些建议，这些建议是给那些想让会议成为公司成功的助推剂，而非绊脚石的管理者的。

第一，不要总是开会。

不要召开无效率的会议，"会议综合征"之所以存在，在很大程度上是因为在会上处理一些问题比其他方法更好。但在召集会议之前，管理者还是应该问一问自己，开会所要达到的目的，能不能通过其他的方式来实现。

第二，花时间去准备以便节约时间。

在开会之前多花些时间做准备，让开会的时间尽量缩短，可以早点结束。全面的准备工作可以产生令人惊讶的、备受欢迎的决策。培训师兼咨询师迈卡尔说："通过给出需要的结果，并提前准备一个议程，你可能会发现根本没必要召开个会。

不管是什么会议，事前都应该明确议题。会议的议题应该集中在一个焦点上，在开会之前让所有与会者进行确认。如果你出席了会议，但是觉得这是在浪费时间的话，就问一下会议的组织者："我还有必要继续参加这个会议吗?"

第三，不要在非上班时间开会。

尽量在日常上班时间开会，不要占用其他时间，除非是很紧急的事情。喜欢在傍晚或者周末开会的人，缺乏工作与生活的平衡，自然也无法在正常时间做好分内的工作。因为他们看不到自己所处世界的另一面，也无法看到周遭的另一个角落。

第四，避免离题和跑题的闲聊。

有专家给出了一个有效而且颇具策略性的方法，可以快速地把会议的主题转回来，而不会伤害任何人：把跑题的见解放到一个"广场"里，一个真正的或想象的白板上，白板上列着在其他更合适的时间讨论的所有想法和观点。

第五，省点儿开会，把会开好。

确实，人们经常觉得开会是在浪费时间。但如果会议是在最佳状况下进行的，那么会议就是一群人在一起创新，可以汇聚每个人的想法、知识和经验。会议就可能成为解决问题的创新思路过程的一部分，成为更好的做事方法。哪个经理人不想这样呢？

（六）多项任务就真的好吗

我们的生活是一种多项任务的生活，会在一段时间内尽可能做几种事情：开车时打手机，开会时查看电子邮件，吃饭时看电视。玛吉·杰克逊在《注意力分散》一书中说："多项任务是把效率、狂乱的行动、高机动性视为成功途径的价值体系的一部分。所以我们愿意像醉鬼一样开车，或慌乱地工作，虽然可能会使自己丧命。"认知心理学家们指出，人类的注意力是非常有限的。虽然我们竭尽全力，当我们同时做一件以上的事情时，效率就会变低，且更加容易出错。这是因为多项任务实际上是分散注意力的过程，在各种任务之间来回切换。

同时处理多项任务——用一项任务打断另一项任务——有时可能很有趣。我们喜爱的高科技电子邮件设备的每一次振铃，都承载着潜在的回报希望。查看它，就可能提供一种来自更困难和更具挑战性任务的、我们乐于接受的注意力分散。它使我们感到——至少暂时感到，我们已经做了一些事情——哪怕只是删除自己电子邮箱收件箱中的邮件。

有资料表明：一个紧张的日程安排，需要人们在各种任务之间不断转换，这样只会降低效率而不会提高效率。专家研究表明：人们开始执行一个新任务时，大脑要经过一个预热的过程。你需要集中注意力，回想主要的问题是什么。哈佛商学院的 Teresa Amabile 和她的同事们评估了 9000 多人的日常工作方式，这些人所从事的项目都需要具有创造力和创新性。他们发现，当人们在一天中的大部分时间里都专注于一项活动，并且只有一位合作者时，其发挥创造性思维的可能性更高。与此相反，如果人们每天的工作高度分散——参加不同团体的许多活动、会议和讨论，他们的创造性思维能力就会明显下降。

虽然这些活动一旦完成，人的思维就又进入了高效的工作状态。但即使是 10 秒钟的走神也足以让人出问题。研究发现，从一个任务转到另一个任务的频率，决定了相应的时间成本，加起来可能每天有 2~4 个小时。所以，我们在分配任务的时候要做到以下几点：

第一，避免多任务同时进行。

多项任务同时进行有时候是可以的。但是要获得什么实质性的进展，多项任务工作方式可就弊大于利了。必须在一个小时内处理五六件事的情况可能是无法避免的，但如果你还认为这是管理的理想状态而不是灾难的话，你永远也得不到提高。

要一次就做一件事。这并不是说你必须做一个项目直到它完成为止，而是说你不应该在三个项目间 2 分钟换一次。给自己设定一个最短工作时间，15 或者是 20 分钟，甚至是一个小时，在这期间只做一个项目。

第二，不用每件事都亲力亲为。

没有一个经理人有足够的时间去做所有重要的事情。完成重要事情唯一的办法就是让别人去替自己完成，而自己可以做一些其他更重要的事情。对最高决策者来说，应该只亲自深入参与解决那些最需要插手干预的问题，那些对公司业绩——无论是现在还是将来都至关重要的问题。

对于企业高管来说，建立一个有效的日常信息管理支持结构已成为获得成功的一个关键要素。这种支持结构可能比较复杂，比如，为一家大型企业首席执行官配备办公室主任；也可能比较简单，只需要一个能干的助理。

第三，时间封锁实践。

当不想被打扰时，可以在日程表中创造"独处时间"，集中精力对最重要的问题进行有意义的深入思考。

德鲁克在他的书中说："只有一小块一小块的时间是不行的，即使这些时间加起来长得出人意料。"因此，经理人必须能够拥有相对大段的时间，特别对一些要求长时间思考、比较判断等决策及创新过程来说更是这样。

管理专家 Drucker 早在 1967 年就为那些时间支离破碎的管理者提供了解决方案：在你的工作日程中保留一些完整的时间，不接电话，每天一次或两次在短时间内集中回电话——听起来非常像当今的时间和信息管理专家提出的建议。

综上，我们处理手中的任务时，一定要专注，不要朝秦暮楚，一会儿做这个，一会儿做那个，结果什么也做不好，这样会严重影响我们的工作效率。

（七）逃离时间枷锁的四种途径

时间紧迫是有益的吗？时间像资产一样，其价值的高低取决于我们对它的控制。

当下，很多管理者有这样的心理状况：

为没有在 24 小时内回复一封电子邮件而感到内疚。

认为同时处理多项任务是一种"英雄行为"。

没有在选择哪些业务领域向别人授权的问题上下一番工夫。

没有注意培养指导别人有效完成任务的技巧，并清楚双方各自的期望值。

没有意识到在信息超载的洪流中能深思熟虑、富于创造性的专业人士不断减少的危险。

有这样心理的管理者，总是处于一种焦虑状态中，他们总是觉得自己的时间不够用，总是因为没有得到更多的时间而把某一件事情做好。有这种心理的管理者就是负责任吗？其实不是，他们只是被时间绑架了，所以我们要逃离时间的枷锁，从容地工作。这就需要我们从以下几点做起：

第一，承认自己并非无所不为。

理查德·索尔·沃尔曼在他的《信息焦虑》这本书里写道，我们中的很多人都在不断给自己施压，比如，订了许多报纸杂志，且每份必读。但是出版物太多了，不停地占用潜在的时间，你不可能跟上它们的步伐。沃尔曼认为，解决的方法就是要认识到自己并非无所不为，缩小视野，做出坚定的选择，把注意力放在值得的地方。

第二，给自己喝一杯咖啡的时间。

在整个项目的进行中，你需要做的也许就是找出一点空余时间，和每一个项目执行者一起喝杯咖啡！这样做的好处是，可以让大家都有时间去处理每个人手上要完成的工作，又能及时地沟通，随时调整彼此的侧重点。

第三，享受过程，勿以成败论英雄。

心理学家布鲁斯·A·鲍德温是一家动力咨询企业的总裁，"心急病"是他提出的一概念。他将"心急病"定义为想急于完成任务的需要。鲍德温认为治疗的良方就是妥协，"拖延是不可避免的，它是生活的一部分。有了这样的经历，你会发现自己想放慢脚步，因为这样心情愉快"。

第三，树立长期目标。

如果你没有目标，你怎么知道什么是最重要的呢？你怎么知道什么值得你去花费时间和精力呢？目标不用很正式，也不需要很久远（尽管长期目标也有帮助）。它们的作用是把你的精力放在重要的事情上来。

要忍辱负重，搞清楚经过长途跋涉后你想得到什么目标。罗切斯特技术研究所的咨询与管理教授安德鲁·J·杜布林，给了我们一个这样做的充分理由："从某种意义上讲，一项任务或者长期目标将给我们的生命带来庄严而辉煌的愿景。这样我们会更好地理清工作、家庭、组织和自身的关系，也会在遇到一点小挫折时更好地面对。"

第四，经常休息。

过度劳累对于生产力来说可是一个很大的限制。当你很累的时候，就无法集中注意力或是以最快的速度完成工作（如果你还可以工作的话）。

这些短暂的休息可以使我们重新获得力量，继续保持对工作的热情。没有它们，我们会越来越累，注意力也会下降。我每天下午都会花几个小时离开我的屋子。看看亲戚朋友，购购物，开车兜兜风或者是散散步，一次短途旅行，或者夏天时候去游泳。我也会在白天的时候来上几次 5～10 分钟的休息，可以重新获得精力，休息休息眼睛（整天盯着屏幕对你的视力是非常有害的）。我也会固定地来个大的周末（休息三到四天）来好好养养神。

（八）别让每个人都处在"嗜忙"的状态

不少管理者都有这样的感慨："忙了一天，也不知道忙了些什么，时间还不够用。"其实，只要你有效地运用时间，就可以提高工作效率，在相同的时间里做更多的事，而且做得更好，成为一名出色的管理者。如何才能有效地运用时间而避免陷入一种"嗜忙"的状态呢？

第一，按照事务的类型来安排时间。

大致来说，事务可以分为四种类型，管理者应在事务上花多少时间，应视其类型而定。

（1）紧急而且重要。包括与客户洽谈业务、未按时交货、设备出故障、产品质量出现问题等。管理者对这类事务一般都不会马虎，必须花很多的时间来处理，直到解决为止。

（2）重要但不紧急。包括愿景规划、产品创新、人才培养、组织协调等。这类事务看起来一点都不急迫，可以从容地去做，但却是管理者要花大精力去做的事，是管理者的第一要务。如果不在这类事务上花最多的时间，管理者就是"不务正业"。

（3）紧急但不重要。包括批阅日常文件、工作例会、接打电话等。这类事务也需要管理者赶快处理，但不宜花过多的时间。

（4）不紧急也不重要。包括可去可不去的应酬、冗长而无主题的会议等。对于这类事务，管理者可先想一想："这件事如果我根本不去理会它，会出现什么情况呢?"如果答案是"什么事都不会发生"，那就应该立即停止做这件事。

第二，每天留些"机动时间"。

管理者容易犯这样的错误：用各种活动把一天的时间表排得满满的，以至于没有一点"机动时间"处理可能出现的各种突发事件。如果出现意外情况，管理者就不得不放弃计划中的工作，来处理突发事件，而今日未完成的工作，就必须加进明日的工作表中。工作是一场马拉松，而非短跑，如此给自己加压，管理者坚持不了多久。因此，管理者应每天留些"机动时间"，即使没有发生突发事件，管理者也可利用"机动时间"来处理一些较次要的问题，或与员工联络一下感情，也可休息一会儿，考虑一天工作中的得失等。这样，管理者就可紧张而又不失轻松地完成一天的工作，从容地面对明天的挑战。

第三，不做完美主义者。

夏洛特北卡罗来纳大学的前任教授米里亚·阿德霍德特·艾伦特，描述自己是完美主义的颠覆者。据他观察，完美主义者会让任何项目举步维艰，因为世界上没有绝对正确的事。要学会放弃，有时要学会转个方向去做。要会安排，但必须用适合自己的方式。

第四，做事情要有条理。

有条理的人做事情总是显得很从容，尤其是具有线性思维的人。他们喜欢这样的时间管理方式——列清单、保持桌面整洁、系统化，等等。但现实中，这样的非线性思维者大量存在。这些人喜欢文件如山的桌面、多得喘不过气的计划、飞快地玩魔术似的同时做几件事情，他们觉得这样很舒服。对于这些人，我们建议他们用分色文件夹在桌面上堆放文件。这样的话，在视觉上给人的感觉是很有条理，总比别人认为你做事乱糟糟的要好。

（九）授权是间接地节约时间

许多经理人常常因为面临的问题太多、负担太重而觉得筋疲力尽。他们常常觉得时间不够用，工作做不完；而他们的下属则恰恰相反。

在这个问题上，《哈佛商业评论》发表过很多关于时间管理方面的经典文章，其中最经典的是"谁背上了猴子"，这篇文章被重新印刷过很多次，值得每个经理人反复阅读。在这篇文章中，它以哈佛罕见的幽默语言，把工作比作猴子，提出了喂养猴子的五项原则。这篇文章随时会提醒你：现在猴子在谁的背上？在你的背上，还是在下属的背上？或者，下属正在成功地把猴子转移到了你的背上？它的关键思想在于：你不要什么事情都去做！做那些你不得不做的事情，然后把其他事情授权给他人来做。

一般来说，可以用以下公式来概括领导的精髓：领导＝决策＋授权。领导不简单地等同于一般的管理，领导思维属于战略思维，领导思考的应是全局性的、综合性的问题。领导的真正作用在于恰当处理组织的协调问题，发挥组织成员的潜能。调动组织全体成员的积极性和创造性，齐心协力完成组织目标。因此，领导要善于决策，善于授权。

给自己留出更多的时间，管理者就要让下属忙起来。随着员工工作效能和经验的增长，经理可以像教练一样与员工进行充分的交流，并开始向他解释有关的决定、决策和提供支持的过程和方式。比如，一个销售经理训练销售员的最好方式，就是亲自带领他去"打项目"：从寻找销售线索、判定项目落单的可能性及时期，到制定销售策略，并对方案、报价、商务谈判等一系列具体问题提供建议，经理应与队友交流认识及决策过程，而不仅仅是告诉他结果。同时，经理也可以请成熟的队友来做案例分析。一旦员工有信心、有能力独立完成任务时，经理的角色就变成了支持者，在员工完成任务的过程中，提供充分的支持而不是指导。在这个阶段，员工或团队的效率迅速提高，他们已经从心理上、能力上具备了承担责任的条件。

企业管理者的工作时间是属于企业的，上司来找你是应该的，下属来麻烦你也是应该的。管理者要做的不是抱怨，而是下决心管理好自己的时间。其实管理者要管理时间，首先是管理好自己，其次是管理好他人，这样才能提高效率，节省时间。这才是企业管理者要做好的工作，只有管理好自己的时间，才有更多的时间去做其他的事情。企业管理者得学会让下属忙起来，不要什么事都是自己搞定。那样不仅浪费了时间，更不能给下属锻炼的机会。

授权是领导者走向成功的分身术。今天，面对着经济、科技和社会协调发展的复杂管理，即使是超群的领导者，也不应独揽一切。领导者，尤其是高层领导者，其职能已不再是做事，而在于成事。因此，他们必须向员工授权。这样做的好处：可以把领导者从琐碎的事务中解脱出来，专门处理重大问题。戴·卡耐基和史蒂文·柯维博士之所以享誉全球，就是因为他们激励了成千上万的企业家去奋斗、去追逐成功。

但是我们要明白，授权也有一定的风险。你可能会丧失神秘感，可能因精心培养的部下的离职而受到伤害，也可能由于过分或不适时地授权而导致事情被搞砸。但我们是否就因噎废食呢？经理人的生涯，如同人生一样是一个过程。我们的目标在于，如何让这一过程变得精彩而有效，如何在创建、激励一支高效团队的过程中获得成长和快乐，并带动团队乃至整个组织不断改善，以提高生产率。拥有给予的能力和敢于给予的胸怀，正是管理者心驰神往的境界。

总之，作为管理者，要懂得如何利用时间，把时间当作自己的朋友；懂得如何授权，把任务适当地分配给下属，而不是把时间塞得满满的，把自己搞得筋疲力尽。

（十）艾森豪威尔原理在时间管理上的运用

时间是审查一切罪犯的最老练的法官。

——莎士比亚

二战结束后不久，盟军总司令艾森豪威尔被任命为哥伦比亚大学的校长。一天，副校长告诉艾森豪威尔，学校有关部门的负责人需要向他汇报工作。听了副校长的话，艾森豪威尔便听从了副校长的安排，听学校有关部门汇报工作情况。副校长考虑到系主任这个级别的人员太多，所以只是安排艾森豪威尔会见各学院的院长及相关学科的联合部主任，每天见两三位，每位谈半个小时左右。

听了其中十几个人的汇报后，艾森豪威尔有些不耐烦了，便把副校长找来，问他到底有多少人向他汇报工作。副校长礼貌地回答："有 63 位负责人需要汇报工作。"

艾森豪威尔惊呼："天哪，这太多了，你应该清楚我曾经做过盟军总司令。那是有史以来最庞大的一支军队，而我接见的人寥寥无几，只需要听从三位直接指挥的将军汇报工作就可以了，他们的手下我完全不需要过问，更不需要接见。想不到，我做了大学校长，要接见的人反而会增加这么多。他们谈的东西比较专业，我几乎不懂，又不能不细心地听他们谈论下去。这么做既浪费了他们的宝贵时间，也浪费了我的时间，同时对学校也没有什么好处。你的那张日程表，

莎士比亚

我看是不是应该取消了！"

艾森豪威尔后来当选美国总统。有一天．他正在打高尔夫球。白宫的工作人员送来了一份紧急文件要他批复。总统的助理事先拟定好了"赞成"与"否定"两个批示，只待他挑一个签名即可。谁知艾氏一时不能决定，便在两个批示后各签了个名，说道："请狄克（即副总统尼克松）帮我挑一个吧。"然后，若无其事地去打球了。

当今这个社会，到处充斥着紧迫感，每个人都想把所有的事情迅速做完。人们普遍认为，紧迫工作必须首先完成。但是，许多紧急的事情并不一定重要，而重要的事情又不一定紧急。

根据这种情况，美国前总统艾森豪威尔曾经创造了一个原理，被人们称为艾森豪威尔原理，又叫四象限法则。他按照事件的重要性和紧急性的程度把事务分为四个象限：重要和紧急的、重要和不紧急的、不重要而紧急的、不重要而不紧急的。

人们对时间的利用，不外乎有这四种不同类型的事件，正确地分析不同事件的重要性和紧迫性可以帮助我们更好地利用有效的时间，提高工作效率和效果。

第一象限（重要并且紧急的事情）：这一象限的工作可以称为危机式工作，这一类的事情具有时间的紧迫性和影响的重大性，无法回避也不能拖延，必须首先处理优先解决，例如重大项目的谈判、紧急问题的处理、重要会议或工作以及接待重要的人物等。但要注意，并不是所有的事情在任何情况下都会成为紧急而重要的事情，只有在极少数的情况下，各种因素同时出现并且具备相关条件时，这件事情才可能成为第一象限中的事件。

第二象限（重要但不太紧急的事情）。这一象限的工作可以称为预防式工作，在四个时间象限中，最有价值的象限就是第二象限，也就是那些不紧急但重要的事情，而这些事情往往被人们所忽视。这一象限的事件不具有时间上的紧迫性，但是它对于个人或者企业的存在和发展以及周围环境的建立维护，都具有重大的意义。例如企业文化的建立、价值观的澄清、项目计划、项目准备、人际关系建立及员工培训等。这些工作有时看起来是一些并不要紧的事情，但是它们的完成将在未来产生重要甚至至关重要的作用。

第三象限（不重要但紧急的事情）。这一象限的工作可以称为干扰式工作，这一象限的事件具有很大的欺骗性，因为很多人会认为紧急的事情都显得重要，其实像无谓的电话、信件往来、报告、会议、应酬等都并不重要，但往往由于它很紧急，就会占据人们的很多宝贵时间。现实生活中存在一些管理者，每天都会花费大量时间去解决那些在他们看来是非常紧急的事情，他们挨个处理这些事情，累得够呛，但其实这些事情应由相应的部门来处理。因为这些事件虽然紧急，但对于管理者并不是特别重要，也不会给企业带来多大的收益。

第四象限（不重要也不太紧急的事情）。这一象限的工作可以称为娱乐式工作，在这一象限内包含的是既不紧急也不重要的事情，即一些琐碎闲杂的事务，没有时间的紧迫性，没有任何的重要性，也不会产生任何的价值，例如无用的广告、函件、闲聊等。第四象限是一个完全没有必要进入的象限，它完全没有意义。避免进入它的方法就是多留意对自己重要的事情，最好把它带在身边，当你没事做的时候再去处理这些事情。

很多人会这样来分配时间，把约45%的时间放在第一象限（重要紧急），这无可厚非；把约35%的时间放在了第三象限（紧急而不重要）上，因为他们意识里就觉得紧急的事情当然是重要的；把约15%的时间放在第四象限（不重要也不紧急），这些工作没有什么压力；最后才会仅仅留下5%的时间给第二象限（重要但不紧急），因为不紧急就容易被忽略其重要性。这种不良的时间分配是由于没有主动前瞻的思维造成的，把50%的时间都花在了不重要的事情上，而这些事情可能用不着你做或者根本就不应该做。

根据时间紧迫性和事件重要性把时间管理分为四个象限，有利于我们对时间进行深刻的认识及有效的管理。第一象限是必须立即进行的工作；第二象限是重要但可以循序渐进进行的工作，它的潜在回报和收益最大；第三象限是一些无奈的工作，它的欺骗性是最大的；第四象限是一些多余的工作。因此我们应该优先去做第一象限，投资第二象限，走出第三象限，远离第四象限。

（十一）学会借用别人的力量

黄金时代在你面前，而不在你背后。

——马克·吐温

加伦是一家IT公司的营销部经理。有一天，他带领一个团队去参加一个某国际产品的展销会。在开展之前，有许多事情需要加伦做，包括展位设计、产品组装、资料整理和分装等。

加伦亲自做了一段时间之后，突然灵机一动：为什么不把工作分派给其他的员工呢？有他们的帮助，工作肯定会完成得更快。于是，他把几个精明能干的员工叫到跟前，把自己的意图告诉他们，委派他们分别监管展位设计、产品组装、资料整理等项工作，有什么问题随时向自己汇报。

加伦的委派使那几个员工感觉到他们的重要性，便非常认真地指导、查看自己所属的工作部分，力求做到完美。而加伦通过借助员工的力量，把自己解脱出来，得以站在全局的角度去把握整个工作。

在开展的前一天晚上，公司的老板亲自来到展场，检查展场的准备情况。看到展厅已经布置得井井有条，老板甚感欣慰，大大赞赏了加伦和整个工作团队。

哈佛大学时间管理项目的研究人员认为，一个人的能力是有限的，一个好的管理者，或是一个聪明的人，他们都懂得如何去借助别人的力量来为自己办事。能够有效借助于人，也是打通自己时间、打通自己人脉的一个重要手段。如果你能够有效借用别人的力量，并为己所用，那你做事情，就能够真正的事半功倍了。

（1）确认有哪些事是你必须亲自做的

不管什么时候，我们都要明确哪些事是必须亲自做的，哪些是应该交给别人去做的。要把时间花在重点上，而不要把它们浪费在不必要的事情上面。

当你确认了那些你必须亲自做的事情之后，你所要做的就是坚持，时刻坚持把你的时间优先分配到这些重要的事情上，而不要一味地去应付那些紧急而不重要的事情。

（2）有些事情让别人去干更为合适

有些事情让别人去干会更为合适。如果你不擅长做这件事的话，不妨把它交给别人来做，把它交给那些擅长做的人去做。也许你做这件事要花十分钟的时间，而别人一分钟就能解决了。这不是个人能力问题，而是我们各有专长，并且所拥有的便利条件也不同。举个例子来说，如果你要自己做个蛋糕，那么，你要先去买面粉、鸡蛋、奶油，准备好模具和烤箱，这会花掉你很多时间，而且，如果你从来没有做过蛋糕的话，你还要花时间去琢磨该怎么做，就算最后做出来，也不一定好吃。若是交给一个面点师来做的话，他不需要特地去准备这些材料，因为这些东西他随时都有。而且，他的技术肯定比你纯熟，会做得比你美味比你快。既然这样，为什么不把做蛋糕这件事交给别人去做呢？你可以把省下来的时间用来做别的你擅长的事情，这样效率不是高多了吗？

（3）了解他人的时间管理风格

我们在工作中少不了要与人合作，了解他人的时间管理风格，会让我们与他人的合作更有效率。

首先，你可以通过了解他人的时间管理风格来决定是否与他合作。一个人的时间管理风格一定程度上代表了他的办事风格，如果他是个办事拖拖拉拉的人，或者办事匆匆忙忙、手忙脚乱的人，那么你就应该慎重考虑一下是否要跟他合作了。

其次，你可以通过了解他人的时间管理风格，使你们的合作更有默契。通过了解对方的时间管理风格，可以让你知道对方在什么时候有空，在什么时候与对方交涉取得的效果最好。可以根据对方的时间安排适当修改自己的时间计划，以取得最好的合作效果，避免因沟通不畅而造成的时间浪费。

再者，你可以通过了解他人的时间管理风格，找到最好的时机去求助别人。如果你有求于人，那么你一定要选择合适的时机去求助。如果你找了一个对方很忙的时候去，那么对方肯定没有空理你，不但白跑一趟，还很有可能给别人留下不好的印象。如果找到一个好时机，没准原来不可能的事也变成可能了，一次性成功不是很好吗？

（4）学会外包，借助外部资源帮你成事

外包是指企业整合利用其外部最优秀的专业化资源，从而达到降低成本、提高效率、充分发挥自身核心竞争力和增强企业对环境的应变能力的一种管理模式。简单一点来说，外包就是把一整块的工作交给专业的公司或组织去做。比如说，请专门的职业培训机构为公司员工进行培训，请专业的广告公司给你做宣传，请专业的 IT 服务商为你维护网站。因为这些事情如果让你自己去做的话，需要额外地去聘进专业人才以及相关设备，还要花时间去建立组织结构，这样就浪费了很多时间和精力。如果把这些相对独立的工作外包给相应的专业性机构去做的话，会更省时省力，且效果更好。因为这样有效地利用了外部专业资源，使外部资源帮你成事。

当你面对纷繁无序的请示报告、无法预测的实际困难、突如其来的紧急命令、千变万化的干涉因素、有求的故知旧交、不可言传的各种关系时，很容易造成"工作执行杂乱无章，结果很不满意"的情况。你每天要处理很多事情，要想使工作有条理，你要学会一些处理方法：

（1）要对每天的工作做系统的计划，并对工作的繁简、轻重缓急做个比较。能够合并起来办的事就合并，可开可不开的会就不开；能够当场决策的事情就不带到会议上去讨论。对每件工作都概略地安排一定的时间，并集中精力去处理最难办的事，以求达到最佳时效。

（2）要善于区别关键的和一般的事情，把主要精力用在关键工作上。

（3）使一般工作"案例化"，固定工作"标准化"。泰勒曾提出过一个管理"例外原则"，就是只管规章制度中没有规定的例外事情。凡已有规定的，不要去干涉，依章办事就是。同样的问题出现后，把结果处理原则记下来，再把这样的多次"案例"集中后纳入制度，就能使工作标准化了。

（4）要妥善处理人群关系，不让他人空耗自己时间。要妥善处理好各种关系，以集中注意力抓大事、揽全局。

（5）找出规律。生活中有很多事情与工作都是经常地、周期性地反复出现的。对这类事物占用时间要进行科学的、系统的分析，每一次循环节约点滴时间，多次循环就会节约大量的时间。

（十二）摸清时间管理方法

始终坚持记录自己的时间耗用情况。这样能知道自己时间管理的不足。

——彼得·德鲁克

通常情况下，摩根每天上午9点半准时进入办公室，下午5点准时回家。有人对摩根的资本进行计算后得出结论：他每分钟的收入是20美元。然而，摩根说好像不止这些。除了与生意上有特别关系的人进行商谈外，他与其他人会谈的时间绝对不会超过5分钟。

摩根没有自己的办公室，而是在一间很大的办公室里，与公司的员工一起工作。摩根会随时给他手下的员工分派任务，按照他的计划去行事。在那间大办公室，你很容易见到他，但如果没有什么重要的事情，就不要去打扰他。

摩根具有惊人的判断力，能够轻易地判断出一个人来找他到底是什么事。当你与他交谈时，不要拐弯抹角，他能够马上判断出你的真实意图。这种超群的判断力使摩根节省了许多宝贵的时间。

每一位成功人士都非常珍惜自己的时间。因为他们知道，失去了时间就永远无法找回，而利用好时间就是赢得了最大的资本。

哈佛大学时间管理项目的研究人员认为，管理时间的原则之一就是要摸清时间管理的方法，避免走弯路而浪费时间。他们建议人们管理时间可以采用以下的方法：

（1）把脉法

找到适合自己的时间运筹之道，把好自己的脉，弄清自己的个性、身体状况和所处的环境，并不断在实践中寻找。在所有长期、中期、短期计划中，确定好先后顺序，唯有如此，才算完成了做计划的工作。不同的人在运筹时间方法上有所不同，人的性格、习惯、体质、爱好就像人的面孔似的各不相同，而且家庭、工作单位、当地社会环境的条件也多种多样。有些人早上起来时灵感频至，有些人夜深人静时思维活跃。因此，哪种运筹时间方法好，不能一概而论，运筹时间方法要因人而异。你可以根据自己的实际情况安排时间，以达到事半功倍的目的。

（2）良性心理法

管理时间事实上是个管理自己的问题。因此，善于运用心理学的方法，对管理时间有很大的益处。艾伦·莱克英建议个人可以不断运用以下语句去鼓励自己："我及时计划自己拥有的时间，力争从每一分钟都得到乐趣（不一定要取得什么成绩）。""我自始至终是个乐天派。""我把成功作为自己的动力。""我决不因为懊悔失败而浪费时间。""我决不为未做一件事内心负疚而浪费时间。""每当我觉得自己是个胜利者时，我就精力充沛信心倍增。"良好的心理激励是很好的时间管理法，它将会避免你将时间白白浪费在一些毫无意义的懊悔上。

（3）约定促使法

在生活中，你经常会遇到这样的情况，你打算利用下午一小时处理某项工作，然而随着时间的推移，你却做了一些其他工作。但是，如果你现在和某人约定下午从1点到3点要和他讨论一个问题，想必你会按时赴约的。这是因为，一经和人预约，你就会害怕因自己没有按时赴约而令别人失望。在完成一项重大任务时，采取和别人订约，这对于促进一项重大任务的完成是有很大好处的：一方面承诺能激起你的良心去完成一项任务；另一方面约定完成时间也起着一定的强制作用。

（4）搁置琐事法

有时，你为了回避一些棘手的工作，比如那些新的、没有经历过的、未知的和不确定的工作，会求助于一些例行事务的处理，如额外花上5分钟时间去整理书桌、削削铅笔，或者下意识地把书桌擦拭一新。这样看似不起眼的小事却往往会耽误重要工作的完成。当你从事自己想要做的事情时，倘若不注意其重要程度或优先次序及所花费的时间，你将不同程度地养成放纵自己的习惯，也就不能完成重要任务。因此，你必须要明白，那些只花费几分钟的零星琐事及处理这些事项的目的都是为实现重要工作服务的，而最好的做法就是把这些琐事搁置起来，下定决心从一开始就从事重要工作。

（5）效力优先法

效率所强调的是做一件工作的最佳方法，它属于策略问题。如为了即将召开一次会议，你有一份必须要打电话通知的名单，如果从效率观点来看，你就会从如何尽快正确无误地通知开会人员名单来入手。但是，如果从效力观点来看，你就会问自己，是打电话还是考虑另一种联系方式，或者把打电话的事委派给他人去做；甚至决定取消这次会议，把时间用在更有用的地方。时间管理应该以效力优先、效率次之的观念为出发点。

（6）变更次序法

一切事务都是在变化中，所谓"计划赶不上变化"。ABC 优先次序的变更，取决于条件的变化，如你在当时的条件下考虑一项活动的整个效益时，它的优先次序可能还是 A，但倘若干到中途，因困难多而完成无望，或因条件变化失去其价值，那么就得重新确定自己每项活动的先后次序。

无数事实表明，成功与失败的界限在于怎样分配时间，怎样掌控时间。人们往往认为，这儿浪费几分钟，那儿浪费几小时没什么，其实这种看法是错误的。时间上的这种差别非常微妙，要过几十年才看得出来。但有时这种差别又很明显，立刻就会给你"悔之晚矣"的感受。一个有效率意识的人会不断改进工作方法，使完成同一件工作的时间尽量缩短。美国哈佛大学曾对 3000 名主管做了调查研究，发现凡是优秀的主管都能做到掌控时间，使时间的浪费减少到最低。效率和时间是紧密结合在一起的。在同一时间里，有的人能做很多事，有的人则做不了几件事。前者效率高，效率高就节约了时间；后者效率低，效率低便浪费了时间。

要掌控时间，提高工作效率，以下几点可供参考：

（1）工作中断时，要有"回去工作"的驱动；

（2）专注工作的焦点，专心工作；

（3）达成对别人的承诺；

（4）设定完成工作的期限；

（5）集中能力于自己的优点上，发挥自己的专长；

（6）一般人只用 50% 的能力工作；一分耕耘一分收获，牢记播种与收割定律；

（7）要有坚忍的毅力，一气呵成；一次处理完成，才不会浪费时间；

（8）要有完成工作、结束工作的强制力。不要每件事都只作一半而无结果；

（9）维持高生产力的肢体语言：坐正挺胸，做出很有精神的样子，如此生产力自然会提高。

六、遵循 20 比 80 的时间定律

（一）用 80% 的时间来做 20% 的最重要的事情

哈佛商学院的学生之所以能够轻松愉快地学习是因为他们懂得，只要合理利用，就拥有足够的时间。为了能够更高效率地做事，人人都想将时间管理做好。但肯定会有人说："时间是无法控制的，它总是一分一秒地溜走，怎么能去管它呢？"的确，时间是不受任何东西控制的，没有什么人可以改变时间，而人真正能控制的只有自己，这也是时间管理的最根本的方法。很多人总是这样抱怨"我几乎没有时间去休息"，或者"我好多年没去旅游了"。你可以发现抱怨的人有一个共同点就是他们太强调自己的重要性，认为自己是不可缺少的。事实上，生活中有很多这样的人，总是高估自己的作用。大多数人并不是真的没有时间，而是不懂得去管理时间。很多人总是说"等我有空的时候"，结果他可能一辈子也没有时间，他可能一辈子也没有真正地享受生活。

哈佛商学院教授罗伯特·卡普兰授课时向学生们强调，"二八法则"是所有管理者应该学会去应用的理念。"二八法则"是时间管理甚至人生中最重要的理论之一。它是由著名经济学家维尔弗雷德·帕累托提出的，因此这一法则也被称为"帕累托法则"。帕累托发现社会上的人似乎被分为两部分，一部分是"举足轻重的少数人"，而另一类是"无足轻重的多数人"。少数人在财富与地位上声名显赫，大概占总人数的 20%；而多数人则平淡无奇、穷困潦倒，占总人数的 80%。

帕累托后来逐渐发现，几乎所有的经济活动都遵守这一法则。根据这一法则 20%的努力会产生 80%的成果，20%的客户会带来 80%的效益，20%的工作能够产生 80%的价值，等等。比如，你有 10 件事情需要去完成，那么其中 2 件的价值比其他 8 件的总价值还要大。另外，如果完成的时间相同，其中两件甚至一件的价值是其他任何事情的 5 倍以上。也就是说，一般情况下，某项工作的价值会远远超过其他工作，而这份工作毫无疑问是你首先要去做的。

很多人在遇到一些问题时，总是拖拖拉拉，然而他们拖延不做的这些事情正是那些最重要的 20%的事情，也就是"举足轻重的少数事情"。相反，大多数人总是为那 80%的毫无意义的事情忙忙碌碌，终日奔波。生活中到处可以看到这样的人，他们马不

停蹄，但是却毫无作为。最根本的原因就是他们总是用80%以上的时间来应付那些80%的没有必要的、琐碎庸常之事，却耽误了对自己来说真正重要的20%的事情。

当然，人们所面对的最有价值的事情，往往是那些比较困难复杂的事情。如果你完成了这些工作，它们能够给你带来很大的回报。所以，人们要先做那些20%的事情，绝对不要将那些简单的、容易完成的，但却毫无价值的80%的事情作为工作的重心。在开始做事前，可以先判断一下这件事情是否属于20%的高价值的事情，一定要抵制住先易后难的诱惑，尽量不去做那些"微不足道"的事情。人们千万不要存在"偷懒心理"，要知道无论你做出什么选择，时间久了，就会形成一种固定的习惯模式，改变起来更难。如果你选择先做那些80%的没有价值的东西，你很快会养成一种坏习惯，即使你并没想保持这种习惯。万事开头难，当人们开始做那些重大的事情时，一定要加倍努力，坚持做下去。从某种角度来说，人们喜欢做那些能够让自己不同凡响的事情，所以要学会去满足自己的这种心理需求。只要想到自己将要开始去做一件很重大的事情，就能给自己带来充足动力，不再有任何迟疑。实际上，完成一件重要的事情所消耗的时间与完成一件琐碎的工作所需要的时间是没有多大差别的。它们的区别在于，琐碎的工作能够让你按部就班的平庸地去完成，不会给自己带来任何压力；而重要的20%的事情，虽然会让人"为难"，但是却能给人一种自豪与满足感。

时间管理能够帮助人们选择做什么事情，虽然所有人都有权利去选择自己做什么，但是能否正确地取舍事情，在很大程度上决定了人们的生活与工作的能否成功。懂得时间管理的人总能够先做那些20%重要的事情，无论有多么艰难、复杂，他们都会努力让自己去做，最终他们会成为卓尔不群的20%的人。所以从现在起就将人生的目标、工作，按照"二八法则"列成清单吧，将更多的时间放到少数的工作上，再也不要在毫无意义的事情上浪费时间了。

时间管理其实也是一场思想的革命，它让人们对时间的利用方式做出调整与安排。"二八法则"是对时间付出的一个全面的理性的分析，它揭示了人们利用时间的误区，能够帮助人们从忙碌中解放出来，能够从20%的事情中创造出80%的价值。所有忙碌的人都需要进行一场时间革命。"二八法则"可以让人们看清自己在时间利用上的盲点。毫无疑问，时间管理可以让人们在最短的时间内实现最高的生活、工作效率。"二八法则"与时间管理的结合，产生了一种妙不可言的结果。"二八法则"让人们知道一小部分的事情可以产生大部分事情所不能达到的成果；人们也可以利用20%的时间去实现80%的价值。对于这种不平衡，大部分的人并没有察觉。如果人们想要获得成功，就必须认清那些重要的事情。因为它们能够给你带来80%的价值，对你提高做事效率有着很大的作用。

人们在进行时间管理时，除了要将事情按照轻重缓急分出来去做外，最重要的是还要去判断哪些事情可以带来很大的价值，哪些事情根本毫无意义。这样，人们就不会一方面辛辛苦苦做事，另一方面又浪费了宝贵的时间。

80%的时间应该去做20%的事情，这样才能创造出最大的价值。很多人也许看到"二八法则"时会感到心慌，因为他们不敢相信自己的80%的时间只创造了20%的成绩。相信，很多人都想找出那20%的事情，或者用20%的时间去做重要的事情。那么，应该如何去做才能达到这样的目的呢？

人们需要重新审视一下自己的工作安排，在自己的工作时间表上找出那些最能够产生价值的事情。究竟哪些是最有价值的事情呢？你可以想一下，你付出时间去做的这些事情，得到回报了吗？或者是哪些事情会阻碍你未来的发展或者只产生较低的价值。

人们在时间管理上加入这一点点经济学观念，就会发现仅仅将工作罗列并完成，并不是最好的时间管理方法。如果人们还想要获得更好的成绩，就要拒绝做一个庸庸碌碌的人，去掉那些低价值的事情，将宝贵的时间用在能够给人生带来惊喜的有意义的事情上。当你发现那些浪费时间的毫无意义的事情时，你就可以像丢掉衣柜里的旧衣服一样，毫不可惜地将它们抛弃。无论它们在他人的心里是多么重要，也要坚持自己的立场，绝不做那些对自己毫无意义的浪费时间的东西。

生活中，人们所浪费的时间主要用在以下事情上。

第一，代替他人去做的事情。比如在工作中，员工有时会被老板吩咐代替他去参加一个活动，这个活动上，你不用发言，也不会学到任何东西，甚至也不能认识一些对自己有所帮助的人。按照传统的观点来分析，这是老板对你的器重，当然不能拒绝。但是按照"二八法则"来看，这对自己没有任何意义，当然如果时间充裕，去去无妨。但如果你有更重要的事情要完成，这件事情就变成了自己的阻碍了。

第二，重复的事情上。比如本月员工的工资收入有些变动，很多人都拿着工资单来找会计解释。当然，会计有义务向大家一一解释清楚。但是按照"二八法则"来看，一一接待咨询的同事，会占据大量的时间，不如统一发一个邮件，详细说明扣缴方式。再比如，复印开会所需要的文件，然后一一分发给公司所有部门。如果按照传统的观点来看，明天要开会了，各部门要尽快拿到资料。但是按照"二八法则"来看，这是很紧急的事情，但是人们没有必要花掉自己长达两个小时的时间去复印所有部门的资料。你可以发一份电子邮件，然后让各部门自己打印，也省去分发的步骤了。

第三，周围人都不感兴趣的事情。比如老板让你负责为同事们提供一些资讯，并公布在布告栏上，但是同事们却没有任何反应。如果按照传统的观点来看，你要坚持下去，因为无论别人怎么看，毕竟这是老板交代的事情，必须做好。但是按照"二八法则"，做这样无用的事情太浪费时间了，你应该向老板直接说明情况。

第四，未经筛选的电话。比如，周末老板来了两个电话，其实每次交代的事情都不重要，下周处理也无妨。按照传统的观点来看，老板打电话吩咐马上办理，只好放弃休息去办。但按照"二八法则"，你可以用电话转接来解除烦扰。很多工作狂的老板会在半夜或者休息日给员工打电话而毫不歉疚，让他们的骚扰见鬼去吧！

第五，下属的工作质量没有保障。比如，下属提供的一份项目报告漏洞百出。如果按照传统的观点，修改报告是正常的事情。但是按照"二八法则"来看，不如请能干的下属去重新写一份，修改一个报告甚至比重写一份还要麻烦。

总而言之，人们应该将时间用在那些能够让自己快乐、满足的事情上，而不能让枯燥、低价值的例行公事去浪费自己的时间。只有减少那些高投入低回报的事情，将时间用在那些20%的事情上，才能让自己的未来越来越明朗。

（二）"二八法则"让你事半功倍

1949年，哈佛大学教授吉普夫提出了"最省力法则"，其实就是对"二八法则"进行了重新解释。也就是说，资源总是会为了减少工作量而不断做出调整，大约20%的资源，与约80%的资源活动有关，从而达到事半功倍的效果。

无论做什么事情，无论其工作内容有多复杂，都有其工作的重点。人们只要抓住重点，集中精力去做自己该做的事情。比如，管理者会将80%的时间用在公司决策与未来发展上，而销售人员则将80%的时间花在寻找客户上。在时间管理上，人们需要用20%的黄金时间去做最有价值的事情。因此，人们要努力找到那些影响工作效率的因素，发挥自身优势，这样只需用20%的时间就能换来80%的价值，事半功倍，轻松完成任务。

根据"二八法则"，在你面临一大堆的事情而无从下手时，你应该永远选择最有价值的事情去做。这样坚持下去，你才能实现人生最大的价值。现在就将你认为最能创造价值的事情列出来吧，将它排在你时间管理表上的第一位，养成这样的习惯，就不用在那些无关紧要的事情上去浪费时间。那些优秀的人，永远是先做最具有价值的事情，这就是他们成功的奥秘。

　　按照传统的做法，人们总是根据事情的紧迫来安排先后顺序，而不是根据事情所具有的价值去安排做事的先后。其实这样的做法只是被动地迎合事情，而不是主动地去选择事情，想要有所成就的人绝不能这样去做事。成功人士总是将时间用在能够产生最大效益的少数事情上。那么，根据"二八法则"，人们应该如何将时间用在最大价值的事情上呢？有三个标准可以帮助人们来做出选择：第一，选择自己必须要做的事情。这个标准需要让人们考虑一件事情是否必须做，是否必须由自己来做。有些事情是必须做的事情，但不一定非要自己来做，像这样的事情就可以转交给别人去做，自己只起到监督的作用就可以，比如上级对下级的充分授权。第二，找到能够给自己带来最高价值的事情，然后用80%的时间去做，而用20%的时间去做别的事情。最高价值的事情，就是符合目标的事情或者自己比多数人能够做得更好的事情。"二八法则"需要人们能够从正反两方面来看待"勤奋"。"勤奋"在不同的时代有着不同意义。过去，人们将"孜孜不倦"作为勤奋的标准；而在信息高度膨胀的时代，高节奏的生活让人们不知所措，"勤奋"需要找对位置，这就是当代"勤奋"的显著特点。现在，社会追求高效的劳动，所以"勤奋"不再是长时间地做某件事情的意思，而是在最短的时间内实现最大的价值。第三，寻找能够让自己产生最大满足感的事情。无论一个人做什么事情，都应该将多数的时间用在能够让自己感到满足与快乐的事情上，只有这样，人们的工作才会充满乐趣，生活才能保持热情。

　　通过以上三个标准的过滤后，相信人们在做事上就没有那么盲目了。如果按照这个原则坚持做下去，人们就会发现，没有什么办法能够比这样做事情更能有效利用时间了。先做最能产生价值的事情，这不仅仅是"二八法则"的精髓，也是让人们能够在忙碌的生活中实现"事半功倍"的一种灵丹妙药。

　　做时间的主人，"二八法则"给人们提供了一个很好的方式。它是一个奇妙的效率法则，它告诉人们要先做或尽力去做对实现目标有利的事情。当然，很多人意识不到时间的珍贵，所以往往不知道去珍惜时间。可以说，这是一种无意识的"自我谋杀"，你的"无知"会谋杀掉自己的事业、生命等一切有意义的事情。为了摆脱这种困境，人们需要利用"二八法则"进行时间管理，用它的智慧来安排我们的日常活动。人们需要找出生活、工作中的有价值的事情；人们需要寻找对事物起关键作用的部分；人们需要在工作中找其他人来配合自己解决一些事物，没有必要事事亲力亲为；人们应该将更多的时间花在自己擅长的事情上，而没有必要勉强自己在所有事情上都能独当一面……

　　无数的事例证明，只要人们依照"二八法则"去做事了，就可以节省很多时间，而且工作效率会大大地提高，从而成为时间的主人。在工作中，人们有必要去了解整个项目中的每个环节，但是如果每一个步骤都要亲自去做，显然是件不可能的事情，就像美国总统不会亲自去修理自己的下水管道。最好的方式就是每个人只负责其中自己最擅长的部分，这样就能让一件事情高效地完成。在工作中，人们可以将工作分流，每项工作都交给行业内的专家们，让他们处理自己最擅长的事情，这样每个人都不用在令自己头痛的事情上浪费时间，可以自由地去做一些自己更喜欢的事情，那些能给自己带来乐趣的事情。

"一寸光阴一寸金"，时间是无价的，每一分钟都永远不会再来，人们所虚度的每一分钟都会消失得无影无踪。如果人人都能将所有的时间都用在能够产生最大价值的事情上，而且能够认真地去完成，远比仅仅去按部就班地完成任务重要，这其中最关键的就是人们都能选择最适合自己的工作。

无论是在生活中还是在工作中，人们都应学会去放弃那些细枝末节的事情，不能为了节省那几块钱去浪费宝贵的时间。在你决定开始一项任务之前，最好详细地列出一个成本估算表，认真地计算一下这项工作会占据自己多少时间、完成后能够为自己带来多大价值。通过这样的计算，人们就可以发现有些事情对自己并没有多大价值，不去做反而比较合算一些。所以，人们应该学会忘掉那些无关紧要的小事情，集中精力去做能够影响未来的事情。如果你想获得成功，就必须学会高效地利用自己的时间，评估每项任务的价值与重要性，排除那些价值最低的事情，你就会对未来的形势了然于胸。依照"二八法则"对自己的时间进行管理，并将这种方法坚持下去，让它成为自己做事的习惯，相信你实现自己的梦想只是迟早的事情。

（三）尝试将重要的事情变得更紧急

根据"二八法则"，如果每个人一天要完成10件工作的话，他只需要完成两件就可以，也就说是其中的20%。完成这20%就能实现80%的价值。所以他首先要找出那两件工作，然后尽快完成它们。他完全可以将其他的8件事情放在那里，因为他当天的工作的80%的价值已经由那两件事情完成了。生活中，这样的例子很多。所以，人们应该反省自己，集中精力去处理那20%的事情。

哈佛商学院教授、美国"时间管理之父"阿兰·拉金曾经接受过一位竞选者的咨询。在参加当地竞选的前两个月，这名竞选者找到阿兰·拉金教授，表示自己希望能够在竞选中战胜对方，他一直对现任者的行政方式不满。他意识到自己必须利用好接下来的两个月的时间。但是，为了增加曝光率，他接受了很多没有必要的演讲，结果他发现自己根本没有自由去安排时间。他知道自己事先没有很好地进行选择。但他觉得自己不可能去取消这些已经答应的演讲邀请，所以他认为解决问题的唯一方法就是在接受邀请的时候一定要先安排好时间。他总是觉得自己应该利用尽可能多的机会去向别人宣传自己的政治观点。

聊了不久后，阿兰·拉金让他将自己的演讲邀请列了出来，结果发现他有80%的曝光率来自20%的演讲。也就是说，他将80%的时间用在了那些意义不大的演讲上。而且，这些没有多大意义的演讲不仅占用了他的大量时间，还使他筋疲力尽，即使在重要的演讲上也打不起精神来。阿兰·拉金向他讲了尼克松的故事。尼克松在参加1960年的竞选的时候，即使到了最后的关键时刻，仍然坚持自己"踏遍50个州"的诺言。相比之下，他的对手肯尼迪却在那些人口众多的大州展开宣传，并最终赢得了总统选举的胜利。最后，这名地方竞选者认识到自己可以完全取消那些没有多大意义的演讲，将节省下的时间用来参加更重要的场合，最后他取得了那次竞选的胜利。

除此之外，一位家境富裕的女士还向阿兰·拉金教授寻求过帮助。这名女士总是答应别人的各种各样的请求，大到国会的事情，小到替别人粘信封这样的事情。这样持续一段时间后，她意识到自己并没有从这样的事情上得到满足感，因为这样的做法让别人完全控制了自己的生活。在这些所有她答应帮别人做的事情中，有80%的事情都是没有任何意义的，而且其中只有少数能够让她获得乐趣。当她向阿兰·拉金教授寻求帮助的时候，她列出了她过去的3个月中所参加过的100多次活动。然后，阿兰·拉金教授请她从里面挑出那些最重要的事情。对她来说，最具有意义的事情就是帮助政治候选人，与有趣的人交流，收集艺术品，做慈善活动等。而其他一些不重要的事情是帮助教堂推销蛋糕，参加某些女性小组的活动。

将所有事情都想清楚以后，她开始重新安排以后的活动，并鼓足勇气将那些不重要的事情从自己的活动表上去掉。这样以后，她开始有更多的时间去欣赏艺术品，并对花瓶艺术进行了初步的研究学习。另外，她还对本地的政治俱乐部进行了重组，并获得了大家的一致好评。

人们如果想要有充分的时间去做自己感兴趣的事情，就必须去减少那些没有必要的80%的事情。要想做到这点，人们最关键的问题就是告诉自己"不要去做什么"，并将那些活动从计划中去掉，最好将其彻底清理出自己的大脑。生活中有很多事情，人们都可以放弃，这样的事情有很多，比如整理一堆杂志，或者重新整理一下冰箱，即使上周你刚刚整理过，这些事情太多了，它们大多不值得去做，或者可以延迟一段时间后再做。而且有些不重要的事情过一段时间后就会自动消失。比如，在快要下雨的时候给草坪浇花，或者是把即将要丢弃的报纸分类，这些事情根本不需要去做。当你无法确定某件事情是否不用去做的时候，可以将这件事写在一张卡片上，然后放到固定的一个地方，然后做上标注。如果这些事情真的重要的话，总有一天你会想起来的。每周或者每个月你都可以检查这些事情，并将其中已经确定无用的事情扔掉，你会庆幸自己没有浪费时间去做它们。

当然，还有一些重要的活动，看似是琐碎的、微不足道的事情，但它们也可能会给人们带来巨大的损失。因为如果你将它放到一个大背景下去观察的时候，就会发现它们"举足轻重"。比如说，一名政府工作人员的工作主要就是给国会议员回信，确保议员的所有问题都可以得到解决。这些事情看似很不值得一提，但却很重要，因为对于政府的工作人员来说，国会议员是不好惹的。当一笔只有几美元的订单出现延迟的时候，销售人员也会努力去解释，因为这笔订单来自一家大客户，而这家公司每年的80%的收入都来自这个大客户。

"二八法则"常常会让人们有意想不到的收获。人们常说的事半功倍，就是"二八法则"运用的体现。对于聪明人来说，时间很充裕，他们通常能够利用一点时间就可以创造出很大的成就，主要是因为他们懂得在关键的事情上利用时间。

美国总统罗斯福就是一个很注重计划的人，他通常将所有的事情列出来，然后拟订一个时间表，然后让自己在规定时间做规定事情。这样，他就能够及时处理好重要的事情，从上午9点钟与夫人散步开始到晚上招待客人吃饭为止，整天都在他的计划之中。到晚上入睡之前，他已经将该做的事都做完了，所以就可以抛却一切烦恼，安心地睡觉去了。认真地安排自己的工作，这是罗斯福做事的秘诀。面对每一件需要处理的事情时，他总是先估算出需要多长时间，然后安排在时间表中。他总是将能够产生最大价值的事情安排在前边，所以每天的重要事情都能够及时完成。

另外，人们在制订计划的时候，必须考虑计划的弹性。应该将能力所能达到的80%作为计划目标，因为人们每天都会遇到一些意想不到的情况，比如老板所交代的临时事务。如果你的计划每天都需要100%的时间才能完成，那么当你分配到临时任务时，就必定会破坏原来的计划。每天都是新鲜的，与昨天不同的，今天的事情必须要完成，所以千万不要拖到明天。所以一定要做好计划，并按照计划去执行，这样才能修炼自己的品格，拥有令人敬仰的人格。其实，人人都很容易下决心去做大事，但是只有那少数的20%的人才能够坚持不懈地去执行自己的决心，最后当然也是这20%的少数人才能够取得成功。所以马上去做那20%的最有价值的事情吧，这样你一定会成为那 20% 的少数人！

（四）抓住关键的 20%，实现最优的时间管理

一分耕耘，一分收获。但是现代社会，人们发现，付出不一定有回报，而且很多时候，付出往往大于回报。为了突破这种困境，人们开始进行时间管理，开始学会利用时间，开始懂得不在无关紧要的事情上浪费时间。

有研究表明，像比尔·盖茨一样能够取得成功的人，大多是源于自己的努力。如果你还没有完成自己的目的，那一定是你的努力还不够。按照"二八法则"，如果你的目标需要你付出 5 年的时间，那么在你的前 4 年的努力中，你得到的回报只有 20%，这段时间内你的付出多于回报。这其实是量的积累到最后引起质变的过程，但遗憾的是有 80% 的人都在这段时期内放弃了。很大的原因就是他们没有看到自己想要看到的结果，他们看到的是自己付出了 80% 的时间却得到仅仅 20% 的回报。但是当你到达第五年的时候，这一年的努力会让你得到甚至超越 80% 的成果。所以，如果你还没有得到所希望的回报，是因为你的努力还不够。这世界存在着很多不平衡。如果从时间管理上来说，不平衡的就是 20% 的时间可以产生 80% 的价值，关键看你是否能够抓住那 20% 的时间，抓住那 20% 的事情。

你有没有抓住生命中的最有意义的事情？你有没有将自己的时间与精力花在对自己的人生发展起到决定性的事情上？你是不是只是盲目付出而不去研究如何付出的方法？比尔·盖茨之所以能够取得成功，是因为他不仅懂得"付出不一定会有回报"，更因为他懂得"回报必将大于付出"。决定你人生的其实就是那 20% 的少数事情，人们要学会敢于用自己 80% 的时间去完成那 20% 的事情。只有当你舍得为那 20% 的事情付出所有时间的时候，你才会得到意想不到的收获。

要聪明地工作，而不是辛苦地工作。很多事情与你的研究问题有关，但大多数事情你可以忽略，只抓住那关键的 20% 的部分。世界先进的管理咨询公司麦肯锡通过收集大量的信息来进行分析，这是以事实为基础分析的另一方面。任何过度地寻找事实都是在浪费时间与精力。麦肯锡咨询人员艾森曾经在深夜整理一名客户对手的数据资料，当他收集了大量的资料，试图从里面提炼一些结论的时候，他的经理来到办公室，问他进展如何。艾森告诉经理一切都很顺利，但是还需要进行更多的总结。然后经理拿起他做的报表，快速地翻了一下，然后说："艾森，今天就到此为止吧，你总不能将海水烧干吧？"后来，艾森与经理一起离开了办公室。将"海水烧干"就是试图分析得

面面俱到，但是做事情要有选择，要想厘清头绪就必须优先解决一些事情，否则会花费很多时间却得不偿失，就像烧干了大海，最后只能得到一点盐。

事实上，决定一件事情的因素有很多，但是最重要的是那些关键部分；影响企业的事情也很多，但是起到决定性作用的只是那少数的事情。每次麦肯锡的内部会议上，都会有人使用"关键性"这个词，比如，"杰斯，我承认这是问题的关键性"。比如说，会有 50 个不同的因素影响着一家公司的产品的销售，像气候、原料价格、季节性等，但是最重要的因素也许就是 A、B、C 那三个因素，其他的无足轻重。

工程师计算时会使用一条平方律，意思就是说对于系统中的每一个变量来说，系统求解所需要的计算量至少与个数的平方数增长得一样快。也就是说，如果问题的复杂程度变为原来的两倍，解决这个问题所需要的时间就会成为原来的 4 倍，除非你进行一些简化。比如，太阳系中有无数的天体，它们之间都存在一定的作用力，但是天文学家在分析某些行星的运动时，会忽略大部分的其他天体的运动。关键性的事情是决定发展的核心，而不是将所有事情、一点点的小事都作为实现目标的不可缺少的部分，否则就会走进死胡同。做好关键性事情，可以帮助人们节省时间、节省精力，帮助人们避免海底捞针似的做很多无效工作。

如果你对自己的解决方案有信心，就可以在 30 秒内对客户进行解释来推销自己的方案了。麦肯锡公司曾经有过一次教训。公司曾为一家大客户做咨询，客户的高管们齐聚在摩天大楼的顶层，期待着他们的智慧之言。但这时他们的 CEO 大步跨入会议室，说："对不起，我不能参加这个会议了。公司出现了紧急事情，我必须去处理。"然后他对麦肯锡的项目负责人说："你可以和我一起乘电梯，在电梯中告诉我你们的结果。"由于该负责人没有准备，即使有准备也无法在电梯从 30 层运行到 1 层的 30 秒内将结果说个清楚。最终，麦肯锡失去了这个客户。从此，麦肯锡要求所有员工在最短的时间内将结果叙述清楚，凡事直奔主题。麦肯锡认为，人们最多记得三条结论，所以凡事要归纳在三条以内。这就是在商界流传的"30 秒电梯理论"。很多公司都使用电梯法则，因为这是保证时间得以有效利用的方式。而且，电梯法则会让人们懂得去抓住20%的重要事情去解决。宝洁公司要求他们的经理每次只写 1 页的备忘录。一位电影制片人常常会告诉剧作家他的剧本"快要被毙了"，假如 30 秒后剧作家能够抓住重点向制片人重新解释，那么剧作家就有机会得到深入的交流，并可能做成这门生意。

如何将半年的工作浓缩在 30 秒内进行总结呢？你就可以侧重讲 3 个最为重要的、具有最大价值的事情。假如，当时麦肯锡是在为一家装饰品公司做咨询，这家公司之所以销售不足是因为销售人员是将购买者按照地域来划分的，如果按照购买者类型分就可以解决这个问题。而且有大量的数据可以证明这个观点。在电梯里，项目负责人就可以说："我们认为如果您将销售人员按照购买者类别分配的话，3年内，产品的销售量就会提高50%。我们稍后再谈细节。"

麦肯锡人典型的一天，通常都是从早上9点的头脑风暴开始，10点约见客户，11点参观公司，然后午餐，下午可能会有小组会议，等等。然后每天下班之前，他们会坐下了来问问自己："今天学到的最重要的三件事情是什么？"然后将它们写下来，放到一个固定的、不容易丢失的地方。

任何一系列的事情中，最重要的只是其中的一小部分，约20%，大部分的80%都是次要的。只要人们能够抓住这20%，集中精力投入其中，就能让自己的时间实现最大的效益。事实上，投资关键的20%，就是最优的时间管理方式。

经济学家史蒂芬的一位朋友曾经被邀请到一所大学出任商学院院长。刚上任时，他了解了学院的情况，认为学院需要资金。而他认为自己有筹备资金的能力，于是将筹款作为自己的重要工作。后来，这在学校引起了巨大的争议，因为之前的院长都有足够的时间去关心教职工的日常需求，而他整日为科研、奖学金等基金筹款而忙碌。于是教职工们只好找院长助理来解决日常问题，他们对这样的情况很不满意。但是不久之后，他筹集的资金开始滚滚而来，教职工才对他有了一定的认可。这位院长为此也做了检讨，说自己的确与其他同事缺少沟通，工作做得不够好。但他很清楚自己该做什么，能做好什么。如果他没有意识到自己的独特能力与学院的真正需求，就不会取得后来的成就。很多人需要承担的责任太多，所以需要做好的事情也太多，但是却常常没有将目前最关键的事情放在首位。这样，即使自己忙得不可开交，也不会达到理想的状态。工作中，有很多人都是这样，整日忙碌，看似没有浪费时间，其实不但浪费了时间还浪费了自己的精力。

一个人只有将关键事情放在首位，工作才能出现理想的状态，但是实际工作中要做到这点很难。很多人都是被动地工作着，他们常常会被他人与周围的环境所左右，从而抛弃掉重要的事情。人们总是忙于应付琐碎的时间，却不懂得去把握时间做好最重要的事情。还有一类人，他们不懂得什么是"首要事情"，只是按部就班地一件事情接着一件事情做，也不去想做的事情是否具有意义。等到出现了危机，他们才会意识到，平时花费了很多时间与精力在做的事情根本没有那么重要。

事实上，一个人的工作状态源于他的内心状态。思想会转变成行为，而行为会成就人的命运。而一个人的内心状态决定了他做事的方式与态度，如果想要得到良好的结果，仅仅改变态度是不行的，还必须具备解决问题的思考力，才能得到更好的结果。

柏拉图说过："未经反省的生活不值得过。"而很多人却对此毫无意识，习惯于忙忙碌碌的生活方式，经营管理，拉拢人际关系，却没有认真地想过到底什么对自己才是有意义的。所以，人们必须制造一种良性循环，寻找一种时间管理的方法，摆脱那种低效率的思考和行为方式。

（五）做好自己的事，不必事事表现优秀

哈佛商学院的时间管理课上有一句很重要的话："只在几件事情上追求卓越，不必事事都表现优秀。"事实上这也是"二八法则"的理念体现。成功的人从来不将时间与精力花在那些对自己没有任何意义的事情上，因为那些事情会让他们偏离目标。人们如果能够从大局来审视自己所有做的事情，就能清楚地找到自己的目标，而且还能够做出不耗时间的安排。有时候，人们常常将大部分的时间用在自己感觉新奇的事情上，而忽略了其他对自身有价值的事情。高效人士一旦察觉到自己的大部分时间用在了那些无所谓的小事上，或者不能提高工作效率的事情上，他便会采取行动去掉这些安排。人们应该抓住重点，如果事事都想追求完美，全是重点就等于没有重点。人们不能将时间平摊在所有事情上。

有时候，一个人将自己的所有时间都排满了，仍觉得工作杂乱无章，没有任何头绪。那么这个时候，就应该分清轻重缓急，去掉一些事情，将时间多用在重要的事情上。如此一来，"二八法则"的威力就失去了，人们只要将自己的大部分时间用在20%的事情上，就能够取得最佳效益了。

对于实现目标来说，将更多的时间投入在对自己有意义的事情上，无疑是一条事半功倍的成功之路。歌德曾经说过："不要被那些细枝末节的事情所左右。"工作的时候，第一步就是要将事情分为重点项目与非重点项目，就好像学生的课程被分为必修课与选修课一样。人们要将重点的事情划出来，但是如果每件事情都被划分成重点，那么时间管理也是失败的。时间管理专家赛托斯说："重点是你需要强调的地方，日程表不应该是一成不变的基调，应该如同高低起伏的旋律。"

中国有句古语，"不谋全局者，不足谋一域"。高明的管理者应该像一名出色的钢琴师一样，在弹琴时该重的时候重，该轻的时候轻，这样才能够弹出和谐流畅的乐曲。人的精力是有限的，不要试图将所有事情都当作重大事情来完成，全是重点就等于没有重点，眉毛胡子一把抓，抓不住重点，最后就会事倍功半。人们不可能做完所有想到的事情，所以不用去尝试那样去做，只将当下的事情做好就可以了。这就好像打棒

球一样，只能一垒一垒地打。

麦肯锡的一次年会上，除了有高尔夫比赛、品酒活动，还有一个讲座。主讲人是一家电子公司的 CEO，这位 CEO 曾经是麦肯锡的客户。他演讲的内容主题是："不将球击出场地，只做好自己的事情就可以。不要试图去做整个团队所做的事情。"他的话让很多人都感到吃惊，因为对于麦肯锡人来说，他们都有一流的教育背景，在很多领域内都有突出的成绩。他们都是经过千挑万选才能进入麦肯锡的第一次面试。这名 CEO 的话说明了一个道理就是，"你不可能事必躬亲"。

你不可能事必躬亲，否则，不仅会浪费自己的大量时间，还会得不偿失。对于面对复杂商业问题的麦肯锡人更是如此。假如一个人没有带动团队、其他同事一起解决问题，就是在浪费时间与精力。这条对于企业高管与拿到哈佛商学院 MBA 学位不久的新人同样适用。几乎没有人可以脑力、体力一直独演"单人秀"。哪怕是一次，你设法去做每一件事，都会让周围的人对你产生一种期望。假如，你用超人般的能力，付出所有时间与精力完成了别人对自己的期望，你将球打出了场地，并且打了本垒。那么，以后你的老板、同事就会在你开始工作时期望你至少有与之前同样的好表现。假如，你没有实现他们的这种期待，你就很难再取得他们的信任。在麦肯锡，有人说，你只要做得与上次一样好就可以了。但是，如果你有了一次不好的经历，就对之后的工作造成影响。这样，项目经理很难再信任你，不会让你参与到项目中去。

人们应该在工作中停下忙碌的身影，问问自己："现在所做的事情是不是最重要的，是不是能够解决问题，有没有必要继续？"人们在一堆事情面前，总是很容易地就在那些需要花费大量时间的工作中迷失方向。看不到自己身边的泥泞地，自己已经陷入其中了。很多人总是不断地做事情，做完 A 后，接着做 B，然后又紧跟着做 C，让自己忙个不停，但最后却达不到自己想要的那种效果，甚至一件事情的失败就会让自己为其他事情而付出的努力付诸东流。所以，当你觉得自己快被淹没的时候，不妨停一下或者退后一步，想想自己最应该解决的是哪件事情，要以"大局"为重，不能事必躬亲。或许其他的很多事情，可以展现你自己的能力，但是如果你不能保持自己前进的步伐，那就是浪费时间。先要搞清楚自己优先需要解决的事情是哪些，那么你今天就做这么多事。

麦肯锡的一名项目经理说过："在公司里，学到的最有价值的事情就是以大局为重，只做一件事情。弄清楚自己手头的工作，并问自己，'这件事情真的是最重要的吗，'只有最重要的、能够使自己不断前进的事情才是最值得去做的。"

另外，麦肯锡的每名新员工都会在入职之初就被灌输职业操守的观念。职业操守的一个重要方面，就是诚实地面对自己的客户以及团队成员，因为这也是一种高效的理念。诚实包括在你一筹莫展的时候勇敢承认，因为没有必要去掩饰自己的"无知"，你不必"事事躬亲"地参与每件事情，否则不仅在浪费自己的时间，同时也在浪费其他人的时间。

在麦肯锡一个重要的项目会上，客户是一家《财富》500强的公司。麦肯锡的项目组正在审查项目的每部分内容。在讨论到一部分内容时，由于这些内容与项目成员艾森无关，而且他对其一无所知，所以他的大脑就进入了朦胧之中。他可以听到其他成员都在讨论，但是他的大脑没有参与其中。突然，他的梦境消失了，项目负责人约翰问他："你怎么看里奥的观点？"在瞬间的惊吓之后，艾森马上回想刚才里奥的发言，在商学院多年的学习经历使他提出了表示赞同的看法。但是，他的发言可以说与主题差之甚远。假如，艾森告诉约翰，"我不太确定"或者"对不起，我刚才走神了"，他也会被理解。但是，艾森并没有那样做，而是试图去掩盖事实。几周后，项目接近尾声，项目组举行了一次聚会，随后项目经理送了每位成员一个玩笑性质的礼物。艾森收到的礼物是一个小画框，上面写着："只管说，'我不知道'。"这是个很好的忠告，因为你的"掩饰"不仅会浪费其他人的时间，还可能会扰乱他人的观点，对别人进行误导。所以，只要做好自己"力所能及"的事情就行，不必"事必躬亲"地去表现自己。

"二八法则"支持特殊表现，而非全面平均努力；它让人们在少数事情上表现卓越，而不必事事都表现优秀；让人们不必苦苦追求所有机会。在工作中，人们务必要好好应用"二八法则"，即使在信息泛滥的时代，也没有必要惊慌。因为人们没有必要去接受所有的信息，只接受那20%的有助于自己实现目标的就已足矣。

（六）一次只做一件事，轻松又高效

没有任何一项活动不受"二八法则"的影响，哈佛商学院教授教导学生们要学会灵活运用"二八法则"；同样，没有任何事情不被时间所影响，"二八法则"与时间管理的结合可谓妙不可言。高效做事才能高度生存，时间是人们快速行动的基础。杰克·韦尔奇常说："如果你的速度不够快，而且还不能适应变化，你就是脆弱的。"要想保持高效的行动，人们就必须只盯着自己的目标，而不去管其他小事，因为人的时间与精力是有限的。

什么是必须做的？这是时间管理的一个关键问题。通常情况下，时间主要是浪费在了那些没有必要做的事情上。对于企业来说，最重要的就是员工知道什么是最重要的、必须做的事情。找到一件事情，然后就专心去做。在《哈佛商业评论》上，彼得·德鲁克的一篇文章中写道："我还没有碰到哪个人同时可以处理两个以上的任务，并且保证高效。"

马克·吐温曾经说过："行动的秘诀，就在于将那些重要的、复杂的任务，分成一个个小任务，然后一个一个攻破。"再有能力的人也不能保证同时做好多件事情，但是他们总能去做对最重要的事情。越有能力的人越会规划自己的人生，他们知道自己需要实现哪些目标，并且会制订一个计划，依照优先顺序去做。当然，有时候，人们无法按照计划去做，但是有了计划，便有了做事的优先顺序，最重要的事情总能够最先被完成。

成功学家吉姆·罗恩说："不要轻易地开始自己的一天，除非你已经知道如何去度过这一天。"成功人士都很重视自己每天的安排，因为只要做好了每天的安排，就能发挥出最大的能

马克·吐温

力，创造奇迹。成功的人总是一件事情接着一件事情去做，如果这件事情没有做完，是不会考虑下一件事情的。凡事有了计划，成功的概率才会很大。吉姆·罗恩还说："如果你每年钓一次鱼，那么，你只能再去钓二十几次鱼了。"生命是由每一天、每一件事情拼凑而成的，优秀的人常常从这样的角度来看待问题，他们会在每一天来临之际将如何度过这一天的情形在脑海中过一遍，然后再去迎接它。有了一天的计划就能把握住"现在"，未来的目标就会变得很清晰。将每天的事情安排好，是成功的关键，这样人们就会集中精力去做事情。

一次只做一件事情，人们就会集中精力，将这件事情做好。倘若人们见异思迁，什么都想抓住，就像狗熊掰玉米，掰一个、扔一个，到最后两手空空，一无所获。作为企业管理者更不能三心二意，想要将公司做好，就要学会放手，只做自己最应该做好的那件事；不要妄想将所有人的事情都学会，事事亲为，不仅让自己累，还创造不出优秀的业绩。作为管理者要懂得合理安排时间，一次只做好一件事情，这样才不会因为工作时间过长，或者同时做太多事情而碌碌无为。

在高速发展的社会，人们首先失去了停靠站，其次又没有了边界与终点；无论走到哪里，工作总是如影随形。你是不是在办公桌上吃午饭？是不是边开车边打电话，或者发短信？你是否觉得这样做提高了工作效率？很多人可能会回答"是"，但事实却相反。这样，你的工作效率非但没有提高，甚至还降低了。从某种程度上来说，这是人们分散注意力的结果，因为人们同时做很多件事情，却又无法集中精力去做其中任何一件。另一方面，当你从一件工作中抽身去做其他事情时，你就需要多花 20% 的时间来接着完成这件工作。但是最关键的问题是，你会永远在忙，每天都消耗着自己的时间，随着一分一秒流逝，它只会越来越少。如果人们能够不受干扰地专心只做一件事情，就能够高效地完成工作。一个企业要想提高效率，就应该提倡专注工作，以及保证足够的休息时间。

如果你是一名管理者，为了能够保证员工的效率，最好做到以下几点：

第一，你需要明白会议不能过长，只开 45 分钟，而不能 1 个小时或者更长。这样，员工才会保持专注，否则剩下的时间会被浪费，而且还会影响会议的效果。

第二，有些管理者喜欢摆架子，希望下属能够及时地回应自己。但是，这种做法会让员工对此提高警惕，分散他们本应集中在工作上的注意力。

第三，鼓励休息。每天员工需要至少一次的稍事休息，最好有一间休息室用来放松或小憩。

如果是个人的话，可以考虑以下做法：

第一，在上午完成最重要的事情。最好是在不被干扰的情况下集中精力去完成，明确规定开始与结束时间。可以的话，在无人打扰的地方，戴上隔音耳机。越集中精力就越有效率。当事情结束后，可以休息几分钟，放松一下。

第二，定期制订长远计划。如果不这么做的话，就会受到紧急事情所带来的压迫。

第三，给自己定期放假。当你度假时，完全脱开工作。有研究表明，如果假期全部用来休息，会更健康更有效率。

这些建议其实是在阐述一个道理：一次只做一件事。一次只做一件事，就会井然有序、顺顺利利地完成任务。而且，人们在工作的时候要做到全神贯注，集中精力地做事；而在休息的时候，就必须完全休息。不做半吊子的事情，要高效做事，活出精彩。

（七）"二八法则"：时间管理的极致艺术

对于哈佛商学院的学子们来说，他们多数都知道 Google 的"20% 项目"。简而言之，"20%项目"就是 Google 公司允许员工自由安排 20% 的工作时间，这是有效利用"二八法则"的体现。员工们可以利用这 20% 的自由时间做本职工作以外的事情，这样他们就能更富有创造力地开发出更多的新产品。对于这些额外的产品，Google 一般都是在公司内部使用，但是有些也对外发布，并受到了用户的喜欢，其中包括 Cooglc Talk、Gmail 以及 Gulp 饮料等。

Google 的工程师们在工作中的 20% 的自由时间内所创造出的如同 Gmail 一样蔓延的产品让人心生向往的同时，作为管理者或许应该考虑一下时间管理的重要性了。同样，作为越来越没有时间的人们，如果有机会让你拥有属于自己的 20% 的自由时间，你能否让它产生巨大的意义？

真正的 Google，比它的 Logo 看起来更加五彩斑斓。Google 的鬼点子层出不穷，但是万变不离其宗，就是它能够充分合理地利用员工们的时间。Google 总是在挑逗着人们对它的兴趣，但是有趣的是，这些充满创意的产品都是来自 Google 工程师们的 20% 的自由时间。Google 工程师们享受这 20% 的私人时间，他们用这些时间来做"头脑体操"，当然同时也为 Google 的爱好者们创造出了无限的惊喜。

如果让你看一下 Google 人的日程安排，你肯定会感到吃惊。因为他们上班的第一件事情就是与同事们一起，不是开会而是打排球，中午还能享用美味的午餐。有了新点子，他们可能就会钻进草地上的帐篷里开始头脑风暴。就是这样，Google 总部看起来比他们的 Logo 要绚丽很多，那里没有焦虑烦躁的工程师，有的是玩具、宠物与堆积如山的冰激凌；他们的办公室有放小狗的地方；来往于办公室之间的员工们可以乘电动滑板车，或者是儿童玩具车。因为 Google 公司规定，员工们可以用 20% 的工作时间去做各种运动。这就是 Google 的时间利用原则，它让员工们用 20% 的时间去运动自己的大脑。没有西装革履一样可以认真，好点子可以来源于任何事情。Google 就是创造的梦工厂。Google 人每天的一项日常工作就是自己找活儿干。在 Google 创始人看来，员工们就是应该自己去寻找、争取自己的开发项目，如果没有项目公司就没有了存在的价值。

Gmail 是一个很受用户追捧的产品，还有实践六度空间理论的社交产品 Orkut。Orkut 则是设计者的姓氏。Gulp 饮料产品的诞生经历更为传奇：Gulp 的创造者利用自己的 20% 的工作时间去玻利维亚与秘鲁交界的雨林地带进行植物学研究时，在一株木棉树上采集到了一种附生植物的样本，然后拿到 Google 实验室，最后制造出了 Gulp 饮料中的重要成分。Gulp 饮料有四个品种，并且有着不同的功能。按照其发明者的说法，它们可以加速大脑电波在神经中的传导速度，并能扫描大脑中的 DNA，让它们重新组织起来更加高效地工作。

在如今信息交流工具过于发达的时代，办公室的工作者几乎成了执行指令的机器，按部就班地工作，有趣的项目与点子越来越稀少。同时，企业与员工之间的雇佣关系也越来越复杂。有调查研究表示，英国的80%的员工在上班期间干私事。另有研究表示，美国员工每周平均浪费6小时在工作时间上网或者做着与工作无关的事情，而美国企业因此每年损失1780亿美元。甚至有资料显示，美国员工每天在网上闲晃的时间超过了两小时，造成每年损失7590亿美元。

Google深谙"时间就是金钱"这个道理。时间的流逝可以带来损失，同时也可以带来效益。而Google的乐园式办公环境让员工有了很多冥想的空间。"二八法则"让Google拥有了一种富有创造性的办公环境，这也为公司带来了一个又一个新鲜的创意。这样的环境下，员工对工作的感受会完全不同，对他们来说，工作不再是重复单调的，而那些20%私人时间也不会成为偷懒时间；Google的员工感受到自己被尊重，能够为兴趣而工作，被雇用不再是一种被束缚。

事实上，不只是Google，越来越多的企业都意识到了公司管理制度对员工的重要性，因为这涉及每个人的工作时间的具体安排。三星总部的研发中心就是24小时开放，当有灵感来了，就可以随时去工作，当毫无头绪时就可以随时走掉。华硕在台湾地区的研发大楼设有一个24小时服务的游泳池，研发人员可以随时跳进泳池或放松或思考。丹麦公司在北京盖起一座四合院式的办公楼，高度将近13米，比中国传统民宅要高出两倍之多。办公楼里有很多艺术品。员工们几乎能够在每个角落都能看到花鸟果树。这个四合院的目的就是为了能够让研发人员在"休闲"的空间中获取灵感。

哈佛商学院实战新知网站上发表过一篇文章《布置办公室至关重要》。文章中表述了员工需要时间与空间去思考，需要开放的空间去交流；他们需要时间去做办公室以外的事情；他们需要交流合作；他们需要有灵活的工作时间。当公司环境能满足他们这些要求时，就能够促进员工产生积极的动力。拥有自由时间、空间的工作环境，现在已经成为吸引人才的一个重要砝码，而且对激发创造力也有着积极的意义。Google能够吸引越来越多的技术天才与此有着很大的关系。很难想象每天需要打卡上班，或者从早到晚地参加枯燥会议的研发人员会有什么创新。

Goolge在上市后，受到了多方的质疑。因为各界舆论认为依靠期权去吸引人才的方法不会长期有效；人们认为得到优厚期权的老员工很可能就会失去动力，在股票市场套现后提前退休。但是Goolge所表现的持续动力让所有质疑的人都感到吃惊。Goolge公司保留了25亿美元储备基金，用于支持员工进入其他互联网领域，比如Goolge地图等服务。而现在每天都有众多的技术天才们去申请 Goolge 的工作。Goolge 每天都能收到大约 1000 份简历，几乎没有人不想在 Goolge 公司工作。

有人称 Google 的 20%时间是"硅谷最奢侈的天使投资"。如果谁有一个点子，却不知道如何商业化，那么去 Google 就可以将它实现。因为 Google 可以让一个产品在一夜之间面对上百万用户，这是很多公司都无法想象的事情，而 Google 就可以轻松地做到。"二八法则"是时间管理的精髓，而 Google 则将它发挥到了极致。Google 不仅用它保持了高效，还激发了员工无限的创造力，而且更用它吸引了世界上最出色的人才。

七、有效提升时间管理效率的办法

成功者与平庸者大部分都是在忙碌中度过的，但是忙碌的结果却大相径庭，而时间对于每个人来说都是绝对公平的。那么，两者之间的差距是如何产生的？哈佛时间管理项目研究人员发现，有 80%的人不仅不知道自己在忙什么，而且也不知道怎样才能利用身边的工具去更快地提升自我时间管理效率。不懂得借助已有的技术与条件、不懂得将时间管理的方法与技巧形成规模性的效应，是失败者身上最明显的特点。

自我测试：你的生活状态怎么样？

一个生活状态非常好的入，必定是一个善于节省时间、利用时间的人。根据下面的测试题，检测一下自己的生活状态，看看自己的生活状态怎么样。

1. 你每天睡几个小时？

A. 至少 8 个小时

B. 把工作做完了才睡觉

C. 常常熬夜甚至通宵

2. 朋友约你去参加一个聚会，你会有什么反应？

A. 太好了，我马上过去

B. 我更愿意待在家里睡觉

C. 下次吧，我还有许多工作要做

3. 你会经常觉得自己的时间不够用吗？

A. 不，我觉得自己的时间够用，有时候还会觉得宽松

B. 我觉得有时候不够用，但不是经常

C. 我的时间经常不够用，真希望一天能够当成两天用

4. 你会失眠吗？

A. 几乎不失眠，总能平静地入睡

B. 有时候会失眠，因为一些烦心的事情

C. 常常会因为一些小事失眠

5. 你觉得你的牢骚变得越来越多了吗？

A. 不，我很少抱怨

B. 只是心情不好的时候才抱怨

C. 是的。我总是觉得一些事情不尽如人意

6. 你做事的时候，是否经常没有精神，常常有莫名的火气，却不知如何发泄？

A. 不，我脾气很好，几乎不发火

B. 有的时候我会觉得没精神，想发火却没有精力发作

C. 是的，我常常觉得没有精力做事情，想发火却没精力

7. 你上一次与家人待在一起是什么时候？

A. 我天天回家

B. 我隔几天才回家一次

C. 已经有很长一段时间了

8. 你觉得总是有事情需要你做吗？

A. 不，我不需要那么操心

B. 有时候我这么认为

C. 我总觉得自己有好多事情要做，总觉得做不完

9. 你闹小毛病的频率比以前高吗？

A. 不，我很少有这样的情况发生

B. 好像跟以前差不多

C. 对，我常常觉得身体不适

10. 你向往宁静的田园生活吗？

A. 不，我更喜欢现在的生活

B. 有时候会这样想

C. 对，我很想过那种宁静悠然的生活

11. 你做过健康体检吗？

A. 从没做过

B. 做过，而且每年一次

C. 3 年前做过一次

12. 你靠喝茶（咖啡、保健饮料）来提神吗？

A. 我从来不靠这类东西来提神

B. 只有感觉到疲惫的时候才靠它们来提神

C. 对，我几乎每天都喝

13. 你是否感到情绪有些抑郁，喜欢对着窗外的天空发呆？

A. 不，我更愿意关注眼前的事情

B. 我觉得累的时候会这样

C. 对，我很想像鸟儿一样自由飞翔

14. 你感觉自己的记忆力有所下降吗？

A. 没有，我觉得自己的记忆力非常好

B. 有时候我觉得自己的记忆力变得不好了

C. 我常常觉得自己越来越迟钝了

15. 看到自己最喜欢吃的菜，你的反应是：

A. 很高兴，开怀大吃

B. 吃一点点，只有这个时候才有食欲

C. 没有胃口，吃什么都味同嚼蜡

16. 你一般怎么安排你的周末？

A. 美美地睡个懒觉，然后去逛街

B. 只有特别高兴时才会出门

C. 很少休息，大部分时间在加班

17. 你的身体健康状况如何？

A. 棒极了，我觉得精力充沛

B. 还好，不觉得有什么不对

C. 很糟，春秋流感一来，我总会中招

18. 如果用 1~10 给你的生活压力打分，你的压力指数是：

A. 1~2 分：从不给自己任何压力

B. 3~5 分：生活得张弛有度

C. 6~10 分：天天忙得四脚朝天

19. 近段时间朋友们对你的评价怎样？

A. 像以前一样开朗

B. 时好时坏，脾气不稳定

C. 脾气暴躁，火气特别大

20. 近几年来，你的体重变化大吗？

A. 没有，我的体重几乎没变过

B. 还好，没有特别注意过

C. 挺大的，老同学都快认不出我了

评分方式：选A，0分；选B，2分；选C，4分。

如果你的得分在28分以下：

你生活得很健康，几乎可以给你的生活状态打满分。尽管生活十分忙碌，但你总能把事情安排得有条不紊。你的日子过得十分惬意，为生活奔波，也没忘记享受生活。不过，如果你正处在年富力强的阶段，应该适当给自己一些压力，把生活的重心转到事业上来，让自己做出更大的成绩。

如果你的得分在28~52分：

你的生活状态良好。尽管有时候会感觉力不从心，但总体上你还能应付过来。大多数的时候，你的生活井然有序，但一旦有紧急的工作任务，你的生活就一团糟了。你需要好好审视自己，弄清楚为什么你应付不了突发状况。增强对于危机的应付和处理能力，是你目前需要做的。

如果你的得分在52分以上：

你的生活状态十分糟糕。也许你在事业或工作上取得了不菲的成就，但换来的却是疲倦的身心。也许你还没有意识到，工作压力已经严重影响了你的生活。你需要认真地问自己：目前这种生活真的是你理想中的生活吗？如果你不想等到被压力击垮的时候再后悔莫及，那就赶紧从现在开始，调整自己的生活状态，让自己回归到正常的生活秩序中吧。

（一）善于利用打电话的时间

在这个充满变化的时代，经营的时间要素是举足轻重的，速度就是生命。

——土光敏夫

几年前，美国IMG公司聘用了一位年轻漂亮、精力充沛的女业务员碧昂丝负责在高尔夫球场、网球球场上的新人当中发掘明日之星。美国西岸有位年轻的网球选手，碧昂丝觉得她非常有发展潜质，决定招揽她加盟 IMG 公司。

从此，碧昂丝即使每天在纽约的办公室里忙碌 12 个小时，她依然不会忘记给加州打电话，关注那位网球选手受训的情况。她到欧洲参加比赛的时候，碧昂丝也会趁着出差的机会去探望她，与她交流。

有许多次，碧昂丝居然连续一周都没有休息，忙着飞来飞去，同时还兼顾追踪这个选手的进步情况。虽然忙碌不停，但是碧昂丝还是觉得很欣慰，因为与那位网球选手电话沟通比较频繁，所以关系比较融洽，网球选手很有可能会成为 IMG 公司旗下的一员。

在一次法国公开赛中，由于其他事务的耽搁，碧昂丝在临近结束的时候才赶到比赛的现场。但是她并非对赛事情况一无所知，通过与那位网球选手电话联系，碧昂丝对赛事的情况了如指掌。

在到达巴黎当天，在一个为选手、新闻界与特别来宾举行的宴会上，碧昂丝依旧盯着那位美国选手，并且时时为她引见一些网球界的名人。当时正是瑞典网球名将柏格名声显赫的时候，他刚好又是 IMG 公司旗下的球员，也是那位年轻女选手的偶像，自然她就介绍了他俩认识。

此后，这位女选手顺利地加入了 IMG 公司，并且后来打入了世界前十名。

哈佛大学时间管理项目人员经过调查发现，企业员工之所以感觉到时间紧张，主要就是将太多时间浪费在打电话、开会、处理信件上。很多时候，这些事情并不能提高我们的工作效率，对目标的完成也没有多大的帮助。因此，我们必须尽可能地减少在这些事情上投入的时间，把时间用到解决更重要的问题上去。

在处理电话时应简短扼要，不要在电话中扯上与主题无关的事情，寻找一些方法来管理经常容易被打断的信息交流。

（二）配置能增加效率的商用电话

有些商用电话的配置很具有人性化，很具有针对性，能够帮助人们有效地利用时间，提高工作效率。现在不要花费太多的成本，就能买到内建能增加生产力功能的商用电话。要想真正的节约时间，提高工作效率，你需要考虑的电话具有的功能有：

（1）有来电显示。有了这项功能，你就知道电话的哪些功能正被使用着。当你的电话具有来电显示的功能时，你就能够知道来电人的身份。当你看到来电号码时，你就能够决定是否接听电话、转接电话，或者是让录音机留言就好。当你要过滤电话时，来电显示就能够发挥它的功能。你可以利用这项功能，在工作时不受到干扰。

（2）记忆拨号。你可以把一些重要的电话号码储存起来，利用简码来拨号。当你在拨电话给重要的客户或者顾客时，你就可以省下拨号的时间。

（3）申请不同的电话号码。客户应该能够随时打电话找到你，所以你最好申请不同的电话号码。

（4）具有语音信箱。当客户打进电话的时候，你可能不在或者在接听电话，这个时候语音信箱就发挥作用。

（5）语音拨号。语音辨识功能可以让打电话者只要说出一个号码或者一个名字就可以自动帮你拨通电话。这样可以帮你节省下拨号和携带电话簿的不便。

（6）转接。利用转接功能，把电话转移到同事的号码，这样就可以直接接到电话，不必请来电者过一会儿再打给你。

（7）拒绝干扰。你希望工作不受打扰时，可以利用这项功能，把电话自动转移到助理或者秘书的电话，或者直接转移到语音信箱。

（8）筛选接听电话。这项功能可以筛选来电者的电话号码，让特定的电话直接被过滤掉。如此一来，你就可以避开自己不想接听的电话，却又能让重要的客户、同事和家人打电话找你。

（三）把打电话的时间有效地利用起来

在不少公司，许多员工尤其是销售人员常常会被电话干扰。如果你也是一个经常被电话干扰的人，你不妨把打电话的时间有效地利用起来。

（1）迅速接听电话。尽可能地在电话响的第一声或者第二声，就迅速地接听电话。这样可以让来电者对你有效率的反应留下深刻的印象。偶尔，你可能因为忙碌紧急的工作或正好离开了办公室，无法迅速接听电话。但是，办公室电话最好是在响四声内就接听。否则，你就有可能会漏掉一个宝贵的电话。

（2）及时表明身份让来电者知道。当你接到电话时，先表明自己的身份。只说一声"喂"是不够的，你得说明自己的姓名和所在的部门。

（3）根据来电人的身份选择是否接听或者转到语音信箱。

（4）如果你觉得有必要的话，让来电人打其他人的电话，与其他人进行交谈，并且告诉来电者电话转移给了谁。

（5）在工作时间内挤出一段时间，专门用于接听和回复电话。

（6）当你确实需要一段时间专心致志工作的时候，把要做的工作拿到一个没有电话骚扰的房间去做。

（7）长话短说。简短的话语能够节约彼此的时间，听电话的人也会很感激你。当你打电话或者接电话的时候，最好先想想要讲什么，记住讲重点就好了。你可以先在纸上写下要讲的重点。当你讲电话时，看着那张纸，讨论过的重点就把它做个标记。这样，你打电话的时候就不会跑题。

（8）做电话记录。如果是你必须接的电话，就要把电话内容和要点及时地记录下来。回复它，保存它，把它放在一边或者是扔掉它。

做电话记录需要一定的技巧和步骤，掌握了这些步骤，才能够做到有效地工作。

（1）同时使用你的电脑和电话。如果经常要在打电话的时候写字，建议你在电话旁边加装一个受话器，这样可以保护你的脖子。

（2）在电脑里，为每一个账户、项目或者是类似的分类建立单独的文件夹。

（3）在进行通话之前，把你想要问的问题和希望互通的信息列出一个清单。

（4）记录下打电话的时间、日期和参与谈话的人。

（5）记录下收集到的关键信息。

（6）列出你和其他人需要处理的下一项工作。

（7）列出你尚未完成的工作。

（8）使用比较简单的命名习惯。这样你可以比较容易就找到所需要的资料或者信息。

（四）利用电子邮件来节省时间

你的时间有限，所以不要为别人而活。

——史蒂夫·乔布斯

史蒂夫·乔布斯（Steve Jobs）是苹果公司的前首席执行官，也是苹果公司的创办人之一，被认为是计算机业界与娱乐业界的标志性人物，同时人们也把他看作麦金塔计算机、ipad、iPod、iTunes Store、iPhone 等知名数字产品的缔造者。

乔布斯不但具有超群的商业头脑和管理才能，还是一个善于使用电子邮件的人，因随机回复私人邮箱收到的电子邮件而闻名于世。

《纽约时报》曾经报道，即便身为世界最受瞩目的苹果公司的 CEO，乔布斯仍然坚持亲自给关注苹果的网友回电子邮件。正因为如此，苹果和乔布斯本人会收到千千万万的年轻人关于如何改进苹果的"疯狂"主意，而乔布斯不断让世人吃惊的创意也与他经常与大家通过电子邮件进行交流紧密相连。

2010年9月初，广告公司ValuLeads的设计总监Joshua Kopac对苹果公司的iTunes 10图标外观提出批评。针对这个问题，乔布斯通过邮件进行回应。他认为iTunes 10图标外观并不难看。

乔布斯不但通过电子邮件回应外界对苹果公司的质疑和批评，甚至还曾经与人进行过电邮大战。

2010年9月17日，美国长岛大学新闻系学生伊萨克斯给苹果公司行政总裁乔布斯发电邮，投诉苹果公关部门，却因乔布斯回邮态度不好而与他爆发电邮大战。后来，乔布斯不胜其烦，最后回复："请饶了我们吧。"

哈佛大学的有关人士认为，如果使用电子邮件的方法不当，电子邮件也会浪费你大量的时间，造成工作效率低下。

如果你觉得自己收到的每一封电子邮件都必须要回复的话，那么，电子邮件可能就会和电话一样扰乱你的工作。高效的工作人员会利用电子邮件来体现自己近期的工作表现，他们所写的电子邮件简短、明确。我们当中的太多人到现在都还没有明白，过长的电子邮件、复杂的问题和不及时回复邮件的习惯可能对我们的工作表现造成伤害。如果能够很好地处理的话，电子邮件可以成为你工作中最节省时间的一个工具。

1. 控制电子邮件的数量

不管你从事什么工作，你都会收到一定数量的电子邮件。在这些邮件中，有些与你的工作有关，有的是亲友的问候或者祝福，有些则是垃圾邮件。大量的邮件很可能会浪费你大量的时间，延误你的工作。所以，你需要找到控制电子邮件数量的方法。

（1）读电子邮件的标题。觉得对自己有用的电子邮件就打开看看，如果觉得是垃圾邮件，就直接删除。不要浪费时间看那些对自己没有用的电子邮件。

（2）不要随便把你的邮箱发给别人。为了减少接到不必要的电子邮件，你最好只把自己的电子邮件信箱地址留给特别的客户、同事和其他真的需要联络的人。

（3）只使用一个电子邮件信箱。如果你拥有几个不同的电子信箱，只要留一个作为工作的工具就可以了。同时，你可以找能够提供统一电子信箱功能的浏览器用。

（4）拒绝垃圾邮件。当你收到未经要求就寄发给你的垃圾邮件时，先检查邮件的自动回复地址，发一封回信，并在标题处注明删除，这样你就可以从邮件寄送清单中除名了。

（5）避免不必要的回复。让与你联络的人知道，什么情况下不必回复你发给他们的邮件。当你不想别人回信时，要小心措辞，不要让别人产生误解。

2. 掌握电子邮件的编写方法

掌握电子邮件的编写方法能够节省你的时间，方便你的工作和生活。电子邮件最重要的原则是保证你的信息短小和简单。下面是哈佛大学的研究人员为大家提供的一些编写电子邮件的方法：

（1）询问简单、容易回答的问题。比如，"上次会谈后，你是哪天回到公司的？""我把我们经常去的那家餐馆的联系电话丢失了，你那里有吗？有的话，请发给我。"

（2）记录下客户、同事或者供货商最新的业务紧张情况。比如，写下"我们 3 点半的时候把您索要的样品发了出去，样品将于第二天上午运到贵公司。"

（3）对于可能引起的情感冲突的信息最好不要使用电子邮件。比如，"你的工作报告存在很多问题，需要修改"或者"由于你屡次犯错误，我很抱歉地通知你，你被解雇了"。

（4）如果你需要通知的问题比较多，那么，你把这些问题集中起来，放在同一个邮件里，并且标注上序号，这样收件人能够比较容易地复制和回答，还可以一次回答好几个问题。

（5）在相关的项目文件夹里保存电子邮件的内容，以便日后能够迅速查找相关信息。

（6）善于使用自动回复。自动回复是一种为客户提供所需信息的方法，简单且成本较低。另外，自动回复与人工回复的无限拖延相比，让人愉快得多。大多数人分得出自动回复与人工回复的区别，当然你也可以注明："这是一个自动回复，如果您需要人工回复请发电子邮件到我的信箱，我会及时回复您。"

在使用电子邮件的时候，有一些细节需要大家注意。这些细节处理好了，能够使你的工作更高效。

（1）在电子邮件的标题行里使用关键词，给收件人一些有关电子邮件内容的提示，你做到了吗？

（2）在邮件中附带你的电话号码，这样做可以让收件人通过电话回复你。

（3）精炼语言，让电子邮件的内容言简意赅，只保留精华的部分。这样，收件人可以迅速地浏览电子邮件，从中找到要点。你还可以通过使用空白间隔、章节标题和核心要点进行排版的方式对邮件的正文进行分段处理。

（4）尽可能地使电子邮件内容显示在屏幕上的同一栏中，这样收件人就不用非得滚动屏幕才可以看到邮件的全部内容。

（五）利用互联网快速获得、总结信息

一时的灵感和才智起不了大作用，我们需要的是年复一年的实践和工作。任何伟大的事业都需要不断的努力。

——马克·扎克伯格

有一个年轻人，从小在美国纽约州长大，是一个电脑神童。10 岁的时候，他拥有了一台电脑，从此便把大量的时间花在了网络上。上高中的时候，他为学校设计了一款 MP3 播放机。之后，很多业内的公司都向他发来了邀请，其中就包括微软公司。但是这个小伙子却拒绝了年薪 95 万美元的工作机会，而选择去哈佛大学上学。在哈佛大学，他学的是计算机和心理学两个专业。

在哈佛大学，他仍然痴迷于网络。大二的时候，他侵入了学校的一个数据库，将哈佛大学一些学生的照片用在自己亲自设计的网站上，供同班同学评估彼此的吸引力。

那次事件之后不久，他便同两位同学花费了一星期时间编写网站程序，建立了一个为哈佛同学提供互相联系平台的网站，命名为 theFacebook。这个网站在 2004 年 2 月一经推出，便在极短的时间内横扫整个哈佛校园。2004 年年底，Facebook 的注册人数已突破一百万，这位年轻人索性从哈佛退学，全力营运网站。

现如今，Facebook 已经成为美国第一大社交网站，而微软则投资 2.4 亿美元，赢得 Facebook 1.6% 股份收购权。

2011 年，共有 413 人列入福布斯榜，而创办 Facebook 的那位年轻人以 135 亿美元资产排名为 52 位，成为世界上最年轻的亿万富翁。

这位年轻亿万富翁就是享有"盖茨第二"美誉的 Facebook 的 CEO 马克·扎克伯格。

随着网络的不断发展，越来越多的人开始利用互联网来查询最新最快的信息，获得最先进的知识。一个不懂得利用互联网获取信息和知识的人，已经落在时代的后面，跟不上时代的步伐了。

互联网是一个全球性的巨大的计算机网络体系，它包含了难以计数的信息资源，向全世界提供信息服务。在互联网里，我们可以搜索到我们所需要的全部信息，不管是学习、工作还是娱乐，互联网里可以说是应有尽有。善于利用这一资源，对我们获得自己需要的信息会有很大的帮助，对我们的工作也会产生巨大的帮助。

利用互联网获取信息需要掌握一定的方法。有时候，若你的方法使用不当，想搜

的东西怎么也搜不到，那也只能干着急。在这里向大家介绍几条搜索技巧：

（1）阅读搜索网站的搜索指南。不同的搜索引擎有很多的选项，搜索的技巧也取决于我们选用的搜索引擎。

（2）如果进行多项条件的搜索，要注意使用的布尔逻辑类型。比如我们要搜质量和体积的关系，在 Web 搜索引擎上可以组合成：+质量+温度，采用逻辑 AND。

（3）可以在不同的搜索引擎中搜索。

（4）有时候搜索的结果太多，或者得不到相关的结果，可以进行相关领域搜索、添加概念单词，一些引擎支持在现有的搜索结果中再次搜索。

当今社会是一个信息透明化、共享化、全球化高速发展的社会。在这个社会里，我们拥有更多的资源和寻找资源的办法。我们应该选择正确的方式来对待互联网，正确地使用网络，使互联网成为为我们的生活、工作和学习服务的工具。那么，如何正确使用网络呢？

（1）正确认识网络这把"双刃剑"

网络作为一个载体，衍生出了许多信息传递的方式，比如说电子邮件、博客、微博等。我们通过网络可以接触到前所未有的广阔的空间，能更加有效地获取信息、保持联系、交流感情、了解社会。同时，网络也有消极的一面，它可能使人沉迷于网络，迷失自我。所以，我们需要在大量的信息中找到对自己有用的信息和对自己有帮助的资源。

（2）调整自己的心态，抵制网络中的诱惑

网络只是方便我们生活、工作和学习的一个工具，而不是我们的玩具。我们每天需要花费大量的时间去投入到工作、学习、交往中，但不能花费大量的时间沉迷于网络。通过网络，我们可以了解新闻，扩充自己的知识面，调整自己的心情，以便有积极的心态、更轻松的心情投入到工作中。

（3）合理安排上网时间

劳逸结合是我们所提倡的健康工作方式，适度放松能够缓解生活、工作中的压力，也能为第二天的工作提供能量和动力。然而过度沉溺于网络不仅会浪费时间，而且会影响正常的工作。我们必须合理安排上网时间，在上网和工作之间取得平衡。只有通过合理安排上网时间，才能做到有效率地使用网络资源并使其真正地为工作、生活服务。

（六）利用巧妙的沟通节省时间

重要的不是你告诉别人什么，而是别人听到了什么。

——瑞德·奥尔巴赫

梅奥是一家外贸公司的 CEO，时间观念非常强，很善于控制自己的时间，工作效率非常高。

有一天，朋友杰克来到他的办公室。杰克说："梅奥，今天工作忙吗？"

梅奥说："不算太忙。你来我的办公室有什么事情吗？"

杰克说："也没什么事情，只是好久不见了，想和你谈谈。"

杰克从坐下来的那刻起，就开始喋喋不休地讲个不停。直到说累了，才发觉梅奥好久没有回应自己的话了。这个时候，他才意识到自己的话可能太多了。

杰克问："梅奥，我是不是话太多了，是不是让你觉得厌烦了？"

梅奥好久才反应过来，说："对不起，你刚才说到哪里了？你继续吧，我刚才正在想自己工作中的事情呢。"

杰克听了梅奥的话，吃了一惊，原来自己说的话，梅奥根本没有听进去。于是，杰克找了个借口起身告辞了。

梅奥就这样巧妙地应对了啰唆的朋友，节省了自己的时间。

哈佛大学有关机构的研究人员发现，一个人在时间管理的过程中，会遇到与沟通相关的问题，比如，如果把大量的时间浪费在服务重大客户上，花在管理和制定策略上的时间就少多了。

沟通与时间管理密切相关。沟通是人际关系的一部分，人际关系非常重要，但是并不急迫。在一天的工作中，你可以拿出 10%左右的时间来处理沟通事件。如果在沟通上浪费太多的时间，则会影响正常的工作进度。

要想节省时间，做到有效沟通，需要掌握一定的技巧。

（1）规定面谈的时间

有些人说话非常啰唆，不着边际。跟他交谈时，说了很长一段时间还不能进入正题，即使正事说完了，对方还是会说一些无关痛痒的话。所以，在与别人交谈时，不仅要规定面谈的时间，在听到对方谈到的事情后，还需要迅速地判断交谈所需要的时间，然后再决定面谈的截止时间。同时，使用开会时用的桌椅，也有利于迅速地办好事情。只有这样，才能够更好地使用会客的时间。

（2）掌握避免干扰的技巧

你是否常常因为工作被打扰而感到烦恼，比方说主管正在接待客户，让你过去一下；正在批公文，电话一直响个不停；正在开会，有人突然打断会议的进行……对于这样的干扰，要积极避免。因为一件事情做了一半被打断了，常常需要花更长的时间来处理。所以，你要尽可能地不去打扰别人正在进行的工作，也尽可能地防止别人来干扰你正在进行的工作。

（3）传达方式

如果你是一个公司的主管，在宣布重要的事情的时候，必须把所有的人都召集来，而不是只告诉其中的一两个人，让他们帮助你传达，因为别人的转告可能会曲解你的意思。

尽可能把面谈安排到下午进行。如果上午做这件事情，会使得一天的工作不能圆满地进行。这正是上午某些人不进行会客的原因之一。同时，下午的时间用于会见客人，还可以放松因做案头工作而感到疲惫的大脑。

客人表示要面谈时，你就应该详细地询问对方的情况，如果在没有任何准备的情况下就与对方交谈，除非你对来访者比较熟悉，否则便是浪费彼此的时间。

（4）向沟通对方表示自己的善意

如果与对方的沟通是由你发起的，为对方提供方便，能够使沟通一开始便在友善和谐的气氛下进行，尤其是当你的沟通对象是来自另外一个城市的人，你可以热情地告诉对方："我会安排一切的。"这样做既显示了你的诚意，也能使对方在不必顾虑食宿等琐事的情况下，专心与你进行沟通、交流。

（5）适时承认自己的过失

如果你在沟通的过程中犯了错误，并且给对方造成了一定伤害，说一句道歉的话，通常能够获得对方的原谅。就算对方很懊恼，但至少能够稍微缓和一下情绪。如果这个时候，你并没有道歉，而是做无谓的辩解，则只能是火上加油，扩大事端。

成功的沟通就是用对的方法和对的人进行沟通。以下是一些有关沟通的方法与技巧：

（1）认清自己的位置

无论何时何地，你都要切记自己和领导是上下级关系。在与上司相处、沟通的时候需要认清双方的角色，而不能超过了界限。你需要维护好管理层内部的团结，在向上司汇报、请示、反映问题的时候，不发表有关领导个人的议论。

（2）学会未雨绸缪

上司每天需要面对和处理的事情非常多，所以为了提高沟通的质量，我们要提前把沟通的目的以及表达方式想好，对领导的工作日程也要有一个清晰的认识。这么做，既节省了彼此的时间，还能使沟通更加有效。

（3）针对不同性格的领导，采取不同的沟通方法

我们在平常的工作中与上司进行接触，要善于观察，学会总结，针对不同性格的领导，找出适合的沟通方法与他进行沟通。

对于冷静型的上司，我们可能觉得对方难以琢磨，这就需要我们善于观察，从上司日常的工作中发现他的喜好，在沟通的过程中多倾听对方的建议，切勿自作主张。

与性格豪爽的上司相处相对来说比较容易一些。与这样的领导相处的时候，可以大胆地提出自己的想法和建议。不过，尽管这样的领导非常爱才，也不要表现过度，因为那会让领导认为你在他面前故意卖弄。

尽管大家在工作中遇到的领导性格各异，但是只要我们在工作中多观察、多思考、多学习，运用沟通的技巧，那么，我们就能够从容面对。

（七）进行工作分解时的原则与基本结构

浪费掉一天或者一个延宕的决定，代价是昂贵的。

——比尔·伯恩

IBM 信贷公司位于美国康涅狄格州的老格林威治市，是 IT 业巨头 IBM 的全资子公司，其主要业务就是为 IBM 的电脑销售提供融资服务。这是一个绝对盈利的项目，而且向这些客户提供融资服务的金融风险很小。但是，这种小额信贷的经济效益具有局限性，因为它主要取决于人均业务量。刚开始时，公司运营的状况并不理想，因为公司建立初期的工作流程太不科学了。

当时，IBM 信贷公司为客户提供一项简单的融资服务需要平均花费 7 天的时间，同时还需要通过一定的部门和程序：现场销售人员—接待部—信用部—交易条款部—估价部—办事组—快递到销售人员。

接待部：负责对需要融资服务的客户向 IBM 信贷公司提出融资申请，而公司总部的接待人员则把客户的申请内容填写在一张申请表上。

信用部：客户信用部的办公人员通过互联网审查申请人的资金信用状况，并签署审查意见。

交易条款部：该部门的工作人员根据申请人的具体情况对公司的标准贷款协议进

行补充和修改，把一些特殊条款附加在申请表上。

估价部：估价部的评估人员根据以上信息，借助电脑初步确定向客户收取的贷款利率，并且把建议利率和确定的依据一同交给文秘，由文秘呈交给业务主管。

业务主管把所有的信息综合起来，形成最终的报价。报价通过销售业务代表来通知客户。

这个过程需要7天的时间。在7天的时间内，负责销售的代表和客户谁也不知道流程传递到哪个部门了，即使电话咨询也无法了解到。而整个工作流程中没有一个清晰的决策点或决策人，没有把整个任务分解到每个部门和每个人身上，这使得各个部门远离有效的信息单独行事，严重拖延了融资服务的时间。

为此，IBM信用公司特意改进了"综合办事员"制度，随后，这项服务仅4个小时就能完成，大大节约了时间，提高了工作效率。

哈佛大学有关部门的研究人员发现，如果复杂的工作没有进行合理的分配或者配置方面出现了问题，那么，当这项工作需要执行的时候，就无法得到各个部门的回应，各个部门之间的协调就会出现问题，执行起来就会浪费大量的时间。这就显示出工作分解的必要性和重要性。

要提高公司的执行力，首先需要把整个工作进行分解，让每个员工都有一个明确的目标，知道自己需要做的工作是什么，需要承担什么样的工作责任，并且确定每个人努力程度的指标。只有这样，才能够使员工的努力更科学地量化出来，以有效激励和鞭策每一个员工；也才能让每个员工更有效率地工作，节约时间，提高自己的业绩。

对工作进行分解，需要掌握分解工作结构的方法。对一个公司来说，分解工作时，需要建立一个项目小组，然后再对工作进行分解，项目小组的每一个成员负责一部分，然后进行汇总。

在分解工作的时候，要了解工作分解的原则，把握工作分解的程度：首先，项目小组的工作人员要将主体的目标逐步细化分解，最具体的日常活动可直接分派到个人去完成。其次，原则上，每个任务要求分解到不能再细分为止，而且分解后的结构要清晰，让人一目了然。最后，日常工作要全部定义清楚，要细化到具体的人、时间和资金投入。

在进行工作分解的时候，需要掌握工作分解结构的方法。制定工作分解结构的方法多种多样，主要包括类比法、自上而下法、自下而上法和使用指导方针等。

（1）类比法

类比法就是以一个与新项目类似的工作分解结构（WBS）为基础，制定本项目的工作分解结构。比如，一家飞机制造公司，曾设计制造了多种类型的大型客机，当他们计划生产某种新型战斗机的时候，就可以使用原来为制造大型客机而设计的子系统。以从前的子系统为基础，开始新项目的 WBS 的编制。

（2）自上而下法

这个方法常常被人们认为是构建工作分解结构的常规方法，即从整个项目开始，逐步把它们分解成小的子项，然后再细分。这个过程就是不断地细化工作任务，最好把最具体的任务分配给具体的工作人员。

由于项目经理具备广泛的技术知识和对项目的整体视角，所以这种方法对项目经理来说是最好的方法。

（3）自下而上法

这个方法有一个优点，那就是项目团队的成员从一开始就可能确定项目有关的各项具体的任务，然后将各项具体的任务进行整合，并且归总到一个整体活动或者工作分解结构的上一级内容当中。这个方法运用起来可能会浪费一些时间，但是却有非常好的效果。

不少公司的项目经理面对全新系统或者方法的项目的时候，经常采用这种方法。同时，这个方法可以促进全员参与或者项目团队的协作。

一个企业在进行项目工作分解的时候，一般需要遵循下面几个主要步骤：

（1）明确项目的各个主要组成部分，也就是明确项目的主要可交付成果。一般情况下，一个项目的主要组成部分包含两个方面：项目的可交付成果和项目管理的本身。在这个阶段，参加项目小组的人员必须准确地知道要实现项目的目标需要完成哪些主要的工作。

（2）确定每个可交付成果的详细程度。如果达到了编制恰当的成本估算和历时估算的要求，就直接核实分解的正确性便可。如果没有达到要求，就要接着进入第三步。

（3）确定可交付成果的各个组成部分。组成部分应该用切实的、可验证的结果来描述出来，以便于进行绩效测量。

（4）核实分解的正确性。即需要回答下列问题：

最底层项、最细微的项对项目分解来说是否是必不可少的？如果不是，则必须修改组成元素。

每项的定义是否清晰完整？如果不完整，描述则需要修改或扩展。

每项是否都能够恰当地编制进度和预算？是否能够分配到接受职责并能够圆满完成这项工作的具体组织单元？如果不能，需要做必要的修改，以便于提供合适的管理

（八）合理利用琐碎的时间

世界上真不知有多少可以建功立业的人，只因为把难得的时间轻轻地放过而默默无闻。

——本杰明·富兰克林

艾里斯顿是美国近代诗人、小说家和钢琴家，他善于利用零散的时间。

当他 14 岁的时候，爱德华是他的钢琴教师。有一天，爱德华给艾里斯顿授课的时候，问他："你每天弹钢琴弹多少时间？"

艾里斯顿说："每天大约共三四个小时。"

"那你每次练习，时间都很长吗？是不是有一个小时左右的时间？"

"是的。我觉得这样才好。"

"不，不要这样。将来你长大以后，不可能每天有那么长的空闲时间的。你可以养成这样的习惯：一旦有空闲的时间，你就去练习钢琴。比

本杰明·富兰克林

如说你上学前，或者午餐后，或者放学后。把琐碎的时间充分利用起来，这样弹钢琴就成了你生活中不可缺少的一部分。"

艾里斯顿在哥伦比亚大学教书期间，想从事业余创作。可是上课、看试卷、开会等事情让他忙得不可开交，几乎占去了他所有的时间。这样的生活持续了两年，艾里斯顿也没有动笔写作。因为艾里斯顿觉得自己实在没有时间写东西。这个时候，艾里斯顿想到了爱德华当年说的话。到了下个星期，艾里斯顿就开始利用琐碎的时间进行创作了。只要有 5 分钟左右的时间，艾里斯顿就坐下来写点东西。

后来，艾里斯顿利用这种积少成多的方法创作了长篇小说。虽然他工作非常繁忙，但是每天都有一些短暂的空闲时间。艾里斯顿不但利用这些空档时间进行业余创作，而且还继续练习钢琴。他的生活也因为钢琴和创作而变得有滋有味。

哈佛大学时间管理机构的研究人员认为，一个高效利用时间的人善于将零碎的时间充分地利用起来，从而最大限度地提高工作效率。他们同时还认为，充分利用零碎

的时间，在短时间内可能没什么成效，但是时间久了，就会有惊人的成效。如果你能长期地利用零碎的时间，化零为整，那么，你的工作和生活就会更加轻松。

所谓零碎的时间，是指不构成连续的时间或一个事务与另外一个事务衔接时的空余时间。这样的时间往往被人们毫不在乎地忽略掉，丝毫没感觉到可惜。零碎的时间虽然短暂，但是长期积累这样的时间，总和也是相当可观的。凡是在事业上有所成就的人，几乎都是能够有效地利用零碎时间的人。

每个人的生活和工作中都存在很多零碎的时间，我们要学会找出来并加以利用。找出零碎的时间，大家可以从以下几个方面把握：

（1）善于利用等候与空当的时间

如果你去飞机场或者去火车站，通常会花费很长时间等车。这个时候，你可以带上一本书或者杂志，利用这段时间读几页，也可以利用这段时间思考一些事情。这样，这段零碎的时间就没有虚度。

（2）跟时间比赛

学会跟时间比赛，尽量让自己在有限的时间内完成自己所计划的每一件事情，这个方法是要自己与自己竞争，然后尽全力去超越自己平时的表现。

（3）利用好上班路上的琐碎时间

每个人去上班，都会在上班的途中花费一些时间，包括等车的时间、在路上的时间等。如果你从家到公司需要花费 30 分钟，每周工作 5 天，那么，50 个星期你花在路上的时间是 250 个小时，以每天 8 个小时工作日来计算，等于每年花上超过 6 周的时间在路上。如果每天从家到公司需要一个小时的时间，那么，你将有 3 个月的时间花在上班的路上。因此，你需要在这些时间上做一些有意义的事情，不能让它白白地浪费了。

（4）利用好工作中的琐碎时间

善用时间的人，会懂得工作中的零碎时间。例如 3 分钟的空余时间，可以打一通电话、看一遍销售数据、整理一下工作笔记或写一封感谢函。如果有 10 分钟的空余时间，可以整理一下办公桌、收发当天的电子邮件，或是整理名片。如果有半个小时的空余时间，则可以看看报纸杂志、制作电子文件，或是去书店翻阅新书。

零碎的时间对于善于利用时间的人来说是宝贵的，对于享受生活的人来说是养尊，对于愚者来说是虚度。要合理地利用好零碎的时间，我们需要从以下方面努力：

（1）提高办事效率

做事的快慢决定着需要耗费的时间的长短。一个办事拖拉的人做一件事情可能需要两个小时，而一个办事效率高的的人可能半个小时就把事情做好了，而且效果还很好。用较短的时间做好一件事情，则会有较长的空余时间去忙其他的事情。

（2）善于把零碎的时间化零为整

一个工作效率高的人常常善于挤时间。养成挤时间的良好习惯，对工作和学习具有非常重要的意义。我们要提高时间的利用率，就要学会化零为整，善于把零碎的时间拼凑起来，加以利用。

（3）善于利用节假日

大部分的公司在节假日都会放假，再加上周末的时间，一年就会有很长的一段时间。如果你能够把这段时间有效地利用起来，也会有一定的收获。

（九）计划好你的时间

哈佛认为，恰当地计划好你完成工作的时间是管理者的一项重要任务。然而很多经理并非完成好了这一项重任。他们紧张工作了一整天之后，还带着需要在"空闲"时间完成的甚至比白天更多的工作回到家中。他们整天忙忙碌碌，一周除工作 60 小时甚至更多之外，还要在办公室以外工作至少 10 小时，甚至还在午餐和晚餐时加班处理事务和解决问题。他们害怕时间流逝，想拼命做更多的事，放弃了和家人的欢娱，也放弃了和朋友享受共同的业余生活，这种狂热的工作节奏使他们得了一种"匆忙病"。

这种症状会引起过量的肾上腺素进入人体血管系统，心跳加快，肺的工作强度增加，消耗比正常人更多的能量，甚至有可能导致十二指肠溃疡、高血压、心脏病、头痛、腰痛、腹泻、气喘病和湿疹等一系列有害身体和心理的病症。更有甚者还有可能导致婚姻不和甚至夫妻离婚。然而他们这样做也没有达到节约时间的目的。一个人工作速度达到一定程度后，如继续加快其速度就会使他开始不断出错，任何事情都有一个限度，欲速则不达。善于充分地利用时间是克服匆忙症的秘诀。

哈佛教授卡尔·希尔顿在谈到自己对约束和控制自我时，这样说："直到我训练了自己约束和控制个人感情后，我才学会管理好时间以使时间得到充分利用。我认为最艰苦的工作是迫使自己不要干涉别人所做工作的细节，我迫使自己把所有可能的小事委托给我的部下。为此我减去了所有不必要的工作，学会用组织和计划好的工作表来安排我的时间。安排和约束自己是唯一的能控制好我的时间的方法。"因此，希尔顿认为，为使你控制好时间，在安排你自己的活动时，首先要决定到底你本人应做什么。重温一下工作的性质，可以帮助你准确地确定你的特殊任务和责任。弄清自己的职责范围，除去不必要的工作，把属于别人的工作让别人去干，你自己只做自己应该做的，不要插手其他的事。

花少量的时间计划和组织你每周的工作是值得的，它将为你节省大量时间。你能确定适当地完成工作先后次序，你可以根据其重要性按次序去完成各种任务，这比你碰到什么就做什么要好得多。尽可能把日常的文书工作安排给部下去做，决定自己应该和不应该看什么，并随时向上级报告自己的工作情况。

要改善时间的利用状况，不能只是"头痛医头，脚疼医脚"，而应管理好自己。

答复信件是大多数管理者都要面临的事，如果处理不得法，会占用很多时间。但是对于善于利用时间的管理者来讲，答复信件并不烦人，而且提高了工作效率。希尔顿教授举了这样两个例子：

第一，斯坦纳是一名工厂经理，在处理信件时，他有一套经验。

"我每天只看两次信件"，他说，"第一次是早上，当邮件刚从我们的信箱拿回来时。第二次就在中午饭后，我马上口述对早上信件的答复后，我的秘书就在一天中的其他时间里打印并让我签字，最后在下班时把这一信件寄出。其他时间收信箱所得的邮件，秘书要留到第二天才给我，如果特别紧急，我需要打一个电话解决信件的问题。"这位工厂经理又谈起了几年前的事。

"那时，我的习惯是看完早上的邮件后做其他的事，在时间允许时再重看一遍并做出必要的答复。后来我感到这样做浪费了我太多的时间，而且其他事情似乎也很重要，我总是感到工作时间不够；每天要工作到夜里9点至10点才能处理完信件，而现在，我只看一叠信件，如果有一封信件需要答复，就在看第二封信之前对秘书口授答复，如果这封信需要答复很多的内容，就放在一边，待有必要数据时再口授答复。"

"而我在下午主要处理办公室之间的备忘录人便条、内部信件和报告。将两类信件分开使我避免了混淆、重叠和文件遗失，并保证没有堆积的文件。"

斯坦纳先生的诀窍在于绝对不对同一信件处理两次。在拿起下一文件之前，完成上一个文件所必需的任何要求，这样就可以避免文件积压，有更多的时间去完成其他重要的事情。

另一个处理信件的技巧是尽可能把日常文书工作安排给部下去做。如果你不这样做，日常文书工作就会冲着你来。你要让你的下属知道什么样的文件你必须看，什么样的信件你必须签字，当他们知道了这一点后，他们将同样知道什么文件你不必看和什么文件你不必签字。

要为你的工作建立一个标准工作程序，以使员工可以按准则行事。例如，你可以要求什么事必须让你本人随时知道，你也可以要求某些事情必须递交给你，由你本人做决定或签字。

第二，帕克先生是密苏里州的一个汽车装配厂经理．他要求每一位部门经理的每一位监督人员要有一份备忘录。全体管理人员用它作为日常文秘工作的指南。帕克先生说："这样做肯定会有所帮助。当人们想知道我要了解什么事情，尤其是想知道哪些文件要经过我的办公室时，有了这个备忘录，他们的95%问题已得到了回答，同时也使我的桌子上没有文件堆积，这也加快了他们的工作进度。"有成就的人把时间看得和资本同样重要，甚至比资本更重要。他们掌握了节省时间的技巧，因而能取得成功。这里举出一些节省时间的技巧。

1. 分出轻重缓急。列出一张"待办"单。每天晚上把你明天要做的事写下来，次日再看一遍。把时间分配好，就等于为每件要完成的工作规定了完成的时限，自然就知道先做什么，后做什么了。如此一来就会井然有序而不至把时间浪费了。

2. 八二原则。这是威廉·穆尔发现的方法。穆尔替格利登公司推销油漆，最初每月只赚160美元，经过分析发现80%的生意是跟20%的顾客做的。于是他打破了在全部顾客上花同样时间的做法，只把精力集中于对他最好的顾客上，结果成了美国西海岸最好的推销员，并成为凯利一穆尔油漆公司的董事长。

3. 成功模式。花些时间亲笔书写表示感谢、安慰和祝贺之类的私人信件。使用事先准备好的材料，如例行备忘录、函件、和产品资料。

4. 使用电话。在打电话之前做好笔记，快点谈生意，对要回复的电话应立即回复。

5. 防止干扰。在你工作最紧张的时候，最讨厌的莫过于那些来自各个方面的干扰了。

如果你正忙得不可开交，即使电话铃声、门铃声响个不停，也不要理睬它。如果有必要，你甚至可以把电源切断，这比不理睬铃声更为有效。

希尔顿指出，为了更有效地利用一般说来不受干扰的时间，你应该预先制定工作计划。你也可以提前或推迟午饭，这样就能够充分利用一般人的正常吃饭时间了。

噪音是使人们注意力涣散、浪费时间的罪魁祸首。人们一旦听惯了噪音，就不十分在意了，其实人的身体已经在各个方面受到有害影响，所以你一定要重视并研究如何消除噪音的问题。

有些拜访你的客人实际上是来聊天的，应当请他们尽早离开。

逐客或者避而不见，最初你可能会感到很不好意思，但是磨磨蹭蹭，拖泥带水所带来的却是比浪费时间更坏的结果。也许因为你的直率会得罪一些朋友，但等你达到目的之后，人们便会理解你的这种做法。

（6）拒绝依赖性请示。厂长、经理们每天总是被淹没在请示、汇报之中，这种领导是可悲的。一位中型企业的经理也有过这种经历，但通过一件事情，他学会了拒绝依赖性请示。

（7）有计划地拖延。美国企业管理顾问艾伦·莱金在《如何控制你的时间和生命》一书中，提出了"有计划拖延"的观点。他认为，一个管理者，每天的事情是多，不可能把每件事都做完。这就需要分别轻重缓急，把事情分为三类来处理：第一类的事情最重要，第二类事情次之。所以首先要把第一、第二类事情处理好。特别要注意，最重要的事情不一定都是十万火急，紧急的事情未必都十分重要。如果只按紧急程序来处理事情，就忽略了事情的轻重。如果紧急而不重要的事，则可采取分权的办法，交给属下人员去做。第三类的事情是可以"有计划拖延"的，它往往是不十分重要又不万分紧急的，如果非要用超负荷的时间与精力当天去完成它，就会疲于奔命，影响整个工作的质量和日后的整体工作节奏。

希尔顿教授告诫学生，"有计划拖延"与工作拖拖拉拉有着本质的区别。"有计划拖延"关键在"有计划"，而拖拉作风则是盲目散乱的"无计划"。有计划的拖延，是科学地安排和分配工作时间与精力，而无计划拖拉，则是白白耗费时间与精力。

美国麻省理工学院的管理学专家摩文用了六年的时间，对美国的3000名经理级人员进行了分类调查，总结提出了"有计划拖延"的六条原则。这六条原则是：

第一条，要像刷牙一样养成每天把要做的工作排列起来，加以分类的习惯；

第二条，先办当天最重要的事情，决不能遇到事情就做；

第三条，最重要的事情不一定紧急，紧急的事情不一定重要；

第四条，充分利用自己一天最显效果的时间；

第五条，把一部分工作交给别人去办；

第六条，分析自己利用时间的情况，检查"时间效益"，并加以改进。

（8）不，必尽善尽美。凡事求全的人和遇事拖延的人同样浪费时间。善于运用时间的人，应该知道，什么时候要尽善尽美，什么时候只要过得去就行。

（9）其他技巧。不要在人多时活动，避免排长队、交通堵塞和其他浪费时间的事。不要为省一点儿小钱而浪费许多时间。使用先进工具。把工作笔记存入电脑，由于有搜索功能，你就容易找到需要的东西。还有其他地节省时间的技巧，如以口述代替写信、买个移动电话、用自动转账付公用事业账单等。当你办妥一件事或消除了一桩麻烦，你就节省了时间，而且会生活得更愉快。

（十）现实地估算时间

哈佛管理课老师曾说，在某些方面，我们对时间的观念的自我陶醉的习惯（或者说是过度膨胀的乐观主义情绪）可能是很危险的。如果你问大家，在规定的时间里，你们到底能够完成多少工作，对此，几乎所有的人都会有一种过度的或者说是膨胀的乐观主义情绪。

我们原计划用一个小时结束会议，但事实上却用了2个小时。我们答应在两天内给委托人提交一份建议书，4天过去了，我们还没有完成工作。这种自我欺骗的习惯几乎影响了我们每个工作日的所有业务安排。我们以为我们在20分钟之内可以穿过城市准时到达开会地点，但是往往由于严重的交通阻塞或者转错了弯，使我们不能如愿到达。事实上，我们光花费在路上的时间就是30分钟。

老师们常常告诉学生，我们每个人都不可能不受这种盲目乐观情绪的影响。如果我们能够按照我们所想象的安排时间，那么我们在日程表上安排的一切工作都可以在当天完成，而不用拖到第二天。但是现实却不是这样，我们对自己一天能够完成多少工作往往是持乐观的态度，而不是悲观的态度。这种态度常常让我们为此付出代价。我们盲目的乐观主义态度常常令人感到恼火，让人感到失望，而且在极端的情况下，还会毁掉我们的信誉。

改掉这种习惯的最快的办法是，在乐观地估计时间的使用时犯错误。因为错误的发生往往会给人留下深刻的甚至是痛苦的记忆，这种记忆促使他们去改掉那些坏毛病。如果你知道在正常情况下（没有交通阻塞，也没有红灯）20分钟内可以穿过小镇的话，你应该考虑到不正常情况随时可能会出现，并多给自己10分钟的时间。这样，你应该把自己在路上的时间安排为30分钟（如果你认为你可以在15分钟内到达会场，那么这除了说明你是在自欺欺人之外，什么都说明不了）。

我们并不能指望人们可以在一夜之间由一个在时间问题上持乐观主义态度的人变成一个悲观主义者。这就像要一个酒鬼当场戒酒一样。一步一步地来，效果可能更好一些。哈佛教授曾向学生推荐的几种可以帮助大家更加现实地估计时间的方法。

检讨一下自己上班后是否在认真工作

当你觉得自己每天都没有足够的时间来完成本职工作时，你就应该向自己提出这个问题："我每天上班后，是在认真地工作吗？"

一个编辑兼撰稿人在纽约一家月刊杂志社工作. 他唯一的责任是负责杂志中的一个版面编辑，并且每个月写一篇 1000 字的专栏文章。然而，每当朋友给他往家里打电话时，总是被告知他正呆在办公室里写他的专栏文章。几年来他一直就是样。朋友问他是不是喜欢放弃周末去写专栏文章。他说他讨厌在周末继续工作。

"那么，你为什么不在上班的时间里把它写完呢？"朋友问。

因为我每天都太忙了，我得开许多会议，出去参加午宴，接电话，把稿子敲定下来……"他说。

也许，对在办公室工作的许多人来说，这都是事实。在工作时却要应付这么多分心的事情，他们根本没有足够的时间来完成他们的本职工作。

如果你想真正掌握自己的时间，你首先就要看看在你上班以后，自己实际上是怎么工作的。

检讨哪些工作是不必做得十全十美的

我们经常会遇到这种情况，当他们有两天时间可以用来完成一项工作时，他们会打算在一天之内把它完成，因为这样，他们就可以用剩下的这一天来把工作做得完美无缺。在他们能够做到百分之九十时，他们希望他们的工作能够百分之败的被大家接受。

我们并不是提倡在工作上应该以次充好，也不是为此找借口。但是，我们的确应该重新考虑一下，到底有哪些工作（包括细节问题）需要我们对之加倍地关注，而哪些工作又不需要这样做呢？比如，一位经理每个星期可以花 50 个小时在通信上面——从销售信函到内部公文，到传真，到感谢信，到回信，如此等等。而且，这位经理有一个习惯，那就是他希望凡是有他签名的文件，都要尽力把它们写得更好一些。

但是，后来，他宁愿随便抽出他写的 100 封信，每封信都能够打 90 分，也不愿有90 封信都能够打到 100 分，这为他节省了大量的时间。至于公文，在它们能够像钻石一样闪闪发光之前，是不值得花费时间和精力的。

如果我们能够经常退出来以另一种心态来问问自己："我真的有必要在这项工作上如此劳神费力吗？别人会注意到（或者忽视）我的努力吗？我是在浪费时间吗？"那么我们每星期的有效工作时间就一定会增加。

警惕你周围的时间杀手

时间杀手是指那些在我们的生活中耽误别人时间的人，是指那些对约会总是习惯性地迟到的人，是指那些不给你回电话的人，是指那些几个星期都不给你的咨询信做出答复的人。他们通过让你等待他们几分钟、几小时甚至几天地耗费你的时间。时间杀手在时间问题上比一般人更加乐观。如果你意识不到这种行为所造成的巨大破坏，那么你肯定也是一个时间杀手。

有些人认为，他们可以令时间杀手改变浪费他人时间的坏习惯；有些人拒绝与时间杀手打交道；绝大多数人都是时间杀手的受害者——要么，他们没有意识到时间杀手在浪费他们的时间；要么，他们以为他们能够在时间杀手身边工作，根本不会受到影响。

最好的策略是拒绝作受害者

由于某些原因，人们对在工作场合遇到的时间杀手一般警惕性不高，或者不愿意去约束他们。如果你跟某个人约好上午 11 点在办公室会谈，时间为一个小时，而这个人却迟到了加分钟。在这种情况下，你是仍然按照原来的时间安排处理呢，还是按照他们的时间表处理？你会在 12 点钟结束会谈吗？你会延长会谈时间来迁就这位姗姗来迟的访问者吗？只有那些自认为时间比较宽裕的人才会打乱自己的时间安排。去迁就那些时间杀手。

哈佛老师指出，我们在办公室里的选择余地实际上并不像上述例子里所说的那般泾渭分明。有些时候，时间杀手就在我们身边，而我们却难以察觉。

（十一）效率提高 10% 的秘密

担任哈佛管理课的教授们，在启迪学生智慧方面十分注重旁敲侧击。他们说，音乐大师们可能在一年或数年中每天都必须拿出大量时间进行苦练，才能使技艺略有长进。事实上，他们的技能已经达到较高的水平，但就为了保持这个水平，他们便不得不付出大量时间练习，更别说在此基础上再有所提高。其实，这是在引出一位古典音乐家的话："一天不练，自己知道。二天不练，妻子知道。三天不练，听众知道。"

教授们接着会告诉大家，就经理人的素质而言，却少有甚至没有堪称大师者。所以经理人可以在个人能力方面取得显著的改善效果——10% ~ 5% 以上——且无须付出太多心血。

比如制作某种小型器具，你一小时能做 50 个，你能把效率提高 10%，即每小时做

55 个吗？也许可能。开动机器说干就干！你不需要对生产方法进行根本性变革，也无需有超人般的生产速度，只需稍微加把劲。

你会发现几乎任何事情要提高 10% 的效率都不难做到，而这少许的努力将产生不菲的回报。在前一个例子中，如果你在器具生产车间每天工作 8 小时，效率提高 10% 后，一年将多生产 1 万套器具。如果每套器具的利润为 10 美元，则每年的盈利将额外增加 10 万美元。

把效率提高 10%，如何能更有效地利用时间？哈佛有一篇文章为提高日常活动效率提出了以下几点建议：

1. 定出专项时间

如果你需要专心致志于某几个棘手难题，不希望被打搅，可以预定出几段专项时间。告诉你身边的人，在这几段专项时间内任何人都不见。

把比较容易办的事放到专项时间以外，在专心投入某项工作之外的其他时间内，尽可以记记笔记或读读商贸杂志。

专项时间要雷打不动，如果你的专项时间定在午后 2 点至 4 点，就不要打算在下午 3 点去看牙医，否则会使你的专项时间被肢解。

2. 注意小憩

较高的工作效率只能保持一两个小时，这是集中精力工作的最佳时间长度。研究表明，全神贯注于某种活动 90~120 分钟后，精力便难以继续集中。这时你需要休息一会儿，以便于体内进行生化反应，恢复体能。两次紧张的工作会议之间的小憩无须太久，2~5 分钟便可为你补充足以支持一两个小时工作的能量。

3. 注意饮食

多获取 10% 的能量。在实施全套提升体能计划之前，工作中注意以下两点：午饭不要过饱。否则会使你恹恹欲睡。应试着"少食多餐"。所谓少食多餐是指破除一天二餐或三餐的传统习惯，改为多次少量进食。专家认为这更有利于健康。在布拉格进行的一项调查表明，将每天二餐的热量分多次摄取的人较少患心脏病。

在工作时不要饮酒。酒精会使你睡眼惺忪，影响思维能力。工作午餐时，可以要一杯柠檬汽水或冰茶，而非葡萄酒或鸡尾酒。

4. 提前起床

将起床时间提前 10%。你想寻求一种能提高个人办事能力的简便有效的方法吗？那么就请你每天提前一个小时起床上班。提前的这一个小时不会使你感到困倦，相反只能为你带来意想不到的惠泽。你尽可以在办公室里开始变得蜂拥一团之前，悠哉游哉地品品咖啡，查查邮件，读读报纸，回回信件，或回顾一下昨天的工作。

5. 避免浪费时间的活动

少浪费 10%的时间。尽力避开浪费时间的活动。

比如参加那些专业协会、社区联防队、志愿者团体等，你一定要肯定其确有价值而且自己感兴趣才行。你越感兴趣，你就会越投入，你自己以及这个组织就会因为你的参加而获益甚多。千万不要仅仅为了承担义务而随便地参加一个什么组织，不要去参加那种自始至终你都是一个盲目地跟从者的会议，即使你在该组织中担任领导职务，那样只会浪费你和别人的时间。

6. 让思考速度提高 10%

像其他任何事情一样，思考也是一个不断进步的过程，它可以被传授，被学会，可被实践和发展。过程很简单：找出问题所在，汇总所有的相关因素，寻求相互之间的关联，建立一个清单，收集反馈意见，与其他人合作，为新思想的产生提供机会。一旦你理解了这一过程，便可以从容地制定决策，解决问题，并灵感泉涌。

（十二）创造出新的时间区

记住，浪费时间就是浪费机会。

——理查德·安德森

30 岁的威廉在波士顿开了一家公关咨询公司，一年下来接了约 100 个案子。他每天都在全美的各个城市旅行，很多时间是在飞机上或者火车上度过的。

他相信与客户保持良好的关系是非常重要的，所以他经常利用乘坐飞机或者火车的时间写短签发给他们。

一次，一位同机的旅客在等待领取行李的时候，跟他攀谈了起来。

他说："嗨，你好。我是哈利，很高兴认识你。"

威廉说："你好，我是威廉，在一家公关咨询公司工作。"

哈利说："我在飞机上就注意你了，我发现你在两个多小时的旅途中一直不停地写短签，我敢说，你的老板一定以你为荣。"

威廉笑着说："其实，我就是老板。"

哈利敬佩地说："你真是太棒了。你是怎么管理自己的时间呢？像你这样的人，一定非常忙碌吧？"

"是的，有时候确实很忙。但是我善于创造新的时间区，善于在某段时间里完成一件事情。"威廉说。

哈佛大学时间研究项目的研究人员建议公司的管理者把工作组织起来，使他们的时间可以分段或者分区，这些时间区段是完全不受打扰、专心工作的时间。

听从这个建议是有些难度的。对大多数人来说，干扰就是一种生活方式。某些行业的员工甚至在沐浴的时候也处在电话和旁人的打扰中，这其实是一种错误的生活方式。一个公司的部门经理，或者是生意兴隆的餐厅老板，抑或一个电视台的节目制片人，有时候需要在短短几个小时内做出几十个决定，但是如果比较有创意再加上自制，即使是这些专业人士也能在节目开播前或客户上门前创造时间区。

哈佛大学时间管理项目的研究人员经过十多年的研究，找到了以下创造时间区的方法：

（1）坚持早到或迟退

很多公司的高级主管经常会提前一段时间来到公司，是因为他们知道电话在那个时候还不会响个不停，其他的员工也还没到，这正是一个高级主管应该利用的时间区。此外，这么做也会延长你的工作时间。因为按时上下班的员工已经下班，而且在公司下班后基本上也不会有电话进来。

（2）远离工作

有些很有成就的人每个星期会留在家里一两天，目的就是创造时间区。显然你需要有一个能允许你这么做的老板，或者你本身就是老板。

（3）在空当时间中创造时间区

哈佛大学医学院霍尔博士在往来三个办公室之间找到了他的时间区。他的一个办公室在学院的办公区，一个在附近的医院，另一个则是在附近的小城镇上。"原来我以为有三个办公室也许会没有效率。但是，我惊喜地发现我在三个办公室所做的事情比在一个办公室还多，我觉得自己的工作效率大大地提高了。"霍尔博士认为有另一个办公室是一个很好的调节方法："我开车从这个办公室到那个办公室之间需要花费 15 分钟的时间，是一天之中最棒的思考及整理思绪的时间。"很多经常旅行的人都会在飞机上找到他们的时间区。对大多数人而言，几乎完全损失的通勤时间，其实都可以转化为宝贵的时间区。

（4）为重要的一对一会谈创造时间区

如果有一个会面非常重要，请在会面前先告诉你的助理或秘书，除非有紧急的事情或是非尽快处理不可的事情发生，否则你不希望被打扰。如果是和公司员工会谈，这么做会让公司的员工知道他们在你心目中的重要性，这段时间内，没有任何事情可以中断你们的会谈，没有电话、没有干扰。

在工作中，你不但需要创造新的时间区，还要找到安定的时间，以便自己可以安心地工作。

（1）避开高峰时间

在午餐时间开始前半个小时离开办公室，这样你就不会因排队买饭而花费太多的时间。如果你到得比较早，许多餐厅还允许你提前坐在餐厅里，你可以在这个空隙时间做点与工作有关的事情。

（2）找处安静的地方

如果你在公司比较自由，你就可以离开办公室，到一个相对安静的地方，比如说空会议室、咖啡厅等。这样你可以安心地思考，做自己的工作。

（3）设立无干扰时段

如果你是公司管理层中的一员，你可以要求同事在某个时间段不去打扰你，这样你就可以专心做重要的事情。

（4）与上司沟通，争取一段安静的时间

如果单纯地避开对你来说不太现实的话，你可以与你的上司沟通，为自己争取一段可以专心工作的安静时间。从你的老板的角度考虑，这样做的好处是能够让你集中全力处理一些他也认为比较重要的事情。一般开明的上司都会满足下属这样的要求。

（5）使用写字板

有时候，你的办公室关着门，别人也会找你。这个时候，你不妨借助一下写字板和一支笔。当你的门关上的时候，想见你的人只需在写字板上写下提示信息就可以了。当你站到写字板前，看到别人给你留下的信息，你就会按照上面显示的信息找到需要见你的人，而找你的人即使不进你的办公室也能传达他们的意愿。

八、效率永远是最重要的事情

爱因斯坦说："每件事情都应该尽可能地简单，如果不能更简单的话。"化繁为简，才能提高工作效率，只有效率提高了，工作才能卓有成效。

（一）效率往往就是从简化开始的

在现实生活中，有这样两种类型的人：一种是善于把复杂的事物简单化，办事又快又好；另一种是把简单的事物复杂化，使事情越办越糟。当我们让事情保持简单的时候，生活显然会轻松很多。不幸的是，倘若人们需要在简单的做事方法和复杂的做事方法之间进行选择，我们中的大部分人都会选择那个复杂的方法。如果没有什么复杂的方法可以利用的话，那么有些人甚至会花时间去发明出来。这也许听起来很荒谬，但真有不少这样的事，很多"勤奋的人"就在做这样的事。

我们没有必要把自己的生活变得更复杂。大部分人把他们的生活变得太复杂化，而且还总奇怪为什么他们有这么多令人头疼的事情和大麻烦。他们恰恰是那些外表看起来很勤奋的人。

生活中有很多"勤奋的人"沉迷于找到许多方法使个人生活和业务变得复杂化。他们在追求那些不会给他们带来任何回报的事情上浪费了大量的金钱、时间和精力。他们和那些对他们毫无益处的人待在一起。在某种程度上这简直像受虐狂。

许多勤奋人都趋于把自己的生活变得更困难和复杂。他们快被自己的垃圾和杂物活埋了，那就是他们的物质财产、与工作相关的活动、关系网、家庭事务、思想和情绪。这些人无法实现像他们所希望的那么成功，原因是他们给自己制造了太多的干扰。

把事情化繁为简的一个关键是抓住事物的主要矛盾。必须善于在纷繁复杂的事物中，抓住主要环节不放，"快刀斩乱麻"，使复杂的状况变得有脉络可寻，从而使问题易于得到解决。

同时它还意味着要善于排除工作中的主要障碍。主要障碍就像瓶颈堵塞一样，必须打通，否则工作就会"卡壳"，耗费许多不必要的时间和精力。

永远要记住，杂乱无章是一种必须祛除的坏习惯。有些人将"杂乱"作为一种行事方式，他们以为这是一种随意的个人风格。他们的办公桌上经常放着一大堆乱七八糟的文件，他们好像以为东西多了，那些最重要的事情总会自动"浮现"出来。对某些人来说他们的这个习惯已根深蒂固，如果我们非要这类人把办公桌整理得井然有序，他们很可能会觉得像穿上了一件"紧身衣"那样难受。不过，通常这些人能在东西放得这么杂乱的办公桌上把事情做好，很大程度上是得益于一个有条理的秘书或助手，弥补了他们这个杂乱无章的缺点。

但是，在多数情况下，杂乱无章只会给工作带来混乱和低效率。它会阻碍你把精神集中在某一单项工作上，因为当你正在做某项工作的时候，你的视线不由自主地会被其他事物吸引过去。另外，办公桌上东西杂乱也会在你的潜意识里制造出一种紧张和挫折感，你会觉得一切都缺乏组织，会感到被压得透不过气来。

如果你发觉你的办公桌上经常一片杂乱，你就要花时间整理一下。把所有文件堆成一堆，然后逐一检视（大大地利用你的废纸篓），并且按照以下四个方面的程度将它们分类：即刻办理；次优先；待办；阅读材料。

把最优先的事项从原来的乱堆中找出来，并放在办公桌的中央，然后把其他文件放到你视线以外的地方——旁边的桌子上或抽屉里。把最优先的待办件留在桌子上的目的是提醒你不要忽视它们。但是你要记住，你一次只能想一件事情，做一件工作。因此你要选出最重要的事情，并把所有精神集中在这件事上，直到它做好为止。

每天下班离开办公室之前，把办公桌完全清理好，或至少整理一下。而且每天按一定的标准进行整理，这样会使第二天有一个好的开始。

不要把一些小东西——全家福照片、纪念品、钟表、温度计以及其他东西过多地放在办公桌上。它们既占据你的空间也分散你的注意力。

每个坐在办公桌前的人都需要有某种办法来及时提醒自己一天中要办的事项。电视演员在拍戏时，常常借助各种记忆法，使自己记得如何说台词和进行表演。你也可以试试。这时日历也许很有帮助，但是最好的办法可能是实行一种待办事项档案卡片（袋）制度，一个月每一天都有一个卡片（袋），再用些袋子记载以后月份待办事项（卡片）。要处理大量文件的办公室当然就需要设计出一种更严格的制度。

此外，最好对时间进行统筹，比如到办公室后，有一系列事务和工作需要做，可以给这些事务和工作安排好时间：收拾整理办公桌三分钟；对一天工作的安排五分钟等等。

总之，那些容易把事情复杂化的无数勤奋人应该学会的一种能力是：清楚地洞察一件事情的要点在哪里，哪些是不必要的繁文缛节，然后用快刀斩乱麻的方式把它们简单化。这样不知要节省多少时间和精力，从而能大大提高你的效率。

（二）聪明地工作比努力更具效率

无数的人证明了这一点，努力工作并不能如预期的那样给自己带来快乐，勤劳并不能为自己带来想象中的生活。

告诉你一个既可以多一些时间享受生活，又可以获得最佳业绩的好方法，那就是聪明地工作，而不是努力地工作。聪明地工作意味着你要学会动脑，如果你一味地忙碌以至于没有时间来思考少花时间和精力的方法，过于为生计奔忙，那是什么钱也赚不到的。

自古房子出售，都是先盖好房，再出售，对此，霍英东反复问自己："先出售，后建筑不行吗？"正是由于霍英东这一顿悟，使他摆脱了束缚，迈出了由一介平民变为亿万富豪的传奇般的创业之路。霍英东是中国香港立倍建筑置业公司的创办人。在香港居民的眼中，他是个"奇特的发迹者"。"白手起家，短期发迹""无端发达""轻而易举""一举成功"等等，这些议论为霍英东的发迹蒙上了一层神秘的色彩。霍英东的发迹真的神秘吗？不，他主要是运用了"先出售、后建筑"的高招，而这一高招来自他的思考。

在工作中，勤奋必不可少，这是一种优秀的品质，但要想获得成功，最大化地体现你的人生价值，就要多思考，无论看到什么，都要多问为什么，把思考变成自己的习惯。

一根小小的柱子，一截细细的链子，拴得住一头千斤重的大象，这不荒谬吗？可这荒谬的场景在印度和泰国随处可见。那些驯象人，在大象还是小象的时候，就用一条铁链将它绑在水泥柱或钢柱上，无论小象怎么挣扎都无法挣脱。小象渐渐地习惯了不挣扎，直到长成了大象，可以轻而易举地挣脱链子时也不挣扎。

小象是被链子绑住的，而大象则是被习惯绑住的。

所以，习惯常常是影响我们做事情的一个不被注意的关键。养成正确的思考习惯，是走向成功的第一步。

思考习惯一旦形成，就会产生巨大的力量，19世纪美国著名诗人及文艺批评家洛威尔曾经说过："真知灼见，首先来自多思善疑。"

下面则是一条令人高兴的真理：成功与辛苦工作没什么关系。为了赚大钱和从生活中得到更多的东西不得不辛苦工作并不是这个世界的自然规律。与之相反，比大部分人用更短的工作时间，更轻松悠闲的生活节奏，却能帮助你从生活中获取更多的收获，无论金钱还是精神。

辛苦工作与轻松创造是不相匹配的。和那些鼓吹辛苦工作的人不同，懒惰的成功者知道与长时间地辛苦工作相比，重要的、具有想象力的付出能产生令人印象深刻得多的经济效益和个人满足感。选择，成为一个懒惰的成功者，你就能成为一个顶尖人物。你不必为了赚到丰厚的收入而工作，但你要聪明地工作。

（三）优秀的人往往是"懒汉"

长期以来，古今中外都有一种普遍的观念，就是鄙视懒惰。人们一说起懒惰就深恶痛绝。其实，"懒"从某种角度来说，既能成为一种创造的动力，也能提高生产效率。

我们从小就听长辈们说起过懒汉，仿佛懒惰是个最丢人的事。实际上，正是"懒汉"推动了社会的进步。没有"懒汉"，再勤劳的人也会沉溺于单调乏味的劳作无法自拔。如晚饭后，一个小姑娘帮妈妈收拾餐具。她小心翼翼，把碗碟摞得高高的。这时妈妈就会冷言冷语地责备说："真是懒汉干活儿。"用不着经过几次批评，这孩子就会养成滥用力气的习惯：即每次少拿一点碗，多跑几趟，把力气花在不必要的往返上面。开始时，她只是做给妈妈看的，久而久之，她养成了习惯，她也以为外表表现出勤劳是很重要的。结果，她长大了，总是一副忙碌的倦容。凡是把懒惰想象为邪恶的家庭主妇，总会有这模样。

大多数妇女都比男人容易衰老，不用说，这是由于一般妇女不如她们的丈夫懒惰。当只需走一两步时，她们却不在乎走上十步。她们宁愿循规蹈矩，落个疲惫不堪，也不肯运用心智去偷懒取巧。

懒惰的饭店服务员往往是最令人满意、最优秀的，他总是力争一次就把餐具都送到餐桌上，因为他讨厌多走半步路。而那些勤快的伙计却端上咖啡而不带方糖和勺子，他们反正不在乎多走几趟，每趟只拿来一样东西，结果咖啡已经凉了。

人类的一切进步难道不都是由想偷懒的"懒汉"推动的吗？

我们的远祖住在条件恶劣的山洞里，每次想喝水，都要走到溪水旁边才行。于是他们发明了最初的水桶，用水桶可以把足够一天饮用的水一次提回家去。不过，如果他们连水桶也懒得提了，下一步就会想到发明管道了，水可以顺着管道从溪边一直流进消费者的屋子里。为了不必挑水翻山，水泵和水车就被发明了出来，这无疑也都是懒汉们发明的。同样，我们的某个祖先想到湖对岸去，又不愿意沿着湖边绕过去，才发明了船，它是把一段树干掏空以后做成的。

一百多年前，有个叫汉弗莱·波特的少年，人家雇他坐在一台讨厌的蒸汽发动机旁边，每当操纵杆敲下来，就把废蒸汽放出来。他是个懒汉，觉得这活儿太累人，于是想办法在机器上装了几条铁丝和螺栓，使得阀门可以靠这些东西自动开关了。这么一来，他不但可以脱身走掉，玩个痛快，而且发动机的功率立刻提高了一倍。

早先的农业机械都没有座位。起初想到安座位的肯定是懒汉，因为他们懒得整天在田地上走路，他想要坐着干活，于是又一个发明诞生了。

最杰出的工程师、动作研究之父弗兰克·B·吉尔布雷思，常常把各行各业优秀工人的劳动动作拍成影片，以判断一种工作最少可以用几个动作完成。他发现，懒汉往往才是最优秀的工人，人们可以从他们身上学会许多东西，这种人懒得连一个多余动作都不肯做。而勤快一些的工人的效率要低得多，因为他不在乎把力气花在多余的动作上。一个称职的领导人也同样懒惰，凡是能吩咐别人为他干的事，他绝不亲自去做。

精神的懒惰也同样促进了人类的进步。许多重要的规则和定理都是懒汉想出来的，这些人想在脑力劳动上寻找捷径。发明万有引力定律的人肯定是精神上的懒汉，因为有了这个定律，要计算许多数据就非常简单了。想想看，如果某些懒汉不曾建立"2+2=4"的规则，我们在生活里将会遇上多复杂的局面，将会碰到多么令人精疲力尽的麻烦啊！

人正是懒得推磨，才发明了风车；懒得走路，才发明汽车；懒得洗衣服，才发明了洗衣机……懒惰的人，身上常常闪烁着创造的火花。

其实，正是"懒汉"承担了促进文明发展的重任。现在是给懒汉们平反的时候了，他们身上寄托着人类的希望。

（四）把注意力集中到结果上

做得够多不等于做得够好。克莱门特·斯通曾说："在职业生涯中，我让自己养成了只依据人们的成果来支付他们报酬的习惯。成果比任何华丽辞藻更具有说服力。"

我们在工作中要明白一个重要的道理就是：做得够多不等于做得够好。有很多没有把工作做好的人会给自己找一个借口："我做得已经够多了"。那么，要怎么帮助这些人摆脱这种心态呢？这些人要如何才能了解最终的目的是要达成目标，而不是避免受责？

要处理这种逃避责任的心态，可问诸如下列的问题："你如何看待工作上的责任？你觉得责任极限在哪里？你如何认定自己做得已经够多了呢？如果你已经做了你平常该做的事，但是问题还是无法解决，或者目标还是无法达成，你的下一步是什么？你如何决定何时停止一切尝试解决问题的举动？你要如何解释自己的这个决定？如果你是公司老板，你会希望员工撑得比你久，做事比你现在努力吗？你能否想象自己无限制地做下去，直到达成目标？如果这么做的话，你会有什么感觉？"

讲到这里，我们必须强调一点。我们并不是在说，公司的员工必须不择手段达到工作目标，甚至要牺牲自己其他生存的价值，诸如健康、家庭、休闲等等。这样做只会让自己对自己更不负责而已。我们所提倡的，是在合理的范围之内，也就是在不会危害到个人生活的范围内，如果目标尚未达成的话，就必须审慎思量自己所谓"做得够多了"是什么意思。

当我们谈到经济价值的时候，讨论的话题总是集中在各种形式的成果上，最终得到的报酬只是取得的成果，而不会包括人们的好心肠或者努力的尝试。道歉或者借口也得不到任何的收入。

要想在工作中取得成果，就要注意不要盲目地做事情，而要做真正值得的事。大多数看上去值得做的事情并不值得你付出最大努力。显然，根本不值得去做的事情是最浪费我们时间的事情。大部分人在忙于做一些没有太大价值的工作，而这些工作并不能有助于我们过上具有效率、成就感的快乐生活。

很多人混淆了工作本身与工作成果。他们以为大量的工作，尤其是艰苦的工作，就一定会带来成功。但任何活动本身并不能保证成功，且不一定是有用的。许多人埋头苦干，却不知所为何事，到头来发现与成功擦肩而过，却为时已晚。

（五）创造性地解决问题

有很多人是这样的：如果有人问他，他的脸为什么总是看起来胖胖的，他可能会因此而难过上一个星期。可是奇怪的是，不论他喜不喜欢听，他总是喜欢问问别人，对他的外貌、穿着、谈吐，或是工作表现，有没有什么意见或是建议。

生活中有很多人会过分在乎别人对自己的看法。这样过于依赖他人的看法，以此作为自己言行、做人、衣着的唯一参考的话，这个人可以说是一个没有主见的人。

当被别人称赞的时候，有些人可能就会因此而高兴、满足，而别人对他们有意见的时候，他们就会感到懊恼、沮丧。更麻烦的是，如果不同的人对某人的举措或是衣着等，持有完全两极化的看法时，那么失去主见的人很容易会因为自己拿不定主意，又不知道该听谁的，而感到烦闷与焦虑。

有些人之所以会如此地去在乎别人的看法，多半是因为希望借着顺从别人的意见，来让他人产生好感。

其实，别人所给的建议，多半仅是根据他们的喜好所做出的主观认知，这也许与你自身的认知与喜好完全南辕北辙。而且有些人根本只是想满足他的支配欲而已。一种米养百种人，尤其当许多人同时给予过多不同意见的时候，很容易让人因为无所适从，而感受到莫大的压力。

还有这样的人：在一场研讨会上，他早就想发问了，可是他却会一直等到有人问问题之后，才会真的开始发问。他总是习惯于先观察别人是怎么做的，然后才会决定自己该怎么做，也就是总喜欢当跟屁虫。

人是群居的动物，大多数的人都是追随者，只有少数的人才是领导者，他们披荆斩棘，带领着芸芸众生，迈向不可预知的未来。也因为如此，我们大多数的人，会习惯遵循前人所设定的各种标准与规范，以确保自己跟别人一样正常。所以，当一群人看电视爆笑时，只要大多数的人开怀大笑，我们多半也会跟着笑起来，即使我们并不觉得很好笑。

因此，为了与大多数的人相同，有些需求与欲望，有时候就必须跟着妥协，而对于一些事物的观感，多半也只是遵循主流的观点，不容易拥有自己的主观的看法与想法，只因为你害怕自己会被大多数的人所排挤。至于一些较有主见的人，他们就不会随波逐流，因为他们知道自己真正要的是什么，而且非常自信，所以，他们不在乎别人以异样的眼光来看待他们。

请告诉自己：人要活得更好，就要在群体的活动中，试着做那种第一个站起来发言的人。假如害怕让你无法前进，那就转化心情告诉自己："这是我最后一次发言了。"不论是在课堂上，在研讨会中，都试着率先举手发言，就算在餐厅里，也试着当第一位点菜的人，就算是喜欢吃的东西与别人很不相同，而遭到他人投以狐疑的眼光，但试问：在一个月之后，有谁还记得你那一餐曾经点了什么东西？

许多人在第一次听到录音带中自己的声音时，都会觉得不太自在，那是因为人都会长期地刻意忽略自己声音的存在。请别再忽视自己的存在吧！录下日常生活局部对话，然后反复地去倾听它。久而久之就能知道：原来在日常的对话中，可能使用了过多的赘字，也可能常常言不及义等，然后，慢慢再来改进自己的说话技巧，这时，你会深切地感受到自己的存在。

爱默生曾经写下这样的名言："不要怯于现场，人生本来就是一个大的实验场。"请仔细回想一下，联考前紧张的心情、第一次约会前忐忑不安的感觉、第一次面试时汗流浃背的窘境……结果呢？时间照走，生活照过，没有人因为"紧张"而丧失什么。而当所有的过去，都会形成回忆的时候，浮现在脑海中的景象，还是紧张与焦虑吗？不会的，留在记忆里的主要是甜美的果实。

有一些伟大的人之所以伟大，正是因为他们敢于与众不同。因为他们知道，模仿别人永远不会创造奇迹。

所谓"学习"，就是从模仿别人开始的。的确，模仿别人很容易，学得也快，成功也比较快。但是，模仿别人的能力看起来虽然比较容易成功，终究也只是一时的事而已。同时，模仿别人也不可能有大发展。凡事都模仿别人的话，人生是没有什么意义可言的。

如果想在人生道路上成功，最好还是要开发自己的个性。但是，要开发自己的个性实在是很难的事情，因为阻力很大，而自己也很容易碰到障碍，又需要很长的时间才行。但是，如果能突破这许多的阻力或穿越过这许多的障碍，人生就会有极大的进展。

很多人都忘记发挥自己独特的个性，经常把自己委屈于常识的社会里，所以就无法充分发挥自己成功的可能性，以至于过着卑微的生活。你是否希望成为一个成功的人呢？如果是的话，你必须成为"自己本身"。

追求个性的实现，这是人的天性。

在工作中有不少这样的人，如果有人很明确地指派他做这个做那个，他往往可以很有效率地把它做好；但是，如果让他自己放手去做的话，他却常常会感到不知所措，结果往往也不尽人意。这种人仿佛是天生做下属的。

其实，这种跟着别人步伐起舞的习惯，多半是因为本身缺乏自信与创意所致，因此，认为唯有跟随着别人的步伐来完成一件事情，才会让自己觉得比较踏实，比较笃定。

正因为被指派的本身，可以减少事情处理时的不确定性；而相较之下，让你自由发挥的结果，往往意味着事情做得一团混乱。因此，选择以被指派的方式来处理事情，一方面可以让事情看起来较容易处理一些，另一方面，就算失败了，或是有了一些闪失，也会觉得反正还有人会替我扛起一些责任。这也难怪我们总是喜欢被人差遣来差遣去的了。因为我们认为成者有分，就算做坏了，自己只不过是执行者而已，大部分的责任都是来自上面的决策错误或是督导不周所致。这样的人是不能承担大任的。

缺乏主见的人还往往是因为他们没有明确的目标。需要他人来指引差遣，可能是因为他们根本就不知道真正的目标为何，因此，只有跟随他人的步伐，才能勉强找到真正的方向。所以，应该花一点时间，冷静地思考一下，目前最重要的目标有哪些，又有哪一些应该优先处理？为什么这些目标这么重要？而达成这些目标，对自己又有哪些实质上的好处？唯有确认这些目标对自己存有相当程度的价值之后，在努力的过程中，才会较有意义，也才会较有明确的方向感与使命感。

（六）节约开会时间的两个办法

简化会议、节约时间，我们可以这样做：

1. 开会前预先列出问题及其解决方案各三项。

尽管大家都知道，开会多的单位往往工作效率并不高，但许多单位开会时间冗长得令人不敢恭维的情形，却是有目共睹的。这样也不是，那样也不是，有的尽些是与问题毫不相干的废话，讨论了半天也没个结果出来，气煞人也。由于与会人员在开会的那一段时间内都被会议束缚，什么事也不能做，所以如果以时间成本来考虑，实在是相当可惜的。老是开这种冗长会议，就等于是无止境地浪费时间成本，其结果一定会造成公司金库的日益虚空。

通常这种无效率的会议，都是因为没有明确开会时限的缘故，也因此一定会有迟到或中途才进来的与会人员。由于不确知会议要开到什么时候，所以大家便毫无压力散漫地讨论。而且，会议主题不明确，只有题目没有讨论的方案，以致抓不住问题核心，讨论不出有效的结果来。

这里要提出来的是开会前的准备工作。例如，开会前应简单地条例出问题，并且针对每项问题分别提出至少三项的解决方法，以最精简的方式做出一份报告，于开会时分发给每一位与会人员。这样的会议一定能有效率地进行。

换句话说，提案者提出一些问题，而且针对问题拟定了苦干方案，由于个人能力有限，所以想请教于各位与会者，希望共同讨论、决定出一个可行的方法来，以这样一个方式进行开会讨论。

这种方式的会议。大概都能在一个小时内结束，节省下来的两三个小时，可以用到更重要的工作上去。当然，主持会议的人前前后后一样要花两三个小时，但那至少只有他个人的时间花费，不会掠夺其他与会人员的时间，所以，就公司整体而言，时间成本是大幅节省了。也就是说，会议一开始，所有的与会人员便能立即切入问题的核心讨论。当然啦，这必须是在提案者本身已确实把握住问题点，并且做出具体的方案的大前提下才能如此顺利进行。

2. 即席站立讨论，可以省下许多时间。

一些重要的事项经常站在走廊上三言两语就解决了。这些重要事项，如果是在单位的话，大概得上至上司、关系人，下至该事项的负责人，上上下下集合好几个人开会，而在开会时却又尽是负责人与上司之间的对话，造成全员时间上的浪费。但是，在现代追求高效率的单位则会是另一种景象。

好比说，今天某企业档案的经济费不敷使用，而负责人碰巧在走廊上遇见了握有处理该事项权限的上司，他便当场提出："关于……关系，事业的经费不敷使用，恐怕得再增多少数目不可……。"而这位上司也同样简单明了地说："好、那么追加经费!"或是"不行哦，现在没办法追加经费了，你就在当初的预算范围内考虑解决的方案吧！"

是或否，一下子就有了答案，其处理事情之明快确实令人大开眼界。

其实会议不见得一定得许多人坐下来讨论不可。与上司在走廊上简单地得出结论，不也是一种会议形态吗？有时候何不尝试这种站立的即席开会。它之所以迅速，是因为双方都是临时站定，所以一定会产生赶快解决问题的心理，也因此能更集中精神讨论出结果来。这种会议形态，在重视总体意见的企业界，恐怕不太容易被采用，不过近年来逐渐有被接受的倾向。有人认为，即席站立式的开会，能使头脑的运转更灵活、迅速，在提高效率的前提下是很值得采用的。

（七）减少电话使用时间的方法

把过多的时间用在讲电话上并不是一件好事，因此减少不必要的通话也能为你节省很多的时间。我们不妨从以下几个方面入手：

1. 电话应对术。

一般的公司里电话相当多。好的一面是，它代表了业务繁盛；坏的一面是，常常要为客户电话打不进来而伤脑筋。虽然，只要秘书一句"抱歉，负责人正在讲电话"就可以处理了，但万一对方有要事联络时就伤脑筋了。而且，如果对方是重要客户的话，也得赶快挂掉手边的电话，拨过去问个明白。

如果对方是在公司或家里打的电话，那还无所谓，立即拨过去即可。万一是在公共电话亭打的话，一错过，可就无法补救了。思前想后，"到底什么事呢？会不会有什么急事啊？"恐怕一整天就要为那一通错过电话心神不宁，工作大受影响。

当然，有过几次这种经验以后，有的人便开始以不错过任何电话为原则，并交代秘书，如果他讲电话的时候又有电话找他，务必请对方稍候，再以暗号通知他，并且等他的回复。他们之间的暗号是这样的，当秘书递给他传言便条的时候，如果他在便条上写"W"（wait 的略写）的话，就是"请他等一下，我马上好"的意思；如果是"T（telephone 的略写）7"，就是"7 分钟以后我会回他电话"；而"A（again 的略写）5"则代表"请他 5 分钟以后再打过来"。当然，一些推销员之类的电话，直接由秘书处理掉就可以了，不需要他接听。

有时候与一些喜欢聊天的客户通电话，讲完了正事以后就是无关紧要地话家常，而如果此时别的客户有要事联络，因为秘书的一句"讲话中"，就把电话回绝了，那么这可真是"因小失大"了。如果采用上述打暗号的方法，这些困扰就可以完全避免了，既不必担心错过任何电话，也可以安心地与客户话家常，搞好人际关系。

2. 不要只是"张先生来电"，"XX 公司的张先生来电"不是很清楚吗？

打电话的时候，最不愿意在电话接通以后，只听到对方一声"喂!"，公司的名称连报都不报一下。就算是直拨的电话，也应该说"XX 公司经理部"或是"XX 公司公关部"等等，让对方确定自己没有打错电话，如果打错了也趁早发觉，避免时间的浪费。

像这样的电话应对，应该在新进员工的训练课程中详细提醒才是。总之，在单位里可以把各种对象的电话应对方法编印成册，让新进员工一开始就知道如何应付，而不必等到出了问题才一一解决、教导。这本电话应对手册中有应付各种电话的方法，以最令人头痛的推销员电话为例，当对方一开始："恭喜您在十万人中幸运中选，我们很高兴为您推荐一项优秀的产品……"在确定这是浪费别人宝贵时间的推销电话以后，你便可以单刀直入地说："总而言之，就是推销嘛!"不论是多么伶牙俐齿的推销员这种时候都只能回答："是的是的。"然后，你便可以立即补上："不用了，谢谢!"马上把电话结束，避免浪费时间。

另外，这样的手册中，对于对方打错电话的情形也应有详细的应对说明。许多人在知道是打错的电话以后，都会不高兴地说上一声："你打错了。"就嘭地挂掉电话。但是这样的应对法，对方很有可能重蹈覆辙再打过来，徒增自己的麻烦。所以对于这种错误的电话，务必问清楚："请问你打几号?"如果对方回答的号码不对，应该告诉他："我们这里是几号"。如果对方回答的号码确实与自己的电话号码相同的话，就应该清楚地告知："这里的确是××号没有错，但我们这里是××地方。"以防止对方不明就里地重蹈覆辙。其实这些都只是稍稍费心的小方法而已，但这些小技巧却能减少被电话占用的时间。

（八）调整工作环境，提高工作效率

我们都知道，工作环境的好坏会直接影响到工作效率的高低，那么，它们之间有着怎样的具体联系呢？

1. 太暗或太亮都会影响工作效率。

照明设备会直接影响工作效率。尽管脑筋再清晰，眼睛疲劳的话，效率也会减半的，所以，从某种意义上来说，你对于工作场所的照明设备，应当不吝啬也不怕麻烦。出差投宿旅馆，你可以自行携带可伸缩的折叠式台灯来改善照明，因为旅馆或大饭店中的照明设备，设计时都是为阅读报纸或杂志设想。如果要长时间处理文件或读书，这样的光线是绝对太暗的，所以你应学会自备台灯。有了自备台灯即使是在旅馆的陌生房间内，也能和在自家的书房或办公室一样地集中精神做事。

其实不只是照明设备，目光所及的各种东西，都会直接或间接地影响到工作效率。就像前面提过的，为了替自己打气，有人制作了工作进度表，而在标明进度时，一定都以朱红表示。

虽然不是斗牛，但不可否认的是见到红色战斗力便油然而生。所以，画进度表也罢，读书时圈划重点或段落也罢，一般都应当采用可以感受到活力的红色或橘红色。

但是，工作地点的墙壁却不宜漆太刺激的颜色，当然，太晦暗也是不好的。最好是具有安定情绪的色调为最适宜。有些人认为，适合精神劳动的环境应以淡青色或淡蓝色的寒色系为佳。而白苍苍的墙壁也容易让人联想到医院，所以，很多人偏好柔软又具亲和力的肤色系统，似乎以它最能感受到安定的感觉。

当然我们并不是色彩学专家，无法做详细的说明，但墙壁的颜色确实会影响一个人的情绪。每天面对脏而旧的墙壁，日子一久，人都会变得贫弱无趣。所以，除了色调本身以外，干净与否也是很重要的。

假设由于藏书太多，书橱好几个，所以你的书房几乎看不见墙壁。因此，精心安排的肤色墙壁就发挥不了作用了。不过，你把重点转移到窗帘上，柔和的肤色窗帘一样具有安定心情的效果。总之，为了提升工作效率，注意工作环境的安排是绝对有必要的。

2. 工作性质与工作场所的配合。

讲到工作与场所的关系时，必须考虑到配合的问题，因为工作内容的变更，场所也需要变动。比方说必须参照许多参考书籍的工作，就非得在参考书籍随手可得的地方不可。如果缺乏所需要的书本，不管你花多少时间，效率也是不高的。这个道理人人都懂，但是许多人却放着显而易懂的道理不顾，尽是无效率地工作。

不少作家喜欢将自己关在饭店或旅馆内写作，另外一些也经常选择在饭店里工作。不同的是，前者是故意将自己关到旅馆中，而后者则是因为出差不得不如此。但是，在旅馆内做事确实有它的好处，平时在办公室里，一会儿部属、一会儿秘书、一个儿又是客户的电话，工作常常会被打断。在家里的话，几时吃饭、几时洗澡、几时上床，有它一定的生活步调。就算自己全然无视，也多少会受同一屋檐下其他人的影响，容易分心。所以，如果把必要的资料带齐了到旅馆内工作，由于不受干扰，工作便能做得多而且快。

尽管旅馆内工作效率高，但并非所有的工作都能在旅馆内圆满进行，毕竟我们不能把单位或书房里的各种参考书及资料，全数搬进旅馆。你可别只想到在旅馆内不受干扰，工作效率高，便以为什么工作都可以带到旅馆去做。

反过来，如果必须投宿旅馆，一定要事先考虑能做哪些工作，需要带哪些资料。从一般经验来说，一旦知道出差时要投宿旅馆，一定事先备妥能当场进行的工作资料。有了基本的资料、必备的参考书，才能达到满意的工作效率。

3. 上下班的公共汽车上也是不易受打扰的工作场所。

有些人在朝九晚五的上班生活中，大部分的坐车时间都用来学习外文。早上时间一到，定时器就会启动收音机，把他叫醒。

也许，你会认为在摇摇晃晃的公共汽车中，充其量只能做些听力的训练或是构思而已，其实车上也是很适合写稿的。如果你愿意尝试的话，将可以发现，克服在车上写字时的物理性障碍，并不如想象中的困难。甚至会觉得，比起在图书馆里小心翼翼生怕打扰他人的情形，在公共汽车上写字是要开放、自由得多，令人忽略了它的不方便。而且电车里也没有如办公室中被杂事中断的情形，所以一些在办公室里无法定下心来写的东西，你可以在乘车的时候完成。

（九）有效率观念，别虚耗时间

有这样一个小故事：

一位小伙子为了寄一张明信片给他的女友，前后用了半天时间：花了半个小时找明信片，半个小时找眼镜，一个半小时写明信片。剩下的 30 分钟则用来想：寄信时要不要骑自行车。一般人花三分钟时间可以处理完的事情，到这位小伙子那里花了半天时间还处理不完。

这个故事虽然有点夸张，但在职场中，有很多人像这位小伙子一样，本来三分钟可以处理完的事情，却花了大半天时间还处理不完。为什么会出现这种情况？就是因为没有掌握好正确处理事情的方法，不知道正确地处理事情比处理正确的事情更重要。

开展任何一项工作都必须考虑效率，因为工作效率低下意味着公司各方面成本的增加，这对公司和员工个人都十分不利。

小军是某公司市场策划人员。一次，领导让他在一周之内提交一份公司同类产品在上海市各大商场销售现状的调查报告。

接到任务后，小军没耽误一分钟，立即乘车赶往上海，又马不停蹄地到几个大的商场和批发市场做了详细调查。回到公司后，着手整理各种数据，并动手写调查分析报告。

同办公室的小吴见到小军，劝小军道："你刚从上海回来，休息两天再写也不迟。"

"不，我得尽快地写好报告。"

"经理不是让你下个星期一才交吗？"

"没错，但我想早点完成比晚点完成更好。"说完，小军便埋头工作起来。

星期五下午，经理突然来到办公室，对小军说："调查分析报告写完了吗？总公司刚才来电，要我立刻带着这份报告过去开会，因为竞争对手正在调整市场，我们也得迅速部署另一套营销方案，以应对市场的变化。"

"已经完成了。我正准备送到您的办公室呢。"小军说。

"好样的，小伙子。其实我来你办公室之前是不抱希望的，因为要在这么短的时间内完成报告实在不容易，但你做到了，谢谢你！如果没有这份报告，我还真不知道该怎么向总公司交代呢。对了，总公司决定在上海成立分公司，正在挑选负责人呢。我这次去总公司，准备把你的名字报上去。"

小军只是在规定的时间内提前完成了工作任务，就获得了公司的重用，由此可见，提高工作效率不但能为公司节省成本，还能为自己的提升"加分"呢。

干每一件工作都需要一定的时间，因此，时间是成就事业的一个制约因素。如果学会管理自己的时间，做到不空耗时间，就能够在规定的时间内完成工作任务，就比别人更容易获得成功。

（十）高效率工作的小窍门

无论是老板还是普通职员，都希望不断提高工作效率。但是，提高工作效率也需要一些小窍门，只要灵活运用这些小窍门，就一定能缩短工作时间，提高工作效率。

1. 统一纸张大小。

在工作中，特别是那些与文书、数据、报表等有关的文秘工作，都离不开办公用纸。办公用纸的规格应当统一，不能有大有小。如有的报表打在 A4 纸上，而资料打在 B5 纸上，由于纸张大小不一，复印时很费时间，如果所有资料纸张大小一致，不只是复印，各方面的工作效率都将大大提高。

2. 将经常使用的工作用语记号化、简略化。

管理者在处理事务的过程中，会经常和来访的客人交换名片，等客人走后，管理者会在其名片上简单地记上"名、住、印、档"等记号，然后交给秘书，由秘书将记有客户姓名、住址等内容的名片夹入名片簿存档。经常把使用的工作用语记号化、简略化，在交代工作的时候，可以省去不少麻烦。当然，这些简化用语在秘书上班的第一天就应该告诉他，要求他按照记录简单记号的方法处理客人的名片。

3. 写报告要讲究方法。

在写报告时，中途有疑问或不了解的问题，可以查阅资料或文献，不过，却因此而耽误了时间，影响了工作进度。所以，一旦有必须查阅的问题，可先将其列在纸上，最后再去查资料。此外，列在纸上的问题也可以交代下属去查，不必停止手中的工作。

4. 参考书籍在复印出所需资料后，要立刻归位。

在很多管理者的办公室里，都有一个大大的书架。如果书架上的书摆放得乱七八糟，找一本急用书就得花上很多时间，由此导致工作效率降低。所以，书架要随时整理，将使用过的书籍归位。一般情况下，所需要的资料，在一本书中只占两三页，所以，每找出一本需要的书，在把需要的内容复印下来之后，就要把书籍放回书架上，这样书架才能保持整洁，下一次就不必为了寻找需要的书籍而浪费时间。

5. 把重要的剪贴资料印在统一规格的纸张上。

工作中，有时候需要一些剪贴的资料，如果剪贴资料复印用的纸张大小不统一，整理应用时就会不方便。如果剪贴资料全部统一复印在 A4 纸上，这么一来，不但日后整理容易，而且检索起来也非常方便。

另外，还可以将剪贴资料的印本直接夹进活页夹里存档，不但省去了粘贴的麻烦，也不会有剪贴资料丢失的现象发生，尤其是资料夹成一册，整齐而不占空间，好像一本书一样。

6. 报送出去的文件也要做标题和目录。

为有合作关系的客户送交报告、资料时，一定要在上面附标题和目录，同时也要求下属在呈报任何文件时，都必须标上标题与目录。因为标题和目录能够使人在阅读文件之前，对文件的整体观点与主题，有一个概括性的了解。

有的人认为这样做很麻烦，但是，写上标题和目录后，就能大大缩短他人的工作时间，也能够缩短自己的工作时间，何乐而不为呢？

7. 用不同颜色的活页夹区别不同内容的文件。

保存资料的活页夹有红、蓝、绿等不同颜色，可以利用这些不同颜色的活页夹保存不同的资料，比如用红色活页夹保存业务手册，用蓝色活页夹保存各类报表等等。这样不管活页夹放在哪里，一眼就可以看出文件的内容种类。

8. 把内容固定的文件格式化。

对那些格式统一的文件内容，尽可能使用专用表格，这样一来，既可减少整理文件的时间与精力，也可以将节省出来的时间用于业务工作。

9. 在抽屉中放置小空盒，用于归置小东西。

抽屉中放一些小盒子，在里面放名片、订书钉、胶水等办公物品。记住，不要放私人物品，如男性不宜放打火机、香烟等，女性不宜放化妆品、小镜子、香水等。

10. 圆珠笔之类的文具，要经常保持在三支以上。

虽然现在用计算机处理文字的时候比较多一些，但是，用笔书写文字的时候也不少，因此，随身所携带的圆珠笔最好在三支以上。防止文件刚写到一半，突然外出办事而把笔忘在桌上。即使如此，工作也不会中断。回来之后，只要有纸有笔，就能马上继续工作。虽然这件事情很小，但也会影响到工作效率。

当然，在工作中节约时间的小窍门不止这些，但只要做个有心人，就能够发现更多节约时间的方法，如果把这些方法都用在工作、生活中，就一定能快速完成工作任务，节省大量的时间。

九、调整好自己的工作节奏

有时你付出了很多，但却没有对你的生活进行有效的控制，那么你的所得仍然非常有限。应该明白，只有你充分控制了自己的生活，你才能得到你想要的。不要总是忙忙碌碌，偶尔停下来反思一下，你是否对你的生活进行了有效的控制。

（一）形成自己的工作规律

人，有白天型和夜猫子型，杰逊说他大概是属于夜猫子型吧。以前，他也是白天型的人，即使在准备考大学的那段日子也很少熬夜，而且最少要睡八小时，早上很早就起床。而现在，工作使得他变成了一只"夜猫子"。

杰逊变成"夜猫子"的最大理由是为了错开上下班高峰，将时间做最有效的利用。他觉得每天搭电车去律师事务所的路上，什么事都没法做，实在很可惜。假定一个人每周上班五天，每天往返需要两小时，一年就要有 400 小时以上的时间耗费在路途上，这 400 小时用来读书或做事，会得到相当好的效果。

另一个理由是和律师工作有关。公司一类的法人机构和律师会谈可以在白天进行，但在公司上班的人却不可以，总觉得会引起公司同事侧目。在公司，"今天要去看医生，请准许早退"比较说得出口，而"要去和律师会面，请准许早退"就说不出口。另外，去见律师的事一般人是不想让别人知道的。所以杰逊若是听到顾客说："六点多再来可以吗？"他一定会说："好的。"

律师经常要准备各种文件，撰写大量的文字材料。律师要为委托人保守秘密，所以工作必须在事务所内做。可是，事务所内整天都有很多恼人的电话打进来，只有在晚上电话较少，因此他就渐渐地变成了"夜猫子"了。

白天型或是夜猫子型都视个人的情况而定。不考虑个别的条件，是无法断定白天型好或是夜猫子型好的。要紧的是"在最适合自己的时间里处理好事"，才会提高效率。

第一，掌握自己最有效率的时间。

一般人的脑力巅峰是在上午九点至下午五点，所以最重要的工作应该配合这个时间来做。然而，并不是每个人都适合这个时间。有的人脑力巅峰是在中午一点到下午六点，也有下午六点到凌晨两点的。

事实上，人在一天之中，头脑最灵活的时间，因人而异。要紧的是自己要找出自己的巅峰在哪里，低潮在哪里，并且好好运用它。

在低潮时，可以做些简单的事，接接不重要的电话，或是看看报纸；在巅峰时间，就应该去做最重要的事，同时，巅峰时间必须不受到别人打扰。每个人都有这种经验，早上刚醒时，头脑还不很清醒，但过了十分钟或是几小时，头脑就清醒了。头脑尚未清醒的时间就应该拿来洗洗脸，看看报纸，等待头脑清醒的巅峰时间的到来。

第二，生活步调一混乱，脑筋就会变得不灵活。

经常有人说，有重要考试的当天，想早起，只要前一天早上早起就可以了。因为前一天早起，晚上一定会早睡，考试当天就不会睡过头了。但是，我不太赞成这种方法。

这是因为生活步调会受影响。当然，还要看是什么样的考试，若是重要的考试，最好避免用这种方法。虽然这种方法可以早起，但是打乱了生活的步调，恐怕脑筋无法十分灵活。遇到这种情形，应该从考试那天的前一周起，慢慢地改变生活的步调，每天早上提早一点起床，才不会因为生活步调急剧变化，而造成脑筋的不灵活。

在物理学中，有一个"惯性定律"：一切物体在没有受到外力作用的时候，总保持静止状态或匀速直线运动状态。

工作或念书的步调，和直线运动相似。下决心每天早上早点起床念一小时书，这个决心在培养成习惯的过程中，多少会伴随着痛苦。但是，若持续一段日子，每天早上念一小时书会变得理所当然，也不会再觉得痛苦了。

这中间最难的是从静止到运动的刹那，因为此时要有相当大的精神毅力。但是只要付出努力，终究是会看到成果的。可是，若中途泄气的话，那么一切都将前功尽弃。

中途的努力是必须坚持的。就像飞机一旦离开陆地，到了一万米的高空，它不再需要大量起飞时必须的能源也可以持续飞行。但是，上了轨道之后，若说"今天情况特殊"而乱了习惯的话，马上就会完蛋。因为，坠落中的飞机要再次上轨道，必须要有高超的技术和坚强的意志，也就是要有极大的毅力。

（二）紧张感有助于集中精神

一个人的精神能否集中，除了他本人的能力之外，也受到工作的内容以及工作环境的左右。

但可以肯定的是，谁也无法长时间保持精神的集中。不论是工作或娱乐，一个人能够集中精神做事的时间绝对是有限的。

如果能了解自己集中精神做事的最高时限，就有助于工作效率的提升。因为清楚自己的最高时限，就不会无意义地把工作延长至三四个小时。因为你知道勉强延长工作的时间，只是徒增体力、脑力的负担，没有工作效率可言。如果你的最大时限是 90 分钟的话，那么不妨就在每 90 分钟以后都做个休息。休息是为了走更远的路，在适度的充电之后，更能提高工作效率。即使你的最大时限只有 20 分钟也无妨，只要能发挥最大的工作效率就可以。

此外，适度地变换工作内容也有助于效率的提升。数学做累了，可以改念历史。书写的工作做累了，可以改成阅读资料。变换的内容虽然因人而异，但最重要的是记住"不可能永远保持精力集中"的原则，为了保持工作效率，要稍微费心于工作内容的求新与求变才行。

第一，保持某种程度的紧张感。

其实"紧张"的另一层意思就是"投入"。原始时代人类的老祖宗们在受到猛兽追逐的时候，常常心跳加速、手心出汗拼命地逃跑，而手心出汗恰可防滑，以致能攀爬上树顶躲避野兽的攻击。换句话说，"紧张"是下个行动的准备动作，如果不紧张，就无法使出浑身解数逃脱。所以，"紧张"是当时的人们求生存不可或缺的本能。

这样的"紧张效果"不仅在原始时代发挥作用，即使是现代人也不可或缺，因为，紧张的情绪会激发精神的集中力，使得思绪清晰、活泼起来。所以，紧张是正常的精神反应，是在明了所面对的问题的重要性之后，产生出来的正常反射。

所以，面临重大考试却一点也不紧张，若无其事，并非好事。因为，没有紧张就没有警戒心，事情就容易出差错。当然，过分的情绪反应，紧张得什么事情也做不了的话，比不紧张更糟糕。但适度的紧张情绪，绝对有其必要。

第二，培养自己集中精神的能力。

为了提高工作或读书的效率，有必要在平日训练好自己集中精神的能力。

"紧张有助于集中精力"的另一明证就是站在书店阅读的时候。相信很多人都有这样的经验，有时候并不打算买书，只想在书店查查资料，虽然东抓一本两抓一册随意地翻阅，但这个时候看到的内容印象却意外地深刻。其实，这应该是担心书店老板或店员会出面干涉的紧张感所致，因为紧张才激发了异常的集中力。

（三）让自己有一种成就感

根据心理学的实验证明，一个人如果处于不了解自己工作成绩的情况下，很容易就丧失工作干劲，失去工作热忱。反之，如果能很清楚地知道工作进度与成就，往往能提高工作效率。这个道理，在提升工作效率上绝对是不二法则。

但话说回来，要把工作的成绩化为可以客观确认的数字，有时候的确有其困难。学习游泳的成绩，可以根据昨天游五米，今天游八米的客观数据，很简单地得知成果；但除了一些单词、机械式的工作外，通常很难以客观的数据来显示工作成果。而且是层次愈高的工作愈难以用数字表示。

一个必须花上十几年工夫才能完成的研究工作，它的成绩是一点一滴慢慢地累积成的，换句话说，很难在短期间内获得研究工作成果，而它的工作成果更难以用具体的数字来表示。由此可知，读书或是工作的成绩计算，不仅关系到具体的量，也牵涉到抽象的质。

尽管如此，计算工作的成果，确实很难把"质"的问题也列入考虑。所以，有时候在不得已的情况下只好割舍掉这一层考虑，单以具体的工作量来衡量了。

另外，在我们的理想目标与实际情况之间，多少会有些差距。譬如，一天预定读书八小时，却由于种种的原因只达到七小时，甚至只有五小时，类似这样的差距，都应逐日记录在你的"进度表"上。

事实上，不论预定的计划有多理想，现实生活里总会出现无法预料的情况，影响计划的完成。现实生活里戏剧性的突发事件虽然不多，但阻挠计划达成的事却不胜枚举。可能是生病，也可能是友人的突然造访，所以，无法达到预期目标的时候，千万不要沮丧、悲观，目标无法达到也没有关系。

但是，却也不能因为"没有关系"，就不尽全力去完成它。为了达到目标所做的努力固然重要，但弥补理想与现实之间的差距所做的作业更是不容忽视。虽然这个差距也许永远无法弥补，但无论如何总是朝目标更前进了一步。

"目标"的重要性并不在于完成，它本是为了提高工作成绩而订的假设。换句话说，设立目标只是完成工作的手段而已。因为没有目标就没有方向，没有尝试的乐趣，也就无法做出任何的成绩来。"目标"是为了避免人性中苟且偷安的弱点所必需的。

眼高手低的空想当然另当别论，如果是一个有实现可能的目标也无法达到，就有必要深究其原因了。因为在理想与现实的差距里，必定潜藏着自己未激发的工作潜能。

譬如，某一位业务员的工作成绩始终不理想，那么他就有必要回顾、检讨一下以往的工作方法。问题可能是出在自己的交涉能力，也可能出在事前工作得不够周全。总之，必定是过程中某处有了缺失。如果这位业务员不加以检讨，改进以往工作缺失的话，永远也无法提升工作的成绩。在理想与现实的差距中，不仅可以找出提升工作实绩的潜力，就算工作成果已经很令人满意，也可以让它更臻于完美。总之，在工作完成时再一次检视其过程是绝对有必要的。从检视过程中你可找出客观衡量自我能力的标准。不论工作或是念书，只看到表面所得到的70分，却从不去探讨失去另外30分的原因是永远无法进步的，只能永远停留在70分的程度。

"进度表"，就是方便个人找出目标与实际之间差距的原因的最好资料。愈是凸显差距的存在，就愈能感受到检讨差距原因的重要性。而加强其视觉效果，更有助于早日发现差距的产生。

为了有效地检讨工作上的缺失，最好的方法就是换另一个角度来看问题。有许多时候，你可以借助他人的忠告达到改进的目的。有道是"旁观者清，当局者迷"，别人也许可以提醒你疏忽的地方。

如果没有人可以提供你改进的方法时，就必须自己积极地寻求突破才行。这时，你得尝试换个角度来看事情。这就像写文章一样，在完成之际，要换个角度检视一下是否前面是口语体，后面是文章体，是否有前后不一致的情形，或是文章有没有涉及人身攻击、有没有错别字、文章格式是否一致等等。如果能再三检讨的话，就可以使文章更臻完美。

（四）养成有系统的习惯

据统计，一般公司职员每年要把六周时间浪费在寻找乱堆乱放的东西上面。这意味着，每年因不整洁和无条理的习惯，就要浪费近13%的工作时间！

养成有条理的习惯，还有另一层意思，就是寻找自己的"生理节奏"。

时间用得不适当很少是只涉及某一特定事件，它通常是一种根深蒂固的行为模式的一部分。要向好的方面改变，就必须常常和多年养成的某种习惯搏斗一番。

改变行为模式有两种方法：一种是强迫自己遵行新的行为模式，直到这种模式生根为止；另一种是利用奖励办法来逐渐"形成"一种新的行为。

如果你要彻底改变你的行为模式，使你能够正确地评估出你的进度。你或许要运用"厌恶"的办法，但是这个办法会产生不愉快的作用。

对我们大多数人来说，要认识的重要一点是：任何事后可以使我们感到愉快的行为，往往会鼓励我们努力去做，而且更可能会再度去做。你可以从别人那里得到鼓励，但是你也可以给自己某种奖赏来鼓励自己。例如，为你完成（或开始、坚持）一项困难或冗长乏味的工作；继续去做一项优先工作，而不闪避它去做次优先的工作；着手去做一项不愉快的工作；拒绝一项不重要而且又会耗费时间的要求等等。这种奖赏可能微不足道，但只要能使你觉得愉快就行了。它可以是实物——一片口香糖、一杯水、一些点心。它也可以是允许你自己去做某一件事情——休息一会儿、早一点下班或买一双鞋子等等。它也可以是在你每次向正确方向走一小步的时候，在你心中的自我抚慰而已。

在棒球比赛里，胜利不是取决于安打数目，而是取决于跑回本垒的次数。只跑到三垒，并不能因为跑了四分之三的路程而得分。

工作也是这样。能够开始当然很好，继续做下去也不错，但是不到完成，你就不算做了你开始做的事情。很多人有一种把一件工作"做了一会儿"，然后又放在一边的习惯，还欺骗自己已经完成得很不错了，实际上却是典型的"烂尾楼"而已。

当然，如果工作范围太大而不能一次做完，这项建议就不适用。那你该怎么办呢？

很简单，用"各个击破"法，把这件工作分为许多小而可以掌握的工作（最好用文字写出来），然后指定你自己把一项小工作完成之后才停下来。那么，在你把这种工作放在一边的时候，就不会觉得留下了太多的紊乱头绪，而会觉得完成了这件工作的一个阶段，而且随时都可以再做下一步小工作。

例如，你有一份很长的报告要写，你要避免"一次只做一个小时左右"的安排，而要指定你自己先写好大纲，或做好调查研究，或写下引言。做好了这一步，你把它放在一边就可以有完成某一件特定事情的感觉，并且清楚地知道你下一步该做什么。下一次再做的时候，你就不需要再重新去理出头绪，也就不会有心理障碍。

把工作分成许多小工作去做，你就会养成所谓的"强制去完成"的良好习惯。这会为你每天省下很多时间。

如果拖延是你的问题，那你就不能再拖延着不去做了。

意大利腊肠在切开之前的样子非常笨重，而且看起来令人倒胃口。但是把它切成薄片以后，看起来就不一样了。切了以后，你就可以处理它了，也就是可以用你的牙齿大嚼一番。

例如，有一个电话你应该打，你已经拖延很久，而且这个电话是可能会令你不愉快的电话。在这种状况之下，"意大利腊肠切片法"可能会是这样：

1. 查出电话号码，并且写下来；
2. 定出一个打这通电话的时间；
3. 拿出档案看看这通电话所涉及的究竟是怎么一回事；
4. 决定你确实要说些什么；
5. 打这通电话。

另外，一件大工作，"片段"的数目可能会很多，那么列出一份工作分段表吧。要诀是使每一件小工作简化便捷到可以在几分钟之内做好。然后在交谈与交谈之间，或在等电话的几分钟，解决一两项"立即可以做好"的小工作。没有这张工作分段表，你可能永远不会着手去做这件大工作。

请记住：这件大工作的第一片段——第一件可以立刻做好的小工作——就是用"文字"列出这件大工作所涉及的许多小步骤。

"各个击破"的原则不止可以用在作战之中，也可以用在工作方面。

只要动点脑筋，任何事都可以迎刃而解。

还有一种是基于认识到我们不能立刻采取行动，并不是因为这件工作有什么特别的困难，而是我们已经养成了拖延的习惯所产生的解决问题的方法。拖延很少有特定原因，它是一种根深蒂固的行为模式。如果我们能够改变思考习惯，这种问题往往也能迎刃而解。

对很多人来说，要改变一种根深蒂固的习惯，会是一件痛苦的事。他们已经努力过好多次，完全利用意志力量——新年的新决心，来改变习惯，但是都失败了。其实这并没有那么困难，只要你用对方法。

中国剑谱上有只有按自己的节奏方法，才能取得主动的策略。那么，我们工作中也只有了解自己的"生理节奏"，才能让我们的工作做得更好。所谓"生理节奏"，就是了解你在一月、一天当中，什么时候精力最充沛，脑子最清爽。就像我们前面把人分为"百灵鸟型"和"夜猫子型"一样。"百灵鸟"是早晨最活跃，而"夜猫子"则是夜晚更来劲。

每个人都有自己的生理节奏，符合它便事半功倍，否则必然事倍功半。

（五）将生活与工作融合

有许多人工作勤奋，却不能充分地掌握自己的命运。他们常常走入的一个误区是，忽视了对自己生活的真正控制。

人生好比一张白纸，你可以在白纸上用不同的色彩描画你未来的蓝图。但是，如果你呆呆地犹豫不决地画，你手中的画笔就会被人抢走，在你的白纸上涂画些什么。于是你的职业、你的收入、你的住所，甚至你一生的命运就被别人决定了。这里所说的别人就是你的父母、你的老师、你的朋友、你的上司以及和你有联系的人以及许多未谋面的人。其实，我们大可不必把自己的命运交给别人来决定。现在有所成就并过着幸福生活的人们，没有一个不是努力开拓支配自己的命运的。

有时你付出了很多，但却没有对你的生活实施有效的控制，那么你的所得仍然非常有限。应该明白，只有你充分控制了自己的生活，你才能得到你想要的。不要总是忙忙碌碌，停下来反思一下，你是否对你的生活进行了有效的控制。

你今天能积极思考，你就能改变你明天的命运。要想成功，就必须有想成功的心。这是千真万确的真理。因为思想产生行动。我们首先要有某种思想，然后才能把它付诸实行。你认为你是什么样的人，你就成了什么样的人。只要你能控制自己的思想，你就能控制自己的行动。

更为重要的一点是，我们不仅有思想，而且能支配自己的思想。我们可以决定自己脑子里的东西。能够舍弃无用的思想，能够创造积极的、充满活力的、导致成功的思想。愈是有积极向往成功的思想，你的进步愈是迅速。

今天，一切事情都可以以时间为标准来计量，价值以劳动量计算。可是，人却不同。我们不能以人数的增加来使劳动时间增加。我们能够用于思考的时间是有限的。一天最多也就 24 小时，再有办法的人也无法获得更多的思考时间。如果我们想早日获得成功，就丝毫也不能浪费宝贵的思考时间。

　　一个常常自寻烦恼的人，经常会懊悔自己以前所遭遇的挫折和失败。无形中，他宝贵的时间也就被他在唉声叹气中不知不觉地浪费了。失败不是百分之百的不好，我们可以从失败中吸取教训。人本来就要在一生中经历许多失败。但重要的是，从失败中吸取了教训之后，就不要再犯相同的错误。

　　我们中许多工作勤奋的人正在为遥远的将来而寝食难安：不好，我就要被革职了；我的薪水不涨可别人却获加薪了；一个月后公司又要进新人了……有这种毛病的人，最好尽快改正。因为遥远的未来究竟会怎样，我们谁也不晓得，再怎么多虑，也无补于现在。你只不过是在蚕食你宝贵的思考时间而已。

　　未来如何，主要是依赖于你今天的努力。今天的努力，又依赖于今天切实的思想，切实的工作。不要让多余的胆怯在你的心上投下阴影，你才能专心工作，追求未来的成功。人生是创造性的，不要有对抗别人的意识存在，只要追求属于自己的那份成功就可以了。

　　一个人除非先控制了自己，否则将无法控制别人。自制不仅仅是人的一种美德，在一个人成功的过程中，自制也可助其一臂之力，因为只有自制才能出色，才能更好地适应现实。

　　我们通常爱说："做自己的主人"，但到底怎么做，却又困惑着很多人。有一条必须承认：成大事者都是真正做自己的主人的人，他们都走在自己拯救自己的道路上。只有自我控制的人，才不会对周围充满恐惧，也只有自我控制的人，才不会在青年时期浪费掉大量光阴而不为事业而奋斗。自我控制对一个人的一生有着难以估量的作用。

　　一个身处逆境却依旧能含着笑的人，要比一陷入困境就立即崩溃的人获益更多。处逆境而乐观的人，才具有获得成功的潜质。有好多人往往一处逆境，便立刻会感到沮丧，因为他们深恐达不到他们的目的。

　　阻碍人类成功最坏的敌人，便是思想的不健康，便是以沮丧的心情来怀疑自己的生命。其实，生命中的一切事情，全靠我们的勇气，全靠我们对自己的信仰，全靠我们对自己有一个乐观的态度。唯有如此，方能成功。然而一般人处于逆境的时候，或是碰到沮丧的事情之时，或是处于充满凶险的境地时，他们往往会让恐惧、怀疑、失望的思想来捣乱，丧失了自己的意志，使自己多年以来的计划毁于一旦。有很多人如同从井底向上爬的青蛙，辛辛苦苦向上爬，但是一旦失足，就前功尽弃。这样平时再勤奋有什么用呢？这种时候是最考验一个人自我控制能力的。

　　一个在思想心智上训练有素的人，能够做到在几分钟内就从忧愁的思想中解脱出来。但是大多数人的通病是：不能排除忧愁去接受快乐；不能消除悲观去接受乐观。他们把心灵的大门紧紧地封闭起来，虽然费力在那里挣扎，却没有什么成效。

人在忧郁沮丧的时候，要尽量改换自己的环境。无论发生什么事情，你对使自己痛苦的问题，不要过多考虑，不要让它再占据你的心灵，而要尽力想着最快乐的事情。对待他人，也要表现出最仁慈、最亲爱的态度，说出最和善、最快乐的话，要努力以快乐的情绪去感染你周围的人。这样做以后，思想上黑暗的影子，必将离你而去，而那快乐的阳光将映照你的一生。

有所创造的人，有极大成就的人，都是善于自我控制的人。他们的心智、精神和目标能够达到协调一致，而内心混乱的人一定会失败，因为他们不能集中他们的注意力，于是一切似乎都远离他们而去。他们不够坚定，他们方向模糊，他们的冲击力必然不足。

一个人必须要首先能控制自己，然后他的为人处世的每一个因素才能够协调一致地运作，发挥出最大功效，然后才能成功。

你要控制你生活中的哪些方面呢？要从生活中得到你所要的东西，你首先要控制你努力的方向。还有，要知道你想做什么、你做什么最好也极为重要。这是集中精力和组织起来的一部分。对这一切还必须加上深深的欲念，一种驱策力，愿意去工作，永不放弃。而不要以为只要你工作的时间比别人长，你比别人干得更累，就能得到更多的回报。生活中，我们常见到那些不能控制自己脾气的人，他们总是使人难堪、窘迫，甚至伤害了别人的自尊心、自信心，这是一种对人对己都非常有害的性格。

每个人都应当积极进取、奋发有为，努力提升自己的生活品位，使自己从常人中脱颖而出，成为一个有价值的人。但是，如果他不能自律，不能有效地控制自己的情绪，成为自己命运的主人，他就做不到这一点。如果他不能自控，就根本别想管好别人，把握住局面。

保持情绪的沉稳平静对人的一生是非常重要的。"镇定"的人一定比那些容易激动、过分急功近利、匆忙如蜜蜂的人更能够享受生活。

马卡斯·奥里欧斯曾说："不要因为事情的变化而使你烦恼易怒，它们不会注意到你的烦恼激怒。"还有，"为生活中所发生的任何事而惊骇是多么的滑稽可笑。"不要烦躁，不要发怒。要运用你的幽默感，不要把事情看得太严重，静待事情的过去，因为没有一样事情会永远不过去的。

林肯总统有一个良好的习惯，他总在自己书的一角保存着最近发表的幽默故事。而每当疲劳、厌倦或者沮丧的时候，他就拿起这些故事，读上一两篇，他的疲惫和困倦就能得到很大的缓解，这也会给他带来更愉快的心情。

镇静、安详、温文，不要让任何事物激怒你，不要让任何事物扰乱你，来什么就安然接受什么，以镇静的态度处之。要过成功的生活，这些都极为重要。只有具有这样高度自我控制能力的人才能够具有理性的思考能力，并且可以战胜紧张和压抑。然后不论有什么事情落到他头上，他内心的镇定和平静都可以把事情理出个头绪，而且把事情做好。

这也是工作的效果问题。勤奋的人最应关注的是，你的工作怎样才能达到理想的效果，而不是你付出了多少。因为付出和回报不一定完全成比例。

（六）凡事标准化

你必须将成长速度加快，才能赚大钱。

你必须大量复制快速成长经验，才能长大。

你必须将快速成长经验标准化，才能成功地复制成长流程。

假如今天只有你会做，无法让别人学会，或者即使学会，也无法让别人跟你做出类似的结果，光靠你自己一个人，量是大不起来的。

所以，将经验总结出来后，使流程标准化，让每个人都可以掌握你的经验，这是非常重要的。

不相信你就去看看，每一家麦当劳与肯德基的食品、可乐、吸管、制服、服务方式、装修、菜单，有没有标准化呢？

在两家不同的麦当劳餐厅，我们几乎分辨不出来我们点的汉堡到底有什么差别。

但是，中餐的厨师今天做的菜可能咸，明天做的菜可能淡，这是由厨师自己掌握菜的口味，根本没有标准化。

你要把所有能标准化的工作全都标准化，然后让每个人都必须按照这个标准做，你不在场，大家也不会出错，不用你亲自监督，工作也能自动化。

每一个人一旦都会按照操作的标准去做，这样就可以批量生产了。这绝对是快速成长的秘诀，任何一个顶尖人物和公司都是这样做的。

当你将工作内容标准化之后，就要立即找出一套可以复制的流程，就是系统化。

每个成功的人都有一套系统在帮他成功，每个赚钱的人也都有一套系统在帮他赚钱。麦当劳有一套系统分布在许多国家或城市，它把这套系统复制给每个人。由标准化组成一个工作流程，形成一个系统。当你有一个系统后，每一次重复这系统，制造出的产品质量相同，就可以品质优良。

演讲有一套演讲系统，推广有一套推广系统，开发市场有一套系统，训练人才也有一套系统。系统愈完善，成长愈轻松。即使你不是企业家，你也应该做事有系统，生活有系统，这样才有效率。

凡事标准化、系统化。大量复制流程，产量自然扩大，钱自然多赚，成长必然快速。

（七）养成好的工作习惯

有这样一个故事。一个穷人碰巧得到了一本从亚历山大帝国图书馆中流失出的书。打开一看，在这本书里藏着一样非常有趣的东西——一张薄薄的羊皮纸，上面写着点物成金的秘密。讲的是有一块小圆石头能把任何普通金属变成纯金。羊皮纸上记载着：这块奇石在黑海岸边可以找到，它与千千万万的石头在外观上没有两样，找到它的唯一方法是靠触觉——普通石头摸起来是凉的，它却是温的。于是这个穷人变卖了所有的家当，怀着发财的梦想，带着简单的行囊，露宿黑海岸边，开始摸石头，为了避免重复摸石头，他每捡一块石头就丢到海里去，就这样一天天一年年地过去了，他仍然坚持着。突然有一天，他捡到一块石头是温的，但他竟然习惯性地把它扔到了大海里。因为这个动作太根深蒂固了，早已成了习惯，而由于习惯，下意识地把它扔掉了，从而使多年的等待与梦想成为泡影。

实际上你的习惯影响了你做事的成功与失败。

有些人做每一件事，都能选定目标、全力以赴；另外一种人则习惯随波逐流，凡事碰运气。不论你是哪种人，一旦养成习惯，要想改变就不容易了。这种情形我们称之为"惯性"，是宇宙共通的法则。

习惯束缚着我们每一个人。习惯是由一再重复的思想和行为所形成。因此，只要能够掌握思想，养成良好的习惯，我们就可以掌握自己的命运。每一个人都可以做得到，养成良好习惯，就可以取代原来不良的习惯。

习惯的作用不足为奇，也不会无中生有，更不是一成不变。但是它的确会帮助，甚至强迫一个人追求目标，将思想付诸行动。

养成能让你成功的好习惯，一心一意地专注于你想要追求的目标，等到时机成熟时，这些新的思考习惯将为你带来预期的名声与财富。

当然，除了好习惯之外，坏习惯难免也会存在的，坏习惯常常是失败的罪魁祸首。

正是因为习惯在不经意间作用于我们生活的点点滴滴，所以坏习惯往往会成为大事的绊脚石——尤其对于意志不坚强的人，坏习惯往往会成为一个不良的主宰，统治及强迫人们违背他们的意志。

不良的习惯会使你失去你所期待的"石头"，使你对机遇视而不见，阻碍你开发自己的潜能，它甚至会使你精神紧张乃至崩溃。有一位大公司的高级主管，常常觉得自己充满了紧张、焦虑和闷闷不乐，他知道自己状态不佳，却又无法停下来，于是向心理医生求助。心理医生帮他找到了原因，原来他有一种"没有止境，做不完又必须做"的感觉，而这又归因于他做事拖拉的坏习惯。这位高级主管有两间办公室，三张办公桌，到处堆满了有待处理的文件——他常常由于一时的惰性，而把报告等留到"待会儿再处理"。这样他的办公桌上不久就堆满了待复信件、报告、备忘录等。更为严重的是，一个时常担忧万事待办却又无暇办理的人，不仅会感到紧张劳累，而且会引发高血压、心脏病和溃疡。

解决拖拉的办法是克制自己的惰性，养成"现在就干"的好习惯。他们缺的是顽强的毅力——改掉坏习惯的意志力。在接受心理医生的咨询后，那位高级主管请医生去他办公室参观。医生看到，他改变了——当然桌子也变了，他打开抽屉，里面没有任何待办文件。"六个星期以前，我有两间办公室，三张办公桌。"这位主管说道，"到处堆满了有待处理的文件。直到跟你谈过之后，我一回来就清除了一货车的报告和旧文件。现在，我只留下一张办公桌，文件一来便当即处理妥当，不会再有堆积如山的待办文件让我紧张烦忧。更奇怪的是，我已不药自愈，再不觉得身体有什么毛病了。"

好的习惯对于你的事业、你的成功来说是一个好的推动，反之，坏习惯却在你的成功之路上铺满钉子。

人是有惯性的。就如同一张纸，一旦以某种方式折起来，下一次它还会按照相同的折线被折起；或是衣服、手套等会因为使用者的使用，而形成某些褶痕，这些褶痕一旦形成，就会长时间存在。人在习惯上也是这样，它因为重复而被形成，一旦形成就会如衣服或手套的褶皱一样难以改变。习惯是后天养成的，并由重复或练习而巩固下来，在你有意识或无意识时都会自动地、轻而易举地表现出来。

现在开始培养你的好的工作习惯吧。记住：按事情的主次程度来做事。

当你碰到问题时如果必须做决定，就当场解决，不要迟疑不决。

（八）摒弃那些坏的工作习惯

习惯在说："我不是你的影子，但我与你亲密无间。成功和失败，对我毫无差异。培训我，我会为你赢得世界。放纵我，我会毁掉你终生。"日积月累，很多坏习惯就会深入你的潜意识中，要想成大事，就必须有信心、有力量去改变它。

问问自己有没有这样一些习惯：

不能按时完成各种事情，而总想拖上一拖；

办公桌上乱七八糟；

做事不分轻重缓急；

你是否不等别人把话说完，就打断别人的话而急着插嘴；

花费太多时间在对工作没有意义的事上。

或者你还有一些其他的坏习惯，先在脑海把它们找出来，然后拿出笔和纸，把那些阻碍你快乐和成大事的不良习惯——记下。再想一想它们在你心理上留下了什么？它们给你的现实带来了什么？

改掉坏习惯确实很难，因为就如河流很难改变天长日久而形成的河道一样，习惯是你心灵的河道，一旦形成很难改道，但并不是不可能做到。如果你有足够坚强的意志力，并采取简单有效的措施，你就可以开辟新的心灵河道——用新的好习惯代替原有的坏习惯。

首先你要明白什么是自我暗示，所谓自我暗示，就是对自己说你现在想成为什么样的人。自我暗示就像对自己做关于自己的广告。自我暗示既影响你的意以，又影响你的潜意识，并进一步影响你的态度和行为。

自我暗示是设定潜意识心理活动的一种方式，它可以是积极的，也可以是消极的。

如果我们反复进行消极的自我暗示，我们的潜意识就会相信它，它就会成为我们要实现的预期目标，并且会在我们的行为中反映出来。

通过自我约束把一件已经开始的事情坚持下去，这是很有必要的。自我暗示是塑造性格的一个强有力的工具。

用现在时态列一份自我暗示的一览表。

每天至少进行两次自我暗示：把它当成每天早上的第一件事和晚上的最后一件事来做，因为在早上头脑最清醒、最有接受力，而晚上你可以把积极的图像一整夜都储存在潜意识中。

连续不断地进行自我暗示，直到变成习惯。

仅有自我暗示是不够的，还需要把自我暗示视觉化。视觉化是指把你想拥有的东西、想做的事情或你想要成为的那种人制成心理图像并加以观察的过程。视觉化和自我暗示是联系在一起的，不经过视觉化的自我暗示只是一种机械性重复，不会产生什么效果。若要产生效果，自我暗示必须有情绪和情感相伴随（即视觉化）。

注意！由于同已有的想法相背离，前一些的自我暗示也许不被心理所接受。例如，过去的几十年里我一直觉得自己的记忆力很差，现在我突然对自己说："我的记忆力很棒！"我的心理会对这种暗示予以排斥，心理说："你撒谎，你的记忆力糟透了！"因为这是长期以来我对自己的记忆力的判断。所以，我需要用一段时间来消除这种想法。记住，即使只是一点小毛病，它也算是一种坏习惯。从现在开始，尝试改变它们。

写下你希望加以改善的习惯。

写下你最渴望达到的目标。

注重事情结果，不在乎其具体的过程。预先设想最后的情景可以激发你的上进心，因为事情的过程往往不会很令人愉快。花几分钟的时间，将你所有的目标写下来。

每一个大的目标都是由一个个具体而细小的环节组成的，请写下你的这些小目标。

将那些因你的坏习惯而滋生的坏处写下来。

写下你的好习惯带给你的好处。

适当夸大效果。

如果你以往的思考十分混乱，就让自己的思维变得有条有理。如果你开会经常迟到，那就连续三个星期特别早到。如果你做事情有拖延的习惯，那下次就赶在期限之前完成工作，如果你做事不够果断，那就果断一些。一般人都有惰性，因此，假如你能够很好地管制时间，必定能调整好时间的分配。

（九）规格化、统一化的巨大作用

学会把有些工作进行规格化和统一化会对你的工作效率有很大的提高：

1. 同样文字若需书写多次时，橡皮章是最佳利器。

在海子的事业所里，备有一切必要的橡皮章。年月日章、裁决章、住址、姓名印章等，各式各样的橡皮章都有。这些橡皮章在事务的处理上发挥着很大的作用。例如贺年卡、问候卡，因为海子的事务所每年大约都要寄上一千封左右。首先，他以通讯录影印成"寄送备忘录"，写妥信封上的地址时即在备忘录盖上"完"的印章。海子使用的印章是不必一次次盖印泥也可连续使用的图章。其次，亲笔书写结尾之后盖上另一个图章，寄发后还要再盖一个印章以为辨示。像这种确认工作完成的记号若用手书写，会相当耗费时间。在事务作业上，花费这样的时间，实在蛮可惜的，而仅仅数百元一枚的橡皮章，却能节省很多宝贵的时间，再也没有比这更划算的了。

不只是"完"这种简单的记号可用橡皮章，在必须反复书写同样的文字时，橡皮章也可发挥效力。例如年月日的书写，即可制作一枚"×年×月×日"的橡皮章来取代。

除了橡皮章，任何能将作业统一化，并积极导入规格化的工具，也能提高工作效率。那些经常必须书写同样内容的文件，在文件印刷时即印上该文字、数字，就方便多了。纵使要花些钱，还是划得来的。文字处理机在这方面就很方便，使用单字储存功能将"×年×月×日"等文字，一次储存起来，任何时候只要按个键就可以随时打出来。甚至将问候卡上开头的文字、决定好的话语一次生成，并储存起来，也可以反复地使用，而不用每次都写了斟酌字句而浪费时间。

作业规格化，还有一项优点。规格化的作业不必步步请示，谁都能独立完成。就像盖橡皮章，即使是小学生也可以做。

拜托人家是最难的事情，好不容易请个人，若无法托以重任，就失去了请托的本意。如果能将工作规格化、单纯化，就不会这么麻烦了，以橡皮章为代表的作业规格化，在谋求增进工作效率的所谓"工作的窍门"上，是很重要的一点。

2. 资料不是贴在剪贴簿上就可以，必须以一定的规格复印后存梢。

在现代的办公室中，复印机的使用非常普遍。活页复印，在储存、整理大量的情报上非常方便，更可以大幅地减少时间和精神的支出。

事实上，谁都会复印资料，可是复印后的整理工作，似乎都没有做好。纵使特意地将重要的情报影印，然而，如果处理工作没有效率，就毫无意义了。

例如，在报章杂志上发现有用的消息，虽然将它影印存档了，但是资料收集的工作却仍未完成，然而多数人都是就这样将它贴在剪贴簿，然后放入档案中。

影印，是为了方便情报的使刚。因此为了让影印的东西一取出即马上可以应用，在处理上就必须尽量简单。贴在剪贴簿上，就无法添加、更换；放在袋中，则取用资料非常不便。

多数人一向都用活页纸复印，一张张地分类存档。活页式资料档，任何时候取阅都很方便。例如，想查关于企业收买问题，就从分类项目中调阅。若是个牵扯到较多项目的问题——例如关于国际租税与企业收买问题，就查阅这两个部分。此时，资料档若是一个项目一张，复印资料就非常简便，可是若贴在剪贴簿上，就不能这么做了。

复印用的活页纸尺寸统一是非常重要的，大小不统一的话，即使特意地分门别类，也非常难整理。

小刘收集资料一律用 B5 的纸张复印，虽然 B5 的纸张在复印内容少的资料时四边留白较多，似乎有点可惜，但是只要能活用情报资料，仍是值得的。

复印好的 B5 纸张经过打孔后，就是 B5 活页纸，只要标上项目就可以归档了。为了统一使用 B5 纸复印，必须使用有缩小功能的复印机。大部分的报道，经过复印机缩小后就可以纳入他的纸张中。报道的内容所所占版面较大时，必须先将报道剪贴后再复印，若是复印机没有缩小功能，就必须增加很多剪贴的手续。

使用复印机最好选用有自动输送纸张功能的复印机。每个人应该都有这样的经验，在复印时，要一张张反复地打开盖子，按开关，实在很麻烦，又浪费时间，可是，若有了自动送纸功能，资料整理好，开头按了之后，机器就会自动地运行，实在便利。

有缩小和自动输送纸张功能的复印机，价格多少会贵一点，可是长远来说，应该是很划算的。

有公司另外雇用女职员操作复印机，这实在是不可取的。多雇用一个人，会增加一些意想不到的成本。除了本薪，还有车马费、保险费、福和津贴等等，所化的成本实在很高。将如此宝贵的时间、人力用来复印实在是很浪费，人的能力，应该做更有效的利用。同样的花费，投资于复印机到头来反而是更为有利的。

3. 档案的尺寸、厚度要全部统一。

海子的事务所里，档案一律统一以 B5 规格的纸复印、整理。档案大小、厚薄不同的话，整理起来会非常麻烦。如果从开始就统一样式，将可缩短查阅时间，连尺寸也统一的话则不论复印、整理均会非常轻松。

采用 B5 尺寸有两个理由，其一，由于工作的性质，所有资料格式必须和政府机关使用的相符。其次，现在一般复印纸都使用 A 开及 B 开两种规格，在复印时有些许的不同：A4 在复印时可印较 B5 版面大的文件，而 A3 可印更大的版面，但 A3 必须用较大的机器，因此考虑使用的方便，B5 是最合适的。

因此，在海子的事务所，文件一律统一用 B5 纸，而活页纸、封面、索引、透明套子等全部统一用 B5 尺寸。唯一例外的是"人才录"等特殊东西用 B6 尺寸的封面。

4. 工作规格化，任何人都可以轻易地完成它。

每个人在工作进行过程中，通常都会研究出自己的工作方法，使自己的工作进行得更为顺利、快速。但是在工作完成后，特地研究出的新方法，往往弃而不用，实在非常可惜。

在海子的事务所里，完成任何一项新的工作所得到的方法，都必须做成档案资料存起来。因此，即使是得自专家、百科全书的资料也需做成档案资料，方便查寻。

当初海子花了时间和精力做出工作程序，现在，秘书只要遵循着这份工作程序资料，就可以很快地完成工作。

十、找出适合自己的时间管理工具

（一）运用 ABC 时间管理法，优先处理紧急事务

ABC 时间管理法是哈佛商学院管理课上经常提到的一项重要的时间管理工具。所谓 ABC 时间管理法，就是以事务的重要程度为参考标准，按照由重要到次要的顺序，将所有待办事项划分为 A、B、C 三个等级，然后按照从 A 到 B 再到 C 的顺序来完成任务的做事方法。

这种方法可以说是事务优先顺序法的"鼻祖"，也常常受到各种时间管理专家的推崇，是人们制订计划时的有效选择。它可以有效避免因日常事务异常繁杂而使人们的生活或者工作、学习等活动出现混乱，保证人们有条不紊地开展各项活动。

运用 ABC 时间管理法，首先要划分事务的级别，即按照事务的重要程度，来决定它们的先后顺序。事务是否重要可以以"是否有助于达到长期或者短期目标"为判断依据。

事务级别分为 A、B、C 三个层次。

A 级事务是最重要的事项，如果事务非常有助于目标的达成，则将其标记为 A。通常来说，A 级事务是人们必须要做的事，这些事对实现人们的目标起着非常关键的作用，比如，对下级进行管理性指导、约见非常重要的客户、把握能带来领先优势或者成功的机会、归还马上就要到期的信用卡贷款等。

A 级事务都必须要在短期内完成，一旦事务完成，人们的生活或者工作等就会轻松很多，也会取得一些突破性的进展；但如果没有将 A 级事务完成，那么，人们可能会承受令人沮丧的、严重甚至是灾难性的后果。简而言之，A 级事务也就是最优先

处理级别的事务，是需要人们立即展开行动的事务。

B级事务应该是仅次于最优先处理级别的事务，对人们目标的达成具有一定的意义。这类事务可以提高个人或者组织的业绩，提高人们的生活质量，但不起关键性作用。

尽管B级事务不如A级事务那般紧迫，人们甚至可以在一定期限内将完成时间向后拖延，但这些事仍然属于比较重要的事。人们应该在短期内将这些事务完成，否则，这些事务可能会发展成A级事务。

C级事务是那些对达成目标作用不大的不重要的事项。这些事务的价值较低，但仍可以去做。对于这一类事务，无论看起来多么有趣，或者多么紧急，都应该放到最后再进行处理。

C级事务可以推迟，而且几乎不会对人们的生活、工作或者学习等造成严重影响。处于这类级别的事务，有些甚至可以无限期向后拖延。但也有一些事务，特别是那些截止日期较长的事务，也可能会随着完成期限的临近而转化成B级甚至是A级事务。

一般说来，A、B、C三级事务在任务和工作总量中所占的比例分别为15%、20%和65%；但就其价值而言，完成A级事务可以为达成目标做出65%的贡献，完成B级事务也只能做出20%的贡献，完成C级事务则只能带来15%的贡献。

在明确了事务优先处理级别后，人们首先要做的，就是全力以赴地解决A级事务。在将A级别事务完成或者做好充分的准备之后，再将精力转移到B级事务上。在B级事务的解决过程中，可以将一些事情交给其他人去做。直到将B级事务完成或者达到预期效果之后，人们才可以将注意力转移到C级事务上，适当地对这些事务进行处理，但一定要注意时间的控制，要争取尽量少在这些事务上耗费时间。在B级和C级事务的解决过程中，人们可以酌情将一些事情交付给其他人去做。值得注意的是，C级事务尽管处于办理顺序的末端，但也并不是可有可无的，也必须要抽出时间来进行处理。因为在人们的生活或者工作、学习中，除了A级和B级事务外，工作中还有太多不太重要、但又不得不处理的事情，比如一些准备工作、善后工作或者日常工作等。

需要说明的是，A级事务虽然是需要最优先解决的事务，但也未必就一定要放在第一时间去解决，而将其他级别的事务都抛开。如何安排取决于时间的效益型。比如，一位经理一天中有很多工作要做，他的A级事务是拟定一份工作报告，这需要花费四五个小时的时间；这一天，他还同时有一些B级事务和C级事务需要处理，而在B级和C级事务中，都存在一些可以授权给他人去做的事情。那么，他就可以在开始写报告之前，用几分钟的时间将这些可以授权出去的B级和C级事务先交代下去，一方面，自己的这些工作可以暂告一段落；另一方面，接受授权的人也得到更充足的时间去准备。显然，尽管 B 级和 C 级的优先级别并不高，但也可以视情况进行优先安排。

要想使 ABC 时间管理法发挥最大的效应，可以根据任务的具体情况来灵活运用这种时间管理法。

比如，可以增加优先处理级别，如果感觉 ABC 三个级别不足以将自己需要处理的所有事务都包含进去，可以再增加一个 D 级别。D 级别事务是指那些理论上甚至不需要付诸实践的工作。这些工作根本没有时间上的限制，如果完成这些事，没有太大的好处；没有完成，也不会造成什么不好的影响。人们甚至几乎可以将这些事情给忽略掉。

不过，对于 D 级事务的处理也可能会带来一些意外的收获。比如，在阅读一本旧杂志的同时，恰巧找到某个问题百思不得其解的答案；购买一辆自行车使自己的身体得到了锻炼；在陪孩子逛书店时，发现一本对自己工作有指导意义的书；重新阅读手机说明书的时候，发现一项以前从未注意的手机功能，在公园发呆的时候有了新的创作灵感，等等。

灵活运用 ABC 时间管理法，也可以将 ABC 三种级别的事务进行二次划分，通过将 ABC 三级事务分别细化，来增加事务的级别。如，在只将任务划分成 ABC 三个级别的时候，发现这种分级方式远远不能满足自己制订计划的需要，或者按照 ABC 的分法使得处于 A 级或者 C 级的事务过多，就可以采用将 ABC 三级事务再次进行划分的方法，比如将 ABC 三级事务分别分为 A_1、A_2、A_3，B_1、B_2、B_3 和 C_1、C_2、C_3。进行二次划分时，依然要按照事务重要与否的顺序——A_1 的重要程度要高于 A_2，B_2 的重要程度要高于 B_3 等。

举例来说，一位同学第二天计划完成 6 项事务，其中有两项属于 A 级事务，而在这两项之中又有一项更为重要，那么，就可以将这项任务标记为"A_1"，而将另一件事标记为"A_2"；同样，也可以按照这种方法将 B 级或者 C 级事务进行划分。

采用 ABC 时间管理法对所需要处理的事务按照重要程度划分优先处理级别，可以使人们从杂乱无章的事务之中解脱出来，对自己先做什么、后做什么有一个清晰的认识，而不至于一味按照自己的喜好，优先处理那些看起来有趣但缺乏意义的事情，导致自己最后由于没有来得及处理紧急或者重要的事务而造成严重的后果。灵活运用 ABC 时间管理法来规划时间，就可以制订出符合自己实际情况的事务处理计划，使自己的生活、工作或者学习都能够井然有序地进行。

（二）运用时间四象限法则，了解你的时间花什么地方

史蒂芬·科维是美国著名管理学家，也是哈佛商学院优秀毕业生。他一直致力于管理学的研究，著有《高效能人士的七个习惯》《要事第一》《领导者准则》《培养高效能人士七个习惯的方法》等多部管理学著作。这些著作一度受世人追捧，无一例外地成为超级畅销书；《高效能人士的七个习惯》一书更是销售过亿，除了英语版本，此书还被翻译成了 28 种语言，引入到世界多个国家和地区，被人们视作管理学实用宝典。除了撰写文章，科维还和朋友一起创办了富兰克林科维公司。该公司目前已经成为全球最大的管理咨询公司，负责为组织和个人提供顶级的培训和管理咨询服务。

作为一位崇尚高效生活的人士，科维在日常生活中非常注重时间管理，注重高效完成各项工作。他喜欢在同一时间内同时开展多项工作。有一次，他居然在健身房冲凉的时候躺在淋浴房的地上，同时让三个莲蓬头对着自己，在淋浴的同时做着刷牙以及刮胡子的工作。

在《要事第一》一书中，科维提出了一种新的时间管理方法，即时间四象限法。

科维指出，人们所做的事情可以划分为四类——紧迫且重要的事情、重要但不紧迫的事情、紧迫但不重要的事情和既不紧迫也不重要的事情，人们将时间消耗于其中的某一类事情上。

史蒂芬·科维

科维将四类事情分别归结到四个象限之中。第一象限代表紧迫且重要的事情，比如说解决怒气冲冲的客户提出的问题、治疗已经严重影响身体健康的疾病、归还即将到期的信用卡贷款、进行高考前的冲刺复习或者帮助一个正在哭泣的受伤儿童，等等。按照事情的急迫程度以及重要程度，显然，人们应该在第一象限投入较多的时间。在这个象限法则里，人们需要解决各种危机或者急迫问题或者为重要的会面、工作等做好准备，人们需要发挥创造性，需要迎接各种挑战，利用自己的经验和判断力来完成这些工作。如果忽略掉这些问题，人们的生活或者工作将会受到明显影响。但需要指出的是，很多重要的事情之所以如此紧迫，完全是因为执行时间遭到了延误，或者是因为事前没有足够的预防措施，没有进行充足的准备。换句话说，很多第一象限的事

情都是由于缺乏有效的工作计划，从而导致原本不紧迫的事情改变性质，变得迫在眉睫。

第二象限代表重要但不急迫的事情。第二象限的事情主要和人们的生活品质有关，比如制订长期的规划、发掘或者预防问题、参加可以提升自己能力的培训、帮助儿女学习知识或者健康成长、聆听父母的烦恼等。在这个象限中，人们所做的事情短期内无法见到明显的效果，但对于人们提升能力、增长见识、维护家庭和谐、保证工作顺利等方面却是非常有帮助的。在这个象限投入较多的时间，人们的办事能力也会得到很大程度的提升。而如果忽视第二象限的内容，就会使原本重要且不紧迫的事情变得紧迫，即扩大了第一象限的范围，而与此同时，人们也会面临更大程度的危机以及更多的压力。而从另外一个角度考虑，如果对第二象限多投入一些精力，通过及早预防、准备充足或者做好计划，及时将那些重要且不紧迫的事情解决，那么，就不会有那么多重要而且紧迫的事情。也就是说，对第二象限的时间投入，可以缩小第一象限的范围。第二象限不会对人们提出紧迫的要求，它考验的是一个人的个人管理和控制能力，如果一个人能合理安排时间，能保质保量地解决完成这一象限的任务，那么，人们的压力也会随着任务的完成大为减轻，而不会因为拖延等原因将事情转化为重要且急迫的事情，使个人面临更大的心理压力。

第三象限代表紧迫却不重要的事情。科维将这一象限称作是第一象限的幻象，认为是紧迫的噪声制造了事情重要的假象。因此，可以说第三象限是一个蒙蔽象限。事实上，即便这些事情真的非常重要，那也是相对于别人而言。比如，很多电话、电子邮件、临时组织的会议、突然造访的客人等都属于这一类型。人们在这一象限花费了大量的时间，满足的却是他人的需求或者是他人的期望，而糟糕的是，人们却认为这些事情是对自己重要且急迫的事情，错误地将这些事件归于第一象限，并为此付出大量的时间和精力。

第四象限代表既不紧迫也不重要的事情。显然，这个象限的内容是最为浪费时间的象限。当然，从理智上讲，人们根本不应该在这个象限将时间白白浪费掉。然而，在人们被第一象限以及第三象限的事情累得气喘吁吁，压力剧增的时候，为了消除疲惫、减轻压力，获得继续坚持的动力，往往会让自己陷入第四象限之中。第四象限主要是一些繁杂的事情，用来打发时间，比如打打电话、浏览无关紧要的网页、讨论别人的是非、沉浸于看轻松的小说或者沉迷网络游戏、没有实质性内容的电视节目中等。第四象限并不完全是娱乐方面的内容，因为那些有真正意义上的创造性娱乐属于第二象限的内容，是值得去为此付出时间的。第四象限的内容无关生存，相反，它是一条使人丧失斗志的堕落之路。在初始阶段，人们会产生一种满足感，然而很快就会感到一种空虚感和颓废情绪。悔恨和无聊的感觉，是人们将时间浪费在第四象限常常要面对的。

参照四个象限的内容，人们可以对自己的生活进行归类，通过分析，就可以明白自己将大部分时间花费在了哪个象限，并根据分析结果来调整自己的时间安排，实现对时间的有效管理。

在这四个象限之中，第一象限和第三象限是最容易混淆的，人们常常将那些紧迫的事情误认为是非常重要的，因而在第三象限花费了大量时间，却得不到多少实质性的收获，而且还打乱了自己的时间安排。对于这两个象限，最快捷的区分办法，就是要思考一下那些紧迫的事情是否有助于自己重要目标的实现，如果答案是否定的，那么，它就不属于第一象限的范围，就不应该在这些事情上花费过多的时间。

在时间四象限的理论中，人们用到了紧迫性和重要性两个衡量标准。事实上，紧迫性和重要性也是人们在生活中处理事情的重要参考依据。但什么是重要的事情？什么事情又迫在眉睫？人们往往由于工作岗位、情绪状态、所处阶段等方面的差异，而对重要和紧急有不同的判断标准。而即便是同一个人，也会因为压力大小、情绪状态、角色变化、周围环境等原因而产生截然不同的判断标准。

比如在学生中，对于那些喜欢学习的人来说，学业就是他们眼中既重要而且迫在眉睫的事情。但对于那些不爱学习、沉迷游戏的学生来说，游戏和玩闹才是他们最为看重的事情。从角色上来说，一个人在学生时期将学业视作重中之重，但在工作之后，学习可能就没有那么重要了。科维举了发生在朋友身上的例子。5 月 20 日，这位朋友需要完成购物、出席三个会议、维修汽车以及与同行共进午餐等重要事项。就在前一天，他的女朋友打电话过来，通过电话沟通，他了解到女朋友情绪非常激动，于是他立即决定放下所有事情，用了一小时的时间赶到女朋友家中。这一整天，他几乎都陪着自己的女朋友。在别人看来，这位朋友在 20 日的安排才是至关重要的，但在这位朋友眼中，安慰难过的女朋友这件事显然要比第二天的事情要重要而且急迫得多。

通过列举个例促进在重要和紧迫方面缩小认知差异是四象限法则的价值所在。科维指出，四象限法则的价值，不是要教会人们处理紧急和重要事情，而是要帮助人们看清时间的安排是如何的重要和紧迫，帮助人们理清自己大部分时间花费在什么地方以及其中缘由的。

通常，重要性主要是看事件和人们的目标是否相吻合，匹配度越高，则表示事件越重要，越值得花费时间去做。在判断事件值得做的情况下，判断事件是否紧迫才更有意义。紧迫性主要是对完成事件时间长短的考量，是否紧迫，主要根据计划或者当时的目标。这就要求人们在制定了做事的标准后不可轻易更改，否则，人们可能由于很难判断事情是否紧急，而始终处于一种忙碌的状态之中。

四象限法则教给人们的是一种在做事之前对自己要做的事情进行轻重缓急判断的理念，是要求人们根据自己的客观实际来判断自己将时间花费在哪些事情上是具有意义，在哪些事情上又是不值得的。它不是鼓励人们将日程安排得满满当当，而是提倡将时间、精力更多地分配到那些对于个人有重要价值的事情上，提倡在做计划以及完成任务之前养成一个良好的工作态度，养成科学合理分配时间的良好习惯。这样，人们的生活才会更加井然有序，任务完成的质量也更有保证。

（三）打造 GTD 时间管理系统，让一切井然有序

罗香是哈佛商学院工商管理战略小组的助理教授，负责教授 MBA 必修课程中的战略课。在繁多的时间管理系统中，罗香最为推崇的就是 GTD 时间管理系统。

GTD 是英文 Getting Things Done 的缩写，而 GTD 系统的意义是将人们从繁重超负荷的工作生活方式中解脱出来，使人们享受无压力高效的生活或者工作。通常，在人们的脑海中积压着一些未做完的事情的时候，要么就是不时回忆起这件事，使心理压力增大，对当时手头的工作造成影响，要么就会因为事务繁忙而最终忘记完成那件任务。GTD 反映的思维是，人生最大的不安不是由于任务繁多，而是有很多应该付诸行动的事务却并没有展开行动，有很多承诺过的事情最终却忘记执行。而 GTD 就是要确保人们能够及时完成所有应该完成的任务。

压力不是来自事件本身，而在于所有任务都汇集在大脑之中，造成心理压力增大，也使人们对任务产生了抵触心理。GTD 的核心理念在于将头脑中的各种任务都记录下来，通过这种方式为大脑减压，使头脑中不再充满各种需要完成的任务，从而集中精力去处理手头上的事情，提高办事效率。

GTD 时间管理系统具体包含收集、整理、组织、回顾以及行动这五个步骤。

收集就是将人们能够想到的所有需要完成的事情都一一列举出来，放入到 Inbox 中。Inbox 既可以是用来放置各种实物的文件夹或者收纳箱，也可以是用来记录各种工作安排的掌上电脑或者记事本，甚至一张纸等。收集的关键在于将头脑中繁杂的东西都清理出来，其方法就是通过写在纸上、电脑上或者将相关文件搁在一起等方式将这些未尽事宜都记录下来。用这些方式来代替大脑完成记忆，而大脑则可以减轻压力，

将精力集中在某一件事情上，从而提高办事效率。

整理就是将所有未完之事都放入到 Inbox 之后，定期或者不定期地整理和清空 Inbox 的内容。以是否可以付诸行动为参考标准，对 Inbox 的内容进行分类整理，对于那些归类于不能付诸行动的内容，可以进一步按照参考资料、日后可能需要处理以及垃圾三种标准，实施二次分类。而对于那些可以付诸实践的内容，则需要考虑是否可以在两分钟内将事情解决掉。如果答案是肯定的，则立即付诸行动，通过完成任务来将两分钟可完成的事情都清除出去；而对于两分钟内难以完成的，则需要开始组织下一步的行动。

整理工作需要注意以下几点：整理要从最上面的一项开始整理；每次只可以处理一项任务；不可以将任何东西再放回到 Inbox 中；对花费时间少于两分钟的，即刻展开行动；对于两分钟无法完成的事情，可以委托别人代为完成，也可以延期处理；把暂时无法付诸实践的任务选择归档以便查询、干脆将其丢掉、等待时机成熟后运用任一种方法进行处理。

组织是 GTD 之中较为核心的步骤，主要包括对参考资料的组织以及对下一步行动的组织这两个部分。要完成对参考资料的组织，需要借助适当的文档管理系统，而要完成对下一步行动的组织，则需要将下一步活动内容分成"下一步清单""等待清单"以及"未来/某天清单"这三个部分。

"下一步清单"指的是具体下一步即将展开的工作，如果一个项目涉及多步骤的工作，那么，就需要人们将这些工作再细化成更为具体的工作内容，从而确定下一步的工作到底是什么。举例来讲，如果总经理需要了解员工的工作表现，那么下一步行动可能是需要从考勤部门调来该员工的出勤表现，或者给业务部门打电话将该员工的业绩表现 Email 过来，或者找同事调查，等等。虽然会有很多的步骤以及行动，但不可能在同一时间内完成所有事务，而总要首先完成一件事，然后展开另外一件，而下一步行动就是要将首先要完成的那件事记录下来。

对"下一步清单"的处理，GTD 系统进行了进一步的细化，比如按照地点（学校、家里、电脑旁、办公室、超市、银行等）分别记录下哪些行动需要在这些特定的地方实施，而在处于相应的环境之中时，人们自然就非常清楚地确定自己应该完成哪些工作。除了地点，时间也是一种较为普遍的分类方法。比如，人们可以将一天分成早晨、上午、中午、下午、傍晚、晚上等多个时间段，按照时间记录在什么时间做什么事情。这样，在时间到来时，人们也可以展开具体行动；或者按照人物分类，通过区分哪些工作需要和什么人一起完成，来确定实施时间，比如和朋友一起时需要完成的工作，和家人一起又有哪些规划等。一旦和相关人物在一起，自然就会知道哪些事情可以在当时完成。

"等待清单"主要记录那些已经交付出去的任务或者在任务进行下去之前需要等待其他外部因素的事件。对于已经交付给他人的事件，人们需要通过记录，来适时跟踪检查行动的结果；而对于那些等待其他外部因素的事件，则需要通过记录和跟踪来掌握具体进展或者为下一步行动做出及时提醒。

"未来/某天清单"需要记录的是那些延迟处理并且无法确定具体完成日期的目标计划等内容。这些事情也需要人们完成，但却并不是马上完成，而是在将来的某一时刻付诸实践。比如，学习日语、谈一场恋爱或者出外旅行等。

回顾是对清单的清理以及更新，通常是以一个礼拜为周期（也可以根据需要将时间缩短为每天或者随时检查）。通过回顾一周以来的工作进展情况，及时对所有列出的清单进行检查，那些已经完成的，需要清除出去；而对于那些尚未完成的以及新的任务等的处理方法，就是要及时更新清单内容，通过这种方法来为日后的工作提供指导，确保 GTD 系统发挥作用，也可以对未来一周的工作进行及时的规划。

如果人们不能够及时回顾任务进展情况或清单列表，那么，那些行动以及提醒列表也就失去了原有的意义。回顾是为了使人们确立在当时的精力、资源以及时间条件下，哪些事情是最值得去做的，并及时展开行动。如果倾向于只做计划而不及时执行，那么，就很容易养成拖延的习惯。这样的后果是容易的事情很快完成，而那些有难度的事情却始终未能展开，甚至因完成不及时而造成了严重的后果。如果不考虑突发因素，不妨按照顺序一个接一个地解决清单上的事情。这样，在解决多项任务之后，人们也可以形成合理安排时间以及有效处理事务的信心和决心。

从另一方面来讲，回顾也是为了及时将所有的新任务以及即将到来的事件都填充到未尽的事宜中去。这样，所有的事情都已经是当时最新的状态了，人们也就可以按照新的任务清单来展开行动，就能够实现对所有待解决事件的妥善安排，也可以帮助人们及时缓解脑海中新任务带来的压力，以较为轻松的状态投入到新的工作之中。

执行是要按照每份清单的具体内容来付诸行动。在具体行动过程中，人们可能会需要根据时间的多少、所处的环境、精力或者身体状况以及事情重要程度等来选择清单、选择清单上的事情来处理。执行是 GTD 系统得以发挥作用的关键性步骤。如果人们将所有的时间都花在组织工作、做计划上，而根本不付诸实践，那么，所有的 GTD 系统就都失去了原有的意义，之前所做的一切也只能是造成时间的浪费。

简单说来，GTD 系统就是为了达到两个目的：

第一点是要清空人们的大脑内存。如果一件事情已经完成，那么它在人们大脑中所占的内存将非常小；反之，如果一件事情尚未实施，那么，它在人们大脑中则往往占有很大的内存。而 GTD 系统就是通过将所做的事情分门别类地列入清单，使所有的待办事项形成一个逻辑性强且非常可靠的系统。那么，那些占据大脑空间的未完成事项，就会以其他形式记录下来，而不至于再占用大脑的大量内存，使大脑从对太多未完成事项的记忆中解脱出来，从需要完成那些事务的反复提醒中解放出来。

第二点就是要将所有待办任务都转化成具体行动。不管需要完成什么任务，人们都要先思考一下，下一个确切工作将是什么，通过将计划细化的方式使人们随时了解到自己应该做什么工作。在一个已经确定的时间内，来付诸具体行动的时候，人们就会对自己即将展开的行动充满信心，从而高效地完成各项待办任务。

罗香认为，人们可以从网络、计算机、掌上电脑、纸和笔、计算机和掌上电脑相结合、记事软件、移动设备中选择一种或几种工具，来制定符合自己客观实际的 GTD 系统，并按照收集、整理、组织、回顾以及行动等五项步骤，解决那些待办事项，从而达到减缓压力、高效工作的目的，以便在较少的压力状态下，高效工作或者学习，享受一种井然有序的工作或者学习状态。

（四）六点优先工作制，让你压力减小

威利斯·埃蒙斯是哈佛商学院工商管理系高级讲师，从 2004 年开始担任·克里斯坦森教育与学习中心董事。在哈佛商学院工商管理课上提到时间管理工具时，埃蒙斯特意强调了六点优先工作制，并解释了六点优先工作制的来历。

理查斯·舒瓦普在担任美国伯利恒钢铁公司总裁的时候，曾经因为公司濒临破产而求助于效率大师艾维利。两人交流的时间将近半个小时，在这半个小时中，理查斯·舒瓦普花了 20 多分钟的时间倾诉那些令自己焦头烂额的事情。艾维利耐心地听舒瓦普倾诉完烦恼后，明白了伯利恒钢铁公司的问题所在，他没有过多地评论这些困扰舒瓦普的事情，而只是对这位烦恼的总裁说：“请取出一张白纸，将您第二天所要做的全部事情都写在这张纸上面。”舒瓦普有些疑惑地在白纸上列起清单来，几分钟之后，原来洁白的纸上就密密麻麻地排满了舒瓦普第二天的几十项工作内容。

舒瓦普将第二天的工作内容全部列在清单上后，艾维利要求他再仔细看一遍这些内容，按照事情的轻重程度，将所列任务分为从“1”到“6”六个等级，其中，“1”代表最重要的，而“6”则代表所有任务中重要程度最低的。艾维利要求舒瓦普第二天

要以全新的方式去工作，而这个方式，就是从这一天一开始，就全力以赴地将标记为"1"的事情做好，在将这些事情完成或者完全准备好的时候，将目标转向标记为"2"的事情；以此类推，直到把所有的事情都做完，或者为所有的事情都做好充分的准备。艾维利还要求重要的事情，不止第二天是这样，以后的每一天，舒瓦普都要按照这种方式来工作。而且，如果舒瓦普觉得这种方式非常有效果，就将这些方法推荐给伯利恒钢铁公司的高层管理人员；如果他们也觉得有效，就要继续推广这种做法，直到公司的每一位员工都采用了这种工作方式。

舒瓦普起初并没有信任这种方法，艾维利看出了舒瓦普的心思，接着说道："一般说来，如果人们每天都能够全力以赴地完成六件重要的事情。如果您和伯利恒钢铁公司每一位员工，在每一天、每一分甚至每一秒都在做最重要的事情，做有利于提高生产力的事情，那么，您想象一下，伯利恒钢铁公司还会是现在这个样子吗？不妨就按照我说的去做吧。"

时隔一年之后，舒瓦普再次找到艾维利。这一次，他将伯利恒钢铁公司发生的显著变化告诉了艾维利，并将一张面值为2.5万美元的支票交到了艾维利的手中。他表示，自己一定会在全公司推广这种工作方法。

5年之后，伯利恒钢铁公司不但彻底摆脱了窘境，而且一跃成为当时全美最大的私营钢铁公司。每当提到伯利恒钢铁公司扭亏为盈的经验，提到艾维利时，理查斯·舒瓦普总说，多亏了艾维利的方法，他和整个团队一直按照这个方法努力，坚持解决那些最为要紧的事情！舒瓦普还认为，那2.5万美元的咨询费，是伯利恒公司多年以来最有价值的一笔投资。

威利斯·埃蒙斯告诉学生们，艾维利教给舒瓦普的优先工作法，后来被管理学界誉为是价值2.5万美元的时间管理方法。其具体内容如下：

第一，在前一天晚上将第二天要做的所有事情都写下来，并对所有事件按照重要程度从"1"到"6"进行排序，其中数字"1"代表的是重要级别最高的，而数字"6"则为级别最低的。

第二，化整为零，把那些非常艰巨的、大的任务划分为若干个容易完成的、小的工作任务。

第三，按照从低到高的顺序，将那些重要级别较高的任务优先解决了，然后依次是较为重要的，将最不重要地放在最后进行处理。

第四，在解决事情的过程中，要和拖延做斗争，要即刻展开行动。每天开始工作的时候，首先要集中精力解决标记为"1"的最重要事件，再将"1"以下的所有事情都解决掉，或者做好解决准备的时候将精力转移到第二重要的事务上，以此类推，直至一天结束。

六点优先工作制看起来非常简单，但如果能够长期坚持这种方法，人们的办事效率就能够得到大幅度提高，解决的问题也会越来越多，而承受的压力则会越来越小。

从长远角度来看，六点优先工作制首先要求有非常明确的目标，知道自己需要做什么、达成什么样的目的。如果连自己的梦想或者目标是什么都不知道，那么，人们也就无法实现对个人时间的合理安排。

人们可以根据自身情况定下长期目标、中期目标以及短期目标，比如 10 年目标、5 年目标，或者 3 年目标、1 年目标等。再通过对目标进行分析，将这些目标分解成若干更为详细、具体的容易达成的小目标，比如季度目标、月目标、周目标等。通过将周目标细化到每天要完成的目标，再结合六点优先工作制，即可确立每天最为重要的事情；只要每天都能够保质保量地完成这些任务，那么，人们的梦想或者目标最终将会成为现实。

（五）时间思维导图，使计划一目了然

在日常生活中，往往会出现这样一种现象，人们用笔在白纸上将需要完成的事情一一列举出来，形成一份排列紧凑的待办事项清单。在执行任务的时候，总会从开始，一行一行地将已经完成的项目做个记号，或者用笔划掉，然后继续完成下一项任务。然而，人们似乎很少从头到尾地将清单上所列出的事情从头到尾地完成过。这当然是一件让人非常懊恼的事情，于是，人们不得不在写新的任务清单时，将那些没有完成的任务挪到新的任务清单上。如此重复，渐渐发现，自己并没有控制好时间，反而被清单上列出的事务牢牢限制住了。

事实上，这种现象的产生，与人们采用了何种时间计划方式有关。他们的共同特点就是利用线条、次序、字母、数字等一种或者几种作为时间管理工具，但这些都属于左脑智力技能，或者说，他们只是利用了大脑的左半球。因此，当奇思妙想涌现在人们脑海之中的时候，如果只利用这些工具，就会影响到创造性思维的发挥。单调的清单列表，只会让人们觉得枯燥乏味，失去坚持下去的兴趣。而充满趣味的时间思维导图可以有效地规避这些缺点，提升时间管理的效率。思维导图是哈佛商学院客座教授托尼·巴赞为发展人们的思维模式而提出来的。在哈佛商学院进行关于大脑、思维、学习讲座时，托尼·巴赞详尽地将思维导图的知识讲授给了哈佛的学子们。

思维导图是一种应用于记忆、学习或者思考等方面的思维"地图",是一种形象的思维笔记。它的中央是一个核心概念或者图像,而从核心概念延伸开来是多个主要思想,以主要思想为中心进行延伸,又会延伸出更多次要思想。简而言之,思维导图的工作方式是从一个核心概念出发向四周扩展,而与此同时,人们的思维也会以同样的方式拓展着,最终,人们的创造性就会发挥出来了。

绘制一幅思维导图,需要一张白纸、一支彩色水笔、铅笔或者蜡笔以及充分的想象力。当然也可以利用电脑或者绘图软件来取代纸笔。绘制时主要步骤是在白纸中心位置画上一个图像来代表主要思想,比如是长期目标规划,如果想实现做医生的梦想,就可以在中心位置画一个医生的标志,或者是一件医疗设备来代替。再从中心位置延展开来,实现做医生需要哪些步骤,需要达成哪些条件,等等,再将这些步骤或条件进行二次延伸,最终将长期目标划分成现在努力即可达成的事情,以具体的工作来切分梦想,以小的目标的达成来激发实现目标的原动力。为了增加绘图的趣味性,人们可以选择多样的笔,可以多采用图像代替抽象的文字。

思维导图在使用字母以及数字的同时,还利用到了色彩和图像,这就意味着大脑的左右半球都被调动起来了。左脑和右脑互相依赖,互相激发,就会提高大脑的创造性,提高人的思维能力。思维导图采用色彩、图像等相结合的方式,也会提高人们的兴趣,坚定人们坚持完成任务的决心。

对传统计划方式的缺点,思维导图可以起到很好的弥补作用。思维导图不单能让人们清晰地看到自己的短期目标,还将长期目标一目了然地显现了出来;思维导图会为人们提供一幅综合性的图画,这幅图画非常协调地将所有因素不分大小都合并在一个结构之中。因为结构的完善,人们就可以在需要分清主次以及进行行动时做出更为符合当时实际的选择;思维导图具有相互关联的结构,这种结构是非常符合大脑逻辑的,它将所有需要包括在这个计划中的方方面面都体现了出来,从而有效地降低了遗漏重要因素的可能性。

思维导图还可以帮助人们从宏观和微观两个层面来安排时间,从而做到长期目标和短期目标兼顾,使事件全局都得到有效掌控。

从宏观角度来讲,人们可以对自己的长期目标进行规划。举例来说,人们可以用思维导图来对下一个年度的时间进行安排。

用思维导图安排下一年度的时间,首先要做的是,抽出时间对过去 12 个月的工作和生活中的主要活动以及所取得的进展进行回顾。这是一个富有启发性的过程,也是一个能激起人们兴趣的过程,并会给人们带来新的启示。在回顾过去的过程中,人们也能静下心来，在沉静中慢慢回忆过去一年的事情。在结束回忆之后，人们将以此为出发点，拟订下一年度的时间计划。

接下来，就是对未来 12 个月目标的筹划，这应该包括健康以及个人发展两个方面的目标，而且，人们也应该为休闲和放松留出一定的时间。要用一定的时间来思考一下，自己到底想从未来的一年中收获什么，根据这个理想做出安排。在计划中，也可将自己理想的一年中所具备的各种因素都包含进来。当然，这个时间安排不能过于紧凑，要为未来发生的无法预料的事件留下一些回旋余地。这样，在意料之外的事件发生时，就不至于筋疲力尽地应对，也不会因此而扰乱自己的计划。

在将 12 个月的宏观目标框架建立起来之后，人们就可以继续计划每个月甚至每周的时间了，将计划具体化，人们就能够知道在未来的日子里具体需要做些什么。

从微观的角度，人们可以用思维导图来安排一周的时间。为了防止因时间紧张而导致压力倍增，不妨花些时间为下一周的时间管理绘制一份思维导图。

绘制未来一周时间安排的思维导图有一个优点，就是它能够将人们工作之外的生活重点都结合起来，这样，人们就不容易忽视掉自己的健康、不会忽视掉一些重要活动，比如周年纪念等。

约翰牢牢记住了下星期二是女朋友凯瑟琳的生日，但假如星期一的时候，他没有在时间表安排为凯瑟琳买礼物的时间，那么，在周二为女朋友庆祝生日的时候，当他两手空空出现在凯瑟琳面前，凯瑟琳可能就会有些失落，而约翰自然也会感觉歉疚和不安。但如果约翰是用思维导图来制订计划，那么他就会将注意力集中在如何找时间将每一件事情都安排妥当。比如，如果他需要预订一桌晚餐，在星期二晚上的时候和凯瑟琳出外庆祝，那么他的思维导图上就会给他一个提示。显然，利用这种方式将这些事件包含在一张协调的结构图中，家庭和工作的任务一目了然，约翰就可以更加轻松地处理好职业生涯和家庭责任之间的关系了。

如果养成了用思维导图来对未来一周做计划的习惯，也就意味着会习惯于展望未来的每一天，展望在未来的某一天自己在做什么。很多的时间管理工具，往往是把注意力集中于当天，而利用思维导图，人们就可以关注更广阔的主题，将眼光放得长远些。

人们处于紧张忙碌的生活状态中，往往不是因为工作过于繁重，而是因为时间没有得到合理利用，是由于时间安排不合理。利用思维导图作为时间管理工具，可以克服传统计划方式的缺陷，使人们摆脱紧张忙碌的生活，合理地利用自己的时间，从而有条不紊地生活。采用这种时间管理方法，即便在执行任务时出现阻碍，也不会因为时间的问题而压力倍增。

（六）莫法特休息法，让休息和工作同时进行

在哈佛商学院时间管理课程中，提到了很多时间管理大师以及他们独特的时间管理方法，莫法特和他的时间管理方法"莫法特休息法"就包含于其中。詹姆斯·莫法特是《圣经新约》的翻译者，也是一位时间管理专家。在他的书房里摆着3张书桌，在他翻译《圣经新约》期间，第一张桌子上摆着的就是他《圣经新约》原著以及他的翻译稿件，第二张书桌上是一篇正在进行中的论文，而第三张书桌上则是他还未完成的一篇侦探小说。莫法特的休息方法就是从一张书桌换到另外一张书桌旁。比如，他在翻译累了的时候，就会换到第二张桌子，继续写写论文，或者换到第三张桌子旁，继续进行小说创作。

莫法特的休息法和农业上的"间作套种"有些类似。农民们在实践中发现，如果连续几季都在田地里耕作相同的作物，那么那片土地的土壤肥力就会明显出现下降的现象。而之所以如此，是因为同一种作物吸收的始终是土壤中的同一种养分，时间久了，地力就会枯竭。如果采用间作套种的方式，两种植物或者多种植物交替种植，那么这些作物的产量都会有所提高，而土壤肥力也不会下降。

人的脑力和体力也是如此。生活中，人们往往有这样的经验：繁重而紧张的工作未必会使人产生精神或体力上的疲惫感，反而长期从事重复的工作，会使人出现厌烦、注意力下降、工作效率降低等情况，使人们产生从心理到生理的疲惫感。如果像莫法特一样，每隔一段时间就变换一下工作内容，改变一下工作方法，或者更换一下工作地点中的一种或者几种方式，那么，新的内容、工作方法或者工作地点等，就会刺激人的神经中枢，使人的大脑产生新的优势兴奋灶，从而抑制原来的兴奋灶，使人们的脑力或者体力得到有效调节。在不断变换过程中，大脑总是受到新鲜信息的刺激，这样既能持续高效地工作，又能够使脑力和体力得到一定的休养。

莫法特休息法其实是一种连续分段时间管理法，简单说来，就是先将各种工作实践性质进行区分，以"连续—分段—连续—分段"的组合方式来处理工作。这样就能够充分利用间隔或时间间隙，从而收获更多可以利用的时间。

人的大脑左右两个半球拥有不同的功能，左半球负责的是语言表达、逻辑学以及序列性等抽象思维活动，右半球则负责非语言性、非逻辑性思维，知觉、直觉、感情等形象思维方面的整体活动。而莫法特休息法，就是根据人们左右脑功能的差

异，将工作时间分为"连续"和"分段"这两种形式。对于需要长时间进行思考的问题、写文章以及制订计划等连续性工作是需要人的左脑来付出努力，而对于复印材料、发传真、打电话、抄写、记账以及统计等可分段进行的工作，则需要人的右脑来发挥作用。如果人们将一天必须完成的工作，按照性质分成连续和分段进行两类，那么，只要两种方式交替进行，人们的左脑和右脑就可以轮流获得休息，一方面会消除疲劳，使人们工作的紧张程度大大减小，另一方面也会提高人们的注意力，从而提高工作效率。

莫法特休息法的重点是经常能使自己的工作或者学习充满新鲜感。每隔一段时间，就要通过对工作环境、工作内容、工作方式、看问题角度等进行变换，不断转移大脑兴奋中心，从而避免因为长时间兴奋而产生疲劳，避免由于用脑过度而出现的认识、分析以及处理问题不灵活情况，使人们的时间得到合理利用，保持较高的工作效率。具体说来，莫法特休息法主要可以按照以下五种方式来合理分配时间。

第一种，是将工作内容分成抽象型和形象型两种，通过两种工作内容的相互交替，使左右脑得到轮番休息，从而调节人们的思维以及注意力，缓解大脑的疲劳和紧张程度。比如，在进行研究时，先让抽象的理论研究和形象、具体的问题交替进行。在研究了一段时间的历史、哲学、美学、文艺理论等问题后，转向与这些问题有关的小说、图片、诗歌等。在欣赏小说等活动持续一定的时间后，再转而研究理论。这样做，不只可以使大脑的左右半球轮番得到休息，也可以使研究得到深化，使理论与材料互为补充，通过对材料的广泛涉猎而为理论研究积累了相应的资料；也可通过理论知识来加深对材料的理解，从而使研究水平得到很大程度的提高。

第二种，是按照研究问题的不同角度来安排时间。这种方法不必更换正在进行着的工作，而只需改变工作的角度，从不同的侧面展开工作，角度的转化同样会使大脑产生新的兴奋点，从而使人们的工作效率得到提高。比如，人们在读长篇巨著时，往往由于篇幅过长而难以坚持下去，这时候，不妨换个角度，挑选中间最引人入胜的地方入手，或者跳跃式阅读，或者干脆先从结尾读起，在了解结局后慢慢回味事情的开始以及发展过程。如果单调、乏味的东西使人们失去兴致，那么，通过接受新鲜的知识或者信息，人们的兴趣又会被提起。因此，只要人们在工作过程中善于思考、善于变换角度，那么即便是始终从事一种工作，人们依然可以通过角度的变换，从不同侧面或者不同方向展开工作，不断接受新鲜感觉的刺激而始终保持较高的工作热情、较高的工作效率。

第三种，是动静交叉来安排时间。一般说来，人们如果一直保持一个姿势来工作或者学习，时间长了，就很容易产生倦怠情绪。如果在采用一种姿势工作或学习一段时间后，变换一下姿势，或者变化一下地点，人们的疲倦或者紧张情绪就很容易得到缓解。举例来说，如果人们正在读一本文学理论方面的书籍，在书房里坐着读了一会儿之后，可以换成在房间里边走边读的方式；如果又感觉疲倦了，可以靠在客厅的沙发上读一会儿，或者走到小区的绿化带前，甚至在健身器材旁边运动边阅读。这样，不仅可以消除枯燥乏味的感觉，而且还可以非常深刻地将读过的东西记在脑海中。

写书或者写文章的人往往有这样的体验，正紧张地进行创作的时候，突然想引经据典，但那段资料自己又记得不是很真切，于是便无奈地停下笔，翻箱倒柜或者打开电脑查阅资料。边查找边抱怨，要是当时记得牢一点就好了，不至于现在浪费时间。其实，人们大可不必为此烦恼，因为将写作和查找资料交替进行，也是一种动静交叉调节大脑皮层不同区域劳逸不均的重要手段，可以很好地消除疲劳，提高人们的工作效率。

第四种，将脑力和体力劳动交替进行时间分配。在日常生活中，人们可以把紧张的工作或者学习同体育锻炼联系起来，通过两者交叉进行来实现时间的合理分配，使人们在工作或学习效率得到提高的同时，也获得了健康的身体。当人们因为集中全力开展工作或者学习而产生倦怠的时候，可以暂时将工作或学习任务放到一边，到户外去走一走，到公园去打打太极拳，或者慢跑，通过这些户外有氧运动的调节，人们紧绷的大脑神经会很快得到缓解，通过脑力与体力劳动的交叉来达到增强自身身体素质以及提高自身工作效率的目的。

第五种，工作和娱乐休闲时间交替分配。在现实生活中，人们往往为了一件紧急的任务而放弃娱乐时间，加班加点、废寝忘食地投入到工作状态之中，当然，这种状态一定是短时期的，如果时间长了，就一定会给身体以及整个精神状态带来消极影响。显然，无论是工作还是学习，都必须保持张弛有度，才能够使人们始终充满激情，持之以恒地完成工作或者学习任务。而张弛有度，就是要在紧张工作之余，安排一定的休闲时间，来追求自己的业余爱好，比如看看电影、听听音乐、唱唱歌、跳跳舞，甚至出外旅游等，通过休闲娱乐来使紧张的大脑皮层、神经得到放松，使人们从疲惫的状态中解脱出来，在精神得到放松之后以饱满的热情重新投入到工作或学习中去。这样做虽然浪费了一定的时间，但却能够提升工作或者学习效率，保证人们身心健康发展。而且在愉快的休闲状态中，人们往往能够产生新的灵感，得到新的启发，而这些对人们的工作或学习都可能起到促进作用。

　　莫法特休息法是一种非常有效的时间管理方法，在实践中，人们可以大胆根据自己的实际情况来选择适合自己的时间交替方法。无论运用何种交替方式来实施这种管理法，都是为了实现大脑兴奋中心的转移，使人们紧张的神经得到放松，从而能够更为有效地利用有限的时间，提高工作或者学习的效率，提高工作或者学习的质量。根据实际情况选取适合自己的工作交替方式，就能够使自己在转换关注点的同时，使紧张的神经得到调节，并有机会在高效完成工作的同时获得更多的收获。

第四章　团队管理

一、团队概述

在研究团队之前，一定要弄清楚"团队"这个词的意思是什么，因为不同的人对这个词有不同的理解。有人把它完全当作用于各种体育活动的词，在这些活动中，"教练的指导""个人最佳成绩"和"力争第一"成了团队的代名词；有人则想到了团队工作的价值观，如：同甘共苦、通力合作和相互帮助；有人把任何在一起工作的小组都看作是团队；有人认为任何管理人员中的分组都是团队；还有的人则主要把在婚姻关系和伙伴关系中看到的两人搭档看作是团队。

我们把团队定义为：由少数有互补技能、愿意为了共同的目的、业绩目标和方法而相互承担责任的人们组成的群体。

（一）不大的规模

实际上，一般所说的团队，范围大都在 2~25 人之间。这些团队中的大多数，只有不到 10 个人。团队的规模并不是一条死规定。数量较多的人群，譬如说 50 个人或更多，从理论上说是可以成为一支团队，但是这样规模的团队很可能会再分出一些下级团队，而不是作为一个团队发挥作用。

为什么呢？因为数量较多的人群，尽管有规模上的好处，但作为一个整体却很难相互配合而共同采取有益的行动，对具体可行的事情也常常不易达成共识。在同一个任务中，10 个人很可能比 50 个人更能成功地处理好他们各自对个人、职能和管理层级制的不同看法，更愿意为共同的结果而负责。

人数过多也有一些后勤方面的问题，如找不到足够大的空间和足够长的时间聚集到一起。同时人数过多也有一些组织行为方面的问题，如"随大流"和"扎堆"行为，那会妨碍团队成员之间在观点上的激烈交锋。人数过多可能形成多层级的领导体制，官僚低效应运而生，会滋生很多目标不统一的无序行为。同时人数过多时，协同工作的价值观就变成了联系大多数人的纽带。当协同工作的价值观崩溃时，这些组织就又回到先前的层级制、结构、政策和办事方法上去了。

因此，多于 25 人的群体很难成为真正的团队，通常不能找到真正的团队中那种共同的目的、目标、方法和责任感。而当这些人想办法找到这些东西时，他们常常只是制造出一些表面的"任务"和良好的愿望。最好的办法是将这种规模较大的团队再细分成 2~3 个精干团队。

（二）互补的技能

团队都必须培养起正确的技能组合，也就是说，每一种技能都是为完成团队的目标所必需的、能互济余缺的技能。这些团队技能要求可分为三类：

（1）技术性或职能性的专家意见。让一伙医生在法院中为一件财产纠纷案打官司，那肯定毫无道理可言；但是由医生和律师组成的团队却可能介入一件医疗事故案或个人伤害案。同样，只有市场营销人员的产品开发小组，或者只有工程师的产品开发小组，这远不及两类人群兼有的小组来得高效。

（2）解决问题的技能和决策的技能。团队必须能看出他们面对的问题和机会，对他们必须采取的后续步骤进行价值评估，然后，对如何发展做出必要的权衡取代和决定。大多数团队需要有些人员一开始时就具有这些技能，尽管许多人都是在工作中使自己日臻完善的。

（3）人际关系的技能。没有有效的交流和建设性的认知冲突，就不可能产生共同的理解和目的，一团和气的团队往往是缺乏战斗力的。但是又不能让冲突升格为情感冲突，因此高效的人际关系技能就变得十分重要。这些技能包括：承担风险、善意的批评、客观公正、积极倾听，使怀疑、支持以及承认他人的利益表达出来。

常识告诉我们，在选定一支团队时忽视这些技能是错误的。没有一些最起码的必备技能，特别是技术性技能和职能性技能，团队就不能开始起步。而且，如果不培养出团队所需要的各层次的技能，也就没有一支团队能达到其目的。那种主要根据人员的意气用事和原先在这个组织中的地位而建立起来的团队是无法获得成功的。

在组建团队时出现的另一个共同错误是对技能的过分苛求。然而，我们没有碰到过一个团队是从一开始就具有了全部所需技能的；而且我们的确发现，团队有作为个人学习和发展工具的能力。团队的业绩是重点帮助团队成员迅速找出技能上的差距和为填补这些差距所需要的具体发展；团队中同甘共苦的共识激发了绝不能失败的念头，每个团队成员对团队的个人责任感促进了学习。一旦受到共同目的和一套目标的制约，天生的个人主义就成为团队中学习的动力。除了学习某些技术性和职能性的技能，我们大都还有学习团队所需要的其他技能的潜力；而个人主义能为我们中的大多数人找到某种途径，为团队做出我们自己特殊的个人贡献。此外，只要某种技能还有潜力，团队就有能力使它发挥出来。

团队的许多长处和对团队的回报，是在人们加入团队后由个人成长机会带来的。因此，对许多潜在的团队来说，最困难的挑战是要努力找到选人和发展人之间的平衡点，以此为契机，随着时间的推移，建立起为完成团队的目的所需要的全套互补技能。

（三）共同的目的和业绩目标

一个团队的目的和业绩目标是相联系的。实际上，我们还不曾发现哪个真正的团队没有这两样东西。团队的近期业绩目标必须时刻紧密地与整体目的联系在一起，否则，团队成员就会被搞糊涂，闹分裂，或是返回到平庸的业绩行为中去。

许多团队是因企业前进道路上的一种要求而产生的，这种要求和机会通常由管理层提出。管理人员给出的方向对公司的业绩要求划定了粗略框架，从而帮助团队起步。如施乐公司发明了个人计算工具的科学家团队，是在施乐公司的董事会发出创造"信息结构"的号召后才形成的。密封材料公司的罗金厄姆团队，是管理层在减少浪费、减少窝工的过程中开始形成其目的的。

最佳团队都要花大量的时间用于在同一个目的上形成共识，这个目的既属于他们这个集体，也属于每个人。事实上，真正的团队从未停止过这种"形成目的"的活动，因为这对澄清团队成员的模糊认识有好处。由于有了足够的时间和认真的关注，人们会产生出一个或多个广泛而有意义的想法。而这些想法又推动团队前进，并给了他们更加努力工作的基本理由。

具体的业绩目标是这个目的整体的一个部分。把共同目标转变为可以衡量的具体目标，是团队要使共同目的对其成员产生意义的最必要一步。具体目标——譬如，要在比正常时间少一半的时间内向市场推出一种新产品；在24小时内回答所有客户的问题；尽管削减成本达48%，却要实现零次品率，等等——由于下述几方面原因为团队提供了明确的、看得见的稳固基础。

1. 具体目标规定了一种团队工作产品

这和整个组织内的任务以及每个人工作目标的总和是不一样的。为了能行之有效，团队工作产品要求团队内的每个成员都必须通过某种具体事情做出大致相等的贡献，真正地在这一具体事情中或由于这一具体事情为公司的业绩成果增添价值。

2. 具体目标有助于团队内明确的交流和建设性的冲突

例如，密封材料公司的一个厂级团队制定了一个每过两个小时就完成一个小目标的工作计划。如果这样的目标是明确的，团队的讨论就可以集中在怎样努力实现这些目标上，或者是否需要改变这些目标上；如果这样的目标含糊不清，这样的讨论也就没有多大用处了。

3. 具体业绩目标的可实现性会有助于团队把精力持续集中在实现结果上

某一医疗器械生产公司中的一支产品开发团队，为向市场推出一种帮助医生了解病人深层静脉和动脉的探查仪做了明确的规定。这种探查仪在通过特定的生理组织深度时必须有声音讯号；必须能每天生产 100 个；还规定了一个比预计数额低的单位成本。而且，这支团队自己保证，仅用不到以往它所在部门用的一半时间就完成这个产品。由于这些目标都是可以实现的，也是可以测度的，这支团队完全知道它在整个发展进程的哪个点上，不论它是已经实现了目标，还是没有实现目标。

4. 具体目标具有指导团队行为的杠杆效应

如果一个人非要自己推倒一堵墙、翻过一座山，或是穿过一片沙漠，或是把产品的生产周期时间缩短 50%，那他一定是狂妄的，通常无法与别人协作，相互信赖，直到他发现个体能量是有限时，才真正能融入这个团队。因此，最好的目标是将团队任务和全体成员捆绑在一起，引导团队成员自发结群，促使群体合力的产生。

5. 具体目标应该允许团队在追求其目的的过程中取得一些小胜

小胜对建立团队成员的信心有不可估量的作用，还能克服阻碍实现有意义的长期目的的障碍。

6. 业绩目标具有强烈的吸引力

重大的业绩目标要求团队成员全身心投入，作为一支团队创造与众不同的结果。戏剧性的事件、紧急事件和对成功的期待形成了合力，推动着团队前进，而团队成员则把目光盯在可以实现的目标上。例如，伊莱·利利医疗器械团队在保证用创纪录的时间把新产品推向市场的时候，统一了思想。除了团队，没有人能做到这一点，创纪录成了我们的共同理念。

7. 具体和整体目标的结合对企业业绩至关重要

团队的目的和具体业绩目标具有相互依存的关系；每一方都需要依赖对方才能站住脚，才能保持活跃。具体的业绩目标帮助团队记录进步并保持自信；而团队目的中广泛的甚至高尚的理想则能提供既有意义又有感情的动力。目的和业绩目标既有经济意义也有社会意义；既讲理性又讲情感；既注重业绩也有远大意义。

在通常的情况下，团队的理想和目的会发展为对具体业绩目标的坚持不懈的追求。然而，团队有时候要从一个能吸引人的高尚理想开始，尽力把它转变为具体的和可以实现的业绩目标。

（四）共同的方法

团队也需要形成内部共同的方法。也就是说，团队成员应该如何一起工作才能达到目的。实际上，他们必须投入和形成目的时一样多的时间和努力，来磨合自己的工作方法。团队的方法必须包括经济方法、管理方法和社会方法等各个方面。为了经济和管理上的挑战，每个团队成员都必须做"同等"数量的实际工作，而不只是发议论、作审查和发号施令。团队成员们必须在要做哪项工作、时间表该如何安排和做到、需要发展哪些技能、怎样能得到荣誉称号、怎样分配工作、团队的方法在什么时候修正才能完成工作等一系列问题上达成一致意见。形成共同方法的核心就在于，在工作的各个具体方面以及如何能把个人的技能与提高团队业绩联系起来，拧成一股劲的问题上取得一致意见。让少数几个成员（或者团队外的员工）做所有的实际工作，并把检查会和讨论会当作唯一的"一起工作"的方法不可能维持一支真正的团队，这一点恐怕是不言而明的了。

许多团队也常常把工作的社会责任当作与业绩无关的事情。但是行之有效的团队总是会随着时间推移使团队成员承担起社会职责和领导职责，如：挑战、解释、支持、统合、记住和概括总结。这些职责有助于促成对团队的成功必不可少的彼此负责和建设性冲突。在最佳团队中，每个团队成员都要根据情况担当着不同的社会职责。结果，这些团队养成了他们自己独特的办事方法，如相互鼓励和支持、保持相互间的忠诚和承诺。然而必须强调，这些职责是为了满足业绩的需要而逐渐发展起来的。如果人们只是读了社会职责有用的说明，就觉得他们必须在一开始组成团队的时候就要配齐了"所有合适的职责"，那他们就犯错误了。

（五）相互的责任

没有哪个群体在使它自己内部的成员负起责任之前能成为团队的，共同的目的和方法就是严峻的考验。举例来说，请想一下"老板让我负责"和"我们自己负责"之间微妙的，但却是重要的差别。第一种情况可以导致第二种情况，但是，没有第二种情况，就不会有团队。

"我们自己负责"的核心是，团队承担责任乃是我们对自己和他人做出的严肃承诺，是从两个方面支持团队的保证：责任和信任。通过保证要为团队的目标负起我们的责任，我们大家得到了对团队的各方面工作表达自己意见的权利，也得到了自己的观点得到公平对待和有益倾听的权利。通过遵循这样一种承诺，我们才能保持和扩展信任，这种信任是建立任何团队都必须有的基础。

大多数人对进入一个潜在的团队环境都心存谨慎。根深蒂固的个人主义使团队成员没有勇气把自己的命运交到他人的手中。对这种行为视而不见或者避重就轻，团队就不能成功；相互的保证和责任不可能用强制的办法实现，只能由人们自己相互建立。而且，相互间的责任感确有可能自然而然地成为与团队目的、业绩目标和方法的发展同等重要的因素。在弄清团队打算干些什么，怎样才能干好的问题上投入的时间、精力和行动会使这种责任感上升和增强。当人们为了共同目标一起从事实际工作时，信任和信心也会随之而来。结果是，团队在感受到强烈的共同目的和方法时，也不可避免地使他们自己，既作为个人也作为团队，承担起他们对团队业绩的责任。

因此，相互承担责任就成为一种有用的试剂，可以用来检测团队目的和方法的质量。对业绩缺少相互责任感的群体尚未形成能使他们成为一支团队的共同目的和方法。如果你看到有一些人，他们全都真心实意地为了共同的成果而努力工作，你差不多就可以肯定，他们有强烈的团队目的，在方法上也达成了共识。

二、团队建成的阻力

（一）对工作的传统看法和态度

强调团队价值不仅威胁到员工对工作的传统看法，同时也威胁到他们对生命的态度。许多人长期依赖传统式的上司或领班，因此一旦不再有上司，便深感很难适应。最近的一个例子是，一个大块头的生产线工人，在得知公司将变更为团队管理团队时，以拳头捶着桌子，说他有权利要求有个上司告诉他要做什么。

（二）不信任感

有些公司由于以往曾发生过由管理引发的风潮及劳资双方的对立，以致无法直接取信于第一线员工，特别是有工会组织的员工，因此也无法赢得执行团队管理所需的相互信任。如果管理阶层认为团队发展是一项支出，而非投资；员工认为团队制度不过是尝试要员工配合管理阶层的另一项手段，那么要转向团队管理制度，恐怕会遭到失败的命运。许多面临危机的公司或企业，之所以能成功地转向团队管理制度，是因为它们的员工和管理阶层。因此，必须借助团队的力量来抛弃传统的不信任态度，因而它们的成功并不令人感到意外。

（三）影响中阶经理人升迁的机会

对经理人而言，团队管理会使组织中层级变少、组织更趋扁平化，如此一来将影响其升迁的机会。对他们而言，原本可以为之攀登的职业阶梯一下子消失了，因此会感到被降级的风险。

（四）缺乏同情心和了解

自我管理团队的管理阶层需具备倾听、改变观点、设身处地以及改变基本行为模式的能力。如果在训练和发展人际方面的工作技巧上没有做适当的投资，团队发展恐怕进展缓慢，甚至会因此遭到阻碍。

（五）管理阶层的抗拒

向来以强迫或具威胁性的方式来管理员工的经理人，也许无法轻易接受团队的概念。毕竟，团队管理在许多方面都与传统的强硬作风截然不同。

尽管我们大家对团队这个词都不陌生，但我们对团队的认识却不清楚。因此，明确团队的发展史以及团队产生的背景资料，能为企业建立团队提供一些方向上的帮助。

团队不是从魔术中产生的；也不像大多数人认为的那样，是由个人气质决定的。

相反，我们认为，通过坚持不懈地运用这里提供的定义，大多数人都能渐渐地了解团队到底是什么。

在你准备组织一个团队或为已存在的团队作评价时，希望你能想一想团队的这几个基本要素：①你们的人数是否过多？②团队内的成员是否拥有互补的技能，并在不断地学习？③团队是否有一个具体而明确的目标？④团队内有没有一套固定的工作方法？⑤团队的成员是否愿意为团队的目标负起责任？在行为上有共同规范的一种介于组织与个人之间的一种组织形态。他们为了共同的目标走到一起，承诺共同的规范，分担责任和义务，为实现共同目标努力。其重要特点是团队内成员之间在心理上有一定联系，彼此之间发生相互影响。

从行为心理上来说，成员之间相互作用、直接接触，彼此相互影响，彼此意识到团队中的其他个体，相互之间形成了一种默契和关心。不论何时，不论需要怎么样的支持，成员之间都相互给予，而且他们也总是彼此协作，共同完成所需完成的各项工作，完成团队的目标。团队成员具有归属感，情感上有一种对团队的认同感，意识到"我们是这一团队中的人"。每个人都发自内心地感到有团队中其他成员的陪伴是件乐事，彼此心里放松，工作愉快。所以说，团队意识和归属感，形成了团队的深刻意义。

所有真正的团队，其队员都要有共同分担的责任，这是他们达到团队的共同目的、共同目标所必需的。世界上没有任何一个团队中的成员是不承担责任的，如果大家都不承担责任，实现共同的目标无疑是空中楼阁。请试想一下，"老板让我负责"和"我们自己负责"之间微妙但却是重要的区别。前者可以导致后者，但是没有后者就不会有团队。我们自己负责，这么一句简单的话，却道出了一个核心问题，那就是团队成员对团队的承诺，以及团队对团队成员的信任。

在我们判断一个工作小组是工作群体还是工作团队的时候，可以从目标、合作、责任、技能方面来判断和区别。在工作群体中，可能并没有明确的长期或者短期目标；而在团队中，团队的领导者运用领导力去促进目标趋于一致，使工作目标清晰明确，而且通过衡量集体绩效的方式进行考核。和工作群体相比，工作团队的成员在合作上更加积极，在工作群体中责任是归属于个人的，而在团队中，既存在个人责任，也存在共同责任。在工作群体中，个人的技能往往是随机组合的，而在团队中，团队领导为了快速高效地完成团队的最终目标，往往会挑选个人技能相互补充的成员组成团队。

三、团队建设的五要素

对于任何企业或者组织中的一个成熟团队来说，都有五个基本要素，简称"5P"，即目标（purpose）、定位（position）、职权（power）、计划（plan）和人员（people）。这五个因素的紧密结合构成了一个团队的整体框架。重点从这五个方面考虑团队建设的问题，有利于抓住问题的关键。

（一）团队目标

对于每一个企业来说，从打算开始在组织内部建设团队开始，就必须树立明确的目标，直至该团队完成使命后消亡为止。究竟团队成员是基于工作关系形成的自然团队、项目团队，还是仅仅为完成某项具体任务而组成的任务团队？团队成员能够发展成为自我管理的团队吗？这些团队是仅仅需要短期存在还是要能够持续多年？这些都是在建立团队之前必须回答的问题。但是，尽管团队的具体目标各不相同，但是所有的团队都有一个共同的目标：把工作上相互联系，相互依存的人们组成一个相互协作的群体，使之能够以更有效的合作方式达成个人的、部门的、组织的和企业的目标。

为完成共同的目标，成员之间彼此合作，这是构成和维持团队的基本条件；事实上，也正是这共同的目标，才确定了团队的性质。但是必须先有目标，才有团队。更重要的是，团队的目标赋予团队一种高于团队成员个人总和的认同感。这种认同感为如何解决个人利益和团队利益的碰撞提供了有意义的标准，使得一些威胁性的冲突有可能顺利转变为建设性的突破；也正因为有团体目标的存在，团队中的每个人才有可能知道个人的坐标和团队的坐标所处的位置。

一定要把团队的目标具体化。可以把确定团队目标的过程，比作为创建一个公司。我们看下面的例子。

如果你只是一个建议："喂，我有一个好主意！我们创建一个公司吧！"，但是"具体做什么呢？""哦！我还不清楚。不过这肯定是一个好主意。"这听起来有点荒唐吧？是的，但是很多人就是这样考虑问题的。如果还没有确定公司的经营目标，没有人仅仅因为"这是一个好主意"而仓促去成立公司。可是有些时候，一些经理人员仅仅因为相信"这是一个好主意"而组建团队。最终，使"好主意"变成了"坏主意"。

（二）团队定位

团队定位和团队目标是紧密联系在一起的，团队目标决定了团队的定位。团队是怎样结合到现在的组织结构中，创造出新的组织形式呢？在讨论团队的定位问题时，有必要首先回答一些重要的问题，例如：

由谁选择和决定团队的组成人员？

团队对谁负责？

如何采取措施激励团队成员以及团队以外的其他成员？

在对以上问题做出恰当的回答以后，接下来就可以制定一些规范，以规范团队任务，确定团队应该如何融入你的组织结构中。同时也可以借此传递公司的价值观和团队预期等重要信息。当然，这不仅仅是一个改造组织结构的问题，而是改造企业思维，使其成为一个能适合合作性工作的场所，让来自组织不同部分的人能够真正成为团队伙伴。这就需要深入研究传统组织结构的模式，重新审视组织结构的自身问题，给企业团队进行准确的定位。

（三）计划

计划关系到每个团队的构成问题。团队应如何分配和行使组织赋予的职责与权限？换句话说，就是团队成员分别应做哪些工作，如何做？简单地说来就是对工作的计划。

一份好的团队计划要能回答以下问题：

团队有多少成员才合适？

团队必须要有一位领导吗？

团队领导职位是常设的、固定不变的，还是由团队成员轮流担任？

领导者的权限与职责分别是什么？

应该赋予其他团队成员特定职责和权限吗？

团队应定期开会吗？

会议期间要完成哪些工作任务？

预期每位团队成员把多少时间投入团队工作？

但是我们也不可能对以上某些问题给出具体的解答。其具体的答案应根据组织本身特点和实际需要进行合理选择。需要强调的一点是：有些规模或者结构相对简单的组织应该考虑的是人员问题而不是优先考虑职权和计划问题，这样可以避免由于在决定团队如何发挥作用前选定团队成员而导致的一系列问题。

（四）职权

所谓职权，这里是指团队负有的职责和相应享有的权限。对团队职权进行界定的过程也就是回答以下几个问题的过程：

团队的工作范围是什么？

团队能够处理可能影响到整个组织的事务吗？

你愿意让你的团队作为主要顾问，提出意见和建议吗？

你希望让你的团队采取真正的实际行动，促成某种结果吗？

你所组建的团队在多大程度上可以自主决策？

这些问题实际上是团队目标和团队定位的延伸。解决了这些问题，就能够初步解决团队的职权问题。当然，要解决的职权问题会随着团队的类型、团队的目标和定位的不同而会有很大的差异，这些也取决于组织的基本特征，如规模、结构、业务类型等。对于复杂多变的情况，我们无法给出特定的解决方案，但是在解决职权问题时必须坚持这样一个原则：在考虑团队职权因素时，一定要分清轻重缓急。

（五）人员

构成团队的最后一个也是最重要的要素是人员因素。任何团队都是由不同的个体组成的，确定团队的目标、定位、职权和计划，都只是为团队取得成功奠定基础，团队能否最终取得成功、能否达到目标还是取决于人员的表现。因为不同个体有不同的特点，团队成员间的关系也是影响团队是否成功的因素。因此组建团队前，你要回答以下关于团队人员的问题：

你理解你的队员吗？

你需要选择什么样的人员？

每个团队人员都有哪些技能、学识、经验和才干？

团队人员的资源在多大程度上符合团队的目标、定位、职权和计划的要求？

只有了解了这些，你才能真正了解你的人员，才有可能将他们的才干发挥到最大的限度。当然，你不可能全部选择在各个方面都是十分优秀的人才作为你的队员，但是只要能够将所有的这些人才资源整合在一起并获得最大的效率就可以了。

四、群体和团队的类型

团体是群体的一种，但是又不同于群体，在介绍团队类型之前，我们先来看看群体的类型。不过我们关注的是小群体和小团队，不考虑诸如政党、种族或职业群体之类的大群体。

（一）群体分类

　　大多数个体属于各种类型的群体，这些群体可以有不同的划分方式。例如，一个人关心的是能否获得某个群体成员资格或被某个群体所接受，他就会将群体划分为开放式或封闭式；而另一个人是根据群体的主要目标来评估组织中的群体，他也许会将群体分为人际关系式或任务式。任务式群体是为完成某种组织目标而创立的；人际关系式群体则是为获取群体体验和社会交往而形成的群体，然而组织中的群体可能会同时满足人际关系和完成任务的需要。在组织中，人际关系式群体最常见的形式是非正式群体，它可以满足成员个人安全、自尊及归属需要。

　　非正式群体是从成员暂时的活动、交流和情感中发展起来的，以满足他们的社会需要为目的。非正式群体的目标并不一定和正式组织的目标有关，然而正式组织经常能通过工作环境设置。主管的领导行为以及使用的技术类型对非正式组织产生相当的影响。例如，将某些成员从一幢建筑物中迁移到另一幢就会对非正式群体产生影响。距离使非正式群体成员面对面的交流变得困难，从而引起群体萎缩或重组。同样地，一个接管新部门的主管告诉他的雇员："不听话就滚蛋"，也许会导致非正式群体的形成——成员联合起来反对主管。不少管理者认为，内聚力强的非正式群体会对组织产生负面影响。这样的管理者通常认为群体是反对权威的潜在根源，当群体与组织目标不一致时，群体就成为阻碍信息流通的因素，或者群体是压制个人生产力的一种手段。

　　非正式群体能为其成员提供所期望的利益（如安全感和保护）。一些群体为其成员设定产品额度，防止管理者有可能采用其中突出者作为产出标准，从而提高生产力使一些员工被解雇。非正式群体成员间能提供积极反馈，高生产力将有损员工利益的观念仍然普遍存在，并且在组织中被一些非正式群体所强化。

　　非正式群体也能向个人施加不被期望的影响力，这种影响力分为两个等级。首先，群体能操纵奖惩规则而迫使成员遵从其行为准则。其次，群体能限制个体的自由及成员从工作中获取满足感的方式。如果非正式群体中的某个成员没有遵从群体规范时，他会受到嘲弄或孤立。这种对待方式会威胁个人的安全、社交和自尊需要，管理者应尽可能地减少非正式群体的负效应而不是试图消除这种负效应。

　　因为存在两面性特征，所以组织中的非正式群体不能简单地分为积极型或消极型，而是依环境或组织所面临的各种因素而定。

　　在本书的大部分内容，我们要讨论如何使群体特别是团队更有效。首先，你需要了解如何认识有效群体和无效群体。简而言之，一个有效群体应具有以下基本特征：

其成员知道群体为什么存在，他们拥有共同目标。

其成员支持公认的行动纲领和决策程序。

其成员已经学会如何从他人那儿获得帮助并帮助他人。

其成员已经学会如何处理群体内冲突。

其成员已经学会如何诊断个体行为和群体行为过程，并增强他们自身及群体的功能。

一个群体拥有以上特征的程度决定着它的有效性。这些基本特征同时适用于正式群体和非正式群体。

（二）团队的类型

团队的类型多种多样，规模有大有小，每种类型的团队都有明显的特征。按性质分：有政治团队、企业团队、文艺团队等；按范围分：就企业而言，可以大到整个企业，或由多个企业组成的战略伙伴；也可以小到企业内部某个部门、某个小组。戴姆斯根据四种变量，即团队成员与组织内部其他成员差别化程度的高低、团队成员与其他成员进行工作时一体化程度的高低、团队工作周期的长短以及团队产出成果的类别，把团队分为四种类型：建议或者参与型团队、生产或者服务型团队、计划或者发展型团队和行动或磋商型团队。

斯蒂芬·罗宾斯根据团队的存在目的、拥有自主权的大小，将团队分成三种类型：多功能型团队、问题解决型团队和自我管理型团队。

多功能型团队　由来自同一等级、不同工作领域的成员组成，他们来到一起的目的是完成一项任务。多功能型团队是一种有效的方式，它能使组织内（甚至组织间）不同领域员工之间交换信息，激发出新的观点，解决面临的问题，协调复杂的项目。当然，多功能型团队不是构成多样、组织松散的俱乐部，在其形成的早期阶段往往要消耗大量的时间，因为团队成员需要学会处理复杂多样的工作任务。在成员之间，尤其是那些背景不同、经历观点不同的成员之间，建立起信任并能真正的合作也需要一定的时间。例如，在 20 世纪 60 年代，IBM 公司为了开发卓有成效的 360 系统，组织了一个大型的任务攻坚队，攻坚队成员来自公司的多个部门。任务攻坚队其实就是一个临时性的多功能型团队。

问题解决型团队　在团队刚刚盛行时，多数团队的形式很相似，这些团队每周用几个小时来碰碰头，讨论如何提高产品质量、生产效率和改善工作环境。在这种团队里，成员就如何改进工作程序和工作方法相互交换看法或提供建议。在问题解决型团队里，团队的主要责任是通过调查研究，集思广益，理清组织的问题、挑战和机会，拟订策略计划或执行计划，但是对调动成员参与决策过程的积极性方面略有不足。

思考一下这样的一个案例：一名咨询师被要求来解决小群体中的人际关系问题并把他们塑造成一个有效的问题解决型团队。

戴芮·雷（Danel Ray）是一个工作团队发展方面的专业咨询师。他回忆起一次令人难忘的工作经历：一个由五个黑人男子和五个黑人妇女所组成的所谓的"团队"，他们负责保险信用卡的加工，与一家财政服务公司的合作。"他们在一起时矛盾四起"，尽管期望能管理自身，但这个团队的成员还是发现在一起工作几乎不可能。双方相互憎恨、攻击和不负责任。合作与交流——成功团队的标志，他们都不具备。

戴芮·雷作为问题解决团队的促进者，进行了为期3个月的干预，让成员显露其不同之处。在历时3小时的课程中，戴芮·雷说："有很多叫嚷声。"但一旦他们表达了相互间的顾虑、成见和想法后，他们就能着手从事手边的商业事务。一个月后，经过几次特殊的团队集会，生产力显著上升，一些成员在工作后有社交往来。随着人际氛围的改善，戴芮·雷的干预不再需要了。

自我管理型团队　一个自我管理的团队是怎样的呢？一般而言，团队成员学习广泛的相关技艺，这被称作是多才多艺。这样一来，成员们就能灵活地从一个领域转到另一个领域，从一个任务转到另一个任务，他们供职何处取决于哪里最需要他们。他们共同就工作进程、资源需求和任务分配等进行决策。随着成员极富进取精神地肩负起以前由经理担任的工作，花在团队会议上的时间大大增多了。自我管理型团队开始负责某些小事，比如内务工作和安全培训。随后，他们开始管理自己的考勤，安排加班和休假计划，选择并考核团队员工，培训同事，参与同主要客户直接打交道。随着经验的增多，这些团队可能甚至超越操作性的事项，开始改进群体的任务安排，勾勒一套新的奖励体制，并为扩张计划提供建议等。

自我管理型团队也称作依靠自我或者是自我指导的团队。他们是自然形成的工作小组，被赋予了很大的自主权；反过来，他们被要求控制自己的行为，取得重大的成果。集计划、命令、监督和控制行动的授权和培训于一身，使这些团队与许多其他类型的团队迥然有别。他们拥有广泛的自主权和自由以及可以像经理般的行事能力。可以说自我管理型团队是一种真正独立自主的团队，他们不仅探讨问题怎么解决，并且亲自执行解决问题的方案，并对工作承担全部责任。这种类型的团队通常由 10～16 人组成，他们的工作是聚集在一起解决一般性的工作问题，承担以前是由自己的上司所承担的一些责任。一般来说，他们的责任范围包括控制工作节奏、决定工作任务的分配、安排工作休息。彻底的自我管理团队甚至可以挑选自己的成员，并让成员相互进行绩效评估。自我管理型团队也被称为高绩效团队，跨职能团队或者超级团队。目前，像我们所熟知的通用汽车公司、百事可乐、惠普公司和施乐公司等，实行的都是自我管理型的团队。

为了压缩时间获取收益，一个公司的自我管理型团队应该具有以下特点：

由公司中不同部门的人员组成。

小型化，因为大的队伍会产生沟通问题。

自我管理并赋予权利，因为征求组外人员决策的意见，会浪费时间并且经常使决策变得拙劣。

多功能化——如果不是唯一的，那就是最好的方式。

美国汽车厂家的管理部门与其工会工人之间，有着长时间的冲突。冲突经常是暴力的，破坏性的。然而在通用汽车公司的一家具有创新性的附属公司——萨杜恩公司（Saturn Corporation），每个雇员都至少属于一个团队。在生产流程中，雇员的自我管理型团队可以对训练、雇用、预算及作息安排等问题做出决断。每一个团队由 5~15 名工人组成，他们实行自我监控，而并非由局外人来监控。团队帮助并改善了管理部门和工会工人之间的冲突局面，使管理部门和工会工人走向合作。虽然仍然会不断产生意见上的分歧，但是工会主席麦克尔·贝内特（Michael Bennett）认为："矛盾仍然存在，但是其处理方式不同了，矛盾不是敌对的。团队有利于找到更好的解决方法和更好的观点，是值得提倡的。"

管理部门越来越愿意放松对权利的管制，并把他们转移给工人。因此，越来越多的自我管理型团队面临着挑战，并对公司的成功做出贡献。事实上，许多公司未来的成功在很大程度上将取决于成功地补充自我管理型团队。

应用自我管理型团队的群体有几个优点：

增进了成员的灵活性。

工作分类减少，操作效率提高。

缺勤率、离职率降低。

高水平的群体忠诚度和工作满意度。

相反，这种方式的不利之处包括：

需要一段时间去建立（经常需要用几年）。

较高的培训投资。

由于工作循环导致的早期效率低。

一些成员无法适应一个团队结构。

自我管理型团队是关于团队合作和成功地参与方法的组织行为学知识在运用中的

一个有力的例子。结果是，他们可能因为若干理由而在群体中得到更多的运用。作为一个正式的方法，他们不可能失去群体的支持；他们经常直接包容了百分之百的劳动力；他们在许多方面拥有绝对的权威；而且他们是长期结构（不只为某一事件特设）。然而，公司发现需要几年时间才能使团队充分发挥潜力。强调个人主义的文化价值观会从中作梗，劳动合同保护的僵化的工作分工也会成为障碍，并且经理们将受到失去工作和权力的威胁。

自我管理型团队的影响力是巨大的。他们能提高 30% 或更多的生产力并且极大地改善产品服务质量。他们从根本上改变了工作的组织方式，使一旦更高水平的领导实践成为可能。一种高水平的团队授权经常通过自我管理团队得到实现引入，自我管理团队将减少一至两个管理层，因而产生了扁平式的组织结构。

联合食品公司的自然食品连锁店，有多达 1400 名雇员和 90 家商店。这是一个非常成功的组织。它关键的组织方式和管理哲学是运用授权的自我管理团队。

联合食品公司文化以分散的团队工作为前提。它超越等级构成了行动的单位。每个商店是一个利润中心，一般有 10 个自我管理团队——生产、杂货、成品——有选定的领导和明确的行动目标。每个商店中的领导是个领导团队，每个地区的商店领导也是团队，公司的六个地区主管同样是团队式的。

该公司文化以对生产力的共同承诺感为特征。雇员的参与加强了个人对绩效和利润的关注，坚实的财政基础使员工有更多创新自由。公司运作遵循以下三大原则。

第一个原则是：所有的工作都是团队工作。每一个加入联合食品公司的人迅速地将团队工作放在首位。那是因为团队——只有团队才有权力赋予新雇员全职工作。由商店领导者考察每个候选人，然后将他们推荐给某一特定团队。必须通过团队 2/3 投票同意并经过 30 天试用期，候选人才能成为全职雇员。团队成员对新雇员严格要求还有另外一个原因：钱。公司的分配程序将奖金和团队绩效结合——特别是和每个员工每小时的销售量（最重要的生产力指标）相结合。民主强化了以下原则：若对那些不合格的人投同意票，你的奖金在数月内也许会减少。有效团队的首位要求是信任。在联合食品公司，建立信任是从对新员工的投票开始。另一个因素涉及工资。信任（团队成员间及成员和领导间）是通过排除主要的不信任源——捕风捉影来提高的。每个食品商店都有一本手册，列入上一年每个员工的工资及奖金。

第二个原则是：对任何值得做的事情进行评估是有价值的。联合食品公司将这一简单原则发展到极致——评估结果公司成员人人分享。首席执行官约翰·麦克（John-Mackey）称之为"无秘密管理哲学"。他指出："在大多数公司中，管理层通过控制信息达到控制员工。通过分享信息，我们处于同一战线。"例如，团队提供每天的销售量数据，并将此同去年这一天的数据相比。每月一次，商店将获得有关利润的详尽信息。这个报告分析销售、产品成本、薪水以及所有商店的操作利润。因为这些数据是敏感的，他们不会公开张贴。但对于公司成员来说有获取的自由。而且商店管理者定期和团队领导回顾这些数据。这种报告对团队是必不可少的，它有助于进行用人、订购、价格决策——这些都是决定利润的因素。

第三个原则是：成为你自己最有力的竞争者。"一人拥有"并不是指自满。联合食品公司对责任感非常在意。团队被期望设置挑战性的目标并达到它。责任感并不意味着官僚监视。

在联合食品公司，行为表现的压力来自同伴而不是上级，并且它以一种内在的竞争形式出现。团队同自设的销售目标、成长和生产力目标竞争；他们也同本店的其他团队、不同商店或地区相似的团队竞争。这种竞争是为什么行为信息是如此重要的一个主要原因，它已成为每个团队以其他团队来评价自身的标尺。

机能团队 还有一类团队是机能团队，通常指每天在一起从事相关事物和任务的个体集合。机能团队经常存在于机能部门中——市场、生产、财务核算、人力资源等。在人力资源部中，又有一个或更多的机能团队——招募、福利、安全、培训与发展、工业关系等。招募团队负责为企业招揽到任务可靠的人才队伍；福利团队负责定期为员工发放劳保用品和清凉饮料等；安全团队负责宣传培训安全生产管理法规与制度，让员工安全操作，主管切实承担监管责任；培训与发展团队负责对员工职业生涯的培育和开发；工业关系团队负责调解和理顺劳资关系，保护妇幼残员工的利益。

虚拟团队 虚拟团队是指一群在不同地域的个人，他们通过一个或更多项目上多样的信息技术进行合作。团队成员可能来自一个组织或多个组织。以建造波音 777 时广泛运用的交叉机能团队为例：许多这样的团队发挥了虚拟团队的机能，因为他们的合作成员来自供应商（如 GE 公司）和客户（如美国航空公司）。和那些主要是同一组织成员构成的、通过人与人之间亲自接触的团队不同，虚拟团队跨时间、跨地区甚至跨组织地工作（成员来自不同组织）。

虚拟团队的核心特征是目标、人和联系。目标对任何团队来说都是重要的，对虚

约翰·麦克

拟团队来说更是如此。明了、精确、完全同意的目标是虚拟团队的黏合剂。等级制度，包括主管任命和解雇人员的权力，在有效的虚拟团队中应尽可能减少。

正如在所有团队中一样，人在虚拟团队中处于核心地位，但也会存在某些独特的扭曲现象。当和其他人合作时，每个在虚拟团队中的人需要自主权和独立性，这种两难性要求团队成员间建立信任机制。一个虚拟团队最显著的特征是用以联系成员和实施任务的一系列技术。虚拟团队越来越普遍是因为电脑及电讯技术的飞速发展。

在虚拟团队运行中，三大类技术经常被用到：桌面视听会议系统（DVCS）、合作软件系统和网络系统。虚拟团队仅用电子邮件和电话系统就能工作。然而，桌面视听会议系统重塑了传统团队面对面交流的某些方面。这种技术使得成员间更为复杂的水平交流成为可能。DVCS是一种相对简单的操作系统。在电脑显示屏上安放一架小型相机作为系统的电脑录影设备，声音通过一台移动通信和麦克风设备传递。同其他团队成员的接触是通过使用者电脑中的软件控制。DVCS为两种类型的团队沟通创造潜在可能性。

所有团队成员通过会议相联系。现有的技术使16个成员的团队能同时使用视听设备，因此每个参与者在自己的电脑显示屏上都可以听见和看见其他15个成员。

在会议桌上的成员能和更多的不在场的团队成员交流，并使用外在资源。当然，个体交流所用的DVCS，同样也允许成员以传统的电话方式与外在群体接触。

除了提供视听设备外，大部分DVCS能让使用者在相互联系时分享信息。例如，使用者能同时利用相同的文件，分析数据或在共有的白板上提取观点。白板是一个电脑程序，当有人在工作时，它能让其他网络使用者在屏幕上看到他的工作内容。这种白板类似于粉笔和黑板的功能。

合作软件系统（群体支持系统）是虚拟团队使用的第二类技术。有效合作需要团队成员既能相互影响又能彼此独立。合作软件系统的设计是为了扩大活动类型和培育团队工作的类型。例如，莲花软件，一种风行的合作软件产品，是专门为非同时的团队工作（如不同时间工作或独立工作的团队成员交流和数据分享）所设计的。它包含计划、电子信息和数据文件分享。尽管莲花软件及类似的其他软件在传统的工作环境中能支持团队工作，但它们对授权的虚拟团队运行更为重要。

网络系统是第三类主要的团队工作支持源。组织利用网络优势传递信息，加强成员交流，所有这些又能保持系统的安全性。虚拟团队通过网络获取文件、视听及数据资料。网络系统还能使虚拟团队的利益共有者——供应商和客户以及组织的其他成员时刻关注团队的工作进程。

下面我们以三个成功的跨国虚拟团队为实例，来说明如何以一种全球战略眼光来看待特定问题。只有这样才能思考问题，适时适地采取行动。

柯达（Eastman Kodak）公司利用了一个虚拟团队为欧洲市场生产了一种单一用途的照相机。虽然这种新产品的功能类似于已投放市场的那些产品，但柯达想改善产品的外观及某些特性从而特别吸引欧洲客户。两名德国工程师加入设计小组，先是在纽约的罗彻斯特，后来通过电脑及通信设施直接与德国连接。通过创立时空独立机制的虚拟团队，柯达对区域市场的机遇做出迅速反应。

天腾电脑（Tandem Computers），1999 成为康柏电脑天腾电脑分公司，由于一项紧急任务，从伦敦、东京和一些美国城市中招募了一批信息系统开发者组成一支虚拟团队。计划打算将工作从一个时区传到另一时区，因而程序编码是由伦敦的开发者完成的，在美国进行测试，又在东京矫正错误。当伦敦开发者着手第二天工作时，另一个轮回开始了。这种方式使这一项任务一天 24 小时都有人在关注它。事实上，对于天腾的虚拟团队而言，太阳从来没有沉落。

英特尔（Intel）公司为许多项目都启用了虚拟团队：如特殊产品的开发与销售，新产品开发，制造微处理器零件。来自美国公司总部、爱尔兰、以色列、英国、法国和亚洲的成员迅速地由电子通信设备构成虚拟团队，完成工作后即解散。当有新项目时，许多其他类似的团队又重新形成。

五、团队管理的疑问

（一）为什么默契的关系需要双方学会妥协？——磨合效应

新组装的机器，通过一定时期的使用，把摩擦面上的加工痕迹磨光而变得更加密合。这就是磨合效应。

上海贝尔阿尔卡特对跨国公司和国有企业文化的艰难磨合就是一个典型的例子。上海贝尔的发展可以归结为四个阶段，而且在每一个阶段都抓住了机会：

第一个阶段是 20 世纪 80 年代，上海贝尔抓住了当时改革开放、打开国门、以市场换技术的机会，成立了业界第一家合资企业，当时的大胆探索获得了相对领先的优势；

第二个阶段是 20 世纪 90 年代初，邓小平南行讲话，明确了加快改革开放和大力发展经济的方针，上海贝尔又抓住了中国电信业的大发展机会——通讯改造带来的全面机会，在固网以及后来的移动网络领域抢得了先机，到 20 世纪 90 年代中后期买方市场形成后，上海贝尔又适时进行了一系列改革，创立了营销平台和服务平台，从"坐商"

和"官商"顺利转变为"行商";

第三个阶段是 20 世纪 90 年代末,上海贝尔抓住中国加入 WTO 和国企深化改革的大好机遇,在国务院和信息产业部的支持下,制定了新的资产重组计划,与上市公司阿尔卡特联姻,使公司在 2002 年顺利地进入第四个阶段。当时来讲,上海贝尔和阿尔卡特的联姻是前无古人的探索。上海贝尔是一家典型的中国"土"企业,而阿尔卡特则是一家地地道道的跨国"洋"公司。以结果为导向的本土企业和以过程为指向的跨国企业之间存在文化冲突是在所难免的。根据 2001 年 10 月 23 日中国政府签署的《上海贝尔公司中方部分股权转让阿尔卡特备忘录》,阿尔卡特拥有公司 50% 多一点的股份。股份制改造后,阿尔卡特变成阿尔卡特集团的中国成员。但是,实际上,上海贝尔阿尔卡特仍然是一个地道的中国公司:业务独立,研发自主,而且通过资产的纽带,省去了其他外企开展中国业务普遍设置的机构——控股公司。在 2002 年合并后,得到了很多跨国公司的管理和运作经验,从这一点来讲,上海贝尔阿尔卡特在磨合中前行,合并的意义是 1 加 1 大于 2 的。

一般来说,很多中国企业的管理是人治,采取的是粗放的管理模式,可能是一个领导一个企业,一个项目一个企业,进入真正的市场中就会凸显劣势;而国际大公司是"法治",希望通过一个完整的组织架构和完善的业务流程来对整个企业进行管理与控制,但在不成熟市场中往往缺乏灵活性和快速反应能力。上海贝尔阿尔卡特要做的是在两种文化中扬长避短,取得一种平衡,使"土狼"和"狮子"的优势都发挥出来。新公司组建后,上海贝尔阿尔卡特吸收了很多跨国公司的优秀因子,对审计管理质量和经济运行质量都很看重。

第一个差异是,审计的概念在许多国有企业中并没有上升到很高的位置,有的甚至没有这一概念,往往出了事情才去审计。而上海贝尔阿尔卡特董事会则设立了审计委员会,从公司的管理组织架构开始,代表股东和董事会,全方位对公司的各个业务环节进行审计,对公司有可能出现的问题进行审核,出现差异的话,要管理层在规定的时间内进行整改。

到 2003 年,阿尔卡特已经有一支独立的将近 250 人的审计队伍,差不多每一亿美元的销售就有一个审计师;现在上海贝尔阿尔卡特就有 10 多个专职审计人员,全年不间断地按审计计划对内部流程进行审计。

另一个差异是,大多数国有企业在财务上往往采取粗放式管理。例如,在一些行业,经常碰到的问题是收款。上海贝尔阿尔卡特对应收款非常重视,要求销售人员不仅仅把产品卖出去,还要把款收回来。这些方面加大力度后,取得了非常好的效果,企业的现金流有了大幅度的增长,并对有可能出现的坏账采取预期的方式规避风险。

从管理方面来讲，上海贝尔已经与国际充分接轨，从过去的"人治"全面转向"法治"，所有的流程都达到了国际上市公司的水平。要想达到完整的契合，须双方都做出必要的割舍。磨合效应在实际生活中的运用：

（1）一个人到了新环境（年轻人参加工作，到新单位），就必须通过一定时间适应新环境，通过磨合使自己的工作作风、处事方式及性格，达到新环境（新单位）的要求。

（2）工作单位来了新领导或新同事，也需要磨合。

（3）朋友、恋人、夫妇之间要很好的相处，更需要磨合，彼此都要做出必要的舍弃。

（二）如何理解"兵熊熊一个，将熊熊一窝"？——鲹鱼效应

鲹鱼因个体弱小而常常群居，并以强健者为自然首领。然而，如果将一只较为强健的鲹鱼脑后控制行为的部分割除后，此鱼便失去自制力，行动也发生紊乱，但是其他鲹鱼却仍像以前一样盲目追随。这就是我们在企业管理中经常提到的"鲹鱼效应"。

企业、部门与团队以及任何组织，只要出现了问题，管理者应该承担不可推卸的责任。

鲹鱼的首领行动紊乱导致整个鲹鱼群行动紊乱。同样地，在一个企业或者组织中，只要管理者出现问题，那么整个企业或者组织也就不可避免地会出现问题，管理者就是一个企业的核心脊梁，必须为企业的发展承担责任。

敢于承担责任，关键时刻上得去，是管理者在管理中管理到位的体现。当自己分管的部门出现问题时，管理者不是推卸、溜肩膀、指责和埋怨，而是主动承担责任，从自身的管理中去寻找原因，有主见，妥善地解决问题。这些都是管理者管理到位很重要的因素。

（三）为什么"问题员工"也是有价值的？——马蝇效应

没有马蝇叮咬，马慢慢腾腾，走走停停；有马蝇叮咬，马不敢怠慢，跑得飞快。马蝇效应给我们的启示是：一个人只有被叮着、咬着，他才不敢松懈，才会努力拼搏，不断进步。企业也是这样。

1860年，林肯当选为美国总统。一天，银行家巴恩到林肯的总统官邸拜访，正巧看见参议员萨蒙·蔡思从林肯的办公室走出来。于是，巴恩对林肯说："如果您要组阁的话，千万不要将此人选入您的内阁。""为什么？"林肯奇怪地问，巴恩说："因为他

是个自大成性的家伙，他甚至认为他比您伟大得多。"林肯笑了："哦，除了他以外，您还知道有谁认为他自己比我伟大得多？""不知道，不过，您为什么要这样问呢？"林肯说："因为我想把他们全部选入我的内阁。"

事实证明，蔡思果然是个狂态十足、极其自大而且妒忌心极重的家伙。他狂热地追求最高领导权，本想入主白宫，不料落败于林肯，只好退而求其次，想当国务卿，林肯却任命了西华德，无奈，只好坐第三把交椅——当了林肯政府的财政部部长。为此，蔡思一直怀恨在心，激愤不已。不过，这个家伙确实是个大能人，在财政预算与宏观调控方面很有一套。林肯一直十分器重他，并通过各种手段尽量减少与他的冲突。

后来，目睹过蔡思种种现状并搜集了很多资料的《纽约时报》主编亨利·雷蒙顿拜访林肯的时候，特地告诉他蔡思正在狂热地上蹿下跳，谋求总统职位。林肯以他一贯以来特有的幽默对雷蒙顿说："亨利，你不是在农村长大的吗？那你一定知道什么是马蝇了，有一次，我和我兄弟在肯塔基老家的农场里耕地，我吆马，他扶犁，偏偏那匹马很懒，老是磨洋工。但是，有一段时间它却在地里跑得飞快，我们差点都跟不上它。到了地头，我才发现，有一只很大的马蝇叮在它的身上，于是我把马蝇打落在地。我的兄弟问我为什么要打掉它，我告诉他，不忍心让马被咬。我的兄弟说：'哎呀，就是因为有那家伙，这匹马才跑得那么快。'"然后，林肯意味深长地对雷蒙顿说："现在正好有一只名叫'总统欲'的马蝇叮着蔡思先生，那么，只要它能使蔡思那个部门不停地跑，我还不想打落它。"

林肯的胸襟和用人能力，使他成为美国历史上最伟大的总统之一。

从某种意义上说，企业组织类似于马群。而那些个性鲜明、我行我素，同时又是能力超强、充满质疑和变革精神的员工，就是企业中的"马蝇"。在一些组织中，他们被叫作"问题员工"，甚至上了"黑名单"，因为他们难于管理。

"如果把马蝇看作是对组织的一种刺激，那么IBM公司确实也有很多这样的员工，因为IBM公司的核心理念之一就是'创新'。要创新，就必须要有这样的员工来经常刺激整个组织。"IBM华东区人力资源经理姜雅玲曾说过，"IBM不会简单地将这样的员工当作问题员工。"

"马蝇也要分两种，有的马蝇会传染疾病。"姜雅玲说，"个性化员工也要分两种，应区别对待。IBM每年都要与员工签订一份《员工行为准则》，其中包括遵纪守法、诚实、正直等。那些违反了行为准则的马蝇，如作假的员工，会通过正当程序被IBM辞退。"

IBM一直宣称，它寻求的是最"合适"的员工。在"合适"这个标准中，除了工作能力强这个硬指标外，还包括更多的软指标，其中最为重要的是，员工必须认同

IBM 的核心价值观，如成就客户、创新为上、诚信服务以及必胜心、执行能力、团队精神等。在认同 IBM 价值观的大前提下，那些个性化很强的员工也都可以得到支持和培养。

有一个经典故事经常被管理界引用，这个故事来源于新近翻译出版的 IBM 商业三部曲之《小沃森传》中：1947 年，小沃森刚刚接手 IBM 销售副总裁。一天，一个中年人沮丧地来到他的办公室，提出辞职，因为他原来的导师柯克和小沃森是竞争对手，他确信小沃森主政后会把他挤垮。这个中年人就是曾任销售总经理的伯肯斯托克，他才华横溢但一度受挫。没有想到，小沃森对他笑着说："如果你有才华，就可以在我的领导下展现出来，在任何人的领导下，而不光是柯克！现在，如果你认为我不够公平，你可以辞职。但如果不是，你就应该留下来，因为这里有很多机会。"伯肯斯托克留下来了，并在后来为 IBM 立下了卓著功勋。小沃森说，"在柯克死后，留下他是我最正确的做法。"事实上，小沃森不仅挽留了伯肯斯托克，他还提拔了一批他并不喜欢但却有真才实学的人。

这个故事体现的精髓，后来构成了 IBM 企业文化的一个重要营养来源。"吸引、激励、留住行业中最好的人才"如今已成为 IBM 人力资源工作的宗旨。而从另外一个角度来说，伯肯斯托克是 IBM 历史上一只很大、很厉害的马蝇。

人的工作是最难做的。很多时候公司无法取得更大的发展，甚至分崩离析，树倒猢狲散，其根源就在于没有做好人的工作。作为一个管理者，最大的成就就在于构建并统帅一支由各种不同的专业知识及特殊技能的成员组成的、具有强大战斗力与高度协作精神的团队，不断挑战更高的工作目标，不断创造更大的绩效。为此，可能需要超越旁人的勤奋，需要更多的知识，需要更强的资源支持，更重要的是，还需要像林肯一样，善于运用自己的智慧，利用"马蝇效应"，把一些很难管理但又是十分重要和关键的员工团结在一起，充分发挥他们的作用，不断为公司创造更大绩效。

（四）为什么抱怨多的公司有可能更成功？——牢骚效应

哈佛大学心理学教授梅约提出：凡是公司中有对工作发牢骚的人，那家公司或老板一定比没有这种人或有这种人而把牢骚埋在肚子里的公司要成功得多。这就是牢骚效应。

牢骚效应来源于美国哈佛大学心理学系组织的一次有价值的实验。实验的具体做法就是专家们找工人个别谈话，而且规定在谈话过程中，专家要耐心倾听工人们对厂方的各种意见和不满，并作详细记录。与此同时，专家对工人的不满意见不准反驳和训斥。这一实验研究的周期是两年。在这两年多的时间里，研究人员前前后后与工人谈话的总数达到了两万余次。

结果他们发现：这两年以来，工厂的产量大幅度提高了。经过研究，他们给出了原因：在这家工厂，长期以来工人对它的各个方面就有诸多不满，但无处发泄。"谈话实验"使他们的这些不满都发泄出来了，从而感到心情舒畅，所以工作干劲高涨。

在日本，很多企业都非常注重为员工提供发泄自己情绪的渠道。松下公司就是如此。在松下，所有分厂里都设有吸烟室，里面摆放着一个极像松下幸之助本人的人体模型，工人可以在这里用竹竿随意抽打"他"，以发泄自己心中的不满。等他打够了，停手了，喇叭里会自动响起松下幸之助的声音，这是他本人给工人写的诗句："这不是幻觉，我们生在一个国家，心心相通，手挽着手，我们可以一起去求得和平，让日本繁荣幸福。干事情可以有分歧，但记住，日本人只有一个目标，即民族强盛、和睦。从今天起，这绝不再是幻觉！"

当然，这还不够，松下幸之助说："厂主自己还得努力工作，要使每个职工感觉到：我们的厂主工作真辛苦，我们理应帮助他！"正是通过这种方式，使松下的员工自始至终都能保持高度的工作热情。

疏导是治理拥塞的根本之策。人有各种各样的愿望，但真正能达成的却为数不多。对那些未能实现的意愿和未能满足的情绪，千万不要压制，而是要让它们发泄出来，这对人的身心发展和工作效率的提高都非常有利。

（五）危机意识对企业的发展有多重要？——青蛙效应

在 19 世纪末，美国康奈尔大学做过一个有名的实验。研究人员将一只青蛙突然扔进煮沸的油锅里，青蛙在这紧要关头用尽全力，跃出油锅，安然逃生。接着，实验人员将青蛙放在一只温度适宜的小锅中，让青蛙在锅里悠闲地游动。然后，工作人员在锅底下用小火慢慢加热，青蛙仍然自由自在地享受着安逸，直到被渐渐沸腾的开水煮熟了，也没有引起它的警觉。

这说明在遇到突如其来的危险或压力时，可能发挥出意想不到的潜力战胜危险。但如果对潜在的危险认识不够的话，可能在不知不觉中导致失败或者灭亡。

"天下虽安，忘战必危"。在市场中，许多企业虽有过辉煌的历史，但由于管理者忽视危机对员工的激励作用，没能让危机意识在企业内部长久存留，使企业最终如青蛙那样"死于安乐"。

电脑界的蓝色巨人 IBM 当年的"惨败"就是一个生动的实例。当大型电脑为 IBM

带来丰厚利润，使 IBM 品尝到辉煌的甜头后，整个 IBM 都沉浸在绝对安逸的氛围里，危机感尽失。在市场环境慢慢发生变化，更多的人青睐于小型电脑时，IBM 却对市场出现的新情况不予理睬，没有意识到市场危机的降临，依然沉醉于大型主机电脑铸就的辉煌中，按部就班，继续加大大型主机电脑的市场比重，最终自己打倒了自己。

"人无远虑，必有近忧"。在这个竞争残酷的时代，一切都是瞬息万变的，任何企业都不能保证自己在任何时候都立于不败之地，"居安思危、未雨绸缪"才是高明之举。当代管理革命已经公认，有效的组织现在已不强调"有反应能力"，而应强调"超前管理"。环境可增强组织的"抗逆"能力，这就要求主管在日常的员工管理中，注重培育员工的危机意识，发挥员工的主动性、创造性。如果企业满足眼前的一时辉煌，没有看到潜伏的危机，其结果可能只是昙花一现，最终被市场所淘汰。

（六）为什么"空降兵"能激发企业的活力？——鲶鱼效应

"鲶鱼效应"源于这样一个故事：挪威人爱吃沙丁鱼，而沙丁鱼只有活鱼才鲜嫩可口，但由于沙丁鱼不爱动，捕上来不久就会死去。一个偶然的机会，一个渔民误将一条鲶鱼掉进了装沙丁鱼的鱼舱，当他回到岸边打开船舱时，惊奇地发现以前都会死的沙丁鱼居然都活蹦乱跳地活着，渔夫马上发现，这是先前掉进去的鲶鱼的功劳，沙丁鱼要想躲过"被吃"的噩运，就必须在鱼槽内拼命不停地游动，最终大部分的沙丁鱼都能活着返港。

这就是管理学界有名的鲶鱼效应，用来比喻在企业中通过引进外来优秀人才，增加内部人才竞争程度，从而促进企业内部血液循环的良性发展。而近年来争论较多的所谓"空降兵"，也就是外聘职业经理人，可以说就是一条大鲶鱼了。

日本是一个推崇终生聘用制的国家，大多数人喜欢从进入一家公司开始一直待到退休。相应地，用人单位也大都倾向于招聘第一次就业者，很少采用中途聘用的方式。但是，本田每年都保持很大的中途聘用比例，在日本的企业中显得非常"另类"。这项措施来源于日本本田技研工业株式会社的创始人本田宗一郎对公司内部员工的一次考察。他在对内部员工进行考察之后发现，公司的人员基本上由三种类型组成：一是约占 20% 的不可缺少的干将之才；二是占了约六成的以公司为家的勤劳人才；三是终日东游西荡，拖企业后腿的蠢材，这种人约占 20%。那么，如何使前两种人增多，使第三种人减少呢？如果对第三种类型的人员实行完全的淘汰，需要面对来自工会组织等方面的压力，同时也会让企业的形象受损，显然不是好办法。有什么更好的办法让自己的公司充满活力吗？这是本田宗一郎当年碰上的一个棘手问题，而据说，解决的灵感，最后来自前文讲的鲶鱼的故事。

受此启发，本田宗一郎立即开始对公司进行人事方面的改革，不是要淘汰第三种类型的人，而是着手从外部引进"鲶鱼"，以激活那些缺乏活力的"沙丁鱼"型员工。

改革首先从气氛沉闷的销售部门着手，本田宗一郎从其他公司挖来了一个年轻的销售部副经理担任本田的销售部经理。此人出任销售部经理后，员工的工作热情被极大地调动起来，活力大为增强，公司的销售业绩也是接连上升。更重要的是，在销售部的带动下，公司其他部门的员工也受到冲击，热情和活力被激发出来，整个公司的精神面貌焕然一新。

从此，本田公司每年重点从外部"中途聘用"一些精干的、思维敏捷的、30岁左右的生力军，有时甚至聘请常务、董事一级的"大鲶鱼"。这样一来，公司上下的"沙丁鱼"都有了触电式的感觉，业绩蒸蒸日上。

适当的竞争犹如催化剂，可以最大限度地激发人们体内的潜能。

（七）为什么很小的力量可以引发巨大的变化？——多米诺效应

1849年，一位名叫多米诺的意大利传教士把骨牌带回了米兰。作为最珍贵的礼物，他把骨牌送给了小女儿。多米诺为了让更多的人玩上骨牌，就制作了大量的木制骨牌，并发明了各种的玩法。不久，木制骨牌就迅速地在意大利及整个欧洲传播，骨牌游戏成了欧洲人的一项高雅运动。

后来，人们为了感谢多米诺给他们带来这么好的一项运动，就把这种骨牌游戏命名为"多米诺"。到19世纪，多米诺已经成为世界性的运动。在非奥运项目中，它是知名度最高、参加人数最多、扩展地域最广的体育运动。

从那以后，"多米诺"成为一种流行用语。在一个相互联系的系统中，一个很小的初始能量就可能产生一连串的连锁反应，人们就把它们称为"多米诺骨牌效应"或"多米诺效应"。

多米诺骨牌效应告诉我们：一个最小的力量能够引起或许只是察觉不到的渐变，但是它所引发的却可能是翻天覆地的变化。

楚国有个边境城邑叫卑梁，那里的姑娘和吴国边境城邑的姑娘同在边境上采桑叶，她们在做游戏时，吴国的姑娘不小心踩伤了卑梁的姑娘。卑梁的人带着受伤的姑娘去责备吴国人。吴国人出言不恭，卑梁人十分恼火，杀死吴人走了。吴国人去卑梁报复，把那个卑梁人全家都杀了。卑梁的守邑大夫大怒，说："吴国人怎么敢攻打我的城邑？"于是发兵反击吴人，把当地的吴人老幼全都杀死了。吴王夷眜听到这件事后很生气，派人领兵入侵楚国的边境城邑，攻占以后才离去。吴国和楚国因此发生了大规模的冲突。吴国公子光又率领军队在鸡父和楚国人交战，大败楚军，俘获了楚军的主帅潘子臣、小帷子以及陈国的大夫夏啮，又接着攻打郢都，俘虏了楚平王的夫人回国。

从做游戏踩伤脚，一直到两国爆发大规模的战争，直到吴军攻入郢都，中间一系列的演变过程，似乎有一种无形的力量把事件一步步、无可挽回地推入不可收拾的境地。这也是多米诺骨牌效应。

头上掉一根头发，很正常；再掉一根，也不用担心；还掉一根，仍旧不必忧虑……长此以往，一根根头发掉下去，最后秃头出现了。哲学上称这种现象为"秃头论证"。

往一匹健壮的骏马身上放一根稻草，马毫无反应；再添加一根稻草，马还是丝毫没有感觉；又添加一根……一直往马身上添稻草，当最后一根轻飘飘的稻草放到了马身上后，骏马竟不堪重负瘫倒在地。这在社会研究学里称为"稻草原理"。

第一根头发的脱落，第一根稻草的出现，都只是无足轻重的变化。但是当这种趋势一旦出现，还只是停留在量变的程度，难以引起人们的重视，只有当它达到某个程度的时候，才会引起外界的注意，但一旦"量变"呈几何级数出现时，灾难性镜头就不可避免地出现了！

由于变化是渐进的，犹如从很缓的斜坡下来，人们很难察觉其递降的痕迹。对个人或组织来说，"防微杜渐"能让人们及时堵塞漏洞，防止危机的发生。但大部分时候，人们想做到"防微杜渐"并不是一件容易的事，所以必须在隐患刚开始出现时还要做到"亡羊补牢"。知道了什么是多米诺效应，也知道了它的危害，如果能做到"防微杜渐"和"亡羊补牢"，那么就算不能完全防止多米诺骨牌效应的发生，也可以把它的影响降到最低。

（八）为什么提大要求之前要先提小要求？——登门槛效应

美国心理学家弗里德曼和他的助手曾做过这样一项经典实验：让两位大学生访问郊区的一些家庭主妇。其中一位首先请求家庭主妇将一个小标签贴在窗户或在一个关于美化加州或安全驾驶的请愿书上签名，这是一个小的、无害的要求。两周后，另一位大学生再次访问家庭主妇，要求她们在今后的两周时间里在院内竖立一个呼吁安全驾驶的大招牌，该招牌很不美观，这是一个大要求。结果答应了第一项请求的人中有55%的人接受这项要求，而那些第一次没被访问的家庭主妇中只有17%的人接受了该要求。这种现象在心理学上称为"登门槛效应"。

一下子向别人提出一个较大的要求，人们一般很难接受，而如果逐步提出要求，不断缩小差距，人们就比较容易接受，这主要是由于人们在不断满足小要求的过程中已经逐渐适应，意识不到逐渐提高的要求已经大大偏离了自己的初衷；并且人们都有保持自己形象一致的愿望，都希望给别人留下前后一致的好印象，不希望别人把自己看作"喜怒无常"的人，因而，在接受了别人的第一个小要求之后，再面对第二个要求时，就比较难以拒绝了，如果这种要求给自己造成损失并不大的话，人们往往会有一种"反正都已经帮了，再帮一次又何妨"的心理。于是"登门槛效应"就发生作用了，一只脚都进去了，又何必在乎整个身子都要进去呢?

当顾客选购衣服时，精明的售货员为打消顾客的顾虑，"慷慨"地让顾客试一试，当顾客将衣服穿在身上时，售货员称赞该衣服很合适，并周到地为顾客服务，在这种情况下，当售货员劝顾客买下时，很多顾客难于拒绝。

男子求爱，直截了当地会吓跑姑娘，从朋友做起，则易达成目标。一位男士遇到一位令自己心仪的女孩子，如果他马上直截了当地要与对方结为夫妻、共度一生，恐怕女孩子会在惊讶之余，对其避之唯恐不及。大多数男士不会这么莽撞冒失，他会邀请她一起吃饭、看电影、逛公园等，这些小要求实现之后，才顺理成章地提出求婚。

做父母的望子成龙，但人才的培养只能循序渐进而不可能拔苗助长。尤其是对于年龄较小的孩子，可先提出较低的要求，待他（她）按要求做了，予以肯定，表扬乃至奖励，然后逐渐提高要求，逐步实现他（她）的人生目标。

一个企业要想成功扩张，必须要一步一个脚印地向前走，先"得寸"后"进尺"，而不是全面撒网，遍地开花。

"得寸进尺"实质是被动选择循序渐进，而非理性的遍地开花，往往事与愿违，甚至遍体鳞伤。因为任何一个企业都不能回避以下三大问题：

（1）顾客认同。

（2）资源限制。企业要想在竞争中取胜，必须把有限的资源用到最合适的地方去。

（3）渠道障碍。中间商永远是终极消费者的代言人，终极消费者不能完全接受你的品牌。

这也要求企业必须采用"挖土豆"的方式，一寸一寸地蚕食市场，而不是全面开花。

"得寸进尺"其实亦是主动意识。不过，虽说"得寸进尺"是被动选择，但"得寸"后的"进尺"却是主动意识。因为不难想象，如果一家企业"得寸"而不"进尺"，要么在战略上有特殊的设计，要么经营者的脑子有问题。

"得寸进尺"不会影响企业发展速度。

（1）"得寸进尺"让你获得足够的经验。对一些中小企业而言，先在一个区域市场把自己做大，会积累很多经验和教训。恰好这些经验和教训有利于开发下一个区域市场。一定要相信"先慢后快"的威力，它不仅会带来更大的商机，而且更大程度上降低了企业的经营风险。

（2）"得寸进尺"让你获取足够的资讯。企业在做一个区域市场的同时可以拿出足够的时间来研究将要进入的市场，牢牢掌握其目标市场顾客的消费模式及购买行为，清晰了解其渠道特征和媒介环境。

（3）"得寸进尺"让你样板市场发挥作用。先做好一个区域市场，还有一个好处，即起到了一个为其他区域市场树立一个先锋模范的作用。很多企业召开全国招商会议时，往往把经销商请到自己"家门口"，也就是自己成长最好的区域，从而说服其他区域的中间商，以便更加顺利而快速地实现拓展全国市场的梦想。

（九）为什么让对方先拒绝会对自己比较有利？——留面子效应

"留面子效应"正好是与"登门槛效应"相对应的现象。它是指人们拒绝了一个较大要求后，对较小要求的接受程度相应增加的现象。

戴尔·卡耐基著的《人性的弱点》里有这样一句金言："为别人着想"。与"留面子效应"有大同小异、异曲同工之妙。退一步海阔天空，何乐而不为呢？为人处世大凡如此！

美国心理学家查尔迪尼曾经进行过一项"导致顺从的互让过程：门面技术"的研究实验：

他要求20名大学生花两年的时间担任一个少年管理所的义务辅导员。这是一件很费神的工作，大学生们断然谢绝了。随后，他提出了另外一个要求，让这些大学生带领少年们去动物园玩一次，结果50%的人接受下来。而当他们直接向另一些大学生提出这个要求时，只有16.7%的人同意。

那些拒绝了第一个要求的大学生认为，这样做损害了自己富有同情心、乐于助人的形象。为恢复他们的利他形象，便欣然接受第二个要求。再者，当实验者提出一个要求遭到拒绝后，接着再提出另一个小一点的要求，这可以看作是某种让步。那么，出于一个文明社会的基本礼貌，另一方也应该做出相应的让步。

其实，带领少年们去动物园玩也是一件很费神的工作，这从被直接提出要求的大学生中只有16.7%的人表示同意便可以看出来。但为什么当把这个要求放在另外一个较困难的要求之后时，会有50%的人接受呢？

如果对某个人提出一个很大而又被拒绝接受的要求，接着再向他提出一个小一点的要求，那么他接受这个小要求的可能性就比直接向他提出小要求而被接受的可能性大得多，这种现象被称为留面子效应，也叫"门面"效应。

相应地，很多企业为了达到推销的最低回报，先提出一个明知别人会拒绝的较大要求，可以提高顾客接受较小要求的可能性。在日常生活中，售货人的标价和砍价就是对这种心理效应的具体运用。

许多人正是利用"留面子效应"去影响他人，当他们想让别人为自己处理某件事情之前，往往会提出一个别人根本不可能做到的要求，待别人拒绝且怀有一定的歉意时，再提出自己真正要对方办的事情。由于前面的拒绝，人们往往会为了留住面子而接受随后的要求。

当然，留面子效应是否会发生作用，关键在于别人是否有义务对你提供帮助，如果既无责任，又无义务，双方素昧平生，却想让别人答应做有损自身利益的事情，这时候采用"留面子效应"也是徒劳的。如果你想让自己的父亲买一台收音机，你可以先提出买一台电视机，但如果你想向一个陌生人用这一招儿的话，就有一点异想天开了。

（十）为什么需要重视被其他公司淘汰的人？——懒蚂蚁效应

动物学家研究发现，在成群的蚂蚁中，大部分蚂蚁都很勤快，寻找、搬运食物争先恐后，少数蚂蚁却东张西望而不干活。当食物来源断绝或蚁窝遭到破坏时，那些勤快的蚂蚁一筹莫展，"懒蚂蚁"则"挺身而出"，带领众伙伴向早已侦察到的新食物源转移。

因此，一位著名经济学家在阐述市场营销理念时，以上述现象作类比：相对而言，在蚁群中"懒蚂蚁"更重要，它们是蚂蚁群中的战略性人才。同样，在企业中，注意观察市场、研究市场、分析市场、把握市场的人更重要，这就是所谓的"懒蚂蚁效应"。

成功的组织最重视的就是战略性开拓人才。韦尔奇的做法就是找到最具有冒险精神、能力超强的领导型员工，为他们提供充裕的资源支持，激励他们获得成功。

奇瑞公司就是因为重视和培养"懒蚂蚁"才在汽车界崭露头角。

众所周知，"奇瑞"牌汽车是以自主研发为核心竞争力的，而"奇瑞"最初的研发班底就是别的公司淘汰下来的"懒蚂蚁"——十多个因原公司打算撤销技术中心而集体跳槽的工程师。当时，一些汽车公司热衷于为跨国汽车品牌做加工装配以获得短期利润，技术人员这些看着好像不干活的"懒蚂蚁"就不受重视甚至被淘汰。而市场却再一次证明，企业要长远发展，必须重视"懒蚂蚁"，培养"懒蚂蚁"，奇瑞公司里光研发人员就有 200 多个。

"懒蚂蚁效应"给我们这样的启示：一个组织中分工要合理，如同战场上，需要有人驰骋沙场，也需要有人运筹帷幄，千万不能因为追逐短期利润而忽视那些"懒蚂蚁"的作用。

很多企业老板太现实了，因此他们的企业缺乏应对未来的能力。如果他们找到了人才，这些人三天没有给组织带来现实的收益，这些老板就开始急躁，认为钱花得有点冤。三个月不到，这些人才就得走人。到头来，这些企业无法培养起探索未来的能力，找不到新的业务增长点，会做的只是模仿、跟风，毫无核心竞争力。当原有业务萎缩或者市场竞争激烈时，等待这些企业的就只有死路一条。

（十一）为什么跟在别人后面会付出无用的努力？——毛毛虫效应

法国心理学家约翰·法伯曾经做过一个著名的实验，称之为"毛毛虫实验"：把许多毛毛虫放在一个花盆的边缘上，使其首尾相接，围成一圈，在花盆周围不远的地方，撒了一些毛毛虫喜欢吃的松叶。毛毛虫开始一个跟着一个，绕着花盆的边缘一圈一圈地走，一小时过去了，一天过去了，又一天过去了，这些毛毛虫还是夜以继日地绕着花盆的边缘在转圈，一连走了七天七夜，它们最终因为饥饿和精疲力竭而相继死去。

约翰·法伯在做这个实验前曾经设想：毛毛虫会很快厌倦这种毫无意义的绕圈而转向它们比较爱吃的食物，遗憾的是毛毛虫并没有这样做。导致这种悲剧的原因就在于毛毛虫习惯于固守原有的本能、习惯、先例和经验。毛毛虫付出了生命，但没有任何成果。其实，如果有一个毛毛虫能够破除尾随的习惯而转向去觅食，就完全可以避免悲剧的发生。

后来，科学家把这种喜欢跟着前面的路线走的习惯称之为"跟随者"的习惯，把因跟随而导致失败的现象称为"毛毛虫效应"。在自然界中许多比毛毛虫更高级的生物身上，这一效应也发挥着作用，其中比较典型的就是鲦鱼。鲦鱼因个体弱小而常常群居，并以强健者为自然首领。科学家将一只稍强的鲦鱼脑后控制行为的部分割除后，此鱼便失去自制力，行动也发生紊乱，但其他鲦鱼却仍像以前一样盲目追随。

再进一步，我们甚至可以说，我们人类也难逃这种效应的影响。例如，在进行工作、学习和日常生活的过程中，对于那些"轻车熟路"的问题，会下意识地重复一些现成的思考过程和行为方式，因此很容易产生思想上的惯性，也就是不由自主地依靠既有的经验，按固定思路去考虑问题，不愿意转个方向、换个角度想问题。

固有的思路和方法具有相对的成熟性和稳定性，有其积极的一面。因为袭用前人的思路和方法，有助于人们进行类比思维，可以缩短和简化解决的过程，更加顺利和便捷地解决某些问题。

但与此同时，它的消极影响也不容忽视，那就是容易使人们盲目运用特定经验和习惯的方法，对待一些貌似而神异的问题，结果浪费时间与精力，妨碍问题的解决。而且经年累月地按照一种既定的模式思考问题，不仅容易使人厌倦，更容易麻痹人的创造能力，影响潜能的发挥。

时代在不断地变化和发展，我们自己也在不断地成长和发展，对于任何问题的解决不能禁锢于以往的僵化模式，而要不断地创新和与时俱进，从而能够适应时代变化以及自身发展的需求。唯有在工作和生活中有所创造，摆脱自己头脑中的思维定式，不再因循前人的足迹，而是另辟一条属于自己的蹊径，才能百尺竿头，更进一步。

清朝扬州"八怪"之一郑板桥自幼酷爱书法，古代著名书法家的各种书体他都临摹，经过一番苦练后，终于和前人写得几乎一模一样，能够乱真了。但是大家对他的字并不怎么欣赏，他自己也很着急，比以前学得更加勤奋，练得更加刻苦了。

一个夏天的晚上，他和妻子坐在外面乘凉，他用手指在自己的大腿上写起字来，写着写着，就写到他妻子身上去了。他妻子生气地把他的手打了一下说："你有你的身体，我有我的身体，为什么不写自己的体，写别人的体？"

郑板桥猛然从这句话中受到启发：各人有各人的身体，写字也各有各的字体，本来就不一样，我为什么老是学着别人的字体，而不写自己的体呢？即使学

郑板桥

得和别人一样，也不过是别人的字体，没有自己的风格，又有什么意思？

从此，他取各家之长，融会贯通，以隶书与篆、草、行、楷相杂，用作画的方法写字，终于形成了雅俗共赏的"六分半书"，也就是人们常说的"乱石铺街体"，成了清代享有盛誉的著名书画家。

毛毛虫那种毫无意义的绕圈所导致的悲剧还说明：在实际工作中，"一分耕耘，一分收获"难以体现与时俱进，我们不能只注意自己做了多少工作，而且还要关注这些工作带来多少成果，也就是人们常说的绩效。如果沿着一个错误的方向，老是跟在别

人后面走，可能会付出很多无谓的努力，只有找到一个新的方向和思路，才能有更多的收获。做学问如此，做生意赚钱又何尝不是如此呢？

（十二）为什么奖金有时会削减工作积极性？——过度理由效应

每个人都力图使自己和别人的行为看起来合理，因而总是为行为寻找原因。一旦找到足够的原因，人们就很少再继续找下去，而且，在寻找原因时，总是先找那些显而易见的外在原因。因此，如果外部原因足以对行为做出解释时，人们一般就不再去寻找内部的原因了。这就是社会心理学上所说的"过度理由效应"。

在日常生活中，我们常有这样的体验：亲朋好友帮助我们，我们不会觉得奇怪，因为"他是我的亲戚""他是我的朋友"，理所当然他们会帮助我们；但是如果一个陌生人向我们伸出援手，我们却会认为"这个人乐于助人"。因为我们无法用"亲戚""朋友"这样的外部理由来解释别人的行为，只能追究到他人格内部的原因。

有这样一个有趣的故事：一位老人在一个小乡村里休养，但附近却住着一些十分顽皮的孩子，他们天天互相追逐打闹，喧哗的吵闹声使老人无法好好休息。在屡禁不止的情况下，老人想出了一个办法，他把孩子们都叫到一起，告诉他们谁叫的声音越大，谁得到的报酬就越多，他每次都根据孩子们吵闹的情况给予不同的奖励。到孩子们已经习惯于获取奖励的时候，老人开始逐渐减少所给的奖励，最后无论孩子们怎么吵，老人一分钱也不给。结果，孩子们认为受到的待遇越来越不公正，认为"不给钱了谁还给你叫"，再也不到老人所住的房子附近大声吵闹。

老人这就是巧妙地利用了过度理由效应。对于这些孩子，他们如果只用外在理由（得到报酬）来解释自己的行为（吵闹），那么，一旦外在理由不再存在（没有报酬了），这种行为也将趋于终止。因此，如果我们希望某种行为得以保持，就不要给它足够的外部理由。

过度理由效应的存在给企业管理者以下两个启示：

（1）不要止步于任何外部理由，而要深入发掘外部理由背后的原因，哪怕这种理由看上去是一种无稽之谈。

一天，一个客户写信给美国通用汽车公司的庞帝雅克部门，抱怨道：他家习惯每天在饭后吃冰淇淋。最近买了一部新的庞帝雅克后，每次只要他买的冰淇淋是香草口味，从店里出来车子就发动不了。但如果买的是其他口味，车子发动就很顺利。

庞帝雅克派一位工程师去查看究竟，发现确是这样。这位工程师当然不相信这辆车子对香草过敏。他经过深入了解后得出结论，这位车主买香草冰淇淋所花的时间比其他口味的要少。原来，香草冰淇淋最畅销，为便利顾客选购，店家就将香草口味的特别分开陈列在单独的冰柜，并将冰柜放置在店的前端；而将其他口味的冰淇淋放置在离收银台较远的地方。

深入查究，发现问题出在"蒸汽锁"上。当这位车主买其他口味的冰淇淋时，由于时间较长，引擎有足够的时间散热，重新发动时就没有太大的问题。买香草冰淇淋时，由于花的时间短，引擎还无法让"蒸汽锁"有足够的散热时间。

（2）如果我们希望某种行为得以保持，就不要给它过于充分的外部理由。人们都有给事情找理由的习惯，所以很多商家利用"过度理由效应"，提供给消费者一个可信的非买不可的理由，大大促进了销售业绩。

在维萨卡和万事达卡为用户提供"花旗购物卡"的服务活动中，他们告诉消费者"使用花旗购物卡可以让您享受到20万种名牌商品的最低价"。结果出人意料的是，消费者对此的回应寥寥。经过自省后，他们发现了自己的错误就是他们为消费者解释了利益，但是却没有为消费者提供令人信服的理由。于是他们在后续的宣传中这样说道：使用花旗购物卡购物可以让您享受20万种名牌商品的最低价，因为我们的计算机一刻不停地监控着全国各地5万家零售商的价格，以保证您能够享受到市场上的最低价位。广告一经刊出，注册人数大增，几乎爆棚。

还有一个失败的例子：某个制造牛初乳企业宣称，其牛初乳进口于新西兰的奶牛基地，是健康乳牛分娩后72小时内分泌的乳汁，一头健康的奶牛一年仅仅能提取2公斤。那么，该企业宣称生产的牛初乳要满足中国上亿家庭的需求，那新西兰要有多少头乳牛的初乳才能满足需求啊！这样的宣传就明显地让消费者感到依据不足，进而怀疑产品原料的真实性，则牛初乳的市场一直没有打开。

著名的广告大师奥格威也说过，永远不要以为消费者是傻子，他们比我们要聪明得多，而且商品摆在商店里买不买是他们的事，如果你说得有道理，他们就会相信你，如果你说得牵强附会、于理不通，他们就会毫不犹豫地把你抛开。

（十三）什么事情员工会牢记在心？——自我参照效应

当我们在回忆有关自己的事情时，最不可能出现遗忘，当某件事情与自己有直接关系时，人们就会牢记在心上，这种现象被称为自我参照效应。

自我参照效应在管理上的应用是很广泛的。例如，下面这个例子：

英国的一家大公司日常工作费用开支很大，公司经理为了降低费用开支，想出了一个办法。他雇了一位面孔冷酷、资历很深、有会计工作经验的人。经理让这位会计师坐在前面有玻璃窗的办公室里，这样，他就可以看到在他前面办公的所有员工。公司经理告诉所有员工说："他是被雇来检查所有的费用账簿的。"

每天早晨公司职员都会把一叠费用账簿摆在他的办公桌上。到了晚上，他们又来把这些账簿拿走交给会计部门。然而这位被请来的会计师根本未曾翻阅过那些账簿，但是所有的员工都不知道这回事。

奇迹出现了，在会计师来公司"检查"账簿的一个月时间内，公司所有费用开支降低至原来的 80%。但是实际上，这家公司请来的会计师每天并没有检查账簿，但奇迹为什么出现了呢？

这主要是公司的人员出现了"自我参照效应"。公司请会计师这一客观事实，引起公司人员的神经冲动，开始产生心理活动，感知到"检查"，对"检查"做出整体反应，进行自我参照和自我调整，也就是要进行自律，不能胡乱开支。

我们在学习新东西的时候也常常有这种效应发生作用。

一方面，我们在学习新东西的时候，常常会将这些东西与自己联系起来。如果学到的东西与我们自身有密切关系的话，学习的时候就有动力，而且不容易忘记。

另一方面，这种效应也有其不利影响。例如，医学院的学生常常碰到这种情况，每当老师介绍一种病症的时候，学生总免不了会先想到自己是否出现过类似的征兆，如果不巧有两三点看似符合，就开始惊慌，怀疑自己是否已经病入膏肓，其实自己一点都没事。

这个记忆现象除了在我们的日常生活和学习中可以发挥作用之外，也可应用在广告中。有这样一个研究，让被试者看一则照相机的图片广告，然后分别问他们三个问题：这张图片有没有红色、这是什么、你用过这种产品吗。过后，让被试者回忆照相机的牌子，结果被问过第三个问题的人回忆得最好。很显然，第三个问题与我们自身有直接的联系。

（十四）为什么硅谷企业用自己的产品击败自己？——自吃幼崽效应

美国硅谷企业竞争十分激烈，以至于各公司都积极寻找自己的致命弱点，所有公司共同的生存之道是：拿出更好看的产品来击败自己的原有产品。有人将这种行为戏称为"自吃幼崽"。

佳都国际，一个中国民营高科技企业，完全依靠自身的力量与世界接轨，与国际资本重组，在海外上市，上了世界 500 强的盘子。佳都国际的巨大成功，简直是个奇迹！佳都国际的成功，主要归功于佳都国际董事长刘伟的不断地"自吃幼崽"行为。

刘伟于 1987 年从中山大学应用力学系毕业后进了设计院，一技之长是 CAD 辅助设计；1989 年从设计院出来，加盟南方四通，任副经理；1992 年筹建希望广州分公司，靠的已经不再是具体的 CAD 技术，而是对 CAD 市场整体的理解以及独立运作一个公司的能力；1995 年收购香港公司，刘伟创办佳都国际，并在两三年之内打造成为中国最主要的分销渠道之一，此时已经和 CAD 没有什么关系了。

在起跑线上，刘伟并不比别人强多少；但许多人跑得渐渐慢了下来，在原地踏步或被淘汰出局的时候，刘伟却能不断地加速前行。其中一个最根本的原因在于刘伟能不断地推陈出新，甚至敢于不断地否定自己身上曾经赖以安身立命的最有价值的部分。刘伟的这种自我否定，并非是在一条直线上递进式的自我否定，很多时候，他是在作方向性的自我否定。

1989 年，刘伟所掌握的 CAD 辅助设计技术在整个广东省是数一数二的，但在今天看来，这些技术是一般的技术人员都能掌握的。如果刘伟只陶醉于自己的技术，那么，他的路也就走到了尽头。从技术人员到经理人再到创业者，刘伟在不停地进行着角色的转换。"不要说一本天书读到老，我相信两年都读不下去。"刘伟不断地否定自己，他总是说自己时时都能感觉到危机逼近的气息。

由于刘伟的不断否定自我，不断地"自吃幼崽"，他用了不足 14 年的时间，把佳都国际从一个区域性的贸易公司发展成为中国乃至整个亚洲最主要的分销渠道之一，从一个华南地区的小型民营高科技企业，发展到现在集 IT 信息产品制造、IT 产品分销、IT 服务、系统集成、轨道交通智能、国际贸易、汽车星级维护、商业地产业务和资本运营于一体的跨国综合性控股集团，全年营业收入突破 130 个亿。

没有一家公司只靠一种产品、一种模式发展。如果一个公司要往前发展，它就要不断地去否定自己的过去。因为：

（1）自己不逼自己，别人迟早会逼你。

（2）敢于对过去告一个段落，才有信心掀开新的一章。

（十五）为什么殷切期望的事情终会发生？——皮格马利翁效应

皮格马利翁是古希腊神话里的塞浦路斯国王，他爱上了自己雕塑的一个少女像，并且真诚地期望自己的爱能被接受，这种真挚的爱情和真切的期望感动了爱神阿芙狄罗忒，就给了雕像以生命，变成美少女嫁给了国王。

虽然这只是一个神话传说，但是，在现实生活中，由于期望而使"雕像"变成"美少女"的例子也不鲜见。这就是皮格马利翁效应，指的是：殷切的期望总会实现。

积极的期望促使人向好的方向发展，消极的期望则使人向坏的方向发展。

美国心理学家曾做过这样一个实验：研究人员提供给一个学校一些学生名单，并告诉校方，他们通过一项测试发现，该校有几名天才学生，只不过尚未在学习中表现出来。其实，这只是从学生的名单中随意抽取出来的几个人。

然而，有趣的是，在学年末的测试中，这些学生的学习成绩的确比其他学生高出很多。研究者认为，这就是由于教师期望的影响。

由于教师认为这个学生是天才，因而寄予他更大的期望，在上课时给予他更多的关注，通过各种方式向他传达"你很优秀"的信息，学生感受到教师的关注，因而产生一种激励作用，学习时加倍努力，因而取得了好成绩。

对少年犯罪儿童的研究表明，许多孩子成为少年犯的原因之一，就在于不良期望的影响。他们因为在小时候偶尔犯过错误而被贴上了"不良少年"的标签，这种消极的期望引导着孩子们，使他们也越来越相信自己就是"不良少年"，最终走向犯罪的深渊。

管仲在做齐国的宰相前曾经负责押送过犯人，但是，与别的押解官不同的是，管仲并没有亲自押送犯人，而是让他们按自己的喜好安排行程，只要在预定日期赶到就可以了。犯人们感到这是管仲对他们的信任与尊重，因此，没有一个人中途逃走，全部如期赶到了预定地点，由此可见，积极期望对人的行为的影响有多大。

在现代企业里，皮格马利翁效应不仅传递了管理者对员工的信任度和期望值，还更加适用于团队精神的培养。即使是在强者生存的竞争性工作团队里，许多员工虽然已习惯于单兵突进，我们仍能够发现皮格马利翁效应是其中最有效的灵丹妙药。

麦肯锡公司的创建者鲍尔指出："领导者有三种责任：给员工自信和自尊，让他们自我感觉良好；保持员工的精神和士气；帮助员工了解自己的责任，让他们作为个体成长发展。"

一名优秀的企业家，不仅要当好领导，更重要的是要当好老师，要诲人有术。给予员工自信，给人勇气，教人自立，是功德无量的善行，也是诲人的真谛，诲人不仅需要不倦，还需要良苦用心，要教育员工相信"天生我才必有用"。

在某公司，有这么一个故事：曾有一位新招聘来的年轻员工，在编制计算机程序时，总也做不好，他自己都丧失了信心，准备到总经理那里去辞职，总经理却亲切地鼓励他一定能干好，使这位年轻人备受感动，同时增强了自信，很快就完成了任务。现在，这位年轻人已成为企业的骨干。通过这件事情，该公司总经理说："我个人生活的目标是快乐生活，因此，我也要把快乐传给别人。我给了这位年轻人认可，他就获得快乐，并能影响他一生的生活，我也就更快活了。"

人们通常用这句话来形象地说明皮格马利翁效应："说你行，你就行；说你不行，你就不行"。总之，要想使一个人发展更好，就应该给他传递积极的期望。

（十六）为何不能同时设置两个目标、两套标准？——手表定律

只有一块手表，可以知道时间；拥有两块或两块以上的手表并不能告诉一个人更准确的时间，反而会让看表的人失去对准确时间的信心。这就是著名的"手表定律"。

"手表定律"带给我们一种非常直观的启发：对于任何一件事情，都不能同时设置两个不同的目标和标准，否则将使人无所适从；对于一个人，不能同时选择两种不同的价值观，否则他的行为将陷于混乱。一个人不能由两个以上的人来指挥，否则将使这个人无所适从；而对于一个企业，更是不能同时采用两种不同的管理方法，否则将使这个企业无法发展。

在这方面，"美国在线"与"时代华纳"的合并就是一个典型的失败案例。

"美国在线"是一个年轻的互联网公司，企业文化强调操作灵活、决策迅速，要求一切为快速抢占市场的目标服务。而"时代华纳"在长期的发展过程中建立起强调诚信之道和创新精神的企业文化。两家企业合并后，企业高级管理层并没有很好地解决这两种价值标准的冲突，导致员工完全搞不清企业未来的发展方向。最终，"时代华纳"与"美国在线"的"世纪联姻"以失败告终。

要搞清楚时间，一块走时准确的表就已足够。要让企业的业绩蒸蒸日上，就只能有一个统一的目标、一个统一的奖惩标准、一个领导核心、一个价值观……依此类推。

附：团队管理的36条经验

总是在裁人，简称总裁；老是板着脸，故称老板；经常不理人，那叫经理。——别忙着笑，先拿这句话照照我们自己。

1. 谨慎地设定团队目标，且认真严肃地对待它们。
2. 将长程目标打散成许多短程计划。
3. 为每个计划设定明确的期限。
4. 找一位可提升团队工作士气的重量级人物。
5. 时时提醒团队成员：他们都是团队的一分子。
6. 将团队的注意力集中在固定可衡量的目标上。
7. 奖赏优异的表现，但绝不姑息错误。
8. 记住，每位团队成员看事情的角度都不一样。

9. 征召团队成员时，应注重他们的成长潜能。

10. 密切注意团队成员缺少的相关经验。

11. 使不胜任的成员退出团队。

12. 设定目标时，考量个别成员的工作目标。

13. 与团队同事就生涯规划达成一致意见，并给他们提供必要的协助。

14. 对待团队外的顾问要如同对待团队成员一般。

15. 除非你确定没有人能够胜任，否则应避免"事必躬亲"。

16. 肯定、宣扬和庆祝团队每次的成功。

17. 绝对不能没有解释就驳回团队的意见，与此相反，解释要坦白，理由要充分。

18. 记住要在工作中穿插安排娱乐调剂身心——这是每个人应得的福利。

19. 若有计划出错，一定要作全面性、公开化的分析。

20. 使用不带感情只问事实的态度，这是化解纷争的最好方法。

21. 设立交谊场所，让团队成员可作非正式的碰面交谈。

22. 实施会议主席轮流制，让每个人都有机会主持会议。

23. 确定所有相关人士都能听到、了解好消息。

24. 倘有麻烦在团队关系中发酵酝酿，要尽快处理。

25. 安排团队与机构的其他部门做社交联谊。

26. 避免使用名次表，因为落后的团队成员将会感到自尊心受创。

27. 谨慎分派角色以避免任务重复。

28. 找寻建议中的精华，且绝不在公开场合批评任何建议。

29. 一定要找有经验的人解决问题。

30. 分析团队成员每个人所扮演的角色。

31. 脑力激发出的意见，就算不采用，亦不得轻视。否则，会打击人的积极性，创意的流动也会因此停止。

32. 让提出问题的人解决问题。

33. 设定奖励标准时，允许团队成员有发言权。

34. 避免和团队成员有直接的冲突。

35. 开检讨会时一定要避讳人身攻击。

36. 先选择完成一些规模大的、可快速达成及有成就感的任务，以激励成员再接再厉。

六、小成功靠个人，大成功靠团队

（一）团队精神是团队管理最重要的部分

团队精神是团队管理的灵魂，是成功团队所不可或缺的特质。

团队精神是指团队的成员为了团队的利益和目标而相互协作、尽心尽力的意愿和作风。团队精神包括团队的凝聚力、合作意识以及高昂的团队士气。具有明确的团队目标与理念是团队精神的基础，也是解决团队利益冲突的保证，其中最为重要的是团队间成员的合作。团队合作的精髓就在于"合作"二字，团队合作受到团队目标和团队所属环境的影响，只有在团队成员都具有跟目标相关的知识技能及与别人合作的意愿的基础上，团队合作才有可能成功。

哈佛商学院管理专家博比·克茨在《公司协作中的用人术》一书中认为："企业领导的责任不是仅仅考虑员工个人才能的问题，而是应该根据每个员工个人才能的特点，加以组织并形成团体协作力量的问题，没有团队协作的个人才能，仅仅是局部的效应。"要营建一支有效的团队，培养协作精神，是人力资源管理中的重要内容，它一方面取决于组织者，一方面取决于劳动者个体。

作为团队的领导，首先要营造一种气氛，必须在员工中间找到"心有灵犀一点通"的感觉。其次，消除不必要的工作界限，培养员工整体配合的协作精神，要在团队中制定一些条规，使大家形成一种"分工不分家""互相支持和努力"的习惯。再次，不能忽视团队中的任何人，要让每位成员都能拥有自我发挥的空间，还要用心去破除个人主义、夜郎自大的傲慢心理，将成功集中在成员的同心协力的行动和同甘苦、共荣辱的感受上，树立团队集体主义观念。最后，要让每一位成员都学会包容、欣赏、尊重其他成员的个别性差异，使全体员工产生凝聚力，树立共同目标，共创未来。

人是社会的人，人有合群和融入集体的需要。当你融入一个团体，你就是这个团体的一分子，你的言行代表了团体，影响着整个团体。如果一位员工缺少团结协作的精神，即使能在短时间内带来效益，也不可能带来长远利益；如果一位团队成员不能诚实、公正地做一项工作，那么团队就会受到污染，企业就会受到损害。只有为团队利益工作，推广团队声誉，作为个人角色工作的人才会受到礼遇。因为企业希望每一个个体能以优秀的协作精神和良好的道德形象来升值公司企业的无形资产。

有了这样的团队协作精神，有了配合默契的有凝聚力的优秀团队，企业就犹如猛虎添翼，所向披靡。

那么，具体来讲，作为团队管理者，应该如何提升团队精神呢？

第一，打造共同的利益。比如，制定一个团队奖，团队能否获得它，有赖于全体成员的共同努力。

第二，不再进行个人评估，不再渲染个人英雄主义色彩。在任何一个出色的团队，其成员都必然是业务熟练且技能过人的，他们都希望组织能认可且表彰其个人贡献。但如果要打造团队精神，就要放弃对个人评估的侧重，转而侧重团队评估，当然，也可以借团队受表彰的机会和大环境，对个人顺带进行一定的表扬。

第三，制定团队目标。不再为每个团队成员单独制定工作目标，而是为整个团队制定若干大目标，要求所有成员全力以赴。

第四，取消团队主管与团队成员之间一对一的会谈。这样团队主管就可以把时间和精力放在优化团队结构，提升团队能力，争取更大效益上。

第五，引入竞争意识。只有在对手的映衬下，成绩才会显得更辉煌，当然首先你得强过对方。所以，这里建议在管理者各个团队之间展开业务成绩大评比，在内部网上公开各队当前的进展，以刺激团队成员更加努力。

一个好的企业，首先应是一个团队。一个团队要有鲜明的团队精神，一种积极向上、朝气蓬勃、洋溢着时代气息的团队精神，这对于团队管理是十分重要的。

（二）如何借助团队管理团队

管理者一对一地去管理每位团队成员，这样的团队管理是最不容易产生效果的。

"管好团队"听上去很清晰明确。但很多团队管理人谈起带队伍的问题时，却认为并非那么简单，甚至在有些管理者看来，"管理团队"与他们心目中的"当老板"完全是两回事。

要理解"管理团队"，哈佛人认为最容易的解释就是"借助"一词，意思是应该结合团队的整体互动状态去管理每位员工而不是对他们进行一对一式的管理。很多管理者会忽略这个意思，他们也赞同团队合作的好处，但坚持一对一地去管理每位团队成员。这样的话，他们基本上可以确保自己所带领的小组永远不会是一支真正的团队。一队人不一定是一个团队。实际上，多数情况下都不是。所以，哈佛人认为，管理者应该首先弄清楚什么是团队：团队是指一起从事某项工作，有共同的团队使命，愿意为实现使命而努力完成既定任务目标的一群人。

团队不同于单纯的工作小组，它比后者的工作效率更高、创新力更强。团队的工作成效要好过工作小组成员之间简单的合作与协调。这种优秀业绩反映出"团队效应"，即团队成员在有归属感时会表现更佳。产生这种效果的根本原因在于团队成员对大家共同的工作都有共同的承诺。这种承诺在团队成员之间产生社会和情感方面的密切联系，使他们开始相信"我们"将会荣辱与其，团队失败，将没有赢家。在每一个团队中，"我们"高于"小我"。除非你曾亲历团队合作，否则很难理解因想到"我们"齐心合力能做到的事情而产生的那份喜悦。

团队成员之间强大的向心力，一般来源于两方面：

一是共同的使命感。每一支高效团队都相信自己有一个引人入胜的存在理由，相信世界会因自己的工作而变得更加美好。团队使命不是它的任务或工作，而是它能给社会带来的好处。这就如同"我们为医院擦地板"和"我们防止致命性传染病的传播"之间的不同。团队使命把人们凝聚在一起，让大家感到作为团队成员的自己要强过个体的自己。

二是基于这一使命的具体任务目标。生命之花需要分解为具体的任务目标才能一直灿烂，否则很快就会枯萎。为保持使命感，实现使命，每个团队都要努力实现特定的、现实的任务目标。

简单来说，使命和任务目标是保持团队团结的强力胶。没有具体目标的使命如同空中楼阁，没有使命的目标就像行尸走肉。尽管有使命和目标很重要，但好的团队光有这两点还不够。它还需要清晰度，尤其是，团队成员要清晰地了解以下内容：

（1）团队成员间的职责分工——工作上没有全能冠军。

（2）重要的工作流程——团队工作方式，比如如何做出决策。

（3）定义团队成员希望彼此如何表现的价值观、规范和标准——比如发生冲突时是否可以说出来，如何表达。

（4）衡量工作进展的意见反馈和绩效指标。

当以上条件全部具备、小组变成了团队后，员工出成绩就不是因为管理者的要求而是因为团队成员共同的期待。团队成员都会努力工作，想要为别人提供支撑而不是给大家拖后腿。实际上，团队一旦实现了自行管理，那么如果有一个成员掉队，其他成员会发出提醒。这样一来，团队的业绩表现是通过成员间的社会与精神联结而不是管理者的期望来指引。实现这种自发管理时，管理者就是在通过团队管理团队，即利用团队成员之间的社会联结来管理每个成员的行为。

显而易见，这样管理团队更有效，因为团队成员的使命感更强、工作更努力。当然，对那些想要自己"说了算"、相信自己的直接影响能够带领队伍走向胜利的管理者而言，这种方式显然不太舒服。他们尤其不喜欢建立队伍还要用这种迂回方式，就像打台球不直接进袋而是先打到桌边再反弹入袋。这些老板没有意识到，他们所中意的直接方式很可能会阻碍自己的队伍发展成真正的团队。建立真正的团队不是渐进式的，而是水到渠成的事情，条件一具备，团队即告诞生。

所以说，作为带团队的管理者，不要用高压方式直接指挥，而应该围绕有利于形成团队的各种条件去提出建议、给予支持、给出定义、集中精力、主动谈论、提出期待、配置人员、带头讨论、评估绩效。在指导员工把时间和精力放在正确的事情和条件方面，管理者的权威也许会管用，但那离团队的概念还差得远。最终还是要在员工自愿投身于一项共同的使命之后，你的队伍才会自动变成一个团队。

作为团队的带头人，你的任务就是让员工能够保持使命感、坚持为实现目标而努力工作。借助团队管理团队这样一种迂回战略可能会让你觉得不太舒服，但这就是团队的特色。

（三）怎样的团队成员才算适应能力强

团队工作与僵化的个人性格格格不入，如果一个团队成员想与他人合作顺利，就必须进行相应的调整以适应环境。

哈佛商学院教授罗莎贝斯·莫斯·坎特尔注意到，"事业有成的人善于变化，擅长于将自己和同伴调整到某个新方向，从而争取到更大的成功。"他认为，适应力强的团队成员有以下一些特征：

可塑性

坎特尔说："任何事情，我都愿意尝试一下，只要能获得新的经验，我就不在乎短暂的痛苦和不愉快。我对未知的事物有浓厚的兴趣，要想从无知到了解，唯一的途径就是打破障碍，迅速地适应客观环境。"他认为，适应力强的人总是不断地开拓新领域，他们有很强的可塑性。

情绪稳定

适应力强的人另一特征是情绪稳定。情绪不稳的人往往把什么事都看作是挑战或威胁。对新来的有能力的人，对职位或头衔的变动，对办事方法的改变，他们总是忧心忡忡、固执己见。情绪稳定的人对任何变动都能泰然处之，他们总是从好的方面看待新环境、新变化。

创造力

创造力是适应力强的又一特征。遇到困难，不是回避，而是寻找解决问题的办法。坎特尔曾说过这样一段话："有人说，从一个人对于新事物的承受程度就可以看出他的年龄。这话不无道理。当有人提议试试新方法时，你可能看到一些人感到无所适从、抓耳挠腮，对于要改变工作方法感到很难接受：而另外一些人则反应平静，他们会说：'让我们试试，即使我们讨厌它，我们也要试试。'这样的人可能就是真正有创造力的人。"

服务意识

对于团队的某些改变，与服务意识强的人相比，以自我为中心的人心理承受力要弱得多。坎特尔说过："不为别人着想的人，同样也得不到别人的关心。"如果团队成员的目标是为团队服务，那么就要准备调整自己，争取主动，事业才能成功。

作为管理者，你可以向你的团队成员提出以下的问题，以此来检测其是否具有良好的团队适应力。

（1）如果你有了良好的适应力，你的表现会是怎样的呢？

（2）如果团队需要你做些改变，你是赞成呢，还是宁愿按"老办法"行事？

（3）如果有人比你更行，更胜任你现在的职位，你愿意换一个工作吗？

（4）如果一名主要团队成员出了问题，你愿意去顶替他吗？

在如今这个快速发展变化的商业社会，团队成员如果不具有很强的适应力，那么，必然会拖慢整个团队的发展步伐。

（四）与团队成员共享荣耀

如果你习惯了独享荣耀，那么总有一天你会独吞苦果！

哈佛人认为，正确对待荣誉的三种方法是：感谢、分享、谦卑。作为管理者，最应该做到的是分享，学会分享是一种获得团队成员真诚帮助的方法。

美国有家罗伯德家庭用品公司，八年来生产迅速发展，利润以每年18%～20%的速度增长。这是因为公司建立了利润分享制度，把每年所赚的利润，按规定的比率分配给每一个员工，这就是说，公司赚得越多，员工也就分得越多。员工明白了"水涨船高"的道理，人人奋勇，个个争先，积极生产自不待说，还随时随地地挑剔产品的缺点与毛病，主动加以改进。

与此相反，有一位卡凡森先生，很有精力，他是一家出版社的编辑，并担任下属一个杂志的主编。平时在单位里上上下下关系都不错，而且他还很有才气，工作之余经常写点东西。有一次，他主编的杂志在一次评选中获了大奖，他感到十分荣耀，逢人便提自己的努力与成就，同事们当然也向他祝贺。但过了个把月，他却失去了往日的笑容。他发现单位同事，包括他的上司和属下，似乎都在有意无意地和他过不去，并回避着他。

过了一段时间，他才发现，他犯了"独享荣耀"的错误。就事论事，这份杂志之所以能得奖，主编的贡献当然很大，但这也离不了其他人的努力，他们当然也应分享这份荣誉。他们不会认为某个人才是唯一的功臣，总是认为自己"没有功劳也有苦劳"。自己"独享荣耀"，当然会引得别人不舒服，尤其是他的上司，更会因此而产生一种不安全感，害怕失去权力。

当你获得荣耀时，对他人要更加客气，荣耀越高，头要越低。另一方面，别老是提及你的荣耀，说得多了，就变成了一种自我吹嘘，既然你的荣耀大家早已经知道，那你何必总是提及呢？

当你获得荣耀时，应该做到以下几点：

与人分享

别人或许不羡慕你得了多少利益，而是那种取得成绩的感觉，你应主动和口头上感谢他人的帮助与合作。你主动与人分享，这让旁人有受尊重的感觉，如果你的荣耀事实上是众人协力完成，那你更不应该忘记这一点。你可以采取多种方式与人分享，如请大家吃一顿。这样大家就不会说什么了。

感谢他人

要感谢同事的协助，不要认为都是自己的功劳。尤其要感谢上司，感谢他的提拔、指导、授权。如果实情也是如此，那么你本该如此感谢；如果同事的协助有限，上司也不值得恭维，你的感谢也有必要，虽然显得有点虚伪，但却可以使你避免成为他人的箭靶。很多人上台领奖时，他们首先要讲的话就是："我很高兴！但我要感谢……"道理就是如此。这种"口惠而实不至"的感谢虽然缺乏"实质"意义，但听到的人心里都很愉快，也就不会妒忌你了。

为人谦卑

得了荣誉，当然要沾沾自喜，有些人往往还会得意忘形。这种心情是可以理解的，但旁人就遭殃了，他们要忍受你的气焰，却又不敢出声，因为你正在风头上。可是慢慢的，他们会在工作上有意无意地抵制你，让你碰钉子。因此有了荣耀时，要更加谦卑。不卑不亢不容易，但"卑"绝对胜过"亢"，就算"卑"得过分也没关系，别人看到你如此谦卑，当然不会找你麻烦，和你做对了。

成功者往往不会独享荣耀，说穿了就是不要去威胁别人的生存空间，因为你的荣耀会让别人变得黯淡，产生一种不安全感。而当你获得荣誉时，你去感谢他人、与人分享、虚心谦卑，这正好让他人吃下了一颗定心丸，人性就是这么奇妙，没什么话好说。

（五）掌控好团队管理的六个"力"

作为团队中的一员，任何人都不能满足于自己单打独斗所能取得的成就，管理者自身也不例外。

对于团队的英文"Team"，有一个新的解释：T-target，目标；E-educate，教育、培训；A-ability，能力；M-moral，士气。

从团队 Team 所衍生出来的这四个单词，其实就是团队管理中所必须注意到的方面，也是每一个团队领导和成员所必须意识到的六个"力"：

1. 驱动力

驱动力其实就是给团队一个目标，给团队中的每一个成员一个目标。人们为了一个共同目标而奋斗肯定能增强团队凝聚力，因为他们必须去依靠别人，也要准备好让别人依靠。有了这样一个目标，就可以对团队成员产生强大的吸引力，从而增强团队的凝聚力，另外，驱动力可以使组织目标与团队目标高度一致，因此可以使团队的生产效率大大提高。比如在互联网行业运作，你得告诉团队中的成员发展的目标什么，愿景是什么，融资后将会得到什么，上市后将会得到什么。

2. 学习力

每一个优秀的团队成员背后，一定都有很强的学习力作为支撑。如果学习力每况愈下，那就很可能从一个"人才"变成团队乃至社会的一个"包袱"。人才其实是一个动态的概念，它不是一成不变的，不是永恒的。它需要不断地晋级，不断地发展，只有人才的学习力不断地加强，不断地提高，才能保证人才的新鲜，这样的人才才是信息时代的人才，才是真正意义上的人才。所以，人才竞争的背后隐藏着学习力的竞争。对团队管理来说，尤其如此。管理者一定要努力建立自己的学习型团队，只有这样的团队才能在未来的竞争中居于不败之地。

3. 执行力

对于一个成功的团队，最重要的是它的执行力。可以说，执行力好坏的体现，直接关系到这个团队能力的体现。

对于团队中的每一个成员，灌输执行力的概念非常重要。更多时候，这种执行力主要体现在结果层面上。在执行的过程中，也许每个人都有自己的方法，但结果是硬道理。

4. 活力

活力表现出来就是团队士气。团队成员的态度和活力决定着团队的命运。只有让成员改变工作态度，整个团队才会有活力。其实，对任何一个人来说，每天都在做一项重复的工作，总有一天会对这份工作十分厌烦。因此，作为团队的领导，要做的第一件事就是，让员工对他所做的工作充满热情，让他喜欢上这份工作，这比任何激励方式都更为有效。

5. 凝聚力

凝聚力指团队对成员的吸引力，成员对团队的向心力，以及团队成员之间的相互吸引。也有人把凝聚力定义为：团队是成员积极从事团队活动，拒绝离开的吸引力。团队的凝聚力不仅是维持团队存在的必要条件，也对团队潜能的发挥有重要作用。一个团体如果失去了凝聚力，就不可能完成组织赋予的任务，本身也就失去了存在的条件。

关于团队凝聚力与团队工作效率之间的关系，有人做过大量研究。结果表明，凝聚力的大小对生产效率有重要的影响。一般情况下，凝聚力强的团队比凝聚力弱的更有效率。

6. 杀伤力

商场如战场，在竞争残酷的商界，一个成功的团队，必须像兵器一般具备很强的杀伤力。战争的历史，就是对一些集团的人们，通过比敌方更为有效地使用兵器，或换言之，充分发挥或者接近发挥兵器的最大杀伤力，力图将其意志强加于另一些集团的人们所采取的方法的回顾。同样，团队也是这样的，通过比对手更为有效地使用各种手段，充分发挥本团队的最大"杀伤力"，从而做到攻无不克、战无不胜。

"'一'只是小数字，难为伟大。"《纽约时报》最佳畅销书作者、哈佛商学院名誉教授约翰·C.马克斯韦尔博士如是说。考察世界上最成功的组织，你会发现其中成功的原因都有一个共同点，那就是有效的团队管理，而要有效管理团队，就必须掌握好团队管理的六个"力"。

（六）提升团队激情，激情利剑无所不能

每个团队成员心中都有一种英雄情结，只要管理者用心去点燃它，它就会引爆得很充分。

激情对团队来说是一把无形的利剑，是感染力，是将产品和价值观在纯粹生硬的物质和精神状态上赋予情绪和魂魄，使之柔化而让人乐意触摸和感受的神奇力量。激情不是矫揉造作，而是发自内心表现于外的执着和热爱。

激情决定态度，从而影响行事的方式，并影响团队成员的热情。激情能够激发学习的热忱和创造力，也是创新的源动力。

激情来自发现新鲜。为什么新的团队成员会饱含激情，为什么许多老的销售人员没有了激情？由于新鲜而激发了发现的热忱，由于没有发现新鲜的动力，而使职业成了单纯的谋生手段。

激情还来自梦想和愿景。没有梦想不会有激情，没有愿景也不会有全力以赴的动力。愿景有组织愿景和个人愿景，组织愿景是通过描述组织的发展蓝图，实现组织成员意识形态的一致。个人愿景是员工对自身职业发展的规划。对于个人愿景，企业人力资源部门要认知、规划和引导。对于组织愿景，绝对不只是一个企业的发展口号，也不是让员工趋之若鹜的手段，而应该是切实和具体的目标和规划，与员工的成就和价值回报相联系，与员工的个人愿景相关联，使员工能找到与其个人愿景的契合点，从而获得真正的心理归属感。

激情管理是企业应该重视的课题。所谓激情管理，就是企业加强对员工行为态度的研究，发现使其激情衰退的原因，以及采取相应的措施维系员工激情的管理手段。另一方面，也应该培养员工积极的价值观和行为态度，实现员工的自我激情管理。

激情的毁灭来自漠视和挫折感，与企业的距离无法拉近是漠视，没有关怀和得不到问题解决的回馈是漠视，在销售的过程中遭受冷遇是挫折感，试图寻找突破的途径但创新的结果不如人意是挫折感，听不到认同和肯定的声音是挫折感，愿景未能达到也是挫折感。

为了维系员工激情，企业可采取的方式包括鼓励创新，不让员工背上惧怕失败的

心理包袱；长期目标和短期目标结合；给予必要的压力激发持续的进取；建立良性竞争的平台；从情感上重视和尊重成员的声音，给予关怀和肯定；通过持续的激励促进员工的工作热忱。此外，相关的培训也是必要的手段，通过培训，一则提升态度和技能，满足员工对新知的渴求，二则通过培训加强员工自信心和沟通能力，使员工有正确处理挫折的态度和方法，并培养员工坚韧的毅力和正确的工作观。

激情更来自自我挑战。作为管理者来讲，也要进行自我激情管理，应该纠正怨天尤人、得过且过、推诿等待等不正确的行为态度，热爱管理，在管理中寻找乐趣，在自我挑战中焕发激情，通过知识的积累丰富，在与团队成员的交流和对话中寻求突破。

激情管理就是要在团队中创建一种积极的工作氛围，使整个团队爆发出最大的能量。

（七）最强团队需要最强个人

真正优秀的团队中绝不会有平庸的成员。

没有哪个商学院能比哈佛商学院更加强调学员自力更生的能力，也没有哪个学院比哈佛商学院更加重视教授团队精神。这看似矛盾，但很容易理解：每一位团队成员首先必须尽可能地提高自己的能力，才能为自己的团队出谋划策——而不是依赖团队。

在哈佛商学院学习的经历，同时也是一个自我发现的过程，因为每一名学员要应付面前的挑战，都必须尽量挖掘自己的潜质，这是培养团队意识的开端。新学员意识到，他必须首先取得个人的成功，才能对他所在的团队有所裨益；无论是对组（由3位学员组成）、对班（由4个学习小组组成）还是对学院之间来说，都是如此。这就是为什么哈佛商学院每个基本学习项目的设计都旨在提高团队活动的效率。

在公司里，"团队合作"是管理层的时髦口号，很多管理者在每一次对员工训话时都频频使用。团队合作的宣传海报，几乎在所有大公司的办公室和生产车间的墙上都能看见。管理者不放过任何时机宣传"团队合作"。但是，真正的团队在哪里呢？

除去所有这些关于团队合作的宣传，在许多公司里很难找到团队。如果说团队的概念确已得到执行，那通常只是在上层。比如，"团队销售"是专门为最重要的客户提供的服务，而小客户都是由单个的销售人员处理的。"团队生产"在某些生产线上已成为现实，但它们只是限于昂贵的产品，如汽车生产线，而单个员工重复相同的工作仍然是许多行业的普遍状况。或许让一大群专家拥进一个小客户的办公室，或让一群装配工围着一个微型电路集成板工作，都是不现实的，但哈佛商学院的团队概念绝对能应用到公司的各个层级，包括最基层。

在哈佛商学院，即使是最传统的"单人"学习，也被进行了修改，以促进团队合作和竞争意识。

一位满腔热情的管理者若想在最不可能的工作场所建立员工的团队精神，只需要让每位员工对同事都产生感激之情和责任感。正如哈佛学员之间的相互竞争并非为了个体的认同，而是以一种近乎自我牺牲的精神报效团队，管理者也能鼓励公司员工不要只偏重对自身的考虑。团队的认同和奖励，能使最玩世不恭的心灵也感到温暖；但如果事实不尽如人意——如果员工希望依赖他人的努力，而非尽自己的努力"报效"团队——管理者就需要和他单独谈话了。

无论在公司的哪一层，团队都绝不是个体成员的避风港。如果管理者听到他的团队由于集体的原因未能完成目标，那他还不如让一群单打独斗的个人经过一段时间的训练之后，养成彼此帮忙的习惯。

真正优秀的团队能使成员体验到团结的好处，使每一个成员都会变得更有力量。而不是变得渺小甚至成为累赘。

七、组建高效团队

"在人类的进化过程中，语言的最重要作用不是用来交流，而是用来合作。"

——弗里乔夫·卡普拉（Fritjof Capra）

在你正式组建或是接手一个团队之前，一定要先了解那些决定团队成败的共同因素，以此来帮助你策划具体操作过程。

（一）了解团队的职能

尽管每一个团队都有其特定的任务和目标，这些任务和目标决定其具体行动，但任何一个团队的工作都倾向于遵循一个典型模式：

明确目标。

就达到目标的途径取得一致意见。

制订一套完成任务的步骤。

对成员进行交叉培训。

逐步执行这些步骤。

根据计量和分析结果，对这些步骤进行考核并作相应调整。

·与相关各方进行沟通。

明确团队的目的 任何一个团队的组成都有一个特定的目的，团队的每个成员都必须知道并了解团队的目的和所要达到的目标。

比如，你的团队是要为一个政策提供建议，还是要实施一个战略计划？是要解决一个质量问题，还是要开展长期工作？是要开发一种新产品，还是要应对眼下所面临的危机？

无论你们团队的任务是什么，作为领导者，你都必须针对目的，对团队进行反复调整。

明确团队的权限 团队有权决定自己的工作方式和工作方法，但对其他一些活动，仍然需要得到高层领导的同意和支持。比如，团队可以做一些财务决策，但这些决策必须在高层管理者决定的预算范围内进行。

作为团队领导，你和高层管理者要对团队的目的达成共识，并在以下几方面达成一致意见：

人事决定，尤其是跨部门团队的人事决定。

预算外支出。

聘请专家或顾问，或者是获得额外的资源。

团队项目交付和日程安排上的变化。

要确保团队中的所有成员和高层管理者都理解并认可团队的权限，尤其是：

团队能做哪些决定。

团队不能做哪些决定。

所有这些决定将在何时、通过何种方式传递给所有相关人士。

（二）高效团队所应具备的品质

当你在筹划时，一定要预先明确一个高效团队所应具备的品质。毕竟，最后是由你来负责在团队内部将这些品质变为现实的。

在多数高效团队里：

成员都同意共同的发展目标，并为之努力奋斗。如果可能的话，也可以让成员参与现实的、具体的目标的制订过程。

团队目标远远高于个人目标。

成员明确自己的角色，并且能够根据工作需要转变角色。

成员具有不同且适用的技术和经验，并且能够彼此借鉴。

成员能够容忍自己和他人的错误。

成员对新思想、新观点和冒险行为持开放态度。

决策要建立在切实基础之上，而不是由个人的办事风格或身份地位来决定。

可见，培养一个高效团队需要人们具备多种技能：包括沟通、理解、谈判，还有耐心！

以下是筹建一个高效团队的参考。

团队管理的工具
组建团队工作表
团队目标
重新设计银行的网址并挂在网上。
要进行的工作
为全系统创建生动的屏显，更新数据库和模式，更新内容。
要取得的成果
为网上银行客户提供更多功能的、令用户满意的、既安全又合法的网址。
已有基础
预算已通过，已经确定了经销商并签订了合同，能够不断得到技术部门的大力支持。
限制因素
必须与 6 月份推出的新的营销战略相一致；由于投资部门正在重组，或许很难得到及时的反馈。
必要的技术和人力支持
网址管理员，可以从银行的每个部门调入。
预期的团队成员
团队决策的范围（比如，是建议还是执行）
实施这一网址。
期限
7 个月。

（三）使你的团队成为一个高效团队

注：下面是史蒂夫·沙利文关于创建一个优秀团队的要素构成：

1. 常识和良好的行为占 50%。

2. 共同期望的积极结果占 20%。

3. 清晰的步骤占 20%。

4. 学科内容知识占 10%。

把以上提到的所有要素综合到一起才有可能组建成一个成功的团队。要注意的是，学科内容知识只是构成要素的一部分，并不起驱动作用。

对于你来说，组建一个高效团队需要付出相当大的努力。这是一个极其复杂的过程，需要不断投入大量精力。

让你的团队随时准备好迎接成功　作为团队领导者，你是介于团队和高层领导或者团队和顾客之间的一个纽带。在你正式筹建团队之前，一定要让你的团队随时准备好迎接成功，一定要慎重对待高层领导或顾客可能提出的各种情况。

比如：

·团队的目标明确吗？

·所制订的预算和设定的最终期限现实吗？

·各种现有资源足够实现目标吗？

·团队有没有被授权去完成这项工作？有没有得到必要的支持？

只要你对所有这些问题中的任何一个的回答是否定的，那么你都需要后退一步，重新审视一下你的团队，并看看它是否具备实现其目标的现实条件。

要采取主动　要有创造性。后退一步并不意味着要发牢骚、要抱怨，或者是要等所有的条件都具备了才接受工作。领导团队要采取主动，你不可能指望所有你需要的条件在一开始就都摆在你面前，特别是如果你是新上任的团队领导者，在你还没有太多成就记录的情况下则更是如此。

如果你缺乏相关资源的话，建议：

充分利用网络，并尽量去寻求任何可能的帮助。

向别人或者别的部门寻求帮助。

发挥你的主观能动性去寻找完成目标所需的人员、设备和技术。

如果时间框架或者预算问题不现实，建议：

·采用相对较为现实的做法。

·提供充分的证据来证明你需要什么、为什么需要。

·证明给大家看你需要更多的资源。

·明确告诉大家利用现有的时间或资金你能做到什么程度。

后退一步需要你在政治上十分老练，而且要慎重运用你的影响力。但每当你成功领导团队之后，你的成就记录都会因此而大大提高，你也会因此而名声大噪。渐渐地，你就会吸引你们团队所需要的人员加入进来，进而去实现你的抱负。

要现实些　如果你明知道你所制订的时间框架显得有些荒谬，或者你明知道你所需要的资源根本不够充分，但你却说你能够实现团队目标，而且期望做到最好，那你的团队就注定要以失败而告终，甚至也许会因此而毁掉你个人的职业生涯。痴心妄想只会增加你的挫败感，甚至会导致灾难的发生。这样一来，你不但会失信于你的上级领导，而且还会失信于你的团队成员或者同事，因为是你使他们的努力付之东流。因此，一定要现实一些，也就是说，如果受到诸多条件的限制而使你无法完成团队目标，那你就不要轻举妄动。

（四）密切注意团队失败的种种迹象

导致团队失败的因素有很多。要知道是什么导致了团队的失败，这是确保你的团队不至于偏离正轨的第一步措施。

导致团队失败的原因有：

缺乏管理层的支持。

资源不够充分。

领导不善（是你的责任！）。

对团队目标存在误解，或是团队目标之间相互矛盾。

把团队目标全部集中在完成任务上，却忽略了人与人之间的交往。

团队成员没有承担起其应该承担的责任。

团队成员太多或太少。

缺乏相互依存感，没有共同的愿景。

激励机制不够健全。

认真筹划可以使你的团队在各个方面都随时准备好迎接成功。

（五）确定团队角色

虽然不同的团队对技能的要求会有所不同，但几乎每个团队中都不可缺少一些共同的角色。当你在组建一个团队时，一定要记住下面这个表中所提到的几个角色。

其中有些角色部分是交叉的，一般情况下，大家可以进行角色互换，以便使团队成员能够在不同的角色位置上得到锻炼，以便他们在积累一些经验的同时能够更好地履行他们的工作职责。或许有些类型的团队有共同的领导能力，尤其是自我管理型团队。

在团队中的角色	工作职责
在团队领导者	利用团队实现目标。 清楚整个项目的内容。 对整个过程进行监督。 对团队进行引导而不是支配。 支持整个团队并支持团队成员。 帮助团队建立高效的工作关系。
团队顾问	在组织机构内部拥护团队。 与各方利益相关者进行沟通。
办事员	安排会议时间并主持团队会议以及其他相关事宜。 要足智多谋。 鼓励全员参与。
过程监督者 或团队成员	帮助领导者和办事员树立团队文化。 把全部精力都集中在完成任务上。 倾听每一个人的想法。
抄写员或记录人	对团队会议进行记录。

（六）选择合适的团队成员

在选择团队成员时，要尽量保证使你所招聘的成员之间的知识和技能可以互补。在招聘的时候不但要考虑应聘者已经具备的技能，而且还要考虑他们是否具备团队发展所需要的潜能。虽然团队的任务不同，团队成员的最佳组合形式也因此而有所不同，但所有团队都应该是各方面技术或职能知识的综合体，其主要包括：

解决问题和做决策的能力。

交际能力。

团队协作能力。

"我需要积极、乐观、机智灵活、思想开放、思维敏捷，还要有创新精神的成员。他们要有自我克制的意识，要愿意发挥他们的作用、愿意成为团队的一员。你可以招聘那些很聪明、很有创造性的人，虽然他们暂时看上去有些不太适合团队协作。但我所注重的是态度，因为你可以把技术教给聪明人。"

——珍妮·韦尔登（Jeanne Weldon），
事件策划及餐饮、事务部的前任经理

因为员工态度而雇佣，为了提高员工技能而加以培训。当然，团队在选人的时候主要是选那些具备团队所需技能的人，但是有些领导在选人时却只注重有无合适的技术、有无相关的工作经验和知识。然而，成功的团队领导者会说，态度、技术和经验是同等重要的，即便是那些特别需要技能和专业知识的工作岗位也是如此。

一个团队要多大规模才合适？似乎大家都很自然地认为团队的规模应该是越大越好，他们有足够的理由这么认为。团队领导者自然想让每一个受团队协作结果影响的人都参与到过程中来。然而，如果团队里成员过多的话，其生产效率和工作效率就必然会受到一定程度的影响。

（七）把团队工作列入管理日程表

管理者必须从团队那里得到信息和报告。下面是管理者如何把团队工作列入其日程表的一些方法：

员工会上定出团队工作进展汇报的时间。

评估团队报告并给出反馈。

参与重大里程碑的信息发布。

如有需要，主动充当团队资源。

要求定期应邀参加团队会议。

顺便旁听团队会议。

如果管理者硬性要求团队使用现有业绩汇报方式，可能会无意之中限制了有效交流并因此限制了团队的效率。

团队完成工作时，不管业绩好坏，都需要管理者帮助解决业绩问题。他们需要反馈，需要有机会和统领全局的管理者一起检查自己的工作与现实的差距。

人们致力于实现工作绩效，从而会得到激发，这在正常工作中是没有的。他们只要有方向、有限期、对自己所从事的重要工作有一种专注，就会更好地工作。

让团队专注于自己的目标，可以让管理层表达出需要团队有所贡献的迫切要求除非高层经理明确表示急需在提高企业潜在收入和利润、依靠团队激发新的活动或者必须克服竞争对手的优势等方面取得成功，人们才会充分重视团队的工作任务。

（八）建立目的明确的团队，制定具体的团队章程

高层经理必须认识到，团队在传统企业中是个外人。它的任务不在现有企业单位的职责范围内。因此，管理者必须告诉团队成员他们与企业是怎样的关系，同样也必须告诉企业的员工哪儿适合团队工作，会得到什么结果以及如何使整个企业受益。

成功的团队目的明确，接受管理者的指示。它的业绩目标植根于企业的战略与优先目标。团队需要了解企业目标及其与自己工作的关系，也需要激励和鞭策。失去了这些动力，团队只能随波逐流，业绩平庸。

没有一个高效的团队可以孤立存在。管理者必须帮助团队了解它的供应商和顾客，以便建立适当的联系来达到目的。

由于团队体现了若干职能，传统的部门汇报方式已不再奏效。管理者必须确保团队及时收到与工作有关的信息。

建立目的明确的团队，最有效的工具是团队章程。多数企业都有职责说明、制定目标的体制及个人业绩评估系统，团队章程是团队相应的工具。好章程只有一两页，内容至少包括以下各点：

团队任务的战略或业务内容。

团队的具体目标。

预期的结果和期限。

为跨职能团队制定章程要分三步走。第一步，由于团队章程把企业的战略思想转换成了团队的工作，因此管理者最适合起草这份章程。第二步，管理者与团队领导人及其他与团队关系密切的人一起审议草拟出来的章程。第三步，团队领导人在团队首次碰头时把章程草稿发给团队成员，由大家一起商讨、辩论和修改。

团队一旦成立，管理者必须确保团队能自主决策。如果利用团队让员工买管理层的账，就不会有好的结果，团队和企业的士气便会低落。

团队章程的评估部分，值得引起管理者的特别注意。评估能够量化要求团队完成的目标及主要绩效，可以借此向团队外的员工传达项目进展情况，并为发现问题和解决问题提供一个跳板。

业绩评估使团队能检测自己的进展。例如，降低成本的团队一般都设立成本目标，业务流程重组团队设立了周期或时间目标。所有这一切使团队建立起责任心来。这听

起来好像是压在团队身上的一副重担。恰恰相反，团队的存在就是为了应付这种挑战。

（九）开发有效的跨职能团队

由于以目标为导向的团队是人为建立起来的，而不是天生的，所以组建团队的活动对于开发有效的跨职能团队很有必要。最近一份对摩托罗拉公司的团队报告与效率的国际研究，证实了来自许多以团队为基础的企业的报告：正式和非正式的团队建设活动对团队工作表现起着巨大的促进作用。

摩托罗拉使用如下这些规范的团队组建技巧：

重点在于团队交流、决策流程及队员协作的团队组建项目。

团队拜访顾客，了解顾客的期望与需要。

团队向高层经理做演示。

团队"拥有"的办公设备。

摩托罗拉的企业薪酬总监顾达尔把非正式的团队酬劳称为"鼓励、奖励和交流"。它们可促进团队业绩。"鼓励"是对有成就的团队给予非正式的积极反馈。

"奖励"是根据团队成员资格给予的"福利"。"交际"指的是团队成员在工作期间或工作之余进行交际的机会。

当然，管理者要传达团队活动的重要性，最有力的一种方式就是通过聘用、奖惩、晋升和重新安排员工所实现的技能组合。最能传达这种信息的是那些升入管理圈子的人以及促使他们得到这种奖励的因素。

在无数企业里，常听人说："我知道，当经理把部门合作和团队精神纳入我们每年的业绩评估，并作为决定去留升降的因素时，我们在团队问题上动真格的了。"不过，我们经常听到的却是："我们都说团队精神，但往往口是心非，因为在做人事决定时，团队协作就无足轻重了。"

高度负责的管理者并不把自己只看作是"领导"，他们也是团队的一员。他们以身作则，发展跨职能的团队，通过在高层进行团队管理，担负起了这一责任。

（十）确保团队有效运作

确保团队运作良好是相当具有挑战性的。团队的设计与发展必须与组织环境相互搭配，再善加运用团队的优点，则可发挥神奇的效力。

运作良好的团队不仅能提供最佳的解决方案，还能确保解决方案的确实执行。团队可以提供成员脑力激荡的竞技场，创意因此诞生；此外团队也提供组织学习的来源。不过，若要团队运作良好，让员工接受训练是绝对必要的，尽管这将引发成本和时间的消耗。杰出团队的表现不是一蹴而就的。团队要成功，队员表现方向一致，一旦人人同心协力，和谐团结自然而生。个人的远景结合起来就形成共同约远景，从而产生综合效应。事实上，"共同的远景就是个人远景的延伸"。除非团队看法一致，否则就毫无力量。

团队若要学习，就得运用队员集体的智慧，这可是比乍看之下难多了。虽然运作良好的团队比单独一人，较能拟定出更佳的解决方案，但也有不少证据指出，将智慧高超的人集合成队，并不保证会比他们个别独自工作创造更好的成绩，结果通常反而糟蹋优异的成员。

教授们提醒大家，队员必须有调查复杂问题的能力，这就有赖主动倾听的技巧和深度交谈过程，抛弃先前的判断和假设，多方地考察复杂的问题。此外，队员之间还必须有足够的信赖去支持创新和协调的行动。如果团队真正在学习，将会在某些程度上与其他团队互动，助长整个组织学习。

（十一）团队规范

在介绍团队规范之前，我们先看一个例子。

第二次世界大战期间，美国家庭主妇一般不喜欢用动物内脏做菜。由于当时食品短缺，政府当局希望说服她们改变态度。勒温做了如下实验：首先将被试的家庭主妇分成6个小组，前三个小组听讲解人劝说，介绍这种菜的味道如何如何好，营养价值如何如何高，并且每人还能得到一份食谱；后三个小组被告知团队规定今后必须用动物内脏做菜。一周以后，检查发现，讲解组中仅有3%的人改变了态度，而团队规定组中却有32%的人改变了态度。现实也是如此，有时仅靠苦口婆心的说服教育无济于事，而用纪律和规范等强制方式，能迫使人改变态度和行为。

所有团队都有自己的规范。所谓规范，就是团队成员共同接受的一些行为标准。其目的是为了鼓励对团队成长有益的行为，规避有害的行为，让团队成员知道自己在一定条件下，应该做什么，不应该做什么，从而提高团队的自我管理、自我控制能力。从个体的角度看，团队规范意味着在某种情况下，团队对一个人的行为方式的期望。团队规范被团队成员认可并接受之后，就可以成为以最少的外部控制影响团队成员行为的手段。

团队规范，是指团队的价值观念与行为规范，属于群体规范的范畴。在组织要素中，分别通过成员和目标反映出来。团队的运作特别强调合作，贡献和共享。而且整个过程体现为自我管理与相互协调，所以，一套规范对它就显得尤为重要。

弗里德曼（Feldman）认为，群体规范具有四个功能，而且每个功能都有助于确保群体成员之间采取积极一致的行动。其中，第一种功能是它具有表现群体核心的最重要的价值的作用，据此群体成员可以指导自己的行动，并指导自己和群体外部人的关系；另一种功能是它有助于一个群体界定哪些是成员间的适当社会行为，从而有助于人员的社会交往。

谢恩（Schein）后来证明，群体规范分为两种：核心规范和边缘规范。核心规范表达的是有关工作性质的最重要的核心观念；边缘规范则是有关一些小的问题如何处理方面的常规范式。在此基础上，谢恩认为，有些人是那种非兴奋型但可靠的人，他们遵守所有的规范；有些人只是遵守核心规范，而拒绝遵守不适合自己的边缘规范，这些人是具有创造性的个体；有些人接受边缘规范，却不接受核心规范，处于"颠覆性的叛逆"状态；第四类人对两类规范都持排斥态度，他们完全采取和组织处于公开的对抗态度。

团队的核心规范应是团队的共同任务，而且互相依赖，它鼓励那些高效、全面的工作行为。以任务为指导的互相交往，工作中的相互支援及协商式的解决方式，也是团队规范鼓励的行为。至于边缘规范，团队规范不太强调，在某种程度上代表了自由化的倾向。

所以，那些遵守核心规范而拒绝边缘规范的人是团队最易接纳的人，而且也是最适合团队工作的人。而那些遵守全部规范的人，除非有较强的能力和创造性，否则并不会受到团队的欢迎。

规范的热炉法则。"热炉"指的是规范应具有热炉子一样的烫手效益。包括四项基本内容：

预先警告　即有言在先，达成共识。火炉烧红了是明摆着的，任何人都知道不能碰。在任何单位中都应该有这样一个"热炉"——健全的规章制度。它对各个岗位上的员工该做什么和该怎么做，都做出明确的规定。同时，对在各个岗位上的员工谁负责去检查，检查的结果用什么来记录等，也要做出明确的规定，最后是如何给予奖罚的问题，在什么情况下奖，在什么情况下罚；怎么奖，怎么罚，也都要做出明确的规定。

言出法随　即不碰不烫，一碰则烫，哪儿碰烫哪儿。人不犯我，我不犯人，只要你不去碰它，它绝不会跟你过不去。但是，只要你一碰它，它马上会烫你。而且，热炉是很讲"政策"的，它只烫你碰它的那部分，而不会烫你的别处或者你的全身。也就是说，实事求是，就事论事，对事不对人。

一视同仁　即谁碰烫谁，不讲情面，对谁都一样，和谁都没有"私交"，对谁都不讲"私人感情"。王子犯法与庶民同罪。

前后一致　这是真正的公平，第一次就烫得厉害，不存在下不为例之类的事情。既然有言在先，那就要言行一致，言而有信，前后一致，使结果永远相同。

（十二）团队发展阶段

在一个组织中组建团队有两种可能：一是建立以团队为基础的组织，就是以团队作为整个组织运行的基础；二是在组织有限的范围内或者在完成某些任务时采用团队形式。

无论你在团队中是作为领导还是作为成员，为了更好地发挥作用，知道所有团队都要经历几个发展阶段是很重要的。这些阶段将导致团队内部动力的改变以及团队成员关系的变化，而有效团队的领导行为也要调整。在这部分，我们概括了从团队组建到成熟阶段整个团队发展过程中的四个阶段以及团队任务完成后的修整阶段。

为使我们的团队更有效、团队成员从团队中得到更多的利益，团队必须经过前三个阶段的不断前进才能达到第四个阶段。在每一个独立的阶段，都会有独特的挑战，只有诊断出这种挑战并且控制和制服挑战，团队才可能逐渐成熟并且变得更有效。对于每一个阶段来说，我们首先要确认团队成员所面对的主要问题，然后再确认团队领导的反应以保证团队能顺利发展。

有效团队的形成并不是自发的。在团队发展过程中，将出现各种导致失败或成功的情况。为展示这些情况，我们提供了一个团队或许会经历的基本发展序列：形成阶段、规范阶段、震荡阶段、运行阶段和整休阶段。在每个阶段，工作和社交相关行为的类型是变化的。无论是团队领导者还是团队成员，都需要理解这些发展阶段，理解团队的发展进程，因为它们都能影响到团队的有效性。在以下内容中，将会描述在每个阶段中可能发生的行为。当然，团队和群体并不一定都会发展出同模型描述完全相同的特性，因为不同团队的成长过程可能是不一样的。

1. 形成阶段——混乱中理顺头绪

在形成阶段，团队的任务是熟识团队成员，建立相互间的关系和信任，了解团队目标和团队界限。在这个阶段，团队领导需要给出清晰的方向。团队成员往往为完成自己的任务而关注于明确目标和实施过程。团队在该阶段的发展包括彼此熟悉，领会领导意图，明确各自角色。在社交行为方面，应当处理好大多数成员的感知和过分依赖于某几个成员的倾向问题。此外，每个团队成员会：①控制情绪直到他们了解全部情况。②不同于一般的谨慎行动。③对施加于他们的要求感到困惑。④优雅、礼貌或者至少没有敌意。⑤试图判断个人加入团队后的得失情况。

考塞特（Cassette）和欧考尼（O'Connor）调查了合作软件系统对于两个公司团队的发展和运行的影响。他们的发展阶段模型提供了观察团队建设的视角，他们研究的特点之一是考察了公司团队解决实际问题的情况。他们是幸运的，因为他们所接触的公司上层领导和他们一样对研究结果感兴趣。这种兴趣使得研究者借助会议记录、个人访谈等，能深入细致地考察团队工作而不受阻碍。如果一个团队从一开始便使用合作软件系统，而另一个相同的团队发展到一定程度后再使用。结果调查人员发现两个团队的发展和运行极不相同：一开始就使用合作软件系统的团队在每个发展阶段都比另一个进步更快，特别是在震荡阶段。考塞特和欧考尼认为，合作软件系统能帮助群体形成一个良好的开端，不过只有在群体认为手边的任务不能缺少合作软件系统的情况下才会形成。

2. 规范阶段

在规范阶段，团队的任务是营造团结和凝聚的氛围，区分不同的角色，清楚团队成员的期望，增加责任感。团队领导要提供支持性反馈和树立清晰的有激励作用的愿景。团队行为发展为信息分享、接受不同选择、积极地进行一些需要妥协的决策。在这一阶段，团队成员制定团队的操作规划。社会行为集中于移情、关心以及情感的积极表达从而产生一种凝聚力。合作与责任分担在团队成员中日渐普遍。

规范的作用是多方面的，首先，它是社会群体得以维持，巩固和发展的支柱。规范越能被群体成员一致接受，则群体成员之间的关系越密切，群体越团结。其次，规范对成员具有约束功能，主要表现在团队舆论中，当某个成员的行为举止与规范相矛盾时，多数成员会对他做出一致判断，这种带有情绪色彩的共同意见，对个人，造成舆论压力而对其产生约束，有时当个体行为出现失误，这种规范便具备了矫正作用。

3. 震荡阶段——狂风暴雨期

在震荡阶段，冲突逐渐显现，反映在工作行为、目标的相对优先次序、责任分配、领导关于任务的引导和指示等方面。人们的行为是混合了敌意表达和强烈情感。本阶段的主要矛盾是竞争领导角色和目标冲突。一些成员会退缩使自己远离这种紧张情绪。本阶段的关键是控制冲突而不是压制或放任，团队成员如果走向这两个极端，那团队将不能有效地成长到第四阶段。在团队成员试图表达自己的不同情绪时，压制冲突将可能产生痛苦和憎恨，并持续很长一段时间；放任则导致团队失败。

如果成员从一开始就使用一种团队建设程序，这个震荡阶段可能会缩短或避免。需要对这个程序包括决策发展，人际和技术能力的发展，团队建设的促进者能够帮助团队成员克服在每一阶段中呈现的冲突。

列维·施特劳斯（Levi Strauss）公司几年前即在工厂中实施了一种团队系统，即以团队激励体制代替以个人计件为基础的激励体制。在新系统中，10~35人一组的团队形成了。团队成员轮流工作，生产牛仔裤或休闲裤。成员的报酬建立在团队产量之上。如果一些团队中成员的技术和动机是同等的，那么这种激励方式是奏效的。但是，在更多的情况下，团队发展到震荡阶段就停滞不前了。一旦技术水平高的成员同水平低的成员之间产生矛盾，就会损伤团队士气并引发内部斗争，威胁和侮辱随时可能发生。当工作快的员工试图排斥速度慢的员工时，长期的友谊也就结束了。"你会听见很多吵闹声，工作长时间没有进展。"裁缝女工玛莉（Mary Farmer）回忆道。都伯维尔（Deborah）——一位曾经是多克比（Dockers）工厂的团队指导者补充道："每个女工每天都卷入此类事情。"在很多案例中，熟练——定义为每小时生产合格裤子的数量——开始时下降为组建团队前产量的77%，几年后又恢复到93%。

在先前提到的考塞特和欧考尼的研究中，他们开始的时候考虑到广泛使用合作软件系统可能会增加团队成员冲突。然而，研究结果正好相反。使用这种技术减少了成员冲突次数以及解决冲突的时间，特别是在震荡阶段。

4. 运行阶段

在运行阶段，团队面临着不断地进步、革新、速度和核心竞争力的资本化。团队领导的任务是发动团队成员的创新观点，组织执行力培养超常的绩效。团队成员显示他们如何熟练并有效地达到目标。每个成员都接受和理解自身角色。成员也已学会如何独立工作，如何相互帮助。团队在运行阶段后会分化，一些团队会继续从经验中学习和得到发展，变得越加成熟和有效。而另一些——特别是那些没有形成成熟和高效团队规范的团队——仅仅在维持生存面上运行。过分自我倾向的行为，不利于形成成熟和高效的团队规范，糟糕的领导或其他因素都会降低生产力。相比较而言，在联合食品公司中，自我管理的团队兼顾了成员参与、领导授权、信息分享和长期激励机制等因素，这些都有利于运行阶段。

5. 整休阶段

在这一阶段，工作行为结束，社交活动松散。一些团队，比如那些在 6 个月内为了调查或报告某个特定项目的问题解决型团队或机能团队，也就有了足够的整休理由。回忆一下在团队类型中所提到的柯达、奔腾和英特尔公司的虚拟团队特征：所有都具有整休的理由。其他团队，如 3com 公司的机能团队和联合食品公司的自我管理团队，也许会无限期地存在下去。但如果上层管理者决策调整现有的团队体系，那么它们也将要整休。就关系倾向行为而言，当团队成员离职或再任命时，某种程度的整休便发生了。

尽管以上把一个团队的生命周期划分为 5 个连续过程，但现实中却很难区分出明显的分界点，关键还是要把握团队发展的关键行为要素。

（十三）团队工作的十一个陷阱

前边介绍了团队的一些基本概念和特征，现在来检查一下你对团队的认识。请判断下面的句子是否正确：

（1）团队需要一个强硬的领导，即使领导者对团队成员有一定程度上的胁迫。

（2）只有在所有的团队成员都能够参加的时候，团队才是合适的。

（3）单个团队成员必须做他们认为对的事情，即使事情是和团队决定相矛盾。

（4）要达成一致意见经常需要太多的时间，并且经常会导致少数服从多数的结果。

（5）几个团队成员同时讲话是团队健康的表现，因为它表明团队是有活力和积极的。

（6）团队领导应该花时间为团队成员建立明确的角色。

（7）对于一个团队来说，如果没有清晰的目标，要想取得成功是很困难的。

（8）当团队能够避免矛盾时，团队就越成功。

（9）一个团队应该设置固定的开会时间，用来了解团队成员的心情和人际关系。

（10）在真正有效的团队，团队成员之间有彼此的个人喜好。

（11）一旦一个团队建立了一种工作的模式，那么花时间去改变它是低效率的行为。

我们对任何事情都会做出一定的假设。你是否意识到你在团队工作中的基础性假设是什么？上面的调查可以看成是你对团队的假设。

促进团队工作的最大困难，就是这儿很少有不是黑就是白的绝对的答案，大部分的答案都是灰色的，都是介于正确和错误之间的，是要根据具体情况来判断对还是错。

你对于上面的问题有哪些选择了正确，有哪些选择了错误？上面所有的问题都没有绝对正确的答案，如果说有，那就是"不确定"。因此，如果你认为你的答案绝对正确或者绝对错误，那么你应该回头重新看这些题目，试着从另一方面来考虑问题。就是这个"不确定"给团队工作带来的困难，但是它也可以检测团队成员从反面看待问题的能力。正如我们前边所说的，在团队工作中，很少有恰好的回答。

现在让我们来看看这些"不确定"的答案。

问题 1 当然，团队领导不能胁迫团队成员。然而，虽然它听上去是如此错误，但是这儿还有问题的另外一面。你是否曾经看到某人被另一个人训斥，特别是当他戴着领导的头衔时？

在这句话中有一个词"强硬"，这个词可以解释成很多意思。强硬的定义依赖于每个人的背景和经验。有些人把强硬作为一个领导者的积极特征。例如，当面对困难时不折不挠，敢于承担风险，率领众人坚持到底。有些人把强硬作为一个消极品质。例如，当团队需要分享时，全体却专断决策，忽视采纳众人意见，甚至在碰壁之后，还不回头，固执己见。

问题 2 其实这是一个小小的圈套。这个问题可以产生很多的相关问题。经常开团队会议吗？会议的目的是什么？团队是否要做出关键的决定？为什么有些人缺席？如果会议的目的是做出一个重要的决定，团队必须考虑：这个决定是否需要现在做出，是否需要知道缺席成员的态度，是否做出的决定会影响到缺席人员。

让所有的人参加所有的会议，这是不大可能的。但是，在决定开会之前，你必须提前考虑到会议上会发生什么，对缺席人员会有什么影响。你也必须考虑如何和缺席人员沟通、交流发生的事情。一种很出色的沟通的方法，就是参加会议的团队成员传递给未出席会议的成员。团队可以指定或寻求一个志愿者来做这件事，并要求这个人做详细的记录，而对于和缺席者有特殊利益关系的讨论将给予更多的注意。

问题 3 乍看上去，你可能马上就说"错的"。当然，团队其他成员不能做和团队决定相矛盾的事情。如果团队成员可以这样做，那么你根本就不可能拥有一个团队。

如果团队正在做出的决定是不道德的、没有逻辑的或者是危险的，情况又会怎么样呢？团队成员是否要牺牲自己的价值观？这些都是很难回答的问题，也可以作为揭示团队工作是如何困难的例子。

问题 4 多数人的意见总是最好的吗？（正确？还是错误？）答案是这是错误的。把多数人的意见作为决定，会产生一个看似"水到渠成"的决定。但是一个有100%支持的决定一定要好于没有人支持的一个完美的决定吗（如果有这种事情存在的话）？

达成一致意见的确需要时间。因此，任何团队都需要精心准备如同在有限时间里共同讨论，而不是忙于应付或干脆旁观。

问题 5　看到这个问题，你可能说那不是板上钉钉的事情吗？当然，许多人在同一时间说话的确可以显示活力和积极性。但是有多少情况下，当团队中的五个人或者六个人感到有活力的，而七个人感到受到了轻视或者说忽视，那么这是否是团队健康的一个伪装？

一个时间，一人说话的原则有很多的现实意义。当你在听一个人说话时，你如何能听到另外一个人的信息呢？如果每一个人不能听到同样的信息，能做出好的决定吗？对于和团队外的交流又意味着什么？

再一次说"不一定"。一个人说话确实可以在团队中引起兴奋，但是同样存在缺陷。时间是关键的。是否每一个人都在该听的时候仔细地听？是否是合适的人在说？是否是合适的人在听？

问题 6　为团队成员建立清晰的角色需要大量的时间。这儿有没有更重要的事情要面对？是否有问题需要解决？团队有很多实际的工作要做，建立角色并不是那么重要。还有，所有的人都不知道他们的工作内容吗？

建立角色，可以保证团队中的每一个成员清楚地知道他们的工作。它可以防止同样的事情被做了两次，而另外的一件事情根本就没有做，或者一件事情因为第一次没有做对而需要进行二次重做。

在团队早期，建立角色虽然花费时间，但却是一项很好的投资。它可以使事情更有组织。尽管团队早期需要讨论，角色建立需要时间。团队成员和团队领导都必须要对角色建立给予注意。

大多数团队确定的角色，如记录员、时间控制者、促进者、建议者或者过程教练等；都是团队中重要的功能角色。团队还应该考虑团队成员在团队中的自然角色，如有些人擅长组织，有些人很有创造性，有些人可能很善于处理矛盾。团队应该注意团队成员的自然特征并加以利用。

问题 7　通常情况下，团队必须有清晰的目标。但是如果团队的目标是不断变化的呢？或者是针对问题解决型的团队呢？这些都是很特殊的情况，尽管它的目标变化很快——一个月，一天，甚至是一个小时，但是在每一个短的时间段，他们仍然需要目标。

如果团队成员知道团队目标，并且为实现目标而努力工作，团队就容易取得成功。

团队应该把团队目标设置得越具体越好，以防止工作重做、不同结果、缺少潜力或者时间不足。如果组织目标、团队目标和个人目标紧密联系在一起，目标会更有效，更有方向性。

问题8 避免矛盾非常好啊！如果团队真的没有不同意见，它可以使事情比较纯净，没有失望、没有混乱、没有争论，所有这些都是非常好的，但是这种情况是很少的。

在团队中，在每个人的工作中，会有很多不同的观点。如果一个团队宣称他们没有矛盾，也许是他们学会了如何很好地处理这些不同。在把这些不同观点称为"矛盾"之前，他们把他们叫作"很好的讨论"，这可以看成是"避免矛盾"。

然而，如果我们从字面看"避免"这个词，它的含义是"避开，绕开"。避免矛盾意味着把问题扫在地毯下面，表面上看不到了，于是就不加处理地过去了。但是这可能会导致在将来某个时间的矛盾的集中爆发，或者最后的结果很平淡。

如果能把矛盾控制好，可以使团队有更多的机会。因为矛盾经常导致大量的解决方法，而新的观点可以使团队中的每个成员都感到满意。

总之，矛盾经常会给团队更多的成功机会。而且，如果一个团队认为他们没有矛盾，更多的情况是他们已经为处理矛盾做了很多的工作。

问题9 团队有很多的事情要做，而且会议占了很多的时间，因此占用会议时间去了解团队成员的感受以及关系是低效的。这些难处理的关系为什么不能在会议外解决呢？所有的这些都是正确的，而且你还可以对此举出更有说服力的例证。

但是从另外一方面来说，我们就会发现讨论团队内的关系是很有价值的。首先，涉及的团队成员通常会建立稳固的关系。第二，其他人也可以从这个讨论中学到一些东西。第三，团队利益。因为使团队内关系顺畅就是使团队工作顺畅；如果不良的关系得到了改进，就不用在这上面浪费很多的时间了。而且改善的人际关系可以促进良好的沟通和相互支持。这种沟通和支持可以促进整个团队效率的提高。

问题10 如果每一个团队成员都彼此喜欢另外的团队成员，这不是很好吗？在这种情况下，好与不好决定于如何界定"喜欢"这个概念。"喜欢"是否意味着你想邀请这个人共进晚餐，或者是和他（她）共同去度假？或者"喜欢"是否意味着你和这个人工作中相处很好，你佩服他（她）的专业知识？

人们没有必要在工作场所之外，还要作为好的团队成员而要保持某种关系。然而，他们需要彼此尊重，也需要相互赏识。他们需要理解这种差异性，因为团队需要不同。

问题 11 的确，使某件事情展开，平稳发展，并尽力保持它有重大意义。当你不再继续改变事情时，它就越有效。越少的改变意味着越少的交流不畅。

还有一种相反的对改变的看法："如果它没有被打破过，那么打破它"。它的意思是，无论现在的工作进行得多好，这儿还会有更好的办法。

团队需要在这个问题上重点考虑。在改变之前应该考察几个问题：这种改变可能会带来哪些影响？是否达到收支平衡，改变获得的利益和存在的问题是否对等？现在的生产性是否和解决问题付出的精力、时间对等？即使我们知道改变会带来很多的问题，可能会稍微引起生产力的下降，但仍然需要鼓励求变创新。

以上这些问题看起来没有想象的那么容易，事实上很多问题需要结合实际去考虑，不能忽视了情境。

希望这个练习就像是头脑风暴，可以激起你的很多想法。因为团队工作对于大多数人都不是自然的。我们大多数人都被培养成当我们是个体时要努力做好，现在的问题是如何做一个好的团队成员。

（十四）团队中的两难

团队成员经常会陷于各种困境，会面临没有任何明显的简单解决方法的问题，在下面这些情形下，你会怎样做呢？

（1）团队成员考评：你是不怕冒犯人而对你的同事直言，还是埋藏这种感觉，使问题越来越大？

（2）同事的帮助：几位队友路过，询问你是否需要帮助。你实际并不需要，但如果你总是拒绝他们的好意，你会被认为不具合作性吗？

（3）团队选择：你的队友要招募与他们类似的新员工，这是出于群体相融性的考虑，但是怎样达到群体内的多样性呢？而过分趋同未必是好事。

（4）团队偏好：为了组建理想的团队，耗费了大量的时间和精力。但是，你怀疑是否因过于注重团队进程，而忽视了关注客户。

（5）团队报酬：视完成本身的绩效目标而定，但是，也值得你先怀疑这些目标的完成是不是和整个组织的大目标相融。

八、打造高效团队

（一）影响团队效能的因素

正如上面看到的，团队由几个要素组成，而几个要素是相互关联的，团队效能的影响因素是相关的，下面指出了其中关键的七种。在分析时，既将它们单独讨论又涉及它们之间的关系。要充分理解团队效能——发展成为有效团队成员或领导所必备的能力，以下的方法是必要的。

1. 背景

背景（外部环境）能直接影响其他六个因素，因为它包含着影响团队的周围情形。团队背景可以包括技术、成员价值取向、工作环境、管理实践、正式的组织规章、高层管理发展的策略和组织的奖惩。

2. 目标

目标影响个人、团队和组织的效能。很显然，个人和组织的目标极有可能影响到团队目标和追求目标的行为。团队目标是整个团队所期望的产出，而非个别人的目标。

在一个团队中，相容和冲突的目标经常存在。而且，团队同时具有关系倾向和任务倾向的目标。有效团队在任务倾向的事务上要花费 2/3 或更多的时间，余下的留给关系倾向事务。

长期以来仅仅追求其中的一种目标会损伤绩效，增加冲突，引起团队解散。当考虑到成员目标、团队目标甚至组织目标之间可能存在的相容或冲突时，目标对群体动力和产出的影响变得更为复杂。

一种解决的方法是超级目标，这一目标如果只有两个人或两个团队、群体同时追求但没有彼此的交流与合作是无法达到的。这样的目标不会代替或消除个人或团体目标，并且是有质有量的。例如，一个质的目标如下：为了团队利益我们需要同心协力。一个量的目标如下：如果我们想要在 9 个月中达到团队目标，我们必须在一起工作。超级目标如果伴随超级报酬，那么它对个人和团队合作的意愿将有更强的作用。这种超级报酬是付给合作的个人或团队，并且视他们联合努力的结果而定。肯道尔公司的增进份额措施将个人目标（个人高薪水和良好声誉）和团队目标（一起工作赢得额外奖金）相联系，这相当于是每个团队成员的超级目标。

3. 团队规模

一个团队的适宜规模为 2~16 人（上限）。然而合作软件系统及网络使更大规模的团队能够在一些任务中有效地工作。团队成员想要面对面交流，那么其规模最多为 12 人。7 人或更小规模团队成员的相互交往不同于 3~16 人规模的团队。16 人规模的理事会操作方式不同于 7 人规模的。大规模的理事会往往要成立 5~7 人的常务理事会来更深入地考虑特定事务，效果要比整个理事会好。

一个团队目标和任务如果有充分时间与足够的成员承诺的话，可能一个 9 人或更多些人的团队比仓促的或小型的、更少承诺的团队有更好的效果。

最近的一次公司调查发现：团队规模的上限为 15 人。大型团队往往和简单任务相联系。威而森运动商品公司生产高尔夫球的团队规模在 12~15 人，它是简单工作团队的代表。每天成千的高尔夫球产量，要求团队操作工有良好的技能，所有人都做相同的工作。而对于问题解决团队来说，调查发现规模通常在 10 人或以下为佳。当团队规模变大，情感认同和深刻的共有承诺感将变得难以建立和保持。

4. 团队成员角色和多元化

成员间的相似与不同和他们各自的角色，会影响团队行为的动力和产出。显然，管理者无法改变团队成员基本的个性特征。因而试图影响他们在团队中的行为角色变得尤为重要。这些角色可分为任务倾向、关系倾向和自我倾向。随时间推移，每个成员都有可能依次扮演这些角色。

（1）任务倾向角色：一个团队承担的任务倾向角色，包括促进和协调与工作相关的决策。

这种角色包含：

创造新观点或考虑团队问题和目标的不同思路，对困难提出建议，包括修正团队工作程序。

搜寻信息来解释建议和获取关键事实。

提供与团队有关的问题、事务或与任务相关的信息。

协调和明确观念和建议的关系，将观点和建议结合，协调成员活动。

评估团队效能，包括询问成员建议的逻辑性、事实依据及可行性。

（2）关系倾向角色：一个团队成员承担的关系倾向角色，围绕着建立以团队为中心的情感和社交往来。

这种角色包含：

通过表扬和接纳成员观点来鼓励他们，营造温馨团结气氛。

调和团队内部冲突和紧张。

鼓励他人的参与，可以说："让我们听听麦杰的意见。"或"鲁道尔，你同意吗？"

表述团队要达到的标准或致力评估团队行为过程的质量，提出有关团队目标的疑问，以目标来评价团队进步。

与他人保持友好关系。

（3）自我倾向角色：一个团队成员的自我倾向角色包括以个人为中心的行为，并以牺牲团队或群体为代价。

以消极、顽固和无理由的抵抗来阻碍进步——例如，某人不断地提出一个团队经过考虑已放弃的项目。

通过引起大家注意来寻求认可，包括吹嘘、报告个人成果、通过各种方式避免被安置在公认的低职位上。

行使权威达到控制、操纵团队或某个成员，阿谀奉承获得上级注意，扭曲他人奉献。

同他人保持距离，不参与团队社交往来。

有效团队通常由那些履行任务倾向和关系倾向的成员构成。一个特别善于显露团队认可行为的个人，可能有相对高的社会地位——就团队内部而言。一个主要由自我倾向行为成员占据的团队将是无效的，因为个人不可能充分认识到团队目标和必需的合作。

除了个人的性格差异和团队中行为角色不同，工作队伍的多元化发展会使得理解团队行为和过程更加复杂。不同年龄、性别、种族、文化价值、身体状况、生活方式偏好、国度、教育背景、宗教信仰、职业背景等因素使团队的构成经历着不断地改变。假如成员彼此间有成见，团队效能将受损。

多元化通常被认为消极作用大于积极作用，虽然这种观点正在改变。这种消极作用的观念很大一部分来自以下六种成见：

（1）异己是一种缺憾。

（2）多元化对组织的有效机能是一种威胁。

（3）少数人表述对主导群体价值观的建议被认为是过度敏感。

（4）所有群体的成员都想成为并应当喜欢主导群体。

（5）公平对待意味着相同对待。

（6）多元化管理仅需要更换人员，而不是组织文化。

多元化也可以看成是一种积极的多元化，这种环境允许个人获得新能力，形成新观念和态度，而所有这些能提高团队成员有效交往的能力、培养能力并以积极的态度帮助他人形成良好的工作关系。就像人能成为既保持母语又学习外语的语言学家一样。

IBM 将多元化和积极多元文化看作是管理变化的必不可少的部分，以下的例子说明了 IBM 运用各种团队时在这方面做出的努力。

5. 规范

规范，是指为团队成员认可并普遍接受的规章和行为模式。它们有助于定义那些成员认为达到目标所必需的行为。长期以来，每个团队建立规范并要求成员遵守。

团队成员可能仅仅模糊地意识到其中一些规范的存在，但是他们至少有两个理由必须意识到规范的作用：首先，意识能增强个人和团队自由与成熟的潜力。其次，规范从正反两方面影响个人、团队和组织效能。例如，团队中尽量减少和纠正错误的规范，很有可能会提高组织正式的质量标准。

团队经常借助规范达到目标。另外，一些组织发展的努力旨在帮助成员评估其团队的规范是否一致，是否有不确定性或与组织目标相冲突。例如，一个团队可能声称自身目标之一是变得更有效率从而能帮助团队达到组织目标。然而，成员行为并不一定和上述目标相一致。也就是说，团队规范实际上阻碍了产量提升因而要寻求别的变化。

团队不会为每种可能情境都建立规范。他们一般会对那些他们认为是非常重要的行为制定并实施规范。团队成员特别有可能在以下一个或几个环境中实施规范。

规范帮助团队生存和提供利益。例如，团队可能制定出这样一个规范：在组织中不和其他人讨论个人薪水，以避免引起对分配不公平的注意。

规范简化成员行为并对所期待的行为有预见性。当同事一起去吃午饭，饭后如何分担账单是令人尴尬的。群体可能发展出一条规范，对行为方式有很高的预见性——平均分、轮流付账或各付各的。

规范避免了人际尴尬。规范有可能要求在办公室内外都不讨论罗曼蒂克的私事，或者还要求不在某个成员家里聚会。

规范表达的是团队的核心价值观和目标，它有利于团队定位的明确化。广告公司的雇员可能会穿时尚的服装，其他职业部门会认为这是多么出轨的行为。然而广告公司的员工会说："从个人和专业的角度，我们认为自己是流行的引导者，通过时尚的装束将潮流传递给客户和公众"。

团队成员对规范的遵守来自依附于规范的压力。两种基本的遵守类型是顺从和个人接纳。顺从式遵守，是指个体表现团队所期望的行为是因为有实际或想象的压力。

事实上，个人遵守规范有很多理由，甚至他们个人并不赞成它。他们或许认为一个和谐的氛围对成功实现目标是必要的。甚至一些人遵守规范是为了被他人喜欢，如主管和下属之间。最后，还有些人认为，不遵守规范比遵守规范损失更大，有可能会危及在团队中的人际关系。

第二种遵守类型是个人接纳式遵守，指个人的态度和行为与团队的规范和目标一致。这种类型的遵守强于前一种，因为人们真正地信任目标和规范。本田在肯塔基州的装配工厂明确使用团队发展规范和利用同伴的压力来支持组织目标。管理层在所有水平上广泛运用"社团命运"作为一个超级目标——就是指大家利益共存——并把它作为实现个人接纳式遵守的途径。

没有规范或者没有合理地遵守它们，团队将是混乱的，任务也不能完成。反过来，过度或盲目遵守规则，也会威胁到个性表现和团队发展与学习的能力。

6. 凝聚力

凝聚力是成员愿意留在团队中并对它承诺的一种引力。凝聚力受团队目标和个人目标相容程度的影响。那些非常愿意留在团队中并真心接纳其目标的成员构成高凝聚力团队。

凝聚力和一致性（遵守）之间的关系并不简单。低的凝聚力和低的遵守相联系，然而高的凝聚力并不仅仅存在于高度遵守团队中。高效团队有高度的成员承诺感和在一起工作的强烈愿望，同时彼此尊敬和鼓励个体差异。当凝聚力产生于信任的人际关系并对行动目标共同承诺时，高效团队就有可能发展起来。

一个优秀的团队表现出色，成员有奉献精神，通常是小型的，成员被令人兴奋和富于挑战的目标所激励。优秀的群体能使成员完全专注于团队目标。对其成员来说，一个优秀群体的特征是相同的：重要、吸引人、充满争论和笑声、工作勤奋。这样的团队是为了处理主要的挑战、变化、革新、复杂的项目或危机而建立的。例如，波音777飞机的开发就产生了若干个优秀群体。

当决策团队既有一致性又有凝聚力时，一种叫群体思维的现象产生了。群体思维是一种不惜任何代价保持一致的心理状态，它导致无效或拙劣的团队决策。詹尼斯（Janis）创造了这个新名词，他把研究的目光投向那些在复杂和动态环境中面临难题的政府高层政策团队。他曾经指出，意识形态一致，有压力、与外界隔绝、缺乏公正的领导以及缺乏合适决策程序的规则的高凝聚力群体，通常会采用一种思维方式——群体思维，寻求一致的愿望压倒了采用合适的理性决策程序的动机。这种群体往往感到自己是无懈可击的，高度一致的和绝对正确的。他们怀疑矛盾的信息，压制异议者。

波音 777 飞机

结果产生了一个蹩脚的、看似近于满意的、但却普遍地存在毁灭性结果的决策程序。团队决策普遍存在于所有类型的组织中，因此群体思维可能同时发生在私有和国有组织中。

群体思维的特征体现在：

大多数或全体团队成员都产生战无不胜的错觉，它导致过度乐观并鼓励采取极端冒险行为。带有错觉的成员常常会说："现在没有人能阻止我们。""其他团队都不谨慎。"

集体理性主义忽略那些要求他们在进行主要的政策决策之前重新考虑设想的警告。如在 20 世纪 70 年代早期，美国汽车产业主管声称："我们相信只有一小部分人，会买日本车。"

对团队固有道德观念的盲目信任，导致员工忽略决策产生的伦理道德后果。

对于竞争者或对手的成见，导致团队或将对方看作是毫无诚意的，或者将对方看作是不堪一击的。

那些表示出对任何团队有错觉、成见、产生强烈异议的成员将受到直接的压力，使人认为这类行为不是一个忠诚成员应具备的。领导也许会问："发生什么事了，你还是不是团队的一员？"

对任何偏离团队一致的自我检测，反映出成员降低自己疑虑的重要性和不再提出反对意见的倾向。成员也许会想："如果每个人都那样认为，我的感觉一定是错的。"

一致性错觉部分来自自我检测，同时"沉默代表同意"的错误观念强化了一致性错觉。

自我任命的"思维卫士"，阻碍团队了解那些可能会挫伤关于"成功"决策的自满情绪的信息。

在最近有关 23 个高级管理团队的研究中，6 个首席执行官表现出对他们组织中团队群体思维的关注。一家大型财务零售公司和一家全球财务服务公司的首席执行官说道：我们处于同一波段（时期）。四年前我们被买下，我们的经历相似，享有相同的观念但在这个行业你必须是新鲜和实验性的。如果我们什么都同意，那我们的观念如何创新？

缺乏真正的讨论。有时会有些形式上的讨论，采取一些手段可以避免它。例如，领导努力保持中立、鼓励对话和新观点。小型的群体或外部咨询师能帮助引进新观念。应鼓励那些持多元观念的人表述出来。

团队绩效和生产力会受到凝聚力的影响。生产力是投入（劳动时间、原材料、钱、机器等）和产出（产品和服务的质量）关系。凝聚力和生产力相互关联，特别是对那些有高行动目标的团队而言。假如团队成功地达到目标，成功地积极反馈，能够提高成员的承诺感和满意感。例如，一个获胜的篮球队比另一个失败的队凝聚力更高，其他也如此。同样，一个凝聚力强的团队更有可能获胜。反过来，低的凝聚力可能会影响到团队获胜的能力，原因就是团队成员之间没有进行达到目标所需要的交流与合作。假如团队目标与组织相冲突，强的团队凝聚力事实上可能和低效率相联系。团队成员或许会认为是老板以为他们会对结果负责而不是他们以为自己会对结果负责。因此，凝聚力、生产力和绩效的关系是难以预料和理解的，除非了解团队的目标和规范。

7. 领导

组织中有关团队的研究强调在实现目标过程中应急的或非正式领导的重要性。一个非正式领导，是指一个组织中影响力逐渐扩大、并经常反映出有帮助团队实现目标的独特能力的人。

通常以为团队领导只是一个人。但长期以来 CRI 公司和联合食品公司的团队因任务的不同而产生不同的领导者。而且，因为一个团队往往有任务倾向的目标和关系倾向的目标，因此需要有两个或更多的领导。这两种类型的目标要求不同的技能和领导方式，单个领导是难以满足这些要求的。非正式领导是在正式领导忽略任务倾向责任或缺乏实施的必备技巧时才会出现。相对而言，团队中关系倾向的领导一般是非正式的。

领导极大地影响团队结构和行为的各个方面（如规模、成员和角色、规范目标和背景）。领导在团队和外在群体的关系中承担着关键角色，如客户和供应商，而且总是影响新成员的选择，甚至让一个团队参与选拔过程。团队的领导过问每个潜在成员，然后缩减候选人的数量，就像在联合食品公司那样。

回忆一下前边所描述的联合食品公司。高层管理者，特别是约翰·麦杰（创始人和现在的首席执行官）建立并强调一套核心的价值观和原则，用来反映一个整体对组织的重要性。

其中四个核心价值观和原则指出了团队的中心地位。

我们的成功依赖于我们所有团队成员的精力和智力的集合。我们努力创造一种工作环境，它能激发团队成员成长并发挥其潜能。我们欣赏努力并奖励结果。

公司最基本的工作单位是自我指挥的团队。团队定期集合讨论事务，解决问题并肯定每个成员的贡献。每个成员属于团队。

我们相信知识的力量，并支持所有成员有权力获取影响他们工作的信息。我们的资料对成员开放，包括个人年度福利报告。不论他们的观点如何，我们同样赋予成员以言论自由的权力。

通过释放成员集体创造力和智慧，团队不断前进。肯定每个人的贡献。我们的工作越来越完善。